Codependência Para leigos

Você não está sozinho se estiver se perguntando se é codependente ou não. Tipos diferentes de pessoas podem se comportar assim, e a codependência se manifesta em níveis variados de gravidade. Nem todos os codependentes são infelizes, enquanto outros vivem no sofrimento ou em um desespero silencioso. Ela não é algo de que você se cura e fica livre para sempre, mas você pode apreciar a si mesmo, sua vida e suas relações. Se escolher embarcar na recuperação, estará dando início a uma jornada empolgante e empoderadora.

IDENTIFICANDO SE VOCÊ É CODEPENDENTE

Se você está em dúvida, dê uma olhada na lista de sintomas a seguir. Você não precisa ter todos eles para ser codependente, e a codependência tem níveis de gravidade. Se não for tratada, ela piora com o tempo, mas com ajuda você pode se recuperar e render muito mais em seu trabalho e aproveitar seus relacionamentos. Aqui estão alguns traços comuns:

- Baixa autoestima
  - Não gostar de si mesmo ou não se aceitar.
  - Sentir-se inadequado de algum modo.
  - Pensar que você não é suficiente.
  - Preocupar-se com ser um fracasso.
  - Preocupar-se com o que as outras pessoas acham de você.
- Perfeccionismo
- Agradar aos outros e esquecer-se de si mesmo
- Limites frágeis
  - Limites fracos demais e pouca autonomia entre você e seu parceiro.
  - Limites rígidos demais, que o impedem de se aproximar.
  - Limites que oscilam entre próximos demais e rígidos demais.
- Reatividade
- Comunicação disfuncional
  - Dificuldade de expressar pensamentos e sentimentos.
  - Dificuldade de impor limites — dizer "Não" ou parar o abuso.
  - Linguagem abusiva.
  - Falta de assertividade para expressar suas necessidades.
- Dependência
  - Medo de ficar sozinho ou sem um relacionamento.

Codependência Para leigos

- Sentir-se aprisionado em um relacionamento ruim e incapaz de ir embora.
- Confiar demais nas opiniões dos outros.
- Problemas com intimidade.
- Evitar se aproximar.
- Perder-se.
- Tentar controlar ou manipular os outros.
- Sentir-se aprisionado em um relacionamento disfuncional.

- Negação
  - Negação da codependência.
  - Negação de uma realidade dolorosa em seu relacionamento.
  - Negação de seus sentimentos.
  - Negação de suas necessidades.
- Cuidado
- Controle
  - Controlar os próprios sentimentos.
  - Comandar e controlar as pessoas em sua vida; dizer a elas o que fazer.
  - Manipular os outros para que se sintam ou se comportem como você quer (agradar aos outros é um tipo de manipulação).
- Obsessões
- Vício em uma substância ou em um processo
- Emoções dolorosas
  - Vergonha.
  - Ansiedade.
  - Medo.
  - Culpa.
  - Desânimo.
  - Desespero.
  - Depressão.

Codependência

Para leigos

Codependência para leigos

Tradução da 2ª Edição

Darlene Lancer

ALTA BOOKS
EDITORA
Rio de Janeiro, 2019

Codependência Para Leigos®
Copyright © 2019 da Starlin Alta Editora e Consultoria Eireli. ISBN: 978-85-508-0844-4

Translated from original Codependency For Dummies®, Copyright © 2015 by John Wiley & Sons, Inc. ISBN 978-1-118-98208-2. This translation is published and sold by permission of John Wiley & Sons, Inc., the owner of all rights to publish and sell the same. PORTUGUESE language edition published by Starlin Alta Editora e Consultoria Eireli, Copyright © 2019 by Starlin Alta Editora e Consultoria Eireli.

Todos os direitos estão reservados e protegidos por Lei. Nenhuma parte deste livro, sem autorização prévia por escrito da editora, poderá ser reproduzida ou transmitida. A violação dos Direitos Autorais é crime estabelecido na Lei nº 9.610/98 e com punição de acordo com o artigo 184 do Código Penal.

A editora não se responsabiliza pelo conteúdo da obra, formulada exclusivamente pelo(s) autor(es).

Marcas Registradas: Todos os termos mencionados e reconhecidos como Marca Registrada e/ou Comercial são de responsabilidade de seus proprietários. A editora informa não estar associada a nenhum produto e/ou fornecedor apresentado no livro.

Impresso no Brasil — 1ª Edição, 2019 — Edição revisada conforme o Acordo Ortográfico da Língua Portuguesa de 2009.

Obra disponível para venda corporativa e/ou personalizada. Para mais informações, fale com projetos@altabooks.com.br

Produção Editorial Editora Alta Books	**Produtor Editorial** Thiê Alves	**Marketing Editorial** marketing@altabooks.com.br	**Vendas Atacado e Varejo** Daniele Fonseca Viviane Paiva	**Ouvidoria** ouvidoria@altabooks.com.br
Gerência Editorial Anderson Vieira		**Editor de Aquisição** José Rugeri j.rugeri@altabooks.com.br	comercial@altabooks.com.br	
Equipe Editorial	Adriano Barros Bianca Teodoro Ian Verçosa	Illysabelle Trajano Juliana de Oliveira Keyciane Botelho	Kelry Oliveira Maria de Lourdes Borges Paulo Gomes	Thales Silva Thauan Gomes
Tradução Maíra Meyer	**Copidesque** Samantha Batista	**Revisão Gramatical** Hellen Suzuki Carolina Gaio	**Revisão Técnica** Elizabeth Zamerul Especialista em Codependência, Psiquiatra e Psicoterapeuta	**Diagramação** Joyce Matos

Erratas e arquivos de apoio: No site da editora relatamos, com a devida correção, qualquer erro encontrado em nossos livros, bem como disponibilizamos arquivos de apoio se aplicáveis à obra em questão.

Acesse o site www.altabooks.com.br e procure pelo título do livro desejado para ter acesso às erratas, aos arquivos de apoio e/ou a outros conteúdos aplicáveis à obra.

Suporte Técnico: A obra é comercializada na forma em que está, sem direito a suporte técnico ou orientação pessoal/exclusiva ao leitor. A editora não se responsabiliza pela manutenção, atualização e idioma dos sites referidos pelos autores nesta obra.

Dados Internacionais de Catalogação na Publicação (CIP) de acordo com ISBD

L247c   Lancer, Darlene

           Codependência Para Leigos / Darlene Lancer ; traduzido por Maíra Meyer. - Rio de Janeiro : Alta Books, 2019.
           368 p. : il. ; 17cm x 24cm. – (Para Leigos)

           Tradução de: Codependency For Dummies
           Inclui índice.
           ISBN: 978-85-508-0844-4

           1. Autoajuda. 2. Codependência. I. Meyer, Maíra. II. Título.

2019-539   CDD 158.1
                                                                      CDU 159.947

Elaborado por Vagner Rodolfo da Silva - CRB-8/9410

Rua Viúva Cláudio, 291 — Bairro Industrial do Jacaré
CEP: 20.970-031 — Rio de Janeiro (RJ)
Tels.: (21) 3278-8069 / 3278-8419
www.altabooks.com.br — altabooks@altabooks.com.br
www.facebook.com/altabooks — www.instagram.com/altabooks

Sobre a Autora

Darlene Lancer é licenciada em terapia familiar e matrimonial, especialista em relacionamentos e codependência. A Sra. Lancer tem feito aconselhamento individual e de casais há 28 anos, e é coach internacional. É uma palestrante muito procurada por profissionais em conferências nacionais e na mídia.

Suas obras incluem *Conquering Shame and Codependency: 8 Steps to Freeing the True You* (Hazelden) e vários ebooks, entre eles: *10 Steps to Self-Esteem — The Ultimate Guide to Stop Self-Criticism, How To Speak Your Mind — Become Assertive and Set Limits, Spiritual Transformation in the Twelve Steps* e *Codependency Recovery Daily Reflections*. Seus artigos aparecem em revistas de grande divulgação e sites sobre saúde mental, e também em seu próprio site, www. whatiscodependency.com [conteúdo em inglês], no qual você pode assinar seu blog mensal e obter uma cópia gratuita de "14 Tips for Letting Go" [apenas em inglês].

Antes de se tornar psicoterapeuta, a Sra. Lancer teve uma carreira de sucesso no direito, época em que copresidiu o Beverly Hills Bar Entertainment Law Committee, editou dois volumes para o Tribunal Superior de Los Angeles e elaborou artigos profissionais. Recebeu título de mestre em psicologia pela Antioch Univerity e um prêmio pelo doutorado em Direito e Jurisprudência Americana da UCLA School of Law.

Darlene Lancer está disponível para participações em palestras, entrevistas com especialistas e workshops. Mais informações disponíveis em seu site www. whatiscodependency.com [conteúdo em inglês]. Encontre-a no www. youtube.com, Twitter @darlenelancer e no Facebook em www.facebook.com/ codependencyrecovery. Você pode contatá-la em info@darlenelancer.com.

Dedicatória

Dedico este livro a meus filhos, que cresceram em uma família cheia de disfunções e sofreram com minha ignorância e codependência antes de eu embarcar na recuperação. Sou extremamente grata por hoje serem pais maravilhosos, com suas próprias famílias mais saudáveis.

Agradecimentos da Autora

Há muitas pessoas a quem quero agradecer que contribuíram para meu próprio crescimento e conhecimento sobre codependência ao longo de décadas de experiência. Este livro não teria sido possível sem o amor e o apoio que encontrei no Al-Anon, quando timidamente fui à minha primeira reunião, 35 anos atrás. Padrinhos, terapeutas e muitas pessoas no decorrer guiaram minha recuperação.

Sou privilegiada por ter sido treinada por professores e supervisores excelentes que me inspiraram, sobretudo os Drs. Hal Stone e George Oliver, e por ter tirado proveito da análise perspicaz da Dra. Karen Horney e dos fundamentos implantados por pioneiros no campo da recuperação: Robin Norwood, Melody Beattie, Pia Mellody e Earnie Larsen.

Além disso, sou grata às mulheres que apadrinhei e aos inúmeros clientes individuais e casais que confiaram as próprias dores e cura a mim, concedendo-me o privilégio de testemunhar sua transformação em plenitude.

Agradeço à ótima equipe de John Wiley & Sons, à minha editora sênior de aquisições Tracy Boggier e à editora de projetos/revisora Tracy Barr.

Sumário Resumido

Introdução 1

Parte 1: Começando a Superar a Codependência 7

CAPÍTULO 1: A Codependência Dói 9

CAPÍTULO 2: Por Favor, Alguém Me Diga o que É Codependência.............. 31

CAPÍTULO 3: Sintomas de Codependência.. 41

CAPÍTULO 4: Da Negação à Recuperação.. 73

CAPÍTULO 5: Então, Você É Codependente? 85

Parte 2: Avançando na Recuperação — Curando-se 95

CAPÍTULO 6: Começando a Recuperação... 97

CAPÍTULO 7: O que O Tornou Codependente?................................... 107

CAPÍTULO 8: Curando Suas Mágoas — Libertando-se 129

CAPÍTULO 9: Seja Bem-vindo a Seu Self Verdadeiro........................... 149

CAPÍTULO 10: Construindo Autoestima e Amor-próprio...................... 165

CAPÍTULO 11: Encontrando Prazer... 181

Parte 3: Curando Suas Relações com os Outros 197

CAPÍTULO 12: Desprendendo-se e Desapegando-se.......................... 199

CAPÍTULO 13: Manifestando-se.. 223

CAPÍTULO 14: Relacionando-se 243

CAPÍTULO 15: Fazendo os Relacionamentos Funcionarem.................... 257

Parte 4: Seguindo em Frente e Mantendo a Recuperação................................... 275

CAPÍTULO 16: Indo Atrás da Sua Felicidade 277

CAPÍTULO 17: Onde Conseguir Ajuda 291

CAPÍTULO 18: Trabalhando os Doze Passos..................................... 299

CAPÍTULO 19: Mantendo a Recuperação 317

Parte 5: A Parte dos Dez.................................... 329

CAPÍTULO 20: Dez Maneiras de Amar a Si Mesmo 331

CAPÍTULO 21: Dez Lembretes Diários 337

Índice.. 343

Sumário

INTRODUÇÃO 1
    Sobre Este Livro 2
    Penso que... 3
    Ícones Usados Neste Livro 4
    Além Deste Livro 4
    De Lá para Cá, Daqui para Lá 4

PARTE 1: COMEÇANDO A SUPERAR A CODEPENDÊNCIA 7

CAPÍTULO 1: A Codependência Dói 9
    O que É Codependência? 9
        Visão geral 10
        Por que as relações doem 10
    Revisando a História 12
        O trabalho da neofreudiana Karen Horney 12
        A influência da terapia familiar sistêmica 14
        Adicção e programas de mútua ajuda 15
        Uma sociedade codependente 15
        O debate sobre codependência 16
    O Espectro da Codependência 18
    As Fases da Codependência e da Recuperação 20
        Fase inicial 20
        Fase intermediária 21
        Fase final 23
    Mudanças Esperadas 25
        Examinando os quatro passos básicos 25

CAPÍTULO 2: Por Favor, Alguém Me Diga o que É Codependência 31
    Definindo a Codependência 32
    O Cerne da Codependência — Um Self Perdido 33
        É uma adicção? Uma doença? 34
        Dependências cruzadas 35
        As mulheres e a codependência 36
    O que a Codependência Não É 37
        Codependência não é cuidado 38
        Codependência não é bondade 38
        Codependência não é interdependência 39

CAPÍTULO 3: Sintomas de Codependência 41

Vergonha Oculta 41
    Baixa autoestima. 43
    Agradar — Ser um camaleão humano 45
    Culpa — "Estou sempre arrependido" 45
    A difícil busca pela perfeição. 47
Quais São Meus Direitos e Limites? 48
    Meus limites 49
    Somos um — "O que é meu é seu" 51
    Afaste-se — "O que é meu é meu". 52
    Limites rompidos e misturados 53
Dependendo Demais de Alguém 53
    Medo de rejeição 54
    "Não consigo tirar você da cabeça" 55
    Você é meu amuleto. 56
Falta de Assertividade. 57
    Dizendo o que você pensa e sente 58
    Sendo um ser humano reativo. 59
    Abuso verbal 60
Controle e Cuidado. 62
    Um sistema caótico 63
    Controle por meio da manipulação. 64
    Controle através da bondade. 65
    A gangorra da codependência 66
    Permissividade. 67
Negação 68
Emoções Dolorosas 68
    Medo e ansiedade que esconde vergonha 69
    Raiva e ressentimento 70
    Desespero e depressão. 71
Sintomas Físicos 72

CAPÍTULO 4: Da Negação à Recuperação 73

O Propósito da Negação 73
Formas de Negação 74
Tipos de Negação 75
    Tipo 1: Negar o comportamento de alguém 75
    Tipo 2: Negando minha codependência. 78
    Tipo 3: "Não pergunte como estou me sentindo" 79
    Tipo 4: "Minhas necessidades não importam". 81
A Recuperação Cria Autoconhecimento 83

CAPÍTULO 5: Então, Você É Codependente? 85

Avaliações de Codependência 85
Você Tem Padrões Codependentes?. 90
Você Foi Afetado pela Adicção? 93

xiv   **Codependência Para Leigos**

PARTE 2: AVANÇANDO NA RECUPERAÇÃO — CURANDO-SE 95

CAPÍTULO 6: Começando a Recuperação 97

A Recuperação É Sua 97
  A recuperação exige mudança 98
  Assumindo um compromisso consigo mesmo 99
  A recuperação não é um caminho linear 99
Buscando Ajuda e Apoio 100
  Apoio é crucial 100
  Participe de reuniões de mútua ajuda 101
  Procure a psicoterapia 102
  Utilize coaches e orientadores 103
Seja Paciente Consigo Mesmo 103
Você Precisa Acreditar em Deus? 104
Contando aos Outros sobre Sua Recuperação 104

CAPÍTULO 7: O que O Tornou Codependente? 107

Você Foi Amado por Ser Quem É? 107
  Empatia essencial 108
  O efeito do espelhamento inadequado 109
Você Faz Parte da Maioria 110
O que Torna uma Família Saudável 110
  Famílias saudáveis 111
  Famílias disfuncionais 114
  Abuso 122
  Dependência em drogas 125

CAPÍTULO 8: Curando Suas Mágoas — Libertando-se 129

A Criança Magoada 129
  A natureza de seu Self infantil 130
  As características de sua criança 130
  As necessidades de sua criança 131
  Fazendo amizade com seu Self infantil 132
  Curando a vergonha 136
Lamentando as Perdas — Sentir para Curar 137
  A infância que você perdeu 138
  Faces do luto 140
  Aceitar e seguir em frente 142
Confrontos 143
Curando o Trauma 144
  Tipos de trauma 144
  Sintomas do trauma 145
  Conseguindo ajuda 146

CAPÍTULO 9: Seja Bem-vindo a Seu Self Verdadeiro 149

Construindo um Sistema Interno de Orientação 149
Um tempo sozinho 150
Construindo o autoconhecimento 150
Ouvindo seu corpo 153
Conhecendo a Si Mesmo 154
Conhecendo o que você sente 154
Identificando suas necessidades 158
Identificando seus desejos 160
Confiando em si mesmo 161
Identificando seus valores 162
Sendo Seu Self Autêntico 163

CAPÍTULO 10: Construindo Autoestima e Amor-próprio 165

O Trio Tirânico — O Crítico, o Impulsionador e o Perfeccionista . . 166
Reeducando o Crítico 166
Relaxando o Impulsionador — Seu controlador escravo 167
Aceitando a imperfeição quando nada é bom o suficiente 169
Sentindo-se Bem Consigo Mesmo 170
Chega de mentiras 170
Tomando atitudes 172
Tornando-se autêntico 173
Diálogo interior positivo 174
Mantendo compromissos consigo mesmo 176
Compaixão e Amor-próprio 176
Aceite-se 177
Perdoe-se 177
Amor-próprio 178

CAPÍTULO 11: Encontrando Prazer 181

A Conexão Mente-Corpo 181
Nutra seu corpo 183
Movimente seu corpo 184
Agrade a seus sentidos 185
Brinque e Rejuveneça 187
Recreação e férias 187
Hobbies e expressão criativa 189
Anime e Acalme Seu Espírito 190
A meditação acelera a recuperação 190
Tipos de meditação 191
Satisfaça Suas Necessidades Sociais 195

PARTE 3: CURANDO SUAS RELAÇÕES COM OS OUTROS 197

CAPÍTULO 12: Desprendendo-se e Desapegando-se 199

Envolvimento Excessivo versus Desapego 200
Você está envolvido demais? 200

O que é o desapego? 201
Dando um passo para trás e se desprendendo 201
Responsabilidade Própria 203
Ajudando Demais 204
O medo é o combustível do controle 206
E se pedirem sua ajuda? 206
Quais são suas expectativas? 207
Sendo Provocado e Reagindo 211
Preocupando-se e Ficando Obcecado 214
Aceitando a Realidade 214
Aceitação não é aprovação 215
Aceitação da adicção alheia 215
Ferramentas para Desprender-se 216
Foque a si mesmo. 216
Mantras para lembrar 216
Os Três Cs. 217
Oração. 217
Meditação e mindfulness. 217
Intervalos 218
Registrando 218
Ação contrária 218
Agindo como se. 219
Tire o rótulo 219
Perca a cabeça e encontre suas razões 219
PLLP: Pare de levar para o lado pessoal. 219
Use a imaginação 220
Tendo um Plano B. 220
Preveja Resistência 220
De você mesmo. 220
Dos outros 221

CAPÍTULO 13: Manifestando-se 223
Comunicando-se de Maneira Eficaz. 223
Tornando-se assertivo — Os seis Cs 224
Expressando sentimentos. 227
Expressando necessidades e desejos. 228
Posicionando-se 228
Armadilhas do codependente 230
Dicas de comunicação 231
Impondo Limites 232
A importância de ter limites 232
Limites e consequências 233
Agindo. 235
Confrontando o abuso. 236
Reconhecendo a violência doméstica. 239
O que esperar 240
Lidando com o Conflito 240
Se um não quer. 241
Regras do compromisso 241

CAPÍTULO 14: Relacionando-se 243

Dançando Conforme a Música 243
   O que esperar 244
   Lidando com um dependente 244
   Depois da sobriedade 245
Relacionando-se com Membros da Família 246
   Visitas familiares 246
   Fatos para recordar 247
Relacionando-se com Amigos 247
Tornando-se Antidependente 248
Namorando 249
   Tipos de relacionamentos 249
   Conhecendo alguém 251
   Apaixonando-se 251
A Codependência e o Sexo 253
   Autoestima sexual 254
   Limites 254
   Reciprocidade 254
   Aceitação 254
   Começando um relacionamento sexual 255
   Adicção 256

CAPÍTULO 15: Fazendo os Relacionamentos Funcionarem . . . 257

Receita para Relacionamentos Saudáveis 258
   Um Self saudável 258
   Ingredientes essenciais 260
   Relacionamentos que duram 261
Navegando pela Autonomia e Intimidade 266
   Nenhum Self — Nível cinco 267
   Buscando e se afastando — Nível quatro 267
   Separando e unindo — Nível três 268
   Incluindo os opostos — Nível dois 269
   Harmonizando — Nível um 269
Intimidade 270
   Pseudointimidade 270
   Sendo autêntico e vulnerável 271
Lidando com a Solidão 272

PARTE 4: SEGUINDO EM FRENTE E MANTENDO A RECUPERAÇÃO 275

CAPÍTULO 16: Indo Atrás da Sua Felicidade 277

Seja Autor da Própria Vida 277
   Local interno de controle 278
   Afirme-se 278
   Supere a indecisão 280

Manifeste Suas Paixões 282
    Não é tarde demais 285
Defina Objetivos 286
    Identifique suas habilidades e talentos. 286
    Desenvolva sua visão 287
    Reúna informações. 288
    Pequenos passos 289

CAPÍTULO 17: Onde Conseguir Ajuda 291

Reuniões de Mútua Ajuda 291
    Reuniões dos programas de mútua ajuda. 291
    Outros grupos de apoio. 294
Psicoterapia 294
    Terapia individual 296
    Aconselhamento de casais 297
Leituras Recomendadas. 297
Números de Emergência 298

CAPÍTULO 18: Trabalhando os Doze Passos .299

Passo Um — Aceitando a Impotência. 300
    Encarando a impotência 300
    Quando você se sente louco. 301
Passo Dois — Encontrado Esperança 302
Passo Três — Desprendendo-se 302
Passo Quatro — Examinando-nos. 305
Passo Cinco — Compartilhando Nossa Vergonha 307
Passo Seis — Aceitando-nos. 308
Passo Sete — Tornando-nos Humildes. .309
Passo Oito — Identificando Quem Você Prejudicou. 310
Passo Nove — Fazendo as Pazes. 311
Passo Dez — Começando do Zero Diariamente. 312
Passo Onze — Ficando Perto de Seu Poder Superior 313
Passo Doze — Praticando os Princípios .315

CAPÍTULO 19: Mantendo a Recuperação. 317

A Recuperação É uma Jornada de Vida. .317
    Por que o progresso é cíclico 318
    Sinais de infiltração da codependência. 319
Percebendo Gatilhos 320
Encruzilhadas e Sequelas 321
    Mudando de adicções 322
    Novos relacionamentos. 323
    Sua codependência em grupos 323
Lidando com Deslizes. 326
    Você é humano!. 326
    Assuma a responsabilidade 327
    Você está negligenciando o autocuidado?. 328

PARTE 5: A PARTE DOS DEZ 329

CAPÍTULO 20: Dez Maneiras de Amar a Si Mesmo 331

Tenha uma Prática Espiritual 332
Receba Apoio 332
Satisfaça Suas Necessidades 333
Divirta-se 333
Proteja-se 334
Aceite-se 334
Trate-se com Gentileza 334
Incentive-se 335
Expresse-se 335
Vá Atrás de Suas Paixões 336

CAPÍTULO 21: Dez Lembretes Diários 337

Foque a Si Mesmo 337
Liberte-se 338
Confie em Sua Experiência 339
Honre Seus Sentimentos 339
Seja Você Mesmo 340
Não Reaja 340
Não Se Apresse 341
Não Se Preocupe 341
Não Tente Ser Perfeito 341
Não Se Isole 342

ÍNDICE 343

Introdução

S e está lendo este livro porque acha que talvez seja codependente, você não está sozinho; alguns pensam que a maioria das pessoas é codependente. O termo *codependência* é usado desde os anos 1970, e o ponto de vista mais recente é o de que ela se aplica a muito mais pessoas do que se pensava inicialmente. Diferentes tipos de pessoas, com personalidades variadas, podem ser ou se comportar de maneira codependente. A codependência varia em níveis e gravidade. Nem todos os codependentes são infelizes, enquanto outros vivem na dor ou em um desespero silencioso. Aqui estão exemplos de pessoas que talvez sejam codependentes:

Um casal idoso, **Manny e Faye**, é feliz e casado há muitos anos. Faye chama Manny de "Papai", e Manny a chama de "Mãe". Faye é submissa ao marido, que a corrige com frequência. Eles concordam em quase tudo, inclusive em que Manny vem em primeiro lugar. Se você pede a opinião de Faye, ela cita o marido.

Sid e Ina vivem juntos há vários anos, mas falta paixão e intimidade em sua relação. Sid está tendo um caso com **Myra** e não tem certeza se quer se casar com Ina, que, ele afirma, não tem o jeito selvagem de Myra. Ele se sente preso. Não consegue assumir um compromisso com nenhuma delas. Ele teme tanto abandonar Ina como se aproximar mais dela.

Sean é comedor compulsivo. Sua esposa, **Sonja**, reclama com ele e tenta controlar seu consumo de comida.

Melissa é uma diretora de filmes bem-sucedida. Os homens a acham atraente, e ela teve vários relacionamentos curtos e intensos, que terminaram quando a paixão diminuiu ou quando ela começou a perceber que estava perdendo sua independência.

Budd é executivo sênior de uma grande empresa e supervisiona mais de 100 funcionários. Ele é considerado poderoso e assertivo por seus colegas. Em casa, ele atende aos pedidos da esposa, evita intimidade e é incapaz de falar sobre sentimentos ou de expressar suas necessidades.

Thomas é pai solteiro e muito próximo de seu filho, já adulto, que mora com ele. Thomas pensa no filho como seu melhor amigo e não consegue dizer não a nada que ele peça. Já faz muitos anos desde o divórcio de Thomas, mas ele não foi capaz de encontrar a mulher "certa".

Walter é bem-sucedido no trabalho, mas fica bêbado em casa toda noite. Nas noites em que sai, sua esposa fica esperando preocupada, depois o repreende quando ele volta e, com frequência, no dia seguinte, liga para o trabalho dele e mente que ele está doente.

Connie é coagida por seu marido violento, Mikhail. Ela se sente humilhada, mas o ama mesmo assim. Ele pede desculpas e é romântico com ela, e ela o perdoa, acreditando nas promessas de que nunca mais baterá nela de novo.

Codependentes atraem codependentes, então há pouca chance de terem um relacionamento saudável. A boa notícia é que os sintomas da codependência são reversíveis. Isso exige comprometimento, trabalho e apoio. Mesmo assim, às vezes os sintomas podem pegá-lo de surpresa, e afetar seu pensamento e comportamento quando você menos esperar. A codependência não é algo de que você se cura para sempre, mas um dia você pode desfrutar da própria companhia, de sua vida e de suas relações. Se escolher embarcar na recuperação, começará uma jornada estimulante e empoderadora. Uma nova maneira de viver e ver o mundo se abre. Espero que você decida se juntar a mim nessa jornada incrível.

Sobre Este Livro

Nem todos os codependentes se relacionam com alguém que sofre com uma adicção. Seja você um deles ou não, este livro é para você que se relaciona com seu ente querido. Se você estiver se recuperando de uma dependência em alguma substância ou processo, como álcool, comida, acumulação, compras, trabalho, sexo, apostas — a lista continua — e estiver pronto para trabalhar nas questões que giram em torno da codependência, então este livro é o ponto de partida ideal. No entanto, o foco desta obra não é superar suas adicções, mas seus relacionamentos. (Quando digo "adicção", não quero dizer somente dependência em drogas, mas de qualquer tipo. Às vezes, falo especificamente de alcoólicos.)

Embora os livros sejam lineares e compartimentados — você lê uma frase ou parágrafo que aborda um tópico de cada vez —, as pessoas existem em quatro dimensões de espaço/tempo, e a codependência é holográfica, afetando tudo na maneira como você vive sua vida. Ela não é nem linear nem tridimensional. Cada atributo afeta todos os outros. Este livro divide a codependência em partes, a fim de abordar seus aspectos variados, mas não é assim que você a experiencia. Por exemplo, apenas responder sim ou não a uma pergunta impacta sua autoestima, valores, barreiras, sentimentos e reatividade — tudo ao mesmo tempo. Além disso, há coisas do seu passado ou do presente sobre as quais você talvez não tenha consciência e esteja em negação. Elas também afetam tudo o que você diz e faz. Mesmo quando você compreende todas as variáveis em movimento, é impossível explicar o processo de maneira inteligível em poucas frases.

Este livro é muito abrangente e detalha em um só lugar tudo o que você precisa saber sobre codependência. Ele fornece ferramentas que você pode implementar para assumir um papel ativo em sua recuperação. Reorganizei esta segunda edição para acompanhar a maneira como você experienciaria a recuperação — primeiro, entendendo a definição, sintomas e causas, e, depois, participando do processo evolutivo de mudança e cura. No entanto, sinta-se à vontade para pular trechos e ler na ordem que quiser. Há referências cruzadas a outros capítulos que são relevantes ao tópico abordado. Foi acrescentado um novo capítulo para explicar o processo do trabalho com os Doze Passos, que é um importante método de recuperação.

Há exercícios de autodescoberta, que são uma parte importante do livro. Se você é profissional, fique à vontade para copiar e usá-los com seus clientes. Se ficar tentado a pular os exercícios, perderá um elemento fundamental, incluído para seu benefício, para ajudá-lo a mudar. Uma estratégia é ler atentamente o livro, e, então, voltar e fazer os exercícios no seu ritmo. Depois de fazê-los, você também pode repetir um exercício que achar útil, daqui a meses ou anos, e muito provavelmente vai adquirir novos conhecimentos sobre si mesmo. Alguns exercícios foram feitos para serem repetidos, e, como em todo exercício, você se beneficia a cada repetição.

Os novatos em codependência provavelmente não conseguirão implementar o conselho encontrado nos últimos capítulos. Se isso acontecer, não desanime. Se você começar a recuperação e pegar este livro mais para frente, talvez o leia com uma visão diferente e colha novas percepções e compreensões.

Pelo fato de a negação funcionar em um nível inconsciente, talvez você não a perceba, a menos que leia como outras pessoas a experienciam. Portanto, incluí vários exemplos que são combinações de situações de clientes e pessoas que conheci, inclusive próprias; qualquer semelhança com uma pessoa real é coincidência, já que os detalhes e fatos específicos foram modificados. Os nomes são fictícios e aparecem em **negrito.**

Penso que...

Por desconhecer sua familiaridade com a codependência, presumi, ao escrever este livro, que o conceito é completamente novo para você, que é alguém já em recuperação ou um profissional de saúde mental em busca de mais informações. Tentei escrever de modo que não profissionais fossem capazes de entender todos os conceitos; no entanto, algumas ideias são densas e escritas para quem deseja compreender os aspectos psicológicos mais profundos relacionados à codependência. *Certamente não escrita para leigos.*

Ícones Usados Neste Livro

O legal dos livros *Para Leigos* é que há ícones em toda parte, avisando-o sobre o que é realmente importante e o que você pode pular. Aqui estão os ícones usados neste livro:

LEMBRE-SE

Esse ícone marca uma informação particularmente importante. Embora todas as informações no capítulo sejam importantes, esses parágrafos se destacam como informações em que você deveria continuar pensando.

DICA

O ícone Dica aparece ao lado de sugestões úteis que você pode colocar em prática na superação da codependência.

PAPO DE ESPECIALISTA

Esse ícone acompanha informações técnicas de psicólogos, pelas quais você talvez não se interesse. Leia-o se quiser ter uma compreensão mais profunda sobre a codependência.

CUIDADO

Procure por esse ícone, que o alerta para as armadilhas da codependência ou para o início do tratamento.

AUTODESCO-
BERTA

Esse ícone destaca exercícios ou sugestões para o trabalho de recuperação, que você pode fazer por conta própria em casa.

EXEMPLO

Esse ícone chama sua atenção para exemplos que ilustram um princípio ou conceito abordado no parágrafo anterior.

Além Deste Livro

Você pode acessar a Folha de Cola online no site da editora Alta Books (`www.altabooks.com.br`). Procure pelo título do livro ou ISBN.

De Lá para Cá, Daqui para Lá

O trecho pelo qual você deve começar a ler depende do quanto sabe sobre codependência. Se está só começando a investigá-la, inicie pela Parte 1. Se estiver pronto para começar a recuperação, recomendo que arranje um diário para fazer anotações, escrever sobre você mesmo e fazer os vários exercícios concebidos para esclarecê-lo e estimular sua recuperação.

Lembre-se: Ler é só o começo; abre sua mente para o problema. Superar a codependência exige tempo, trabalho e apoio. Então, leia tudo o que puder, converse com outros codependentes em recuperação e encontre um padrinho em um programa de mútua ajuda, um coach ou profissional de saúde mental para guiá-lo em sua jornada. Para ler informações específicas sobre como conseguir apoio externo e onde encontrá-lo, vá aos Capítulos 6 e 17.

6   Codependência Para Leigos

1

Começando a Superar a Codependência

NESTA PARTE...

Aprenda a definição e as características da codependência.

Avalie se você apresenta algum dos seis sintomas-chave da codependência, incluindo negação, vergonha e baixa autoestima, bem como barreiras disfuncionais e padrões de comunicação.

Responda a perguntas que o ajudam a avaliar seu nível de codependência.

> **NESTE CAPÍTULO**
>
> » Apresentando-o à codependência
>
> » Informando-o sobre a história e as controvérsias da codependência
>
> » Encarando o problema
>
> » Entendendo os estágios da codependência e da recuperação
>
> » Identificando objetivos de recuperação

Capítulo 1

A Codependência Dói

Todos os relacionamentos têm seus problemas. Há épocas em que as pessoas que você mais ama o machucam e o desapontam, e você se preocupa quando elas estão sofrendo. Adictos ficam obcecados com a "droga" que escolhem, seja álcool, comida ou sexo. Eles fazem planos e aguardam ansiosamente por ela. Codependentes fazem isso com relacionamentos. Suas vidas giram em torno de outra pessoa — sobretudo aquelas a quem amam. Seus entes queridos ocupam seus pensamentos, sentimentos e conversas. Como coelhos agitados, eles reagem a qualquer coisa, deixam de lado suas necessidades e sentimentos, e tentam controlar o que não podem. Sentem dor e mais dor. Este capítulo o apresenta à codependência e ao significado de ser codependente. Ele explora os objetivos e o processo de cura, chamado de recuperação.

O que É Codependência?

Embora os médicos de saúde mental a reconheçam quando a veem, a definição de codependência e de quem a tem foi debatida durante décadas. (Dedico um capítulo inteiro — o Capítulo 2 — à explicação do que é a codependência.) Especialistas concordam que padrões de codependência são transmitidos de uma geração à outra e que eles podem ser desaprendidos — com ajuda.

Visão geral

Terapeutas e consultores veem pessoas com uma série de sintomas, como depressão, ansiedade, adicções ou questões ligadas à intimidade e a relacionamentos. Os clientes sentem dor e, com frequência, acreditam que a causa é algo externo, como um parceiro, um filho problemático ou um emprego.

Entretanto, ao examinar mais de perto, eles (e muitos leitores da primeira edição deste livro) começam a perceber que, a despeito de qualquer coisa que esteja acontecendo, seu comportamento e padrões de pensamentos estão contribuindo com seus problemas — isto é, seus padrões são *disfuncionais*. Esses padrões têm uma natureza viciante, obsessiva e compulsiva, o que chamamos de adicção, e significa que tem vida própria, apesar de suas consequências destrutivas. A raiz do problema é, geralmente, a codependência.

Por que as relações doem

Junto com conforto e prazer, relações íntimas trazem à tona, em particular, todas as suas esperanças, medos e anseios. Você quer se sentir seguro e ser amado, valorizado e cuidado. Depender daqueles que são mais próximos de você aumenta ainda mais suas necessidades emocionais e sua vulnerabilidade de ser rejeitado, julgado e visto pelo que tem de pior.

LEMBRE-SE

A codependência é um tipo particular de dependência. Ela é traiçoeira e poderosa. Ela rouba sua alegria, paz de espírito e a capacidade de ter relacionamentos amorosos duradouros. Ela afeta sua relação consigo mesmo, e limita sua flexibilidade e o fluxo natural das relações com outras pessoas, incluindo dar e receber amor, e a habilidade de se comunicar, de se comprometer e de resolver problemas.

Todos os sintomas que resumo no Capítulo 3 trabalham em conjunto, não somente para privar codependentes dos benefícios possíveis das relações como também criam problemas que, de outra forma, não teriam existido. Por exemplo, vergonha e baixa autoestima o deixam inseguro, ansioso e dependente da aceitação e validação de outros. Talvez você se sinta desconfortável ao ser você mesmo e fique ultrassensível a críticas percebidas ou ao abandono (mesmo quando nada disso existe). Talvez você tente controlar ou manipular pessoas a fim de manter um relacionamento e ser apreciado. Alguns codependentes demandam garantias constantes ou têm medo de ser diretos e honestos, o que é necessário para a comunicação eficaz e intimidade real.

LEMBRE-SE

Humilhações e traumas durante a infância ocultam seu self verdadeiro, o qual não conseguem acessar. Em vez disso, os codependentes desenvolvem uma persona no mundo que reage aos outros, à própria autocrítica e ao ideal imaginário de quem eles *deveriam* ser. Para ser aceito pelos outros e por você mesmo, você esconde quem é e se torna quem não é. Talvez você nem mesmo esteja ciente do quanto é autocrítico, mas sofre com a "tirania dos deverias" — expressão cunhada pela psicanalista Karen Horney (pronuncia-se "Rornái"). Mesmo que você não se identifique com isso, ela ainda funciona sob sua atenção consciente. Talvez você esteja atento somente à sua persona, ilustrada na Figura 1-1, e nem um pouco aos círculos internos.

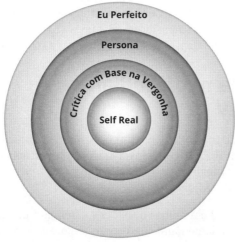

FIGURA 1-1: O self em confusão.

Por Darlene Lancer

Todas as relações exigem limites. O amor não está seguro sem eles. Contudo, muitos codependentes toleram ser tratados com desrespeito, pois não se valorizam. Eles não se permitem ser elogiados, amados de verdade ou definir limites. Eles fazem mais do que sua cota no trabalho ou em um relacionamento para obter aceitação, mas acabam se sentindo desvalorizados, usados ou ressentidos. Ao ler este livro, pergunte a si mesmo se suas relações o alimentam ou o consomem.

A vergonha também pode levar os codependentes a negar ou ignorar os próprios sentimentos e necessidades, tanto para si mesmos como em seus relacionamentos. Para lidar com isso, às vezes eles desconsideram o que está realmente acontecendo, ruminam preocupação ou ressentimento, ou, no fim, explodem. Sua negação e confusão a respeito das próprias barreiras e responsabilidades consigo mesmos e com os outros geram problemas de intimidade e comunicação. Em vez de aproximar casais, com frequência a comunicação é evitada, usada para manipular ou é altamente reativa, levando a um conflito crescente e/ou desistência. Nada se resolve. Eles terminam se sentindo presos e infelizes, porque seus sintomas os paralisam com medo de rejeição e solidão.

Os sintomas da codependência estão todos interligados. Eles levam a emoções dolorosas e a comportamentos autossabotadores que causam ciclos de feedback negativo. Este livro o ajuda a se desenredar e se libertar deles, e a criar ciclos de feedback positivo e de recuperação.

Revisando a História

Embora a codependência tenha sido reconhecida como doença há relativamente pouco tempo (datando dos anos 1970), suas características foram descritas como traços de neurose por Karen Horney, 75 anos atrás. O termo em si se desenvolveu fora do âmbito da terapia familiar com dependentes de álcool, acompanhando a fundação dos Alcoólicos Anônimos (AA), em 1935, por Bill Wilson, que ajudava os dependentes de álcool a alcançar a sobriedade.

O trabalho da neofreudiana Karen Horney

No fim dos anos 1930 e início dos anos 1940, os primeiros neofreudianos e humanistas começaram a focar o desenvolvimento da personalidade. Karen Horney, considerada a primeira psicanalista feminista, foi uma das principais proponentes da autorrealização.

Horney rompeu com Freud em muitas questões e acreditava que crianças têm um "self verdadeiro" fundamentalmente bom, que floresce em um ambiente saudável, empático e acolhedor. O esforço natural para tornar real o próprio caráter pode ser impedido por conta de educação parental fraca e influências culturais; no entanto, o autoconhecimento contribui muito para desacorrentar o self verdadeiro dessas influências negativas, permitindo-lhe prosperar. Horney conceitualizou uma personalidade compatível alienada do self verdadeiro que, hoje, assemelha-se a traços típicos de codependentes. Algumas de suas outras categorias de personalidades também podem ser codependentes. Sua influência é patente nas obras dos psicólogos humanistas Abraham Maslow e Carl Rogers, em meados do século XX.

LEMBRE-SE

Os codependentes reprimem seu Self real e seus sentimentos autênticos, e desenvolvem crenças profundas, baseadas na culpa, sobre quem são e os próprios direitos, necessidades e merecimento de serem amados. Isso acontece como reação à educação parental disfuncional na infância (como pais críticos, indiferentes, rígidos, invasivos, inconsistentes ou que os rejeitaram). Às vezes suas crenças são decorrentes de abuso, outras vezes são deduzidas do comportamento de pais emocionalmente indisponíveis. A vergonha também é um resultado da raiva que direcionaram contra si mesmos porque não a podiam direcionar aos pais, que admiravam e com quem contavam para sobreviver (veja o Capítulo 7).

"TENDÊNCIAS NEURÓTICAS", DE KAREN HORNEY

Horney descreveu três tipos de personalidade que as pessoas desenvolvem a fim de lidar com a autoalienação e o medo, o desamparo e o isolamento na infância. Inerentes à mistura de sentimentos de ansiedade, hostilidade e falta de valor, reprimidos em níveis variáveis. O primeiro grupo é constituído de indivíduos que acreditam que só podem se sentir amados e seguros se forem passivos e obedientes. O segundo abrange aqueles que veem a vida como uma batalha e concluem que devem ser agressivos e controladores, enquanto o terceiro grupo garante a própria segurança desistindo emocionalmente de interações.

Horney identificou dez tendências ou necessidades neuróticas que fundamentam esses três estilos. Embora as necessidades possam coincidir e lhe lembrar de necessidades normais, elas são *neuróticas* porque são compulsivas, guiadas pela ansiedade e desproporcionais à realidade. Elas são inapropriadas e não se diferenciam na prática. É normal querer agradar a seu chefe, mas querer agradar a todos é neurose. Várias destas tendências descrevem codependentes:

Primeiro estilo — Obediência neurótica

- Necessidade de afeto e aprovação.

- Necessidade de um parceiro, acreditando que o amor o fará feliz e que seu parceiro satisfará suas expectativas e responsabilidades.

- Necessidade de restringir seu comportamento e suas expectativas dentro de limites restritos, subestimando seu potencial e vivendo uma vida imperceptível.

Segundo estilo — Agressão neurótica

- Necessidade de poder e domínio sobre os outros, com desprezo pela fraqueza.

- Necessidade de explorar e manipular os outros, vendo-os como objetos a serem usados.

- Necessidade de reconhecimento social ou prestígio.

- Necessidade de admiração de seu self ideal.

- Necessidade de realização pessoal aliada a ressentimento quando os outros não o reconhecem.

Terceiro estilo — Retração neurótica

- Necessidade de autossuficiência e independência a ponto de evitar relações próximas.

- Necessidade de perfeição, preocupando-se com possíveis erros e sentindo--se superior aos outros.

- Necessidade de restringir seu comportamento e expectativas dentro de limites restritos, subestimando seu potencial e vivendo uma vida imperceptível.

CAPÍTULO 1 **A Codependência Dói** 13

LEMBRE-SE

Para sobreviver, muitos codependentes aprenderam a obedecer e a corresponder a um ideal imaginário (veja a Figura 1-1). Outros se afastaram ou se rebelaram. Quando adultos, alguns codependentes sentem-se constantemente inadequados, enquanto outros se identificam com seu self ideal e pensam que têm autoestima elevada. Muitos se tornam perfeccionistas para equilibrar a aversão que sentem por si mesmos. Talvez lutem para ser amados, bons, bonitos, realizados ou bem-sucedidos, esforçando-se para provar seu valor e/ou ser independentes e nunca mais precisar de ninguém. Contudo, quanto mais tentam, mais deprimidos ficam, porque estão abandonando o self verdadeiro que não foi alimentado por seus cuidadores originais. Alguns começam a terapia por conta de uma adicção ou problema de relacionamento, enquanto outros procuram entender por que estão deprimidos mesmo que tudo em suas vidas esteja dando certo.

A influência da terapia familiar sistêmica

Teorias familiares sistêmicas provêm do estudo da cibernética, da teoria sistêmica e da psicologia sistêmica. No campo da saúde mental, teóricos e terapeutas começaram a considerar cada vez mais a doença mental em um contexto familiar. Na prática clínica, os consultores reparavam que alguns pacientes melhoravam, mas, ao voltarem para suas famílias, seus comportamentos sintomáticos reapareciam. Os consultores deduziram que as dinâmicas familiares estavam mantendo ou mesmo causando a doença e começaram a focar as interações familiares.

Terapeutas que trabalhavam com dependentes de álcool observaram padrões repetitivos entre os cônjuges e familiares dos alcoólicos, que fortaleciam o hábito de beber. Viram maridos e esposas que repreendiam e tentavam lidar com um dependente de álcool sem saber que estavam tentando controlar uma doença incontrolável. Os membros da família exibiam características disfuncionais e foram inicialmente denominados de *codependentes de álcool*. De anos de decepções e submersão da própria personalidade, eles se tornaram conchas vazias. Sua autoestima e desespero estavam tão graves quanto os dos alcoólicos.

Surpreendentemente, os médicos descobriram que muitos dos problemas na família persistiam mesmo depois que os dependentes de álcool alcançavam a sobriedade. Eles descobriram que os padrões disfuncionais dos cônjuges eram anteriores ao casamento dependente de álcool, e continuavam nas relações novas e sóbrias. Eles perceberam que os codependentes de álcool tinham que se recuperar independentemente da pessoa e da relação que os levaram ao Al-Anon, o programa de Doze Passos para famílias de dependentes de álcool. Mais tarde, observou-se que esses padrões apareciam em outros que não estavam envolvidos com uma dependência, mas que cresceram em famílias disfuncionais (veja o Capítulo 7). Todas as suas descobertas, portanto, validaram e convergiram para a teoria psicanalítica.

O termo *codependência* surgiu no fim dos anos 1970 e, nos anos 1980, já era aplicado a dependentes e seus parentes, familiares de alguém com doença mental ou física crônica e cuidadores profissionais.

Adicção e programas de mútua ajuda

Pouco depois da fundação do AA, a esposa de Bill Wilson, Lois, percebeu que os cônjuges, a maioria esposas na época, precisavam de apoio. Ela começou a fazer reuniões nas casas dos membros. Essas reuniões se expandiram para incluir todos os parentes e amigos dos dependentes de álcool, e surgiu o Al-Anon. Nos anos 1950, um escritório central foi criado na cidade de Nova York para coordenar grupos que se disseminaram por todo o país e, hoje em dia, no mundo inteiro.

PAPO DE ESPECIALISTA

Outros programas anônimos de mútua ajuda começaram a se formar com base no modelo do AA, que provou ser bastante eficaz. Logo esses programas proliferaram. Depois que o Al-Anon fundou suas sedes, o Narcóticos Anônimos começou, em 1953, seguido pelo Jogadores Anônimos, em 1957, e o Comedores Compulsivos Anônimos, em 1960. Os anos 1970 viram a chegada do Saúde Emocional Anônimo, Dependentes de Sexo Anônimos, Dependentes de Amor e Sexo Anônimos, Devedores Anônimos e Filhos Adultos de Alcoólicos. A lista cresceu nos anos 1980 e incluiu, entre outros, os Viciados em Trabalho Anônimos, Fumantes Anônimos, Desorganizados Anônimos, Cocainômanos Anônimos, Maconheiros Anônimos e Compulsivos Sexuais Anônimos.

Por fim, em 1986, o programa de mútua ajuda Codependentes Anônimos (denominado CoDA) foi fundado por dois terapeutas, Ken e Mary, que cresceram em famílias disfuncionais e abusivas e tinham histórico de adicções. O CoDA também foi moldado nos Doze Passos do AA. Ao contrário do Al-Anon, a adesão não era associada a um relacionamento com um dependente de álcool. A única exigência, como indicado em seu preâmbulo, "é o desejo por relacionamentos saudáveis e amorosos". A reunião da Primeira Conferência Nacional sobre Codependência foi realizada em 1989.

Uma sociedade codependente

Com o aumento da conscientização sobre adicções, maus hábitos e compulsões começaram a ser caracterizados como dependências, e cada vez mais pessoas pareciam ter traços de codependência que comprometiam suas relações, tanto entre dependentes como entre pessoas próximas a eles. A autora e teórica de sistemas familiares, Virginia Satir, comentou que, das 10 mil famílias que estudou, 96% apresentavam pensamentos e comportamentos codependentes. No fim dos anos 1980, a ex-psicoterapeuta Anne Wilson Schaef chamou os Estados Unidos de sociedade adicta, em seu livro de 1988, *When Society Becomes an Addict* (HarperOne).

LEMBRE-SE

Pode ser que todo esse foco em relacionamentos seja uma consequência dos tempos em que vivemos, refletido no crescimento da terapia familiar, na liberação sexual das mulheres e nos movimentos de potencial humano. Em gerações anteriores, a intimidade era deixada para romances, poesia e fantasia, porque o foco estava na sobrevivência e na produtividade, mas hoje ela é considerada uma necessidade. Não é coincidência que o movimento de codependência tenha surgido nos Estados Unidos, o campeão da independência e do amor romântico — com a taxa mais alta de divórcios. Norte-americanos querem que o romance funcione! Qualquer que seja o motivo, quase todo mundo quer um relacionamento íntimo satisfatório — algo que parece escapar aos codependentes.

O debate sobre codependência

A polêmica acerca da codependência se divide em dois campos — pró e contra. De um lado, estão profissionais de saúde mental que defendem que ela é uma doença difundida e tratável. De outro, está o grupo de seus detratores, que argumenta que ela é tão somente um fenômeno social ou cultural, que é diagnosticada em excesso ou, então, um aspecto de relacionamentos que não precisa mudar. Os que estão no campo "contra" atestam que é natural precisar e depender dos outros. Eles afirmam que você somente prospera de verdade em um relacionamento íntimo, e acreditam que o movimento da codependência feriu pessoas e relações ao incitar independência demais e um falso sentimento de autossuficiência, que pode implicar riscos à saúde associados ao isolamento.

Outros opositores menosprezam a construção da codependência como sendo meramente um resultado de ideias ocidentais de individualismo e independência, que prejudicou as pessoas ao reduzir suas necessidades de conexão com as outras. Feministas também criticaram o conceito de codependência como sexista e pejorativo em relação às mulheres, afirmando que mulheres são tradicionalmente provedoras e historicamente estiveram em um papel não dominante por motivos econômicos, políticos e culturais. Investir nas próprias relações e parceiros não é um distúrbio, mas foi necessário para a autopreservação. Outros ainda discutem sobre os programas de mútua ajuda em geral, dizendo que promovem dependência em um grupo e vitimismo.

Comitês fizeram pressão para que a codependência fosse reconhecida como um distúrbio mental pela Associação Americana de Psiquiatria, o que permitiria a cobertura do tratamento pelo plano de saúde. Um obstáculo decisivo é a falta de consenso sobre a definição da codependência e dos critérios para o diagnóstico. Para fins de seguro, os médicos geralmente diagnosticam pacientes com ansiedade ou depressão, que são sintomas da codependência.

LEMBRE-SE

Aqui estão algumas coisas em que pensar, a fim de ajudar a relativizar os pontos de vista dos opositores:

» Os críticos da codependência estão corretos em afirmar que as pessoas são feitas para precisar, amar e cuidar das outras. Contudo, quando você olha as relações de codependência de perto, descobre que muitos dos benefícios de relações íntimas saudáveis escapam aos codependentes, por conta de seus padrões disfuncionais de interação. Em vez de se sentirem apoiados e valorizados pelos relacionamentos, os sintomas e as consequências da codependência provocam ansiedade nos relacionamentos e causam dor. Codependentes reclamam da sensação de solidão e infelicidade *nos* relacionamentos. De maneira similar, um "falso senso de autossuficiência" faz parte da codependência. Codependentes ignoram as próprias necessidades e dependem dos outros, e se sacrificam em um nível não saudável com frequência. Eles cuidam dos outros de um jeito que leva ao controle, ressentimento e conflito. O conceito de codependência não é o culpado pelo aumento do divórcio, da solidão e da infelicidade. *A codependência em si limita nossa habilidade de ter relacionamentos íntimos satisfatórios.*

» Alguns codependentes em recuperação escolhem viver um relacionamento abusivo ou doloroso como um ato de autopreservação. Permanecer em uma relação como essa também pode implicar riscos à saúde advindos do estresse crônico. A separação não precisa levar ao isolamento. É a codependência não tratada que faz as pessoas se isolarem. Em contrapartida, a recuperação ajuda os indivíduos a lidar com a solidão de maneiras saudáveis, aproximando-se dos outros. O objetivo é estabelecer relacionamentos saudáveis, acolhedores e interdependentes. Assim, a recuperação da codependência não exige o término de uma relação para se tornar independente. A meta é ser capaz de agir melhor e desfrutar de mais intimidade e independência *em* seus relacionamentos. Trabalhei com muitos codependentes individualmente e com casais cujas relações se beneficiavam quando eles se tornaram mais autônomos e assertivos. Considerar a codependência o que ela realmente é não cria o problema.

» Por fim, concordo que o termo *codependência* não deva ser usado para julgar pessoas. Ele surgiu do pensamento sociopolítico ocidental e deveria ser considerado em um contexto cultural e étnico. Talvez haja casos em que a codependência seja adaptativa, ou seja, promotora da adaptação e funcionalidade do indivíduo nos contextos da vida, e a mudança seria perturbadora. Isso constitui um problema, uma vez que ideias americanas e europeias se difundem na Ásia, no Oriente Médio e na África. Recebi cartas de homens e mulheres que se sentem em conflito entre seus desejos ávidos por independência e as restrições opressoras de sua religião e cultura. Muitos não têm o suporte institucional ou cultural necessário para a mudança que existe no Ocidente.

O Espectro da Codependência

Talvez você esteja se perguntando se é codependente. Pode ser difícil dizer em um primeiro momento, porque, a menos que você já esteja em recuperação, a negação é um de seus sintomas, conforme explico no Capítulo 4. Quer você se identifique ou não como codependente, ainda pode se beneficiar por atenuar quaisquer sintomas reconhecíveis. Você atuará melhor na vida. A recuperação o ajuda a ser autêntico, a sentir-se bem consigo mesmo e a ter relacionamentos mais honestos, abertos e íntimos.

LEMBRE-SE

Como a maior parte das coisas, a codependência varia em uma escala de mínima a grave. Quando você está sob estresse, os sintomas se alastram. Algumas pessoas apresentam somente sintomas leves, enquanto outras têm todas as características típicas (o Capítulo 3 descreve esses sintomas). Ao ler este livro, alguns aspectos e exemplos podem soar estranhos, enquanto você pode se identificar com outros. A gravidade da codependência varia de acordo com diversos fatores, como os seguintes:

» Sua genética.
» Sua cultura, incluindo suas crenças religiosas.
» Sua dinâmica familiar.
» Suas experiências traumáticas.
» Seus modelos.
» Suas dependências ou uso de drogas.
» Relacionamentos íntimos que você tenha ou tenha tido com adictos.

Se você é codependente, em geral os sintomas aparecem de alguma forma em todos os seus relacionamentos e, nos íntimos, em nível mais elevado. Ou talvez a codependência afete sua interação apenas com uma pessoa — um cônjuge ou parceiro amoroso, um dos pais, irmão, filho ou alguém do trabalho. A codependência talvez não o afete tanto no trabalho se você teve modelos eficazes para seguir ou aprendeu habilidades interpessoais que o ajudam a lidar com isso. Talvez você não estivesse com um problema até que uma relação em particular, um chefe ou o ambiente de trabalho o tenha provocado. Uma explicação pode ser que um dos pais tem uma personalidade difícil ou que o filho tem necessidades especiais, e o casal se adaptou aos próprios papéis de pais e um ao outro, mas evita intimidade.

LEMBRE-SE

O espectro da codependência está ilustrado na Figura 1-2. O vetor horizontal mostra como traços opostos da personalidade codependente se manifestam em um relacionamento. As pessoas podem inverter os papéis. Por exemplo, você pode ser o perseguidor em uma relação e, em outra, o que mantém a distância, ou ficar indo e voltando no mesmo relacionamento. Em um casamento com um dependente de álcool, o cônjuge sóbrio pode repreender e culpar o dependente irresponsável e carente, que se comporta como vítima. Então os modelos se invertem, e o dependente de álcool domina e controla seu parceiro. Às vezes o cônjuge que age como carente ou "louco" melhora, e o parceiro autossuficiente e invulnerável entra em colapso.

Tanto a doença quanto a recuperação existem em uma escala representada pelo vetor vertical na Figura 1-2. O comportamento codependente e os sintomas melhoram com a recuperação, descrita no topo; mas, se você não toma providências para mudar, eles pioram no último estágio, indicado na parte inferior.

Recuperação:
Autoestima
Consciência de Sentimentos e Necessidades
Criativo e Espontâneo
Pratica o Autocuidado
Relacionamentos Interdependentes
Comunicação Assertiva
Limites Intactos e Flexíveis
Empoderado e em Busca de Objetivos

Salvador, Cuidador Codependente
Controlador, Acusador
Ultrarresponsável, "Autossuficiente"
Invulnerável, Fechado Emocionalmente
Comunicação Disfuncional
Limites Disfuncionais
Medo de Intimidade
Mantém Distância

Egoísta, Posição de Vítima
Submisso, Domesticado
Irresponsável, Carente
Vulnerável, Emocional
Comunicação Disfuncional
Limites Disfuncionais
Medo do Abandono
Perseguidor

Última Fase:
Não Consegue Manter Relacionamentos
Entorpecido, Impotente, Sem Esperança,
Raiva e Conflitos Crescentes
Depressão, Desespero
Falta de Autocuidado
Desenvolvimento de Adicções
Doença Crônica
Isolamento
Comportamentos Suicidas

FIGURA 1-2:
O *continuum* da codependência.

Por Darlene Lancer

DICA

Ao familiarizar-se mais com os sintomas e características dos codependentes, talvez você veja a si mesmo. Se você se sentir sufocado pelo pensamento de ter codependência, concentre-se nos padrões e comportamentos que deseja mudar. Se estiver comprometido com a mudança, não importa se você se considera ou não codependente. Contudo, é importante perceber que ela não vai melhorar nem vai embora sozinha. O apoio é essencial, porque você não será capaz de fazer mudanças permanentes por conta própria.

CAPÍTULO 1 **A Codependência Dói** 19

As Fases da Codependência e da Recuperação

Os consultores que tratam famílias de alcoólicos consideram a codependência uma doença crônica, como outras dependências (veja o Capítulo 2), porque observaram que ela é progressiva. Os especialistas em dependências notaram que os cônjuges dos dependentes apresentavam sintomas gradualmente mais críticos, que se comparavam com os de alcoólicos. Nas fases finais, ambos tinham sérios problemas mentais e/ou físicos. Se não tratada, a codependência descia em espiral, assim como o alcoolismo. No entanto, ambos melhoraram significativamente quando o tratamento começou e compartilharam uma trajetória similar de recuperação.

LEMBRE-SE

Você pode começar a recuperação a qualquer momento para reverter o avanço adverso da codependência — quanto mais cedo, mais fácil. Esta seção resume características gerais significativas da primeira, da intermediária e da última fase da codependência e recuperação aplicada a relacionamentos. Ao ler as tabelas desta seção — Tabelas 1-1, 1-2 e 1-3 —, lembre-se do seguinte:

» Observe que, com o tempo, os sintomas do lado esquerdo das tabelas pioram gradualmente, enquanto aqueles do lado direito melhoram.

» Referências a adictos e a outras dependências somente se aplicam se você estiver envolvido com um dependente, caso em que os sintomas e sua progressão ficam mais evidentes. Há mais disfunção, sentimentos de impotência e conflito.

» Talvez você se identifique exclusivamente com os sintomas da primeira fase ou somente com alguns deles. Se começar a fazer mudanças agora, você pode mudar as coisas com mais rapidez.

Fase inicial

A primeira fase da codependência começa quando uma pessoa se apega a alguém e termina com uma dependência não saudável em relação a ele. Na recuperação, a fase inicial termina com a reivindicação sobre si mesmo.

O processo da psicopatologia

Talvez você se sinta atraído por uma pessoa carente ou esteja envolvido demais com um membro da família e, naturalmente, queira ajudá-lo ou agradá-lo. Aos poucos, você se torna cada vez mais dependente emocionalmente dessa pessoa e obcecado por ela, a ponto de perder o foco em si mesmo e começar a desistir de amigos próximos e de atividades.

O processo da recuperação

Você começa a sair da negação (veja o Capítulo 4), o que significa que enfrenta diretamente o problema e toma consciência da realidade — um pré-requisito para mudá-la. Essa mudança pode ser inspirada pela recuperação de outra pessoa ou pela leitura deste livro. Muito provavelmente, é disparada por um evento — uma chamada de atenção, denominada *fundo do poço*. A mudança se torna necessária. Em vez de ignorar ou minimizar os fatos, você os reconhece como difíceis e dolorosos, mas verdadeiros. Você pode não gostar deles, mas os vê como são.

A recuperação começa com a busca por informações e ajuda. Ao ler este livro, você já começou a procurar novas respostas e opções. Muitas pessoas começam psicoterapia ou aderem a um programa de mútua ajuda, que lhes dá esperança, e começam o processo de reconstrução da própria identidade. A Tabela 1-1 mostra as fases progressivas iniciais da codependência e da recuperação.

TABELA 1-1   ### Fase Inicial de Codependência e Recuperação

Progressão da Codependência	Recuperação da Codependência
Atraído por pessoas carentes; oferece ajuda, presentes, refeições	Chega ao fundo do poço e recorre a ajuda para si mesmo
Tenta agradar a pessoa	Aprende sobre codependência e adicção
Obcecado pela pessoa e por seu comportamento	Adere a um programa de mútua ajuda e/ou terapia
Racionaliza e duvida das próprias percepções	Começa a ter esperança
Negação sobre a adicção, mas a preocupação cresce	Sai da negação
Desiste das próprias atividades para ficar com a pessoa	Aprende que a recuperação é para si mesmo
Vida familiar e social afetadas	Foca novamente a si mesmo
Cada vez mais depende emocionalmente da pessoa	Começa a construir a própria identidade

Fase intermediária

A importante fase intermediária da codependência é aquela em que prevalecem a negação, as emoções dolorosas e os padrões de comportamento obsessivo-compulsivo. Você aumenta as tentativas de controle enquanto se sente fora de controle. Na recuperação, você reivindica independência, equilíbrio e maior paz de espírito.

O processo da psicopatologia

Sem apoio, a negação e o isolamento continuam, e os problemas pioram. Talvez você minimize e esconda, de si mesmo e dos outros, aspectos dolorosos de seu relacionamento e se afaste de atividades ao ar livre e dos amigos. Enquanto isso, sua obsessão com a relação ou com a adicção e a ansiedade, o ressentimento e a culpa correspondentes aumentam. Você faz mais para ajudar, capacitar e controlar a outra pessoa em sua adicção e pode, inclusive, assumir responsabilidades que não são suas (veja o Capítulo 4). Quando o humor oscila e os conflitos aumentam, alguns codependentes se voltam para drogas, comida, gastos ou outro comportamento viciante para lidar com isso.

O processo da recuperação

A fase intermediária é aquela em que a maior parte do trabalho de recuperação acontece. Você começa a praticar o desapego e percebe sua impotência em relação aos outros e a sua adicção (veja o Capítulo 9). À medida que o foco em si mesmo cresce, a responsabilidade consigo, o autoconhecimento e a autoavaliação também crescem, sendo partes da psicoterapia, assim como os programas de mútua ajuda. O AA enfatiza que o sucesso de um dependente de álcool na recuperação é baseado em uma rigorosa honestidade consigo mesmo. Isso também vale para codependentes e é um dos Doze Passos do CoDA.

LEMBRE-SE

Culpar os outros e as circunstâncias externas nega seu poder para mudar de fato e alcançar a felicidade. Mesmo que seja vítima de abuso, você encontra poder para mudar suas circunstâncias e respostas quando o centro de controle muda do agressor para você mesmo. A autoanálise também inclui trabalhar questões da infância que talvez tenham culminado em sua codependência, como explico nos Capítulos 7 e 8.

LEMBRE-SE

Embora a percepção sobre seu comportamento seja fundamental, é insuficiente para a mudança. Tomar decisões, atitudes e correr riscos é necessário durante a fase intermediária (veja o Capítulo 16). Isso acontece quando você está pronto, e não pode ser forçado. É difícil mudar mesmo quando você sabe que as coisas melhorariam, como ao aceitar um emprego melhor ou se mudar para uma região agradável. Correr riscos quando o resultado é incerto exige coragem — para se aventurar do desconforto familiar ao novo território. Esse é um dos motivos por que o apoio é essencial; veja os Capítulos 6 e 18.

Durante a fase intermediária, você faz novos amigos, participa de atividades ao ar livre e é capaz de ser assertivo e impor limites (veja os Capítulos 13 e 11). Ao se tornar independente emocionalmente, você toma mais cuidado consigo mesmo, e a reatividade, a permissividade e o comportamento controlador diminuem.

A Tabela 1-2 mostra a progressão da codependência e da recuperação na fase intermediária.

TABELA 1-2 **Fase Intermediária de Codependência e Recuperação**

Progressão da Codependência	Recuperação da Codependência
Nega/minimiza aspectos dolorosos do relacionamento	Compreende a impotência
Esconde de outras pessoas aspectos dolorosos do relacionamento	Início da confiança em uma fonte espiritual
A ansiedade, a culpa e a autoculpabilização aumentam	Começa a se desapegar
A autoestima diminui	O autoconhecimento aumenta
Afasta-se do contexto familiar e dos amigos	Faz novos amigos
Vigia obsessivamente a pessoa e a adicção	Desenvolve atividades ao ar livre
Tenta controlar por meio de insulto, culpa, manipulação	Para de possibilitar e controlar
A raiva e a decepção por conta de promessas não cumpridas aumentam	Aprende a assertividade
Sente ressentimento pela incapacidade de controlar a pessoa	Assume a responsabilidade por si mesmo
O humor oscila, e ocorrem conflitos e violência crescentes	Aumenta o autocuidado e a autoestima
Possibilita e administra as responsabilidades da pessoa	Impõe limites e se torna menos reativo
Esconde o segredo (ou adicção) da família	Tem mais independência emocional
Usa comida, álcool, drogas, compras ou trabalho para superar	Cura feridas da infância

Fase final

Na fase final da codependência e da recuperação, o contraste entre doença e saúde é mais acentuado. O mundo do codependente sem tratamento se estreitou de maneira significativa, e seu nível de saúde e efetividade declinaram severamente, enquanto o mundo do codependente recuperado se expandiu e passou a incluir uma predisposição a assumir riscos, ter melhores relacionamentos e novos objetivos.

O processo da psicopatologia

À medida que a doença avança, a raiva e o conflito ficam comuns, e a autoestima e o autocuidado declinam mais. O desespero, o vazio e a depressão prevalecem. O estresse crônico da codependência se manifesta em novos sintomas, como o estresse relacionado a problemas de saúde (veja o Capítulo 3), comportamentos obsessivo-compulsivos e adicções novas e mais avançadas. Esses comportamentos e adicções podem incluir monitorar o adicto, ser permissivo, limpar a casa, fazer dieta, comer demais, ter casos extraconjugais, fazer exercícios, gastar e usar drogas legais ou ilegais.

O processo da recuperação

Na fase final da recuperação, sua autoestima e confiança retornam. Você está empoderado para buscar os próprios objetivos e é mais expansivo, criativo e espontâneo (veja o Capítulo 16). Você deseja se expressar completamente apenas pela alegria absoluta e pela liberdade que isso traz. Assim que ocorre a mudança do foco para alguém diferente, você entende totalmente que sua felicidade não depende dos outros e já não sente mais uma necessidade desesperada de estar em um relacionamento. Ao mesmo tempo, você fica mais desejoso e capaz de conseguir a intimidade autêntica (veja o Capítulo 15).

A Tabela 1-3 mostra a progressão da codependência na fase final se você não fizer nada e as recompensas que colhe se persistir na recuperação.

TABELA 1-3   Fase Final de Codependência e Recuperação

Progressão da Codependência	Recuperação da Codependência
Desenvolve sintomas físicos	A felicidade não depende dos outros
Sente raiva, desânimo e depressão	A autoestima e a confiança retornam
Comportamento obsessivo-compulsivo, adicções	Tem poder próprio e vai atrás dos objetivos
Novo declínio na autoestima	É expansivo, criativo, espontâneo
Desespero e falta de autocuidado	Vivencia o amor-próprio
Conflitos crescentes	Capacidade para interdependência e intimidade

LEMBRE-SE

A recuperação da codependência exige manutenção permanente, dentro ou fora de um relacionamento. Esse é o motivo pelo qual as pessoas continuam em programas de mútua ajuda depois de terem abandonado um adicto ou deixado uma adicção para trás. Somente depois de vários anos as mudanças e ferramentas da recuperação e saúde se tornam parte de você.

Mudanças Esperadas

O objetivo geral da recuperação é se tornar um indivíduo totalmente eficaz, capaz de viver uma vida autêntica. Isso significa que seus sentimentos, valores e comportamento são coerentes e que você fica tranquilo sozinho e em relacionamentos íntimos.

Examinando os quatro passos básicos

Sua jornada para a recuperação (e a organização deste livro) segue, basicamente, estes passos:

1. **Construindo autoconhecimento**

Para construir autoconhecimento, você ganha informação e sai da negação.

2. **Curando sua relação consigo mesmo**

Para curar sua relação consigo mesmo, você precisa se conhecer, curar a vergonha e as feridas do passado, construir a autoestima e descobrir o prazer — desenvolvendo passatempos, por exemplo.

3. **Curando suas relações com os outros**

Para curar suas relações com os outros, você abandona o foco nos outros (esse também é um pré-requisito para o Passo 2), aprende a ser assertivo, impõe limites e tem relacionamentos saudáveis.

4. **Expandindo sua relação com o mundo**

Indo atrás de paixões e objetivos mais significativos

A recuperação implica conhecer, valorizar, acreditar e se expressar livremente, em consonância com seus sentimentos e valores. Para isso, este livro aborda novas ferramentas de aprendizagem, atitudes e hábitos em relação a seus pensamentos, sentimentos, ações e autoestima, conforme listadas nesta seção. Considere acompanhar seu progresso ao trabalhar com os próximos capítulos e continue desenvolvendo sua recuperação. Acrescente os próprios objetivos ao seguir em frente.

Como você pensa

A primeira prioridade é elevar sua consciência, pensar e entender a codependência e a adicção, e também como cada uma delas afetou e continua afetando

CAPÍTULO 1 **A Codependência Dói** 25

sua família e sua vida. Objetivos cognitivos específicos incluem compreender sua separação dos outros, desprender-se e dar aos outros a dignidade de ser responsáveis por si, ao mesmo tempo em que assume responsabilidade por você mesmo. Objetivos permanentes são desenvolver consciência de seus pensamentos, valores, crenças, necessidades e comportamento, e reduzir preocupações obsessivas repetitivas, bem como diálogo interno negativo. Sua lista pode incluir o seguinte:

Entender a codependência (veja especialmente os Capítulos 2, 3 e 4).

Entender a adicção e sua dinâmica familiar (veja os Capítulos 4, 7 e 14).

Entender como a adicção pode ter afetado você (veja o Capítulo 7).

Sair da negação (veja o Capítulo 4).

Aceitar sua impotência diante da adicção (veja o Capítulo 12).

Entender e praticar o conceito de desapego (veja o Capítulo 12).

Conscientizar-se dos limites com os outros (veja os Capítulos 3, 14 e 15).

Adquirir consciência dos pensamentos, incluindo julgamentos de si mesmo e dos outros (veja o Capítulo 10); preocupações e medos (veja o Capítulo 12); racionalizações (veja o Capítulo 4) e fantasias e obsessões (veja os Capítulos 4 e 12).

Identificar suas necessidades e como satisfazê-las (veja os Capítulos 3, 8, 9 e 10).

Adquirir consciência de crenças e valores (veja o Capítulo 9).

Testar seus pensamentos e crenças em contraste com a realidade (veja os Capítulos 4, 7 e 9).

Desenvolver habilidades para tomada de decisões (veja o Capítulo 16).

Adquirir consciência de comportamento codependente (veja o Capítulo 3), incluindo agradar (Capítulo 2), manipular, controlar (Capítulo 9) e possibilitar.

O que você sente

Por não o terem ensinado a identificar seus sentimentos ou por seu ambiente da infância ter impedido a livre expressão deles, é provável que você nem sempre esteja ciente de seus sentimentos. Ter emoções é diferente. Codependentes podem chorar e sentir raiva, mas não são capazes de nomear um sentimento ou saber por que estão chateados. Normalmente, os codependentes sentem culpa pelos sentimentos negativos das pessoas e pensam que os outros os fazem se sentirem culpados ou nervosos.

LEMBRE-SE

Assumir responsabilidade por seus sentimentos, e não pelos dos outros, é um processo de aprendizado gradual, mas essencial. Objetivos importantes são: tornar-se capaz de identificar, nomear e expressar abertamente seus sentimentos. Isso pode ser um desafio se você não estiver habituado a chorar ou a se sentir vulnerável, mas é um passo saudável em direção à cura. Pessoas que estão sobrecarregadas de sentimentos precisam controlá-los e entendê-los. Em cada passo, você precisa ser capaz de expressar seus sentimentos para os outros de maneira adequada. Seus objetivos podem incluir:

Substituir desespero por esperança (veja os Capítulos 6, 11 e 17).

Identificar e aceitar seus sentimentos (veja o Capítulo 9).

Identificar e aceitar sentimentos sobre seu trabalho e sobre os outros (veja o Capítulo 9).

Fazer um diário de sentimentos (veja o Capítulo 9).

Conectar pensamentos, necessidades, sentimentos e atitudes (veja o Capítulo 9).

Distinguir os seus sentimentos dos sentimentos das outras pessoas (veja os Capítulos 3 e 12).

Assumir responsabilidade pelos próprios sentimentos (veja os Capítulos 3, 9, 10 e 12).

Não assumir responsabilidade pelos sentimentos dos outros (veja os Capítulos 3 e 12).

Compartilhar sentimentos em grupo ou com um terapeuta (veja os Capítulos 6 e 17).

Encarregar-se de sua raiva (veja os Capítulos 3, 8 e 11).

Lamentar suas perdas (veja o Capítulo 8).

Compartilhar seus sentimentos em relacionamentos pessoais seguros (veja os Capítulos 14 e 15).

Confortar a si mesmo quando tiver sentimentos negativos (veja os Capítulos 8, 10 e 11).

Sua autoestima

Sua autoestima reflete como você se sente a respeito de si mesmo. Ela intensifica ou prejudica seus relacionamentos, seu sucesso profissional, seus estados de espírito e sua sensação de bem-estar. Substituir vergonha e baixa autoestima por autorrespeito e autovalorização é o fundamento da recuperação (veja o Capítulo 10). Ir atrás de todos os objetivos descritos neste capítulo melhora sua autoestima, mas você pode se beneficiar disso ao dar atenção específica ao seguinte:

Confrontar o diálogo interno negativo (veja o Capítulo 10).

Curar a vergonha (veja os Capítulos 3, 7 e 8).

Ser gentil consigo mesmo (veja os Capítulos 8 e 10).

Assumir responsabilidade pelas suas atitudes (veja os Capítulos 9, 10, 12 e 19).

Autoafirmar-se (veja os Capítulos 10 e 16).

Aceitar-se (veja os Capítulos 9 e 10).

Reduzir a culpa e perdoar-se (veja os Capítulos 10 e 19).

Satisfazer suas necessidades (veja os Capítulos 5, 8 e 9).

Compartilhar seus sentimentos em reuniões de mútua ajuda e na terapia (veja os Capítulos 6 e 18).

Confiar e amar a si mesmo (veja o Capítulo 10).

Ir atrás de objetivos (veja o Capítulo 16).

Encorajar-se e se dar prazer (veja os Capítulos 8 e 11).

O que você diz

Praticar a comunicação assertiva melhora seus relacionamentos e constrói a autoestima. Seus objetivos podem incluir os seguintes, abordados no Capítulo 13 e também nos outros capítulos indicados:

Ser honesto e direto.

Formular afirmações utilizando o "Eu".

Assumir posicionamentos.

Aprender a não reagir (também no Capítulo 12).

Conscientizar-se da comunicação abusiva (também no Capítulo 3).

Impor limites e dizer não.

Ser capaz de resolver problemas em seus relacionamentos.

Lidar com conflitos.

O que você faz

Há uma máxima no AA: "Tome uma atitude, e os sentimentos virão em seguida." Seus pensamentos e sentimentos determinam seu comportamento, mas as atitudes também mudam seus pensamentos, crenças e sentimentos. Ler sobre a codependência e entendê-la, e também compreender como você se tornou codependente, é importante, mas assumir riscos e se comportar de maneira diferente faz você se entender e o transforma. Tomar uma atitude não significa entrar com tudo para "consertar" um problema. Isso complica a situação e impede que as coisas funcionem naturalmente. Há outra frase — quase oposta à que se diz no Al-Anon: "Não saia agindo, sente-se aqui." É necessário coragem e força para fazer o oposto do que você normalmente faz e para conter o comportamento habitual. Objetivos práticos incluem comunicar-se de maneira diferente e impor limites. Eles também incluem as seguintes atividades:

Fazer um diário (Capítulo 9).

Participar de reuniões de mútua ajuda e/ou orientações (veja os Capítulos 6 e 18).

Não ser permissivo (veja os Capítulos 3 e 12).

Praticar o desapego e cuidar da própria vida (veja o Capítulo 12).

Estabelecer uma prática espiritual (veja o Capítulo 11).

Desenvolver um comportamento interdependente (veja os Capítulos 14 e 15).

Desenvolver passatempos e interesses (veja os Capítulos 11 e 16).

Tomar uma atitude para satisfazer suas necessidades (veja os Capítulos 8, 9 e 12).

Definir e ir atrás de objetivos (veja o Capítulo 16).

Construir relações acolhedoras (veja os Capítulos 6, 11 e 17).

Recorrer à ajuda quando estiver sofrendo (veja os Capítulos 6 e 17).

LEMBRE-SE

Não fique desanimado se não conseguir alcançar alguns desses objetivos. Muitos se manifestam nas fases intermediária e final da recuperação. Você está em uma jornada — uma aventura maravilhosa, às vezes dolorosa, mas feliz de autodescoberta.

30   PARTE 1 **Começando a Superar a Codependência**

NESTE CAPÍTULO

» Definindo codependência

» Compreendendo a essência da codependência

» Esclarecendo o que a codependência não é

Capítulo **2**

Por Favor, Alguém Me Diga o que É Codependência

Os médicos gostam de classificações para falar a respeito de uma doença e estudá-la. Isso os ajuda a identificar sintomas, utilizar tratamentos comprovados e a compreender a origem de um distúrbio. Isso também fomenta a pesquisa. Eu não gosto de classificações, porque elas ignoram a singularidade de cada um e fazem com que as pessoas se sintam mal a respeito de si mesmas! Os codependentes, em especial, já se sentem mal a respeito de si mesmos! Eles se sentem humilhados e inferiores. Por outro lado, a vantagem de uma definição é que, quando se esclarece e se pode dar nome a um problema, sabe-se onde buscar ajuda e como abordar um tratamento. Sua condição tem um nome e, com sorte, uma solução. Um diagnóstico o encoraja a assumir a responsabilidade por seus problemas. Uma vez identificado, você consegue encontrar outros que compartilham de sua experiência e fornecem informações, ferramentas e apoio. Em vez de ficar andando por uma loja olhando coisas para comprar, você pode ir direto ao departamento que tem as respostas de que precisa.

Se você não gosta do termo *codependência*, desconsidere-o; mas se você se alinha com alguns aspectos discutidos os foque e, então, utilize as etapas de ação sugeridas que achar úteis.

Definindo a Codependência

Hoje em dia, não há consenso sobre a definição de codependência. Ela não foi reconhecida pela Associação Americana de Psiquiatria (APA) para inclusão no *Manual Diagnóstico e Estatístico de Transtornos Mentais* (DSM), revisado periodicamente para atualizar a descrição dos critérios que definem as psicopatologias.

Em 1989, 22 líderes da área foram convocados para uma conferência nacional e elaboraram uma tentativa de definição de codependência: "Codependência é um padrão de dependência dolorosa de comportamentos compulsivos e aprovação dos outros, a fim de apreciar a si mesmo, encontrar segurança e identidade. A recuperação é possível." No entanto, isso não acabou com as tentativas de definir codependência. Conforme orientação do especialista, várias definições foram sugeridas com enfoque nas causas, comportamentos e sintomas, dinâmica familiar ou na habilidade de uma pessoa em formar relacionamentos amorosos. As definições de autores e pesquisadores no campo da codependência expandiram o termo para além da convivência com uma pessoa quimicamente dependente:

» **John Friel e Linda D. Friel:** "A codependência é... um padrão disfuncional de vida proveniente da família de origem e da cultura que leva ao desenvolvimento de uma identidade aprisionada. Os codependentes reagem exageradamente a eventos externos, enquanto ignoram sinais internos e sentimentos."

» **Charles Whitfield:** "Os codependentes são alienados de seu self verdadeiro por conta de feridas que ocorreram durante a infância."

» **Melody Beattie:** "Um codependente... deixa o comportamento de outra pessoa afetá-lo e é obcecado por controlar o comportamento dessa pessoa."

» **Earnie Larsen:** "A codependência é... uma capacidade reduzida de iniciar ou de participar de relacionamentos amorosos."

» **Robert Subby:** "A codependência resulta... de exposição prolongada a regras opressivas."

» **John Bradshaw:** "A codependência é... um sintoma de abandono — a perda da própria realidade interna e uma adicção em uma realidade externa."

PARTE 1 **Começando a Superar a Codependência**

Algumas dessas definições são generalizadas demais e outras, muito restritas. Os críticos concordam que as definições incluem pessoas "normais" e, portanto, são inúteis. Eu discordo, pelos motivos seguintes:

> » Essas pessoas "normais" estão sofrendo. É normal se preocupar com alguém e ajudar quem está com problemas ou arruinando a própria saúde e os relacionamentos por conta de uma adicção, mas esses auxiliares se tornam disfuncionais quando o problema domina sua mente, espírito e saúde.
>
> » A codependência se tornou "normal". Isso não a torna saudável.
>
> » A maioria dos codependentes "parece bem". Muitos dos críticos que não são especialistas em saúde mental talvez conheçam pessoalmente ou trabalhem com codependentes que parecem agradáveis, confiáveis e que fazem ou trabalham mais do que precisam. Esses críticos leigos não estão cientes de que os codependentes, por dentro, estão ansiosos e cheios de culpa.
>
> » A maioria das escolas, sistemas burocráticos e empresas raramente encoraja o pensamento independente; eles premiam a obediência.
>
> » Cada vez mais pessoas estão usando drogas prescritas e ilícitas e adotando comportamentos viciantes para lidar com a codependência inerente.

LEMBRE-SE

A codependência causa sofrimento nos relacionamentos havendo ou não um adicto identificado, ou se a pessoa vive ou não sozinha, ou se tenta controlar o comportamento do outro. Muitos codependentes não cresceram com abuso. Minha definição vai ao cerne da codependência: um Self perdido, que inclui adictos e também muitos daqueles que os amam.

> *Um codependente é uma pessoa incapaz de atuar com base no próprio self inato e, em vez disso, organiza o pensamento e o comportamento em torno de uma substância, de um processo ou de outra(s) pessoa(s).*

Um *processo* é uma atividade. Podem ser, por exemplo, apostas, sexo, compras ou trabalho. Embora essa definição inclua pessoas dependentes de substâncias e processos, a sobriedade ou a abstinência do processo podem ser obtidas antes de se enfrentar a codependência inerente. Em alguns casos, como trabalho e comida, a abstinência pode significar moderação dentro de algumas referências.

O Cerne da Codependência — Um Self Perdido

Você nasceu único, com uma capacidade inata de sentir e responder à sua consciência interna e ao ambiente externo. É assim que você planeja, cria e se relaciona com os outros a partir de sua experiência autêntica. O desenvolvimento desse processo natural foi interrompido ou negado aos codependentes.

O termo *Self* é vago e difícil de identificar e definir. É seu ser único e essencial. Talvez esteja codificado em seu DNA, esperando para ser incorporado, desenvolvido e expresso. Eu o escrevi com inicial maiúscula para lembrar-lhe de que é a parte mais ampla do Eu em que normalmente não se pensa. O famoso psicanalista Carl Jung o concebia como um princípio coerente e unificador que integra a totalidade do que você é — tanto o centro como o todo de sua psique. Ele compreende:

» Personalidade.

» Subconsciente.

» Consciência.

» Ego (ele o ajuda a lidar com a realidade, mas constitui somente uma pequena parte).

Os codependentes se adaptaram a e reagiram ao comportamento dos outros a fim de enfrentar, em vez de se reportar a, os impulsos internos do Self. Com o tempo, esses impulsos foram obscurecidos e velados por uma personalidade representante, e a habilidade de acessá-los se enfraqueceu. Por isso, o lema dos Codependentes Anônimos é "Para o self verdadeiro", o que pode ser um verdadeiro desafio.

LEMBRE-SE

Alguns codependentes reclamam que se sentem "uma fraude", ou que experienciam uma lacuna entre o seu eu público e o eu interior. Quando você não consegue se conectar com seu Self, acha difícil identificar sentimentos, tomar decisões e impor limites. Você reage a pessoas e a situações, e procura os outros para obter respostas, validação e aprovação. Às vezes, você pode se sentir ressentido, perdido e confuso, o que leva à depressão. Os codependentes permanecem em relacionamentos infelizes pela dor devida à rejeição e à solidão. Alguns renunciam a compromissos e ficam sozinhos, a fim de evitar se perderem novamente.

É uma adicção? Uma doença?

O psiquiatra Timmen Cermak sugeriu pela primeira vez, em 1988, que a codependência é uma doença. *Doença* pode soar mórbido, mas significa apenas uma condição com sintomas detectáveis e progressivos que prejudicam o funcionamento normal.

PAPO DE ESPECIALISTA

O alcoolismo foi denominado uma doença em 1956 pela Associação Americana de Medicina (AMA). Em 1991, a AMA categorizou-o como doença, ao lado da dependência de drogas. O AA e os médicos adotaram o modelo médico de doenças muito antes, dando continuidade à publicação, em 1960, de *The Disease Concept of Alcoholism* [O *Conceito de Alcoolismo como Doença*, em tradução livre], de E. Morton

Jellinick. Isso foi considerado uma vitória, porque tirou boa parte da vergonha acerca do alcoolismo para o indivíduo e a sociedade em geral.

Desde então, especialistas em adicções aplicaram o modelo médico de doenças para dependência de sexo, comida e apostas. O mesmo se deu com a codependência. Algumas pessoas contestam a classificação como doença, porque afirmam que ela estigmatiza, desencoraja e enfraquece a pessoa que tenta se recuperar. Elas afirmam que isso faz as pessoas acreditarem que não têm nenhum poder para interromper seu comportamento dependente e que nunca poderão melhorar. Outros discordam, dizendo que ela exclui a vergonha e o tratamento punitivo próprio da adicção, que deveria ser tratada com a mesma empatia e vigilância que uma doença física, como diabetes ou hipertensão.

PAPO DE ESPECIALISTA

Durante anos, as pessoas discutiram se era necessário haver um componente biológico na dependência para qualificá-la como doença e se era possível identificá-lo. Hoje, exames cerebrais de dependentes revelam anomalias no centro de prazer do cérebro que processa dopamina, que cria sensações de prazer e satisfação. O mesmo foi considerado verdadeiro para uma adicção comportamental, como fazer apostas. Se a disfunção no centro de prazer precede a dependência é uma questão em aberto. Investigações continuam a examinar como os genes desempenham um papel nas adicções. Pesquisas têm mostrado que fatores ambientais, incluindo questões parentais e traumas, afetam a expressão genética e o desenvolvimento da dependência. O trauma e a depressão afetam a química do cérebro, mas a psicoterapia e as mudanças comportamentais, também, incluindo pensamentos e sentimentos positivos.

LEMBRE-SE

Quer você acredite ou não que a codependência é uma adicção ou uma doença, a escolha de se recuperar é sua. Se não gosta das classificações, não as use.

Dependências cruzadas

Adictos são dependentes por definição. Eles se tornam dependentes do objeto de sua adicção a fim de subsistirem e passam a maior parte do tempo conectados com a dependência. Quando estão em abstinência, muitos desenvolvem adicções cruzadas. Para testemunhar adicções cruzadas em primeira mão, é só ir a uma reunião do Alcoólicos Anônimos (AA) para ver quantas pessoas estão fumando. Dependentes de álcool sóbrios começam a fumar como inveterados, comer demais, desenvolver adicção em sexo e assim por diante. Alguns dependentes de comida que fizeram a cirurgia bariátrica para perder peso comem menos, mas se tornam dependentes de álcool ou de compras.

Há muitas causas para a dependência, mas pesquisas em neurociência demonstraram que, quando os dependentes param de cultivar a primeira adicção e adotam outra, *estão no mesmo nível de dependência.* Por exemplo, quando um jogador compulsivo se abstém dos jogos, corre o risco de começar a beber como se tivesse sido dependente de álcool durante todos esses anos. Além dos motivos físicos, ele não fez o trabalho de recuperação a nível emocional para curar seu Self perdido. É aí que entra a codependência.

LEMBRE-SE

Quando os dependentes desistem da adicção, eles têm, então, que lidar com as próprias emoções. Em vez disso, muitos que estão solteiros querem logo um romance (chamado no AA, em tom de brincadeira, de "13º passo"). Eles são confrontados diretamente por todos os problemas de relacionamentos e intimidade que evitavam. Há os que apadrinham novatos e tentam controlar a vida deles e, inclusive, ficam obcecados com seu "bebê". Novamente, o problema inerente da codependência vem à tona. Às vezes, leva anos antes que eles fiquem dispostos a encarar suas questões de codependência, se o fazem, o que pode contribuir para uma recaída.

Troca de adicções e obsessão também podem acontecer com membros do Al-Anon ou do Codependentes Anônimos. Quando parei com meu comportamento codependente, comecei a fazer dietas compulsivamente. Fui ao Comedores Compulsivos Anônimos para abandonar minha obsessão por dietas, que havia substituído minha obsessão por meu marido. As obsessões mentais foram meu meio de lidar com a ansiedade e os sentimentos reprimidos (veja o Capítulo 4 para ler mais informações sobre negação).

DICA

Este livro foca a relação do codependente com seu Self perdido e suas interações com os outros. Ele não lida especificamente com a superação da adicção em drogas ou outros processos, embora curar o Self faça parte disso. Para saber mais, confira *Addiction and Recovery For Dummies* [Adicção e Recuperação Para Leigos, em tradução livre] de Brian F. Shaw, Paul Ritvo e Jane Irvine (John Wiley & Sons Publishing).

As mulheres e a codependência

Vejo muitos homens codependentes em minha prática clínica; no entanto, as mulheres constituem a maioria. Há vários motivos:

» **Biológico:** Mulheres são biologicamente ligadas a relacionamentos. Seu sistema límbico profundo aumenta sua capacidade de criar laços e sua receptividade a sentimentos. Sob estresse, homens se preparam para agir, enquanto os hormônios femininos as preparam para cuidar de crianças e fazer amizade com outras pessoas.

» **Evolucionário (identidade de gênero):** Em geral, meninas são mais dependentes de seus pais e mais emocionalmente envolvidas com eles. Para elas, a perda de um relacionamento é o maior fator de estresse. Elas são mais receptivas aos valores parentais, e uma separação que ameaça a ligação emocional com seus pais gera ansiedade. Portanto, a autonomia é seu maior desafio. Ao contrário das meninas, os meninos precisam se separar de suas mães e se identificar com os pais, a fim de estabelecer sua identidade masculina. Para os homens, a intimidade é um desafio.

- » **Político:** Em todo o mundo, as mulheres têm sido submissas aos homens e marginalizadas no acesso à igualdade salarial, direitos e poder. A opressão durante gerações tornou as mulheres mais obedientes. Isso persiste hoje em dia. Elas são muito mais traumatizadas por abuso físico e sexual do que os homens, o que diminui sua autoestima.

- » **Cultural:** Na maioria das culturas, as meninas são mais reprimidas e têm menos oportunidade de autonomia. Tanto os hormônios quanto as normas sociais incentivam os meninos adolescentes a ser mais rebeldes e autônomos. Eles ganham mais liberdade e se dispõem a lutar por ela.

- » **Religioso:** Muitas religiões patriarcais veem as mulheres em um papel subserviente aos homens e defendem que sejam obedientes a seus maridos, irmãos e outros homens. Mulheres têm menos liberdade e direitos, e podem ter menos acesso à educação ou cargos de autoridade.

- » **Social:** As mulheres sofrem com baixa autoestima e depressão muito mais do que os homens. Não é claro se isso é causa, subproduto ou paralelo à codependência; no entanto, as atitudes sociais são uma causa contribuidora. Um estudo da Dove descobriu que mais de 40% das mulheres está infeliz com o próprio visual, e mais de dois terços sofre de pouca confiança em relação a seus corpos. Muitas culparam as modelos retocadas e idealizadas pelo estabelecimento de padrões irreais e inatingíveis. Infelizmente, isso começa na infância. Sete em cada dez meninas estão insatisfeitas com o próprio visual. Uma grande quantidade delas pratica comportamentos autodestrutivos.

O que a Codependência Não É

LEMBRE-SE

É importante notar que qualquer definição de codependência pode incluir pessoas que têm um ou mais distúrbios mentais; por exemplo, transtorno obsessivo-compulsivo, transtorno de deficit de atenção, transtorno bipolar e/ou transtornos de personalidade, como narcisismo, dependências ou borderline. Eles exigem diagnóstico para determinar o cuidado mais apropriado. O tratamento específico vai além do escopo deste livro. O diagnóstico deve ser deixado para um profissional, e o tempo gasto quebrando a cabeça diagnosticando alguém próximo de você — atividade comum de um codependente — seria mais bem aproveitado trabalhando em você mesmo.

A codependência também não é cuidado, bondade ou interdependência. Tenho ouvido pessoas queixarem-se de que foram rotuladas de "codependentes" por cuidar de um parente doente ou ajudar alguém. O comportamento codependente em uma situação específica não torna uma pessoa codependente. Uma avaliação de codependência é baseada em um padrão comportamental mais abrangente e acompanhado de outras características, descritas no Capítulo 3. Esta seção observa a diferença entre o que é e o que não é codependência.

Codependência não é cuidado

Muitas pessoas, sobretudo mulheres, gostam de proteger e cuidar dos outros. Alguns fazem disso uma profissão, inclusive eu. Mães são ligadas ao cuidado com seus filhos. O *cuidar* codependente é diferente de cuidar de alguém. De fato, com a codependência há mais receber do que dar, quando as necessidades do doador prevalecem. Isso porque o cuidado provém da abundância, e tomar cuidado decorre de necessidade e carência. Quando o cuidado se torna o cuidar codependente? Leia os casos a seguir e decida você mesmo.

EXEMPLO

Jill e **Jane** deixaram seus empregos para cuidar das mães, que estão morrendo; uma mulher é codependente e a outra, não. Dê uma olhada nos casos a seguir e pense no que torna uma delas codependente (para ler mais sobre cuidado, veja o Capítulo 3).

Jill gosta de seu trabalho. Ela é a única parente que pode cuidar de sua mãe. Com relutância, dá-se conta de que passar os últimos meses que sua mãe tem de vida com ela é uma prioridade, então pede demissão. Ela providencia uma ajuda de meio período alguns dias por semana, a fim de ter tempo para si mesma. Jill se exercita, conversa com amigos em busca de apoio e faz o melhor nessas circunstâncias para manter o equilíbrio e a harmonia da própria vida, o que nutre tanto a si como sua mãe.

Jane se sente obrigada a deixar o emprego para ajudar sua mãe. Ela culpa e guarda rancor de seus irmãos por não dividirem o fardo; contudo, não pede a eles que colaborem. Ela se sente responsável pelo tratamento médico de sua mãe e se preocupa com isso. Ela passa o dia inteiro com a mãe e tenta, sem sucesso, convencê-la a ver um curandeiro. Sua mãe a encoraja a descansar um pouco, mas Jane se sente muito culpada e preocupada para ter tempo para si mesma e está cansada o tempo todo.

O cuidado codependente de Jane tem responsabilidade inapropriada e controle muito intenso. Ela se sente culpada e rancorosa, porque se acha responsável pela mãe, e ainda assim negligencia as responsabilidades em relação a si mesma. Jane assume o tratamento de sua mãe, dá conselhos indesejados e não pede ajuda aos outros para poder manter o controle. Por fim, ela está preocupada demais e cheia de culpa para cuidar de si mesma, mesmo que sua mãe pareça precisar dela menos do que imagina. Jill, por sua vez, oferece cuidados à sua mãe, mas não negligencia as próprias necessidades, então, não guarda rancor. Os codependentes doam até doer.

Codependência não é bondade

LEMBRE-SE

Sem dúvida, é natural e gratificante ser útil e bondoso com os outros. No entanto, a bondade codependente provém da baixa autoestima — receber mais do que dar. Muitos codependentes não têm escolha! Eles não conseguem dizer não. Assim como no cuidado, não se trata tanto de ações que determinam a codependência, mas o estado mental de quem concede os agrados. A questão essencial é se você está se dedicando com autoestima ou com culpa, medo ou insegurança.

EXEMPLO

Suponha que **Bill**, **Brad** e **Bob** gostam de se dedicar a suas namoradas e sempre as deixam escolher onde jantar.

Bill deixa a namorada escolher para evitar desapontá-la e um possível conflito, porque tem medo de perdê-la.

A autoestima de Brad é estimulada ao deixar a namorada escolher restaurantes caros, mesmo que ele prefira pedir comida pelo telefone.

Bob não se importa com o lugar onde vai comer, mas é assertivo em outros assuntos.

Bill teme o abandono; então, deixar a namorada escolher o restaurante é um tipo de suborno. Muitas pessoas gostam de agradar e demonstrar bondade com os outros e se sentem bem quando isso é valorizado, mas não temem que o relacionamento esteja em risco. Brad está preocupado sobretudo com sua autoimagem. Ele não pode deixá-la saber quem ele realmente é — também por temer o abandono. Somente Bob está agindo por vontade própria em vez de por medo ou baixa autoestima. Portanto, o ponto principal não é o que você faz e sim por que o faz.

Codependência não é interdependência

Quando o assunto é relacionamento, não importa se a dinâmica é codependente ou saudável, a interdependência pode não ser evidente à primeira vista. Aqui estão os extremos, para você entender a ideia. A maioria dos relacionamentos está no meio-termo entre eles.

O inferno na relação

Ainda que de fora um casal codependente pareça física, intelectual e financeiramente independente, na realidade há dois adultos emocionalmente dependentes e inseguros. Em vez de igualdade, proximidade e respeito, há um desequilíbrio de poder e/ou brigas por poder. Uma pessoa pode prever as necessidades da outra e, então, sentir-se culpada, ansiosa ou guardar rancor a respeito disso. Eles não são apenas afetados um pelo outro; eles reagem e se sentem responsáveis pelos sentimentos e estados de espírito um do outro. Direta ou indiretamente, tentam controlar o outro a fim de satisfazer suas necessidades. Eles se sentem menos livres no relacionamento e temem tanto a intimidade quanto a separação, o que ameaça seus selfs inseguros.

O paraíso na relação

O apego geralmente se desenvolve em relacionamentos íntimos. Quando duas pessoas se amam, é natural quererem estar juntas, sentirem saudades e se preocuparem uma com a outra. Com o tempo, suas vidas e rotinas ficam interligadas. Elas gostam de se ajudar e se incentivar. Elas precisam, dependem e são afetadas uma pela outra, mas estão equiparadas e assumem a responsabilidade pelas próprias vidas, assim como pela sua contribuição no relacionamento. Suas vidas são interdependentes. Elas não temem intimidade e a independência não é vista como ameaça ao relacionamento. Na verdade, o relacionamento dá ainda mais liberdade a elas. Elas respeitam e apoiam os objetivos pessoais uma da outra, mas estão comprometidas com o relacionamento (veja o Capítulo 15 para ter uma visão mais aprofundada).

EXEMPLO

Dois casais, os **Jones** e os **Brown**, sempre passam os fins de semana jogando tênis de dupla em um circuito de competições. Um casal é codependente.

Os Jones se consideram os melhores amigos um do outro. Eles gostam dos torneios de tênis e socializam com outros casais que conhecem. Eles saem revigorados e relaxados, e conseguem conversar sobre os desafios de seu jogo, seus erros e estratégias com uma postura que ajuda um ao outro e seu jogo.

Os Brown discutem depois de todos os jogos. A esposa tentou sair, mas o marido ameaça fazer o circuito de tênis sozinho. Ela normalmente demora para se arrumar. Ele fica com raiva, ela se sente culpada, e eles não conversam a caminho do jogo. Mais tarde, ele critica o jeito como ela joga. Eles raramente socializam, exceto quando vencem, mas mesmo assim o marido tenta aperfeiçoar o jogo dela.

LEMBRE-SE

Não é o tempo que passam juntos, e sim a dinâmica do relacionamento que é determinante. Os Jones cooperam e tratam um ao outro com respeito. Eles se nutrem com a companhia um do outro e conseguem ficar próximos. Os Brown são emocionalmente reativos um ao outro, e não é seguro ficar aberto e próximo por conta da incompletude de seus selfs individuais. Talvez eles tenham momentos românticos e se sintam "um", mas então reagem como um bumerangue. Nesse exemplo, o poder está desequilibrado, e o marido é emocionalmente abusivo. A esposa tenta expressar seu poder e raiva chegando constantemente atrasada, mas não pode abandonar o jogo, porque tem medo do abandono. Ele também, por isso ameaça deixar de jogar com ela, mas não o faz. Eles estão aprisionados um ao outro e são incapazes de conversar sobre seus problemas.

> **NESTE CAPÍTULO**
>
> » Definindo autoestima e vergonha internalizada
> » Explicando limites
> » Entendendo a dependência
> » Reconhecendo padrões de comunicação codependente
> » Identificando cuidado e controle
> » Dando uma olhada na negação
> » Descobrindo emoções dolorosas

Capítulo **3**

Sintomas de Codependência

Todo mundo tem mágoas. Algumas pessoas, mais do que outras. Você tem medo de se aproximar, de ficar só, de ser machucado, de ser controlado, de ser julgado? Essas são suas mágoas de codependência. Você não percebe uma ou outra e, no fundo, não acredita em sua importância. Infelizmente, suas feridas o deixam com vergonha de ser quem é — de ser humano —, então você as esconde dos outros, inclusive de si mesmo. Isso é negação.

Neste capítulo, descrevo os aspectos e os sintomas principais da codependência. Talvez você tenha alguns, mas não todos, não o tempo todo nem com todo mundo. Os sintomas e a gravidade variam de codependente para codependente.

Vergonha Oculta

LEMBRE-SE

A vergonha é um sentimento doloroso de desmerecimento, inadequação e alienação. Às vezes, você pode se sentir exposto e alienado, como se outras pessoas pudessem ver seus defeitos. Ela faz com que você queira se esconder e ficar

CAPÍTULO 3 **Sintomas de Codependência** 41

invisível. Todo mundo tem vergonha, inclusive pessoas com autoestima elevada, que, em geral, sentem-se bem consigo mesmas. A vergonha é saudável quando evita que você faça algo que normalmente é considerado socialmente inaceitável, como defecar em público ou gritar em uma biblioteca.

Os sintomas físicos da vergonha são:

- Evitar contato visual.
- Afastamento.
- Paralisação.
- Transpiração.
- Ombros caídos.
- Cabeça baixa.
- Tontura.
- Náusea.

LEMBRE-SE

Normalmente, a vergonha passa depois de um incidente embaraçoso, mas para os codependentes ela é internalizada de experiências na infância (veja o Capítulo 7). Ela fica lá, esperando ser ativada, e persiste muito depois do evento, como uma ferida que nunca foi curada. Você tem vergonha de quem é. Ela é generalizada, paralisa a espontaneidade e o determina. Você não acredita na própria importância ou que é digno de amor, respeito, sucesso e felicidade. Você se acha ruim, defeituoso, inadequado, um impostor, um fracasso ou coisa pior.

A vergonha crônica internalizada faz com que a vergonha comum se torne mais intensa e dure mais, e gera a *vergonha ansiosa*, que atinge de forma generalizada sua sensação de ser aceito por si mesmo e pelos outros. A vergonha extrema e prolongada causa desânimo, desespero e até entorpecimento psíquico, fazendo você se sentir morto por dentro, como um zumbi. A vergonha internalizada causa baixa autoestima e a maior parte dos sintomas de codependência, como ficar agradando, adicções, controle, cuidado, depressão, falta de assertividade, problemas de intimidade e perfeccionismo. Os sentimentos básicos originários da baixa autoestima e vergonha internalizada estão listados na Tabela 3-1.

TABELA 3-1 **Sentimentos Básicos da Codependência**

Baixa autoestima	Vergonha	Medo	Culpa
Você Não Tem:	*Você Sente:*	*Você Teme:*	*Você Sente Culpa por:*
Autoconfiança	Desmerecimento	Abandono	Seus sentimentos
Fé em si mesmo	Falta de amor	Rejeição	Suas ações

Baixa autoestima	Vergonha	Medo	Culpa
Você Não Tem:	Você Sente:	Você Teme:	Você Sente Culpa por:
Autoaceitação	Ansiedade	Cometer erros	Suas necessidades
Responsabilidade consigo mesmo	Falta de importância	Críticas	Sentimentos alheios
Proatividade	Falta de merecimento	Fracasso e sucesso	Ações alheias
Respeito próprio	Aversão por si mesmo	Intimidade	Necessidades alheias
Autoestima	Autocrítica	Poder próprio	Problemas alheios

LEMBRE-SE

A vergonha internalizada cria uma sensação crônica de inferioridade. Talvez você inveje e se compare negativamente com pessoas que admira. Talvez você acredite que nunca é o suficiente, que não está fazendo o suficiente, que não é atraente o suficiente, esperto o suficiente ou bom o suficiente. Como a vergonha é dolorosa, talvez você não esteja consciente dela e pense que tem uma boa autoestima. Talvez você se vanglorie ou se sinta arrogante e superior a quem você ensina ou supervisiona, pessoas de classes e/ou culturas diferentes, ou qualquer um a quem julgue. Ao desvalorizar os outros, você se impulsiona mais a fim de negar e esconder a vergonha de si mesmo. A maioria dos codependentes oscila entre sentir-se inferior e superior. Para saber mais sobre vergonha internalizada e codependência, leia meu livro *Conquering Shame and Codependency: 8 Steps to Freeing the True You* (Hazelden).

Baixa autoestima

Considerando que a vergonha é um sentimento, a autoestima reflete o que você pensa em relação a si mesmo. É uma autoavaliação. A *autoestima* é sua opinião real sobre si mesmo. Sua autoestima pode ser alta ou baixa, mas não é baseada no que os outros pensam. Em vez de Autoestima (com "A" maiúsculo para enfatizar a *auto*avaliação), os codependentes recorrem aos outros para obter valor e validação. Outras pessoas e coisas fazem com que se sintam bem ou mal. É possível dizer que codependentes são "definidos pelo outro".

LEMBRE-SE

Você conhece a sensação de terminar um projeto difícil, vencer uma competição ou apenas ter um dia ótimo com os amigos. Pessoas com autoestima elevada se sentem assim na maior parte do tempo. A maioria das pessoas se sente abatida quando é repreendida pelo chefe, tem um contratempo financeiro ou fica doente, mas esses sentimentos são transitórios e não refletem a verdadeira Autoestima, positiva ou negativa. A autoestima boa não varia significativamente com eventos externos. Você não se sentirá mal consigo mesmo quando coisas ruins acontecerem porque elas são externas, e não um reflexo de seu Self essencial. Você sabe que tem os recursos para se recuperar. Mas, quando

CAPÍTULO 3 **Sintomas de Codependência**   43

pessoas com baixa autoestima sofrem perdas ou decepções, elas se sentem derrotadas. A Tabela 3-2 compara os sinais da autoestima elevada e da baixa.

TABELA 3-2 ## Sinais de Autoestima Elevada e Baixa

Autoestima Elevada	Autoestima Baixa
Sabe que você é o bastante	Sente que "não é o bastante"; compara-se e se incrementa
Sabe que você tem valor e importância	Falta de autoconfiança e importância
Sente-se competente	Pede a opinião dos outros
Gosta de si mesmo	Precisa da aprovação dos outros e é autocrítico
Demonstra honestidade e integridade	Deixa os outros decidirem, concorda com eles e lhes agrada
Confia em si mesmo	Duvida de si mesmo e se sente indeciso
Tem compaixão pelos outros	Critica os outros e é sensível a críticas
Demonstra responsabilidade por si mesmo e pelos outros	Ignora os próprios sentimentos, desejos e necessidades
Aceita elogios e atenção	Desvia ou duvida do elogio e não gosta de atenção
É otimista	Falta de confiança e proatividade
Tem respeito e compaixão por si e pelos outros	Falta de respeito e compaixão por si mesmo

Se você é codependente, provavelmente sua autoestima é baixa. Talvez você baseie seu valor próprio em dinheiro, beleza, prestígio ou em ser excelente em alguma coisa — até em ser excelente pai/mãe —, mas nada disso é autoestima. O que acharia de si mesmo se perdesse seu dinheiro, aparência, prestígio ou se seu filho se tornasse dependente em drogas? Há celebridades lindas e de sucesso que não gostam de si mesmas, e pessoas medianas e comuns com autoestima elevada. A autoestima tampouco é baseada no bom desempenho se suas atitudes são motivadas por um desejo de obter aprovação ou reconhecimento dos outros — por isso a expressão: "Você é somente tão bom quanto sua última façanha." Isso é como buscar a "outroestima". Talvez você pense bem sobre si mesmo, sem perceber que está tudo baseado nesses fatores externos.

Por estarem desconectados de si mesmos, em geral os codependentes têm dificuldade de autoafirmação e de seguir sua orientação interior. Talvez você fique confuso ou incapaz de tomar decisões, sempre pedindo a opinião de outra pessoa. Talvez não saiba o que realmente quer e consulte os outros a fim de ser apreciado e amado. Quando você conhece suas necessidades e desejos, pode dispensá-los ou ficar com eles, ou concordar com alguém para evitar conflito — especialmente em relacionamentos próximos.

LEMBRE-SE

A baixa autoestima pode deixá-lo hipercrítico, a ponto de você encontrar defeito em tudo o que diz respeito a si mesmo — como se sente, age, sua aparência, suas necessidades, o que pensa, diz ou faz. Você pode, inclusive, odiar e abominar a si mesmo. Como a maioria das pessoas, é provável que não perceba a extensão dos julgamentos que faz de si. Ele o deixa sensível à crítica e a sentir-se criticado quando não o é. Quando recebe elogios, atenção ou presentes, você fica constrangido e inventa desculpas, por não se achar merecedor. Ser autocrítico também o torna crítico em relação aos outros.

DICA

Não desanime. Há esperança. A autoestima elevada pode ser adquirida, e uma autoestima frágil pode ser transformada em autovalorização. Este livro e seus exercícios são elaborados para ajudá-lo a começar.

Agradar — Ser um camaleão humano

Há codependentes que se viram do avesso para se ajustar aos outros. Eles não estão centrados em si mesmos e querem, desesperadamente, que os outros os aprovem, gostem deles, os amem ou, pelo menos, precisem deles. Se você for assim, deseja tanto a afeição dos outros que tenta virar um camaleão humano para agradar, ajustar-se e obter a aceitação de outra pessoa.

Você se sente ansioso se os outros estão descontentes com você e dá preferência às necessidades, sentimentos e opiniões deles em vez dos seus. Na verdade, você silencia as próprias necessidades, sentimentos, pensamentos e valores, às vezes até para si mesmo, para se tornar aquilo que você acredita que é esperado ou desejado por outra pessoa, sobretudo em relações românticas — nas quais o bicho pega. Você tenta se encaixar, ser perfeito, bonzinho, ter boa aparência, ser responsável, ficar bem e tomar conta dos outros, escondendo, além disso, suas feridas, sua vergonha e sua dor. Quando se sente extremamente inseguro, você pode imitar atitudes e sentimentos alheios ou fingir que se sente e se comporta da maneira que supõe que a outra pessoa quer.

LEMBRE-SE

Quanto mais você olha para fora a fim de mensurar como deveria se sentir, pensar e se comportar, maior é o distanciamento de seu Self interior e mais forte é a necessidade de depender de alguma coisa ou de alguém, tal como o dependente usa uma droga para preencher o vazio criado pela separação do Self. Agradar dá alívio somente temporário e constrói uma necessidade de mais, até a atração por aquele "outro" se tornar uma adicção.

Culpa — "Estou sempre arrependido"

A culpa é diferente da vergonha. Enquanto a vergonha é um sentimento ruim que você tem a respeito de si mesmo como pessoa, a culpa é um sentimento sobre o que você disse ou fez que viola seus padrões pessoais, uma lei ou um princípio ético, como ferir alguém. Para codependentes, é difícil se livrar da culpa, e ela se agrava quando acessa sentimentos ocultos de vergonha. Você pode se sentir culpado ("Não deveria ter feito aquilo") e, logo em seguida, com vergonha ("Sou tão egoísta, ou perdedor etc.").

EXEMPLO

David é contador. Sábado ele percebeu que cometeu um erro na declaração de renda de um cliente. Ele não a havia enviado ao cliente ou à Receita Federal, mas estava tão movido pela culpa e bravo consigo mesmo que não conseguiria esperar até segunda-feira para corrigir o erro. Ele interrompeu um passeio com a família para ir ao escritório. Sua culpa não saudável roubou sua paz de espírito, porque acionou uma vergonha internalizada.

LEMBRE-SE

Sentimentos são parte de sua condição humana, mas codependentes se sentem culpados e com vergonha deles. Você se pergunta o que é normal e julga seus sentimentos. Talvez você diga a si mesmo que não deveria se sentir desse jeito e sentir-se culpado quando está nervoso, ou talvez pense que há algo de errado com você quando está triste ou deprimido. Você fica relembrando eventos e conversas passados e se culpa por "erros" percebidos. A Figura 3-1 mostra o Self encoberto por pensamentos e emoções negativos de codependência. Repare nos limites rompidos.

EXEMPLO

Susan estava saindo com uma pessoa nova. A cada semana de terapia, ela detalhava o que acontecia e o que era dito no encontro anterior. Ela concluía com: "Então, o que você acha?" Ela queria saber se havia dito ou feito algo de "errado" e o que o homem estaria pensando sobre o relacionamento. Seu foco estava em adaptar-se para conquistá-lo, para preencher seu Self deficiente.

LEMBRE-SE

Os codependentes também se sentem culpados e envergonhados a respeito das próprias necessidades, dificultando pedir ajuda ou o que desejam. Eles se consideram fracos, indulgentes, carentes ou egoístas.

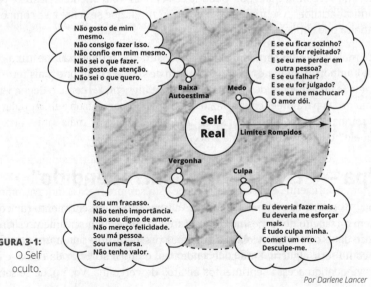

FIGURA 3-1: O Self oculto.

Por Darlene Lancer

EXEMPLO

Shirley ficou perplexa quando soube que teria que desocupar seu apartamento rapidamente. Quando sugeri a ela que pedisse ajuda a um amigo ou parente para fazer as malas, ela protestou: "Eu não poderia." Ela supôs que suas necessidades eram tão incômodas para os outros quanto foram para seus pais.

EXEMPLO

Stanley tinha anos de experiência como executivo, impondo limites a funcionários e fazendo com que as necessidades da empresa de seu contratante fossem atendidas, mas, quando se tratava das necessidades dele, era o contrário. Mesmo magoado com sua esposa exigente, ele não conseguia lhe dizer não ou pedir o que queria sem se sentir culpado. Ele postergava os convites de amigos que o chamavam para pescar no fim de semana, convencendo-se de que sua vontade de ir era egoísta. Ele não percebia que desvalorizar suas necessidades refletia sua baixa autoestima, mas, em vez disso, culpava a esposa.

LEMBRE-SE

Os codependentes sentem-se culpados não somente pelos próprios sentimentos, mas também pelos sentimentos de outras pessoas. Sentem-se, equivocadamente, responsáveis por elas. Talvez você se sinta culpado se seu cônjuge não gostar do filme que você escolheu, mesmo que ele tenha concordado em vê-lo. Em relacionamentos, você não consegue discordar sem se sentir culpado. Você está sempre pedindo "desculpa" por seus "erros" e se esforça mais com maior frequência, em vez de confrontar o comportamento de seu parceiro. Se ele estiver de mau humor ou tiver uma emoção dolorosa, como raiva ou tristeza, você primeiro pensa "onde foi que eu errei?", mesmo quando não está sendo culpado. Você fica na defensiva. A culpa interfere na maneira como você ouve a outra pessoa, perpetuando o conflito.

Sentir-se indigno e não merecedor o torna um ímã para a punição. Você fica suscetível a aceitar a raiva e a culpabilização abusiva dos outros como prova adicional de que é você que está errado — até quando é acusado de causar a adicção ou o comportamento abusivo de outra pessoa. Por causa da baixa autoestima, em vez de impor limites, você tenta agradar ainda mais o acusador e ganhar sua aprovação. Contudo, acusadores também são codependentes. Eles não assumem a responsabilidade pelas próprias atitudes por causa da baixa autoestima e se defendem da vergonha culpando os outros pelo próprio comportamento. Nem quem acusa nem quem agrada está centrado no próprio Self.

A difícil busca pela perfeição

LEMBRE-SE

Não existe perfeição no mundo, apenas na mente dos perfeccionistas. É um padrão ilusório sempre inalcançável. Como perfeccionista, você nunca sabe o que é bom o suficiente. Em sua mente, você está sempre fracassando. A comparação constante com padrões ideais cria autojulgamento e culpabilização contínuos — não somente para um comportamento específico, mas de você como pessoa. Assim como com David, o contador do exemplo anterior, ações compulsivas em busca da perfeição são defesas contra esses sentimentos.

A combinação de vergonha, culpa e perfeccionismo é contraproducente, sobretudo quando você busca o amor de alguém incapaz de amar ou que ama apenas esporadicamente. Você se esforça mais para ser perfeito e ganhar amor a fim de provar que é digno de amor e, assim, validar sua autoestima e reprimir seus sentimentos internos de vergonha.

Alguns codependentes extremos tentam provar seu valor por meio de conquistas. Sua compulsão é guiada pela vergonha internalizada por serem falhos. Um estudante enlouquecido por conta de um 9,5 em uma prova ou porque errou uma questão é um perfeccionista guiado pela vergonha. Outros nem tentam porque pensam que são um caso perdido. Estudantes que acreditam em mensagens humilhantes de que são preguiçosos, fracassados ou burros são incapazes de se destacar na escola.

Outro exemplo é uma mulher cuja aparência deve estar sempre perfeita. Até sua casa deve estar impecável. Sua vergonha pessoal é projetada em seu ambiente, que ela vê como um reflexo de seu Self intolerável e defeituoso. Qualquer coisa lascada, empoeirada ou fora do lugar gera uma ansiedade lancinante, que ela só consegue extirpar consertando a coisa em vez de corrigir seus sentimentos a respeito de si mesma.

Quais São Meus Direitos e Limites?

LEMBRE-SE

Limites são uma expressão da autoestima. Eles definem onde suas necessidades terminam e as dos outros começam. Eles estabelecem fronteiras entre você e os outros que lhe permitem incorporar seu Self individual. O conhecimento sobre limites protege você dos outros e impede-os de violar os limites alheios. Eles são aprendidos durante o crescimento, quando os pais protegem e respeitam seus limites e o ensinam a não invadir os dos outros. Se não lhe ensinaram, você não reconhecerá quando estiver sendo inconveniente, e, se seus pais invadiram seus limites, parecerá natural que os outros o façam. Para ter limites saudáveis, comece conhecendo a si mesmo, seus sentimentos e extremos. A Figura 3-2 mostra três limites disfuncionais.

FIGURA 3-2: Graus de limites.

Limites Fracos | Limites Rompidos | Limites Rígidos

Por Darlene Lancer

Meus limites

Os limites influenciam todos os aspectos de sua vida e como você interage com o mundo. Para o propósito dessa discussão, eu os dividi em tipos diferentes. Os quatro limites principais são:

> Materiais.
> Físicos, inclusive sexual.
> Mentais.
> Emocionais.

Limites materiais

Os limites materiais se referem a dividir suas posses e seu dinheiro. Pessoas sem limites dão e emprestam sem critério. Pegar ou emprestar dinheiro ou pertences sem permissão ou sem devolvê-los também demonstra falta de respeito pelos limites alheios.

Limites físicos e sexuais

Limites físicos e sexuais se referem à sua privacidade e a como, quem e quando você permite que alguém entre em seu espaço ou o toque. Quando se nega a crianças o direito à privacidade ou o controle sobre seus corpos, seus limites físicos são violados. Você pode ter uma noção dos limites das pessoas pela distância que elas ficam de você, quer ofereçam um aperto de mão, abraço ou beijo. Se você se distancia e elas persistem, então você sabe que elas não estão respeitando seus limites e que os delas são diferentes dos seus. Outro exemplo é alguém que telefona em horas inapropriadas ou se lança em um monólogo unilateral sem consideração pelo ouvinte. No entanto, o ouvinte, ao não estabelecer limites, também falha, demonstrando que não os tem. Os limites podem mudar de acordo com os relacionamentos, conforme mostrado no exemplo a seguir.

EXEMPLO

A mãe de **Jill** deu a ela mensagens ambíguas; proibiu Jill de mexer em sua bolsa ou pertences, mas invadiu os limites de Jill ao ler sua correspondência e inspecionar suas gavetas. Quando Jill se casou, não quis ser como sua mãe e respeitou os limites de seus filhos, mas não sentia que tinha direito à privacidade com seu marido e sentiu-se culpada por ter tempo para si mesma ou se recusar a discutir seu tratamento com ele.

LEMBRE-SE

Se você foi física ou sexualmente abusado quando criança, talvez tenha problemas para impedir o abuso físico ou investidas sexuais indesejadas, por conta de limites físicos ou sexuais fracos ou inexistentes. Limites sexuais também podem ser violados com nudez inapropriada, flerte ou linguagem provocativa.

CAPÍTULO 3 **Sintomas de Codependência** 49

EXEMPLO

Francis foi molestada quando criança por sua babá. Ela não foi protegida, e as palavras "Pare com isso" não existiam em seu vocabulário. Quando ficou adulta, foi incapaz de impedir a violência de seu marido. No que dizia respeito ao sexo, ela pensava que era um dever conjugal mesmo quando não queria fazê-lo, pois não havia curado seu trauma de ter sido molestada e acreditava que não tinha o direito de dizer não ao marido.

LEMBRE-SE

Limites físicos podem variar entre cônjuges pela maneira como foram criados e podem levar a conflitos sobre assuntos como portas trancadas; nudez; emprestar, gastar e dividir dinheiro; banheiros; informações; pertences pessoais.

Limites mentais

Os limites mentais se aplicam a opiniões e crenças, e também à sua capacidade de argumentar e se garantir quando desafiado, sem se tornar rígido ou dogmático, o que indicaria limites inflexíveis. Se ao crescer lhe foi negado o direito de pensar por si mesmo, tomar as próprias decisões ou ter suas ideias e opiniões respeitadas, então talvez você não conheça os próprios pensamentos e crenças. Quando conhece, talvez você fique confuso, perca o foco de sua opinião ou fique muito nervoso em uma discussão. Essa pode ser uma reação influenciada por seu passado, quando seus pais rejeitavam, criticavam ou silenciavam seus pontos de vista.

Limites emocionais

Os limites emocionais são sutis e difíceis de entender. Eles definem seus direitos emocionais e responsabilidades, e separam seus sentimentos dos alheios. Pessoas com limites emocionais saudáveis não se perdem em relacionamentos íntimos. Conforme mostrado na Figura 3-3, a identidade emocional de cada pessoa é clara. A integridade de cada Self é mantida, para que possam ser próximas e permanecer inteiras. Por cada uma ser separada, geralmente não levam as coisas para o lado pessoal.

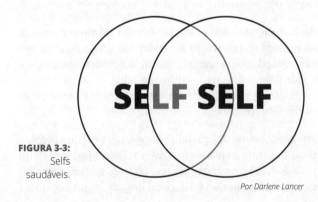

FIGURA 3-3: Selfs saudáveis.

Por Darlene Lancer

Os codependentes não têm limites emocionais saudáveis. Se seus sentimentos não foram respeitados durante o crescimento, talvez sejam incapazes de perceber diferenças entre seus sentimentos e os de outra pessoa, ou talvez não saibam quando seus limites são desrespeitados. Talvez você não saiba por que está chateado ou o que está sentindo e talvez seja incapaz de dar nome à sua mágoa, humilhação ou raiva. Talvez você não fique com raiva durante dias, isso se ficar. Você não pode dizer a alguém que pare de machucá-lo, a menos que saiba disso. Mesmo nesse caso, talvez você não se sinta autorizado a defender seus direitos.

LEMBRE-SE

Os limites emocionais escassos podem fazê-lo se sentir responsável e, às vezes, até culpado ao ouvir o problema ou os sentimentos negativos de alguém. Você tem o impulso de fazer alguma coisa quando outra pessoa está chateada. Os problemas e responsabilidades dela se tornam seus. Você assume mais de 50% da responsabilidade em um relacionamento e, se não funcionar, culpa a si mesmo. Você tenta atender às necessidades de seu parceiro, mas não considera as suas. Você pode, inclusive, se culpar pela disfunção sexual, adicção ou depressão de seu parceiro. Mas isso não ajuda, então ambos acabam infelizes.

LEMBRE-SE

Seus limites são fracos se você permite que alguém culpe, controle, abuse ou se aproveite de você. Você se sente culpado quando acusado e reage em vez de dizer "isso não é minha responsabilidade" ou "discordo". Você não tem limites em relação a quanto permite ou doa. Por outro lado, se você acusa, é abusivo ou diz aos outros o que deveriam fazer, está ignorando suas divisões e ultrapassando seus limites. Agir assim, a fim de fazer *você* mesmo se sentir melhor, significa não assumir a responsabilidade pelos próprios sentimentos. Você insinua que outra pessoa é responsável pelo que você sente, negando a separação entre vocês (veja a discussão posterior sobre responsabilidade na seção "Um sistema caótico").

Somos um — "O que é meu é seu"

Talvez ser um só com alguém que você ama soe maravilhoso, mas, na realidade, não há duas pessoas iguais. Elas podem ser muito semelhantes, mas cada pessoa é única, e isso inclui você e sua história, genética, preferências, pensamentos, interesses, desejos e reações emocionais. Até gêmeos idênticos se desenvolvem e respondem a situações de maneira diferente. Seus limites são ultrapassados quando os outros pressupõem o que você pensa, sente ou o que é certo para você. Respeitar os limites alheios é uma maneira de honrar sua individualidade.

LEMBRE-SE

Pessoas com limites fracos ou ausentes sentem-se vulneráveis sozinhas e em relacionamentos próximos em que tendem a se perder. Elas entram rapidamente neles, fazem sexo com estranhos e dizem "Sim" quando querem dizer "Não". Elas confiam em qualquer um e revelam coisas íntimas a pessoas que mal conhecem. Quando o limite entre você e outra pessoa não existe ou é muito impreciso, chama-se *enredamento* (veja a Figura 3-4). Ele pode tornar os relacionamentos assustadores e dolorosos.

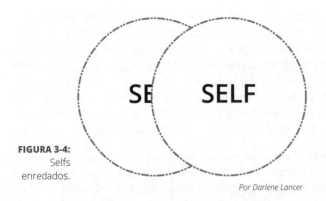

FIGURA 3-4:
Selfs enredados.

Por Darlene Lancer

Quando está enredado, você se sente responsável pelos sentimentos, necessidades, ações e problemas de seu parceiro e reage a eles, mas não pensa com clareza sobre as próprias necessidades e sentimentos, nem assume responsabilidade por eles. Você se sente: "estou contente se você estiver contente" e "estou triste se você estiver triste". Casais muito enredados podem dar a entender que só existe uma pessoa controladora na relação. Isso acontece porque ambos estão fundidos. Não há espaço para discussão, discórdia ou autonomia. Uma das pessoas é capacho ou cuidador sem um senso de direitos, valores e sentimentos distintos.

Afaste-se — "O que é meu é meu"

LEMBRE-SE

Se seus limites são rígidos ou inflexíveis para autoproteção, você acaba sozinho por medo, pois não aprendeu a se proteger. Você é distante e parece invulnerável, e falta compartilhamento em seus relacionamentos, cheios de regras categóricas. Talvez você se isole socialmente ou use o trabalho, adicções ou atividades para evitar intimidade — às vezes sendo íntimo somente durante o sexo. Talvez você erga paredes autoprotetoras de silêncio, raiva, desconfiança e cinismo em relação às pessoas e à vida.

Os limites rígidos criam problemas para os outros a quem não é permitida a aproximação. Sua linguagem corporal diz às pessoas que fiquem longe, como um animal ferido que se afasta em um gesto de autoproteção porque se sente vulnerável. Se em sua família faltou proximidade ou carinho, ou havia regras negativas sobre autoexpressão, então talvez você tenha aprendido a ter limites rígidos. Algumas crianças se isolam e se afastam para se sentirem seguras em suas famílias, e mantêm esse comportamento na vida adulta. Limites rígidos também podem ser uma reação a traumas.

Limites rompidos e misturados

LEMBRE-SE

Se seus limites estão rompidos, você os tem em alguns momentos, em certas situações ou com certas pessoas. Talvez você tenha bons limites, mas os perde sob estresse, ou talvez seja capaz de impor limites com amigos, mas não com figuras de autoridade. Talvez você tenha bons limites, ou mesmo distantes e rígidos, com seu colega, mas está enredado com um filho, a quem doa demais ou tenta controlar.

Quando seus limites são misturados, você muda de limites fracos para rígidos depois de se machucar. Se você entra muito rápido em um relacionamento, talvez perca logo o interesse ou se sinta desconfortável, porque está com medo da intimidade e, então, volta a ficar sozinho. Depois de começar a ter limites saudáveis, quando você passar um tempo com membros enredados da família talvez comece a se sentir desequilibrado e confuso e sofra para se manter em seu novo e frágil senso de Self.

Dependendo Demais de Alguém

Os codependentes brincam que, na hora da morte, a vida de outra pessoa passa em flashes diante deles. A realidade é que você investe tanto de si mesmo nos outros que se perde de quem é — seus sentimentos, necessidades, passatempos e objetivos. Seus pensamentos e ações giram em torno de possuir, mudar, preocupar-se e reagir à outra pessoa. Em estágios avançados da doença, os codependentes se transformam em conchas — sua vida inteira foi desperdiçada com outra pessoa, da maneira como um apostador compulsivo ou devedor desperdiça suas economias de uma vida.

LEMBRE-SE

Codependentes são "dependentes" por definição — dependentes de alguma coisa ou de alguém fora de si mesmos. A dependência provém da baixa autoestima e do medo do abandono. Alguns sinais incluem:

» Pensamento, preocupação ou conversas excessivas sobre alguém.

» Valorizar mais as opiniões alheias do que as próprias.

» Dificuldade de tomar decisões sozinho.

» Desistir com frequência de planos, passatempos ou interesses para estar com alguém.

» Medo de ser abandonado ou rejeitado.

» Sentir-se infeliz, vazio ou descontente ao ficar consigo mesmo.

» Medo de ficar sozinho.

» Incapacidade de ir a lugares ou começar projetos por conta própria.

CAPÍTULO 3 **Sintomas de Codependência** 53

- » Adaptar-se aos gostos ou pontos de vista dos outros.
- » Perseguir, pesquisar ou xeretar a vida de alguém.
- » Sentir-se infeliz ou preso em um relacionamento do qual não consegue sair.
- » Procurar relacionamentos em busca de felicidade, poder, sentido, segurança ou empolgação.
- » Focar sua energia no problema ou na vida de outra pessoa.
- » Sentir-se leal a alguém que o feriu.
- » Ser incapaz de se desprender ou de superar perdas e rompimentos.

LEMBRE-SE

Talvez você não tenha passado um tempo sozinho para se conhecer e se desenvolver, e também para formular as próprias opiniões e objetivos. Geralmente, você está procurando por alguém que o faça feliz, se for solteiro, e quando está em um relacionamento concentra-se em fazer aquela pessoa feliz. Em nenhum dos casos reserva um tempo para se fazer feliz. É raro estar contente consigo mesmo, e começa a investir demais em agradar ou ajudar outra pessoa, de quem você passa a depender para preencher as lacunas no seu Self. Logo, você reage a essa pessoa e é controlado pelos sentimentos, necessidades e comportamentos dela, e você tenta controlar a outra pessoa para sentir-se melhor em vez de respeitar as suas necessidades e sentimentos.

Medo de rejeição

O medo de ser abandonado, rejeitado ou de ficar sozinho contribui muito para os relacionamentos dependentes. Alguns codependentes não conseguem dormir sozinhos. Se estiver desconectado de si mesmo, você não se sentirá completo. Você não terá uma vida interior para preenchê-lo e nutri-lo, e estar sozinho pode dar a sensação de vazio — como uma casa sem morador. Se é incapaz de atender às suas necessidades, você espera que outra pessoa o faça. Os relacionamentos agregam valor a sua vida, mas não podem consertar o que está faltando. Talvez você sinta a mesma solidão em um relacionamento, e quando estabelece um vínculo, torna-se dependente dele.

O abandono na primeira infância gera vergonha, baixa autoestima e insegurança sobre se você é amado e cuidado e se poderá contar com isso no futuro. A consequente *vergonha ansiosa* gera apreensão sobre rejeição e, às vezes, rejeição aparente que talvez seja uma interpretação, não a realidade (para saber mais sobre abandono precoce, veja o Capítulo 7). O abandono não precisa ser uma partida real por conta de morte ou divórcio, mas pode ser emocional, como quando alguém não está emocionalmente presente ou recusa amor ou atenção.

LEMBRE-SE

Quando a vergonha e o medo do abandono são generalizados, você sente que nunca é suficiente e que é indigno de amor. Você esconde seus defeitos, tenta agradar e acolher seu parceiro, pisa em ovos, tolera abuso, faz-se útil para ele e vira um camaleão humano — tudo para evitar ficar sozinho ou ser rejeitado. Perder um relacionamento é angustiante não somente porque desencadeia a dor de um abandono anterior, mas também porque você está perdendo partes de si mesmo — partes ou funções, como se acalmar, que já estão ausentes. Talvez você atraia parceiros indisponíveis, ou então suas acusações persistentes, pedidos de atenção ou conforto gerem seu pior medo e os afaste. O ciclo do abandono é mostrado na Figura 3-5.

"Não consigo tirar você da cabeça"

Quando eu tinha 15 anos, meu professor me pediu para participar de um projeto de pesquisa, mas não o descreveu. Entrei em uma pequena sala de entrevistas. Uma mulher apresentou-se e explicou que gravaria nossa conversa. Ela não deu nenhuma instrução e esperou que eu falasse. Eu não tinha a menor ideia do que dizer sem que me perguntassem. Enquanto estávamos sentadas em silêncio, fui ficando cada vez mais desconfortável e incomodada com aquilo pelo que pareceu uma eternidade. Comecei a falar sobre meus pais e irmãos até ficar sem ter o que dizer. Mais tarde, pensei que a reunião inteira tinha sido estranha e também foi estranho o fato de que falei de todo mundo, menos de mim.

Isso é o que codependentes fazem. Você está emaranhado em outras pessoas e pensa e fala sobre elas. Você tenta adivinhar suas razões, do que precisam, o que poderiam ou deveriam estar fazendo e resolver seus problemas. Às vezes, você pode falar informalmente sobre a pessoa que aprisionou seus pensamentos. Outras vezes, sua atenção está como um laser direcionado a essa pessoa a ponto de excluir todas as outras entradas sensoriais. Quando alguém pergunta como está se sentindo, você se refere à outra pessoa. Você nem mesmo está ciente de que não respondeu à pergunta, mesmo quando repetida.

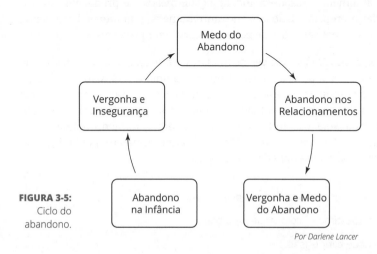

FIGURA 3-5: Ciclo do abandono.

Por Darlene Lancer

Isso é obsessão. Seus pensamentos se repetem em círculos e, às vezes, correm sem controle, preocupando-se, buscando respostas e examinando conversas. Eles prendem sua mente em uma preocupação inescapável que o possui. As obsessões são impulsionadas por medo e dor. Pode ser medo de ser abandonado ou rejeitado, medo de não ser digno de amor, ou medo de que seu amado destrua você ou a si mesmo. As emoções contidas roubam você do presente — minutos e horas se transformam em dias. Sua vida desaparece. As consequências podem ser devastadoras.

LEMBRE-SE

Quando um relacionamento é novo, é normal querer estar junto e passar o tempo pensando no homem ou na mulher que você ama. Essa pessoa é o centro de seu mundo *por um tempo*, mas para os codependentes isso nunca para. E não precisa ser um relacionamento amoroso — você pode ficar obcecado com qualquer um que se aproxime de você. Além disso, você desiste do que é importante para você para estar com a pessoa ou acompanhá-la.

Obsessões são uma maneira de evitar dor emocional profunda, mas não são necessariamente dolorosas. Na verdade, elas podem ser fantasias agradáveis do que você gostaria de experimentar em seu relacionamento, como gostaria que a pessoa agisse ou lembranças de tempos melhores. Se visões ou conversas sem fim preenchem sua mente, essas coisas o mantêm fora de contato com a realidade, inclusive desejos de conexão e necessidades não satisfeitas, bem como incapacidade de encontrar soluções prováveis para seus problemas. A distância entre sua fantasia e a realidade revela a profundidade do que está perdendo.

Você é meu amuleto

LEMBRE-SE

As pessoas mais felizes, saudáveis e de mais sucesso são as que têm um *local interno de controle*, o que significa que elas controlam os resultados em suas vidas. Elas assumem a responsabilidade por si mesmas e produzem mudanças para criar a própria felicidade, enquanto homens e mulheres dependentes acham difíceis responsabilizar-se por si mesmos e ser proativos.

Em vez de agir, você reage; em vez de mudar, você se adapta às circunstâncias. Você precisa de outra pessoa ou estrutura, como uma tarefa, para agir, arriscar-se, criar ou produzir. Você acha difícil motivar e sustentar seus esforços por conta própria. Isso é mais acentuado em mulheres, cuja autonomia em geral não é estimulada (veja o Capítulo 2). Para um homem, geralmente a necessidade de sustentar uma família o motiva. Algumas mulheres não têm essa urgência. Outros motivos para essa falta de atitude são:

» Medo de sucesso, fracasso, decepção ou mudança.

» Baixa autoestima — colocar-se para baixo.

» Passividade e indecisão.

» Atenção e energia desperdiçadas com outra pessoa.

- » Necessidade de apoio e aprovação dos outros.
- » Falta de autoafirmação.
- » Culpar os outros, Deus, as circunstâncias e sentir-se como vítima.
- » Depressão inerente por conta de abuso na infância.
- » Durante o crescimento, ter sentido que suas palavras ou sentimentos não importavam.
- » Ter tido um pai ou mãe autoritário/a ou narcisista.
- » Terem lhe dito que você não teria sucesso.
- » Terem lhe dito que seus sonhos eram inatingíveis.

Falta de Assertividade

LEMBRE-SE

A comunicação é essencial para manter uma relação bem-sucedida e revela ao ouvinte muito sobre sua autoestima. Uma comunicação saudável, que é clara, concisa, honesta e assertiva, reflete uma boa autoestima. O propósito da comunicação é transmitir sentimentos e informações, mas uma importante parte da comunicação é a escuta. Os codependentes têm habilidades ruins de comunicação. Eles são tão preocupados ou reativos emocionalmente que, com frequência, não estão ouvindo de verdade. As palavras da outra pessoa passam por um filtro de camadas de medo e baixa autoestima.

A comunicação oral interpessoal é classificada de acordo com as seguintes categorias, listadas do que é mais fácil até o mais difícil:

- » Compartilhar ou reivindicar informações e trocar experiências.
- » Expressar pensamentos e opiniões.
- » Escutar ativamente.
- » Expressar sentimentos.
- » Demandar satisfação de desejos e necessidades.
- » Indicar limites.

Você começa a aprender a se comunicar antes mesmo de saber falar. Mesmo no útero, você está aprendendo o ritmo e o som da voz de sua mãe. Seus pais foram seu modelos, mas habilidades melhores de comunicação podem ser aprendidas (veja o Capítulo 13).

Dizendo o que você pensa e sente

Você diz o que pensa e sente? Por medo e baixa autoestima, você talvez tenha alguns dos hábitos de comunicação inadequada a seguir:

- Faz ameaças que não mantém.
- Diz "Sim" quando quer dizer "Não".
- Cede e faz coisas que jurou não fazer, apenas para ficar em paz.
- Esconde o que pensa e sente ou o fato de não saber alguma coisa.
- Edita o que diz a fim de evitar polêmica ou crítica.
- Espera que os outros adivinhem o que você pensa, o compreendam e atendam às suas necessidades sem que você precise perguntar ou pedir.
- Fala por indiretas — dá dicas do que você quer.
- Faz perguntas em vez de afirmações, evitando se posicionar.
- Fala dos outros, em vez de si mesmo.
- Dá conselhos não solicitados.
- Diz "a gente" para evitar fazer afirmações com "eu". (Por exemplo: "A gente deveria...")
- Não revela às pessoas quando não gosta do que dizem ou fazem.
- Não pede que atendam às suas necessidades ou vontades.
- Evita conversas francas sobre problemas sérios.
- Culpa alguém por causar seus sentimentos.

LEMBRE-SE

O medo, ativado pela vergonha, é o maior obstáculo para ser direto na comunicação. Sem assertividade, os problemas nos relacionamentos nunca são abordados diretamente ou resolvidos. Conhecer seus medos pode ajudá-lo a se arriscar a ser honesto. Medos comuns que distorcem a comunicação são medos de:

- Não ser apreciado ou ser criticado.
- Ruptura do relacionamento.
- Ser impositivo ou opressor.
- Cometer um erro.
- Ferir os sentimentos de alguém.
- Sofrer retaliação.

Talvez você esteja preocupado com o que a outra pessoa vai pensar em vez de considerar os fatos reais, você, seus pensamentos e sentimentos. Falar sobre problemas pode dar a sensação de que você está em uma situação ameaçadora — de que sua única opção é acusar, esconder ou mascarar a verdade, ou então pedir desculpas e concordar a fim de agradar, acalmar ou controlar os sentimentos da outra pessoa. Isso é *manipulação defensiva*, porque é motivada pelo medo de evitar conflitos. Os codependentes manipulam e são facilmente manipulados pela crítica e culpabilidade. A manipulação concentra-se em alguém cuja reação positiva ou negativa se torna o parâmetro de sua autoestima.

Pergunte-se o seguinte:

AUTODESCO-BERTA

» Suas palavras são coerentes com sua verdade interior ou você altera essa verdade?

» Com que frequência você faz perguntas em vez de declarações?

» Você usa afirmações com "eu"?

» Você consegue expressar seus sentimentos sem dizer "você"?

» Você realmente escuta o que o outro está comunicando?

» Você é claro e conciso?

» Você é capaz de dizer não?

» Você faz pedidos diretos e educados para satisfazer seus desejos e necessidades?

Sendo um ser humano reativo

LEMBRE-SE

Os codependentes *reagem*. Isso quer dizer que suas atitudes são predominantemente determinadas por influências externas. Algumas palavras em uma mensagem de texto podem atingi-lo como um ciclone e alterar o rumo do que estiverem fazendo, sentindo ou pensando. Isso destrói seu humor e o que pensa sobre si mesmo. Pode arruinar seu dia ou até mesmo sua semana. Você leva para o lado pessoal o que os outros dizem como um reflexo de si mesmo. Isso faz com que imediatamente sua autoestima e emoções se submetam ao que (ou quem) quer que as tenha acionado. Você perde o eixo, porque seu Self é definido por outros, e seu local de controle é externo. Isso o torna facilmente manipulável.

Reagir não significa necessariamente descarregar a raiva, embora possa acontecer. Por exemplo, você também pode reagir com silêncio ao ser interrompido, em vez de responder impondo limites. Tanto a revolta como a obediência são reações, apenas lados opostos da mesma moeda (leia mais no Capítulo 12). Às vezes, as principais escolhas da vida são reações a um parente, cônjuge ou outra pessoa influente.

Ter um Self frágil e limites deficientes contribuem para a reação, mas viver sob constante estresse, seja criança ou adulto, pode torná-lo hipervigilante e reativo — como um animal traumatizado pronto para recuar —, e qualquer coisinha se torna uma crise. Você faz tempestade em copo d'água, grita com seus filhos ou com o computador por causa de algo que outras pessoas teriam tirado de letra. Em vez de pensar em opções e tomar atitudes construtivas, você reage em tentativas infrutíferas de controle de maneiras que pioram o problema. Outras vezes, um acontecimento irrelevante pode dispará-lo, porque é a última gota de uma série de problemas ou insultos que talvez você tenha desconsiderado ou lamentado no passado. Sua reação é um sinal de que você deve buscar seriamente novas soluções construtivas e, talvez, procurar ajuda profissional.

LEMBRE-SE

Responder a influências é bem diferente. É um retorno ou resposta proativa. É o comportamento *responsável* que exige que você pense, resolva problemas ou aja de modo apropriado da melhor forma possível. Isso implica escolha e o faz responsável tanto pelos seus sentimentos como pela expressão deles. Você também pode escolher responder com silêncio ou ignorar um estímulo, caso decida conscientemente que é o melhor a fazer na ocasião. Responder dispersa as emoções em vez de aumentá-las.

AUTODESCOBERTA

Quando estiver tentado a reagir, experimente estas estratégias:

» Respire longa e lentamente, com ênfase na expiração.
» Mude de atividade — brinque e divirta-se.
» Fale sobre a situação para obter feedback objetivo.
» Considere se os fatos em questão e sua vida foram realmente afetados ou mudados por aquela circunstância.
» Escolha não deixar a outra pessoa ou evento controlar você.
» Pense se você está de acordo e sobre seus valores.
» Diga "Pare" a repetições negativas em sua cabeça.
» Seja amável e empático com você mesmo, usando afirmações positivas.
» Considere se reações do passado lhe trouxeram paz de espírito ou resolveram um problema.

Abuso verbal

LEMBRE-SE

O abuso verbal é a forma mais comum de abuso emocional, mas com frequência não é percebido como tal. Ele sempre viola os limites emocionais da outra pessoa. A comunicação abusiva é o discurso ou comportamento punitivo, depreciativo, controlador ou manipulador. Talvez você seja vítima de abuso, especialmente se estiver em um relacionamento com um dependente em drogas, ou pode usar de comunicação abusiva para controlar outra pessoa. O abuso pode ser expresso em uma voz amável e calma, ou pode estar oculto — como em uma piada. O abuso verbal sutil pode ser tão prejudicial quanto as formas abertas, sobretudo por ser difícil de detectar. Com o tempo, o abuso verbal adquire um efeito traiçoeiro e nocivo, fazendo com que você duvide e desconfie de si mesmo. Veja alguns exemplos:

» **Acusação:** Essa é a tática de abuso mais frequente, com intenção de controlar, humilhar e responsabilizar o outro por acontecimentos, por seus sentimentos ou suas ações. Ao acusar, você tira o poder de si mesmo e dos outros. Isso comunica que você se sente uma vítima indefesa e é muito diferente da expressão assertiva como: "Estou zangado com você."

» **Xingamento:** É um tipo de bullying intimidador e insultante. Tem intenção de humilhar e desqualificar uma pessoa.

» **Fúria:** Ficar furioso ou gritar viola os limites dos outros, e sua finalidade é intimidar e controlar.

» **Manipulação passivo-agressiva:** Essa é diferente da manipulação defensiva. Aqui a motivação interna é agredir, embora oculta. É um poder indireto usado para fazer alguém agir ou se sentir do jeito que o manipulador deseja, usando charme, recompensas implícitas, elogios, sugestões veladas de punição, impotência, culpa, vergonha, autodepreciação ou fazendo papel de vítima. Por fora, um manipulador não parece agressivo e pode *agir* como a parte agredida, para que a pessoa manipulada se sinta culpada, na defensiva ou confusa.

» **Ordem:** Em vez de pedir, ordenar uma pessoa a fazer alguma coisa é uma expressão de controle degradante e que trata o outro como empregado.

» **Julgamento e crítica:** Julgar e criticar incluem analisar, dar conselhos não solicitados e dizer a alguém o que ele "deveria" fazer. Também inclui rotular, como chamar seu colega de narcisista ou mentiroso.

» **Piada, provocação e sarcasmo:** O sarcasmo é um comentário aparentemente engraçado ou irônico, às vezes um elogio explícito, com intenção de machucar. Pode ser doloroso a quem recebe. O julgamento disfarçado de provocação divertida ou piada não é menos ofensivo.

» **Oponente:** O abusador o trata como adversário e rebate qualquer coisa que você diz, desafiando percepções, opiniões e pensamentos, sem ouvir ou falar espontaneamente sobre pensamentos ou sentimentos —, na verdade dizendo não a tudo, tornando impossível ter uma conversa construtiva.

» **Bloqueio:** Essa tática é usada para interromper a conversa, mudando de assunto, fazendo acusações ou usando palavras que na verdade querem dizer: "Cale a boca."

» **Desconsideração e depreciação:** São formas de abuso que minimizam ou trivializam sentimentos, pensamentos ou experiências. É um modo de dizer que os sentimentos do outro não importam ou estão equivocados.

» **Minar e interromper:** Minar com afirmações como "você não sabe do que está falando", terminar frases ou falar em nome do outro sem permissão se destinam a prejudicar a autoestima e a confiança do outro.

» **Mentira e negação:** Seja qual for o motivo, a mentira consciente é manipuladora. Os codependentes fazem isso com frequência para evitar confrontos ou controlar seus parceiros. Alguns dependentes e abusadores negam que acordos ou promessas foram feitos ou que houve uma conversa, incluindo abuso prévio e, em vez disso, declaram amor e cuidado. Isso se chama enlouquecimento e faz a vítima duvidar, aos poucos, de sua memória e percepções. Um padrão persistente chama-se *gaslighting*, inspirado no nome do filme *Gaslight*, de 1944, em que um marido usa a negação para fazer sua esposa acreditar que está perdendo o controle e a sanidade mental.

Controle e Cuidado

É normal precisar de controle e previsibilidade, mas a família de um dependente ou abusador está em constante crise. Você tenta controlar alguém fora de controle e conter a ruptura da família. Se cresceu nesse ambiente ou em uma família autoritária ou muito conflituosa, o medo de chatear um dos pais significava ter que ficar no controle de si mesmo. Você aprendeu a controlar seus sentimentos e comportamentos para se sentir seguro. Você nunca mais gostaria de estar à mercê de alguém. Como adulto, você não se sente seguro. Talvez se sinta ansioso, tema uma tragédia e tente controlar pessoas e eventos por causa de seu medo vivido no *passado*, mesmo que não haja evidência alguma dele no presente.

LEMBRE-SE

Normalmente, as pessoas pensam que controle é dar ordens ou outro abuso explícito, mas o controle inclui comportamentos indiretos e não verbais. Você pode usar estes métodos "disfarçados" de controle, se tiver medo de ser direto:

» Desamparo ou passividade.

» Privar o outro de algo.

» Isolamento.

» Conversa.

» Silêncio.

» Presentes e favores.

> Sedução.

> Agradar e cuidar.

LEMBRE-SE

Cuidar é associado a prestar ajuda física a alguém, mas ser um "bom amiguinho" ou uma "boa garota" também é cuidar. Uso cuidar para me referir à ajuda emocional, financeira, espiritual ou intelectual oferecida para controlar quando você silencia seus sentimentos e necessidades a fim de acolher e *cuidar* de alguém.

Um sistema caótico

As relações saudáveis consistem em duas pessoas, cada uma assumindo responsabilidade por metade da relação e de seus Selfs individuais, conforme representado na Figura 3-6. Isso funciona bem quando você sabe o que pensa, sente e precisa, e como satisfazer essas necessidades.

Os codependentes não sabem como satisfazer suas necessidades e acreditam que os outros não sabem cuidar de si mesmos. Eles atraem pessoas carentes e invadem seus limites tentando controlá-las, ao mesmo tempo em que não assumem responsabilidade pelo próprio comportamento. Muitos adictos codependentes são irresponsáveis quando se trata de trabalho, dinheiro, cuidado com os filhos, segurança, saúde e higiene pessoal.

LEMBRE-SE

Os codependentes não assumem, em especial, a responsabilidade pelos próprios sentimentos e necessidades emocionais nos relacionamentos. É um sistema caótico no qual você pode não ter consciência de seus sentimentos e necessidades, mas, em vez disso, tenta controlar e acusar outra pessoa a fim de ter suas necessidades atendidas. O pacto oculto é: "Sou responsável por você, e você por mim. Satisfaço suas necessidades, e você, as minhas." Talvez você diga: "Você me fez fazer isso" ou "Você está fazendo com que eu me sinta culpado".

FIGURA 3-6: Uma relação de igualdade.

Por Darlene Lancer

CAPÍTULO 3 **Sintomas de Codependência** 63

A consequência do caos é você negar a responsabilidade por seus sentimentos e atitudes, ainda que se sinta responsável pelos de seu parceiro. Isso externaliza o controle de suas ações e sentimentos, e coloca seu parceiro, que você acha que deveria fazer você feliz, como responsável por sua autoestima. Isso põe de lado a responsabilidade pela própria vida e felicidade, e o alivia da responsabilidade pelo cuidado consigo, escolhas e atitudes. Você pode tentar incansavelmente controlar, aconselhar e manipular alguém cujos sentimentos e opinião acredita que sejam cruciais para sua noção de bem-estar. O resultado é que você foca, sente-se responsável por e reage aos sentimentos e às necessidades dos outros. Você pode ir a extremos para não desapontar ninguém e se sente muito culpado se o fizer.

Controle por meio da manipulação

A manipulação é um jeito de influenciar ou controlar alguém com táticas indiretas, enganadoras ou abusivas. (O abuso verbal velado também pode ser uma forma de manipulação; consulte a seção anterior "Abuso verbal" para ler detalhes.)

Os codependentes usam agrados, charme e bajulação, ou oferecem favores, sexo, ajuda e presentes para serem aceitos e amados. Talvez eles tentem influenciar alguém dizendo tudo o que pensam que a pessoa quer ouvir, a fim de se darem bem ou de serem amados. Quando você tem problemas em dizer não, poderá concordar com coisas que não quer fazer, depois, fazer o que realmente deseja ao esquecer, chegar atrasado ou fazer as coisas pela metade. Se mais tarde você faz o que quer, isso pode ser considerado um comportamento *passivo-agressivo*. Ao ser confrontado, talvez por ter dificuldade de aceitar a responsabilidade e a acusação, você inventa pretextos ou pede desculpas vazias para manter a paz.

LEMBRE-SE

Esquecer-se "de propósito" evita convenientemente o que você não quer fazer e paga a seu parceiro na mesma moeda — como esquecer-se de pegar as roupas de seu cônjuge na lavanderia. Mais hostil é oferecer sobremesas a seu parceiro que está de regime. Esses exemplos de comportamento passivo-agressivo são maneiras de expressar hostilidade.

A crítica, a culpa e a autopiedade também são usadas para manipular: "Por que você só pensa em si mesmo e nunca me pergunta sobre meus problemas ou me ajuda com eles? Eu ajudei você." Bancar a vítima é uma maneira de manipular estimulando culpa no outro. Alguns codependentes manipulam com ameaças abusivas, intimidação, medo e fúria para conseguir o que querem.

Dependentes geralmente negam, mentem e manipulam para proteger a própria adicção. Seus parceiros também manipulam — escondendo ou diluindo as drogas ou o álcool do dependente, por exemplo, ou por meio de outro comportamento secreto. Eles também podem mentir ou dizer meias verdades para evitar confrontos ou para controlar o comportamento do dependente.

Controle através da bondade

Os cuidadores querem ajudar de verdade. Sentir-se útil faz bem para eles. No entanto, o cuidar e o cuidar codependente são diferentes (veja o Capítulo 2). O primeiro não contém exigências subliminares; enquanto o segundo, sim, e pode ser considerado uma forma inconsciente de manipulação oculta.

Cuidado saudável

O verdadeiro cuidado envolve ouvir os pensamentos e sentimentos dos outros, compreendendo-os e permitindo-lhes analisar soluções. Você respeita a autonomia e os limites alheios, e oferece apoio sem culpa ou urgência de corrigir os problemas deles. Você percebe que os outros acharão soluções apropriadas para os próprios problemas e dores e, mesmo que não achem, não é sua função mudar ou direcionar suas vidas. Quando você as sugere, é sem expectativas ou controle, e você não deixa de cuidar de si mesmo.

Motivos por trás do cuidado

LEMBRE-SE

Os cuidadores codependentes dão amor para receber amor. Eles se doam mais nos relacionamentos e, no trabalho, trabalham mais e por mais tempo do que os outros. Eles não se sentem dignos de amor a menos que estejam doando, pois não acreditam que merecem ser amados nem que sejam suficientes da maneira que são. Cuidar lhe permite esconder as necessidades, sentimentos e defeitos dos quais você tem vergonha. Você também compensa a sensação de não ser digno de amor ao doar, ao ser necessário e se tornando indispensável. É a busca da segurança contra o abandono. Como o cuidado vem da culpa, da vergonha e do medo mais do que do amor, você doa com a expectativa de que suas necessidades sejam atendidas — em geral, necessidades inconscientes de amor, aceitação ou validação de que você é uma boa pessoa. Há exigências subliminares — especialmente quando o codependente oferece presentes, ajuda financeira ou sexo.

Quando você não consegue evitar

Os codependentes não conseguem parar de tentar ajudar. É um estilo de personalidade que foi aprendido e se torna habitual. Você acredita que sabe o que é melhor para os outros e como administrar a vida deles, mesmo em situações nas quais não tem experiência alguma. Por causa de um senso exagerado de responsabilidade pelos outros — felicidade, sentimentos, pensamentos, comportamento, necessidades, expectativas e desejos deles — você pode, com facilidade, dedicar-se aos problemas deles, tentar salvá-los e controlar os resultados.

LEMBRE-SE

Você antecipa os sentimentos e as necessidades alheias e oferece ajuda não solicitada e sugestões sem que lhe perguntem. Talvez você nem mesmo se intimide se a pessoa que deseja ajudar não acredita que tem um problema.

Quando seu conselho não é levado em conta ou a ajuda não é reconhecida, você fica frustrado, aborrecido, ferido ou ressentido, mas continua a ajudar, não importa se é ou não capaz de mudar a outra pessoa. Algumas pessoas podem se aproveitar da sua incapacidade de dizer não. Mesmo que esteja oferecendo ajuda por livre e espontânea vontade, por não assumir responsabilidade por seu comportamento, no fim, você talvez se sinta usado ou ressentido e insuficientemente apreciado, amado ou recompensado por seus esforços (veja o Capítulo 12).

A gangorra da codependência

LEMBRE-SE

Se você vive em uma família em que alguém se comporta de maneira irresponsável ou autodestrutiva, é normal se colocar no lugar dele e assumir responsabilidades adicionais e controle, a fim de proteger a segurança e a estabilidade da família. Parece óbvio que você esteja fazendo a coisa "certa" e a outra pessoa, não. Logo, você termina desempenhando um papel de pai/mãe e começa a se preocupar com os problemas da outra pessoa. Talvez você tenha sido atraído por uma pessoa irresponsável ou dependente, aceitando se tornar um cuidador e estar no controle. Talvez não se sinta íntimo em um relacionamento com alguém que não tem problemas para resolver — que não precisa de você.

Você está acostumado a ser o Alfa (o cachorro de cima), ajudando e olhando o Azarão (o cachorro de baixo) de cima para baixo, conforme observado na Figura 3-7, sem saber que seu desejo — que o Azarão tome jeito e se torne responsável — também é seu maior medo. Por não ter ninguém para consertar, você não seria necessário. Você não teria ninguém a quem culpar por sua infelicidade.

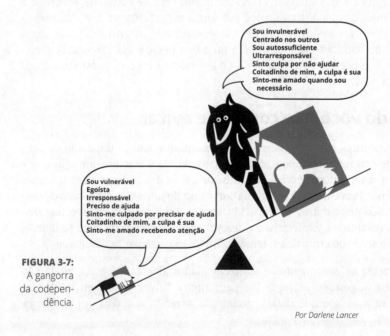

FIGURA 3-7: A gangorra da codependência.

Por Darlene Lancer

O Alfa pode continuar martirizado e presunçoso enquanto estiver no controle e não for o centro das atenções. "Quem mais iria me querer?", pensa o Alfa. O Azarão precisa de um cuidador — alguém confiável em quem se apoiar e que forneça a estrutura que lhe falta. O Azarão também é codependente e sente "Quem mais iria me querer?" Em muitos casos, quando o Azarão começa a melhorar, o Alfa inconscientemente sabota sua recuperação para evitar se tornar o Azarão. Isso ameaçaria toda a sua estrutura de personalidade de autossuficiência, invulnerabilidade, força e perfeição. Nesse caso, uma crise, doença ou revés financeiro poderia causar uma inversão de papéis.

Em alguns relacionamentos, cada um dos parceiros assume a vez de ser o Alfa ou o Azarão em diferentes responsabilidades, como o cuidado com os filhos e finanças. Quanto mais a relação estiver em desequilíbrio, maior é o estresse dos parceiros.

Permissividade

LEMBRE-SE

A *permissividade* se refere ao cuidado que elimina as consequências naturais do comportamento irresponsável de alguém. Também inclui lidar com as responsabilidades no lugar de alguém, com as quais a pessoa pode *e deveria* lidar. Com frequência o Azarão vai importunar, acusar e manipular o Alfa para que seja permissivo.

LEMBRE-SE

Originalmente, os *permissivos* eram codependentes de álcool que sofreram as consequências do alcoolismo e fizeram o melhor para, literalmente, limpar a sujeira do alcoólico, deram desculpas ao chefe e aos amigos, colocaram o alcoólico na cama, tiraram-no da cadeia, e outras confusões. O resultado foi que os dependentes de álcool permaneceram em negação e não ficaram sóbrios até que *eles* sofressem as consequências da própria doença. Conselheiros de dependentes químicos concluíram que a pressão para mudar não tinha que vir da persuasão de outros, mas da própria experiência do dependente de álcool do grave dano que o alcoolismo estava causando em suas vidas. Hoje em dia, a permissividade é mais amplamente aplicada ao comportamento que permite que alguém continue agindo de maneira autodestrutiva.

Os permissivos têm um senso distorcido de responsabilidade e se sentem extremamente culpados se não possibilitam algo, mesmo que não sejam responsáveis pelos problemas criados pelos outros. Isso também os livra de resolver os problemas de suas próprias vidas.

EXEMPLO

Mary mimava seu filho adulto desempregado, que passava todo o seu tempo na internet. Embora ressentida, Mary acreditava que fornecer cama e comida a ele sem qualquer expectativa ou limites era necessário e amoroso, justificando isso pelo fato de que o filho estava deprimido. Ela achava que ele precisava de mais amor e era incapaz de se sustentar. Sua permissividade eliminou as consequências da passividade dele e reforçou sua falta de confiança em conhecer suas responsabilidades como adulto. Os motivos reais dela eram sua necessidade inconsciente de companhia e de ser necessária, evitando que o filho caminhasse com as próprias pernas.

Negação

A negação é uma incapacidade de reconhecer a verdade de alguma coisa. Ela é considerada a *marca da adicção* e também se aplica a codependentes. A negação pode prolongar a codependência por anos ou décadas. A negação e sua superação são abordadas no Capítulo 4.

Você tem a mesma probabilidade de estar em negação em relação à adicção de alguém próximo a você quanto em relação à própria adicção em outras pessoas — sua codependência. Você pode querer que as coisas sejam diferentes e acusar seu parceiro sem olhar para os próprios problemas. Quando se trata dele, você pode deixar de lado e negar o que sabe que é verdade, porque é dependente do relacionamento. Você finge e age como se as coisas estivessem normais quando elas estão muito longe disso, piorando o problema e desviando a responsabilidade da pessoa irresponsável em sua vida. Se a negação persistir, seu comportamento se torna cada vez mais irracional.

Filhos de dependentes com frequência negam que os problemas dos pais os influenciaram, acreditando que sair de casa ou a recuperação dos pais dependentes põe um fim em seus problemas. Eles não percebem que viver com a adicção durante sua primeira infância continua a impactá-los quando adultos, e também não querem pensar em seu passado doloroso. Se tiveram um avô dependente de álcool, isso tornou seu pai ou mãe codependente e, como resultado, também os afetou.

LEMBRE-SE

Os codependentes também desconhecem as próprias necessidades, desejos e sentimentos. Mesmo que você tenha consciência de seus sentimentos, talvez se sinta vulnerável demais para expressá-los ou pense que é egoísta, carente ou autoindulgente, como Stanley, no exemplo dado anteriormente. Em vez disso, você espera, depende dos outros e espera que eles atendam às suas necessidades sem que lhe perguntem, ou então se torna autossuficiente para não depender de ninguém. Ao ignorar suas necessidades e sentimentos, você avalia o que os outros precisam e o que sentem para medir sua resposta. Muitas das características da codependência são sintomas dessa negação e, além disso, reforçam-na, pois quando você foca outra pessoa não percebe seus sentimentos.

Emoções Dolorosas

Apesar de estarem em negação, os codependentes ainda experienciam emoções agitadas. As que predominam são a ansiedade e o ressentimento. Seu estado de espírito também muda de medo ou raiva para desânimo e desespero. Sem ajuda, com o tempo os codependentes experienciam a depressão, que é uma falta de sentido na vida.

Medo e ansiedade que esconde vergonha

O medo pode produzir a ansiedade, e a ansiedade pode gerar o medo. Na seção anterior, "Vergonha Oculta", listo alguns medos comuns que provêm da baixa autoestima, incluindo medos de abandono, rejeição, intimidade, crítica, poder, sucesso e fracasso. Todos os dias, os codependentes convivem com mais medos ainda — de serem eles mesmos, de ficarem sozinhos, de mostrarem seus sentimentos, das reações dos outros, sobretudo a raiva, e de se arriscarem. Algumas pessoas também têm medos físicos específicos e fobias.

LEMBRE-SE

Quando os codependentes não estão com medo, estão ansiosos. A ansiedade é uma apreensão por uma ameaça futura. A imprevisibilidade e a impotência aumentam a ansiedade. Nossos corpos são projetados para responder ao medo lutando ou fugindo, mas quando você não pode nem escapar nem controlar uma situação, o resultado é a ansiedade. Intercalado com racionalizações e fantasias sobre como você gostaria que as coisas fossem, você projeta suas esperanças e medos no futuro — mesmo que, na prática, não haja evidência alguma de que acontecerão.

A ansiedade gerada pela vergonha é comum em codependentes, porque temem experienciar novamente a vergonha ou o abandono emocional que sentiram na infância. Isso leva ao constrangimento e à ansiedade de ser magoado, julgado ou rejeitado. A vergonha exacerba a ansiedade normal e afeta seus sentimentos e ações. Sua mente pode girar em obsessões, contemplando resultados temíveis. Em vez de responder à realidade, você poderá reagir a seus pensamentos distorcidos e sabotar seu emprego ou relacionamentos.

LEMBRE-SE

Se você vive com um dependente em drogas ou um abusador, é natural temer por sua segurança, pela de seus filhos e do dependente. Você está vivendo em uma zona de guerra, sem nunca saber quando ou onde uma bomba explodirá. Você tem medo de que sua esposa não consiga cuidar dos filhos, ou de que seu marido não vá trabalhar ou seja despedido. Ele voltará para casa em segurança e sóbrio? Você pode ter medo do som de latas se abrindo ou do carro dele chegando em casa e de responder às perguntas dos cobradores de dívidas, de amigos e parentes preocupados ou da polícia à sua porta. Você não tem chance de se recuperar de um desastre antes que outro chegue.

Você começa a temer que os feriados em família terminem em um campo de batalha ou em outra decepção. A preocupação e as obsessões aumentam. Você ensaia o negativo e vive no limite do "e se..." — e se houver outra briga, bebedeira ou crise financeira. Você fica sitiado e constantemente pisando em ovos. Aos poucos, você fica mais isolado de seus amigos e familiares, o que aumenta seus medos. De algum modo você aprende a viver com brigas constantes, insegurança, autodestruição crônica e até tentativas de suicídio, e ainda assim tenta trabalhar, criar os filhos e manter uma aparência de normalidade. Isso se tornou o *seu normal*; uma vida vivida no terror NÃO é normal.

Raiva e ressentimento

Os codependentes têm raiva por uma boa razão. É uma reação saudável a alguém que constantemente quebra promessas e compromissos, viola seus limites, desaponta-os e/ou trai sua confiança. Muitos codependentes se sentem aprisionados, sobrecarregados de problemas, responsáveis pelos filhos e onerados por problemas financeiros. Eles não enxergam uma saída e, ainda assim, amam aquele que acusam por suas aflições ou se sentem culpados demais para irem embora. Alguns ficam com raiva de Deus, ainda que a codependência seja a raiz de sua raiva.

LEMBRE-SE

A raiva é uma energia poderosa em busca de expressão. Às vezes, exige-se ação para corrigir um erro. Não precisa ser barulhenta ou causar dor (veja o Capítulo 13 sobre como lidar com conflitos). Os codependentes não sabem como lidar com a própria raiva. Cada um lida de um jeito diferente. Alguns repreendem, explodem ou acusam. Outros a reprimem ou tentam entender um abusador em vez de expressar raiva, ou a descontam em pessoas "mais fracas". Se você não consegue ser direto, ela pode vir de maneira enviesada em forma de:

- » Sarcasmo.
- » Tom de voz mais elevado.
- » Olhares frios.
- » Portas batendo.
- » Privação de amor.
- » Privação de sexo.
- » Silêncio tenso.
- » Esquecimento de compromissos.
- » Atrasos.

LEMBRE-SE

Muitos codependentes não sentem ou reconhecem a própria raiva. Você pode se dar conta dela dias, semanas ou anos depois de um evento. Enterrada e, por isso, inexprimível, ela se transforma em ressentimento. Outros se sentem culpados por expressar essa emoção normal e humana. Você tem medo de que sua raiva machuque, afaste ou até destrua alguém que ama. Você a guarda e fica agradável ou se afasta para evitar conflito, enquanto mentalmente ensaia acusações e sente-se vitimizado. Você pode se tornar amargo e desejar vingança. Dessa forma, nada muda e você continua aceitando comportamentos inaceitáveis. Você também direciona a raiva para si mesmo. Você critica, acusa e pressiona a si mesmo, conforme descrito no Capítulo 10. Isso pode levar à depressão e a sintomas físicos.

A dificuldade com a raiva se deve a modelos ruins durante a infância, quando um ou os dois pais eram agressivos ou passivos. Ao crescer, você aprendeu a fazer ou um ou outro. Como adulto, talvez você tenha medo de se tornar seu pai ou mãe agressivo/a. Se você foi ensinado a não levantar a voz ou foi punido por expressar raiva, você aprendeu a sufocá-la e a reprimi-la. Alguns acreditam que não é cristão, espiritual ou bonito expressar raiva.

LEMBRE-SE

É um equívoco achar que você precisa descarregar ou ficar furioso com alguém para expressar raiva. O caminho mais eficaz é ser assertivo sem culpar ou acusar (veja o Capítulo 13). Em vez de repreender alguém ou se encher de raiva, escreva em um diário, converse sobre isso com alguém e, depois, expresse-a. Canalize a raiva em atividade física ou criativa. Você também pode observar a raiva ao meditar ou analisar os fatores que contribuíram para ela, incluindo sua participação.

Desespero e depressão

LEMBRE-SE

Sem a recuperação, o desespero e o desânimo são as consequências naturais dos últimos estágios da codependência. Alguns motivos são:

- » Sensação crônica de inferioridade e vergonha.
- » Crises sem fim das quais você não consegue escapar.
- » Ter uma série de relacionamentos sem sucesso.
- » Estar preso em um relacionamento infeliz.
- » Sentir-se derrotado pelo estresse diário e pela falta de segurança e paz.
- » Solidão.
- » Nunca ter suas necessidades atendidas.
- » Perda de fé na possibilidade de mudar para um futuro melhor.
- » Sentir-se abandonado por Deus.

LEMBRE-SE

O desespero pode levar à depressão — sensação de entorpecimento —, uma falta de sentido, como se a vida tivesse sido sugada de você. Você perde o interesse pelas coisas. Talvez você se sinta triste ou chore, mas sem alívio. A palavra depressão, do latim "de-pressio", "de-primere", significa apertar firmemente para baixo, isto é, a depressão resulta de represar e se oprimir com sentimentos negativos, especialmente a raiva. O diálogo interno negativo associado à vergonha também causa a depressão.

Muitos codependentes têm depressão crônica leve, da qual não estão cientes. A empolgação do romance, do sexo, de um parceiro indisponível, de relacionamentos melodramáticos, de uma agenda ocupada e dos encargos de ser um cuidador proporcionam estímulos e distrações suficientes da depressão, que está logo ali. Um relacionamento tranquilo ou um ambiente calmo logo ficaria "entediante" sem a adrenalina que o drama e o estresse criam a fim de mascarar a depressão inerente.

Sintomas Físicos

É fato que o estresse é um importante colaborador da saúde precária e de doenças crônicas. Anos de relacionamentos e emoções estressantes baixam a imunidade do corpo e do sistema nervoso e sua habilidade de se recuperar e se reabastecer. O estresse crônico da codependência pode resultar em problemas de saúde, incluindo doenças do coração, distúrbios digestivos e do sono, dores de cabeça, tensão e dor muscular, obesidade, úlceras, disfunção temporomandibular (DTM) e síndrome de fadiga crônica. Esses e outros sintomas físicos, como disfunções sexuais, cistite, alergias, dor no nervo ciático, zumbidos e disfunções alimentares também podem ser manifestações de emoções reprimidas.

NESTE CAPÍTULO

» Entendendo o propósito da negação e como ela bloqueia a recuperação

» Reconhecendo diferentes métodos, níveis e tipos de negação

» Identificando indícios da negação

» Desvendando camadas de negação durante a recuperação

Capítulo **4**

Da Negação à Recuperação

Este capítulo oferece uma descrição detalhada da negação, anteriormente mencionada no Capítulo 1 como uma característica da codependência. É impossível mudar até que você assuma que tem um problema e que o que vem tentando fazer não está funcionando. É por isso que sair da negação é o primeiro passo fundamental no processo de cura. Neste capítulo, você aprenderá a função e os diferentes métodos, níveis e tipos de negação, e como reconhecê-la. Também ofereço dicas de como lidar com ela.

O Propósito da Negação

A negação é, pura e simplesmente, um mecanismo de defesa. Todo mundo faz. É a primeira defesa que nosso cérebro é capaz de usar. Ela funciona automática e inconscientemente. Na verdade, o cérebro pode distorcer informações sensoriais e interpretá-las de modo a tornar os fatos não ameaçadores, usando algumas das estratégias que destaco na próxima seção, a fim de bloquear o que está acontecendo. Por ser inconsciente, é difícil notá-la em você mesmo.

CAPÍTULO 4 **Da Negação à Recuperação** 73

Embora não escolha estar em negação, você altera sua percepção da realidade para se proteger de ficar sobrecarregado com emoções ou encarar algo que teme. Isso significa que se você não percebe que há algo de errado ou ameaçador, não tem que experienciar sentimentos dolorosos ou conflituosos a respeito. Se isso não ocorre, não existe problema. Veja algumas causas da negação:

» Evitar pensamentos ou sentimentos dolorosos se estiver para encarar os fatos sobre alguém que você ama, sobre você mesmo ou sobre seus relacionamentos.

» Evitar conflito emocional com outra pessoa ou evitar conflito dentro de si mesmo sobre fazer escolhas difíceis, ou tomar atitudes que podem acarretar dor ou perda.

» Evitar uma ameaça provável, em geral de perda, abandono, dano físico ou emocional, doença grave ou morte.

» Lidar com um choque ou trauma frequentemente causado por abuso físico, sexual ou emocional que pode ter acontecido há muito tempo.

Formas de Negação

LEMBRE-SE

A negação tem muitas formas. Algumas bloqueiam mais a realidade do que outras. Porém, todas as formas de negação cumprem seu propósito de impedi-lo de encarar a verdade e de lidar com os problemas. Também existem tipos de negação específicos da codependência. Veja os métodos que as pessoas geralmente empregam com a negação:

» **Esquecer-se:** Ignorar algo que você não quer fazer.

» **Autoengano:** Acreditar no inverso ou em uma variação da verdade.

» **Mentir:** Assegurar o oposto da verdade.

» **Minimizar:** Tornar uma coisa menor do que ela realmente é.

» **Racionalizar:** Justificar com desculpas ou argumentos.

» **Reprimir:** Eliminar a consciência de sentimentos, pensamentos, necessidades, desejos, eventos traumáticos ou lembranças.

LEMBRE-SE

Esses métodos têm níveis variados de consciência. Negação não quer dizer que você nunca está atento a um problema, a seus sentimentos ou a suas necessidades. Você poderá minimizar ou racionalizar o que está acontecendo para diminuir sua importância e não lidar com isso, ou reconhecer o problema, sentimento ou necessidade por aquilo que é, mas negar as consequências e seu impacto. Talvez você enxergue tudo isso e ainda assim negue qualquer necessidade de ajuda.

Tipos de Negação

Quando se trata de adicção e codependência, a negação não é saudável; de fato, ela pode ser perigosa. Ao não encarar o problema, você se priva de aprender medidas construtivas que podem melhorar e possivelmente salvar sua vida e a de outros. Os codependentes têm vários tipos de negação. Quatro são explorados aqui.

No tipo 1, você pode estar em negação sobre o comportamento ou a adicção de alguém. Isso geralmente funciona somente nos primeiros estágios de codependência e adicção. No tipo 2, você também pode estar em negação sobre sua codependência e a contribuição dela com o problema. Quanto mais você aprende sobre a codependência e sobre você mesmo, mais supera a negação. O tipo 3 é a negação de seus sentimentos, e o mais profundo é o tipo 4, quando você nega suas necessidades (veja o Capítulo 3). Ainda mais profunda é a negação das questões de origem e da dor que levaram à sua codependência. Isso é discutido nos Capítulos 7 e 8.

Tipo 1: Negar o comportamento de alguém

O primeiro tipo de negação é negar que alguém na sua vida tem uma adicção ou que o comportamento dessa pessoa esteja causando um problema ou afetando você negativamente. Isso é comum entre codependentes porque:

» Talvez você tenha crescido com a adicção ou o problema comportamental em sua família, então isso parece familiar e normal.

» Dependentes e abusadores não gostam de assumir responsabilidade pelo próprio comportamento. Eles negam e culpam outros que estejam dispostos a aceitar isso como verdade.

» Ao crescer em famílias disfuncionais, você aprende a não confiar em suas percepções e no que você sabe.

» Reconhecer a verdade causaria sentimentos de vergonha por causa do estigma ligado à adicção e ao abuso.

» A baixa autoestima diminui suas expectativas de ser bem tratado.

» Faltam-lhe informações sobre os sinais de adicções e de abuso.

Como a negação o impede de reconhecer a verdade, você não terá que confrontar o comportamento ou a adicção perturbadora de alguém, experienciar a dor ou tomar uma atitude. Se você ama um adicto e consegue fingir que os perigos que ele encara não existem, mesmo que por um curto período de tempo, você consegue ficar melhor. Você não precisa pensar nas repercussões da adicção e do comportamento dele, como uma overdose de drogas fatal ou um acidente de carro, falência por conta de perdas em apostas, cirrose ou vários outros problemas.

LEMBRE-SE

A negação não significa que você não se incomoda com o comportamento alheio. Significa que você não o reconhece por aquilo que é, como abuso, infidelidade, uma adicção ou outro problema. A possibilidade de fugir daquela situação pode passar pela sua cabeça, mas você não para e pensa nela. Você pode ignorá-la como sem importância ou minimizar, justificar ou inventar desculpas com explicações e racionalizações. Você diz a si mesmo que as coisas não estão tão ruins, que elas vão melhorar e, nesse meio-tempo, fica fantasiando sobre como gostaria que fossem. Você pode até mesmo duvidar das próprias percepções e acreditar em mentiras ou desculpas que sabe que são falsas. Isso é normal quando você não quer admitir que alguém que você ama tem um problema mental ou comportamental sério, mas os problemas aumentam e, um dia, você se vê dando desculpas por um comportamento que nunca pensou que iria tolerar. É isso que acontece com a negação: as coisas pioram.

Exemplos podem ser ignorar os sinais de um caso, adicção ou crítica abusiva do cônjuge. Os pais de um adolescente usuário de drogas podem ignorar o problema ou culpar a má influência de amigos pela queda das notas ou pelo tempo que o filho passou jogando videogame. Outros pais podem admitir que o filho bebe demais, mas reduzirem isso a prazeres da juventude. Negar a adicção de um filho é comum quando um dos pais está em negação da própria adicção.

Reconhecendo o abuso de drogas

A maioria das pessoas não está totalmente ciente dos sintomas do abuso de substâncias. Uma discussão completa está além do escopo deste livro. (Veja *Addiction and Recovery For Dummies*, de Brian F. Shaw, Paul Ritvo, Jane Irvine e M. David Lewis; John Wiley & Sons, Inc.) Cada uma das drogas afeta o sono, o humor e o pensamento de maneira diferente. O álcool age primeiramente como depressivo e, depois, tem um efeito retardado estimulante, que perturba o sono, então os dependentes de álcool tanto podem desmaiar como, depois, podem ficar agitados. Nem todos os dependentes de álcool falam de maneira desconexa; na verdade, alguns podem soar lógicos e alertas. A maconha pode ter o efeito inverso — primeiro estimulante, seguido pela inércia física e prejuízo das habilidades motoras. Alucinações, perda de memória de curto prazo e, às vezes, medos irracionais, ansiedade ou pânico podem ser experienciados. Os dependentes muitas vezes negam promessas e conversas. Às vezes, os alcoólicos não se lembram por conta dos apagões (amnésia alcoólica).

Quando o dependente não está sob influência da adicção, tende a agir como o Dr. Jekyll, geralmente amoroso e responsável. O Dr. Jekyll faz promessas, e a família fica com esperanças de que a sobriedade vá durar. Logo o Sr. Hyde retorna, destruindo promessas, confiança, corações e esperanças do cônjuge e dos filhos que amam o dependente [refere-se a um livro clássico em que se notam mudanças de personalidade de um respeitável médico, o Dr. Jekyll, em Hyde, o monstro]. Esse ciclo se repete várias vezes ("o carrossel da negação", originalmente denominado pelo Reverendo Joseph P. Kellermann), porque, apesar de evidências contrárias, a família continua a acreditar nas promessas e esperanças de que o comportamento dependente acabará. Antes da fase crônica da adicção, a paz e a normalidade retornam durante a sobriedade, mas somente acrescentam decepção, desespero e desânimo quando o comportamento dependente se repete — às vezes, sem a droga.

Os efeitos de alteração do humor variam, dependendo da droga e do indivíduo. Uma droga pode causar depressão, ansiedade ou ambas. Algumas pessoas ficam distantes, enquanto outras, nervosas, efusivas ou falantes. O álcool exagera o humor de quem bebe, afeta o julgamento e o pensamento e diminui as inibições. Álcool e drogas ilícitas ainda afetam os usuários, às vezes dias depois do uso. O que os dependentes têm em comum é que são menos presentes em relações pessoais e, com maior dependência, o uso de drogas interfere no trabalho e nos relacionamentos.

Um padrão frequente da negação é focar um sintoma, como depressão, raiva ou mentiras, mas negar o problema maior da adicção. Ouvi muitos codependentes negarem que seu parceiro era dependente e, em vez disso, atribuírem os problemas da relação a um efeito colateral. Uma mulher estava preocupada com a raiva de seu marido, mas ignorava que ele parava em bares depois do trabalho e chegava em casa "manguaçado". Quando comentei que isso parecia um problema com bebida, ela negou que o álcool fosse um problema. Em outro caso, um marido preocupado com a depressão da esposa estava em negação sobre a adicção dela em analgésicos. Quando desmaiou, ele achou que ela estava cochilando.

LEMBRE-SE

Talvez você queira mais informações se estiver preocupado com alguém que:

» Exibe comportamento que envergonha, fere ou o deixa com raiva e impacta negativamente seu relacionamento ou o trabalho, a saúde, a vida social ou as finanças da outra pessoa.

» Esconde drogas (ou garrafas) ou mente para você.

» Viola a lei.

» Culpa você pelo comportamento dele.

» Esquece-se dos lugares aonde foi ou se comporta de maneiras não confiáveis.

CAPÍTULO 4 **Da Negação à Recuperação**

Como saber se você está em negação em relação ao comportamento de outra pessoa?

Se estiver em negação em relação ao comportamento de outra pessoa, você não saberá. Na verdade, a maioria das pessoas negará estar em negação! Tente ser honesto e escreva um parágrafo sobre cada uma das perguntas a seguir:

> » Você passa tempo pensando sobre como gostaria que as coisas fossem?
>
> » Você diz a si mesmo: "Se pelo menos ele (ou ela) fosse..."?
>
> » Você cria desculpas em nome de alguém para os outros? Para você mesmo?
>
> » Você minimiza ou racionaliza mau comportamento ou seus sentimentos feridos?
>
> » Você acredita em promessas ou garantias que foram quebradas?
>
> » Você acha que o relacionamento ou o comportamento vai melhorar quando algum evento futuro acontecer (como férias, oferta de trabalho, noivado ou ter um bebê)?
>
> » Você continua a fazer concessões ou a mudar a si mesmo na esperança de que o relacionamento ou o comportamento da outra pessoa melhore?
>
> » Você esconde ou não revela à sua família e amigos aspectos de seu relacionamento que o envergonham?

Tipo 2: Negando minha codependência

Geralmente, se confrontados, os codependentes negam a própria codependência. Esse é o tipo 2. Os codependentes acreditam que não têm escolha sobre a própria situação e/ou culpam os outros. Eles negam a própria doença para evitar uma dor maior. Talvez você pense que não é codependente; mas, quando as características descritas no Capítulo 3 parecem se alinhar uma por uma, talvez valha a pena reconsiderar.

LEMBRE-SE

Outro motivo pelo qual pode ser difícil para você admitir que tem um problema e procurar ajuda é que você não está acostumado a olhar para si mesmo. Focar outros projetos o protege de ter que encarar sua dor e assumir a responsabilidade pela própria felicidade. Isso o mantém preso em busca do objetivo infrutífero de tentar mudar os outros ou procurar alguém para fazê-lo feliz, com base na falsa premissa de que sua felicidade está nos outros. Culpar os outros ou sentir-se superior o ajuda a evitar a autoanálise, conforme mostrado nos exemplos a seguir.

EXEMPLO

Jim estava comparecendo a reuniões do Alcoólicos Anônimos havia poucas semanas quando outro membro, **Beverly**, sugeriu que seria conveniente se a esposa de Jim, **Connie**, comparecesse ao Al-Anon. Beverly ligou para Connie e sabiamente sugeriu que ela fosse ao Al-Anon "para ajudar Jim a ficar sóbrio". Connie foi totalmente a favor e compareceu. Se Beverly tivesse dito a Connie que *ela* precisava de ajuda, Connie não teria dado ouvidos, porque estava convencida de que ela não tinha culpa e de que Jim, como dependente, era o único que tinha problemas — o que não era difícil, já que com frequência ele estragava tudo.

EXEMPLO

Trish focava toda a sua atenção em namorar, acreditando que "o homem certo" era a chave da felicidade. Ela atribuía a culpa de seus relacionamentos insatisfatórios e sem sucesso à escassez de homens "bons" e não estava disposta a olhar para seu comportamento codependente.

Algumas pessoas, inclusive profissionais da saúde, sabem muito sobre codependência, mas somente a enxergam quando aplicada a outras pessoas. Sua negação os impede de olhar para si mesmos. Também há os que admitem a própria codependência e, mesmo assim, acham que não precisam de ajuda. Eles perceberam os problemas em suas mentes e acreditam que podem administrá-los por contra própria ou ao ler ou conversar com amigos. Eles subestimam sua codependência e seu impacto nas próprias vidas e não buscam ajuda, como Sandra, no exemplo a seguir — muitas vezes por causa da vergonha internalizada —, do mesmo modo que a vergonha impede que dependentes em drogas procurem tratamento.

EXEMPLO

Sandra era uma enfermeira que experienciou estafa por trabalhar por períodos prolongados e se envolver demais com seus pacientes. Ela fez aulas de formação contínua em codependência que abordavam esses problemas e sabia que sua saúde estava sofrendo como consequência, mas não acreditava que precisava de ajuda profissional.

Tipo 3: "Não pergunte como estou me sentindo"

Os codependentes são geralmente bons em saber o que outras pessoas estão sentindo e passam muito tempo se preocupando com elas, frequentemente com ressentimento, mas não são muito conscientes dos próprios sentimentos, a não ser, às vezes, de preocupação e/ou ressentimento. A negação de sentimentos é o tipo 3. Quando as pessoas ficam obcecadas com a própria adicção — seja em uma pessoa, comida, sexo, trabalho ou droga — geralmente é para se distrair do que estão sentindo de verdade. Se você perguntar como estão se sentindo, elas dizem "Estou bem" ou, se perguntar o que estão sentindo, dizem: "Nada."

Elas entendem a dor física, mas não a emocional, porque estão negando seus sentimentos verdadeiros, que seriam perturbadores de experienciar. Ao crescer, não aprenderam a identificar os próprios sentimentos ou se sentiram seguras para expressá-los, sobretudo se não tiveram ninguém para confortá-las. Em vez disso, elas se sentiram envergonhadas e enterraram e reprimiram seus sentimentos (veja o Capítulo 9 para ajudar na identificação de seus sentimentos).

LEMBRE-SE

Sentimentos, incluindo os dolorosos, têm um propósito. Eles o ajudam a reconhecer suas necessidades e a se adaptar ao ambiente. Ter consciência dos sentimentos é vital para interações saudáveis com os outros:

» O medo o alerta para evitar o perigo, incluindo pessoas que podem prejudicá-lo emocionalmente.

» A raiva o avisa de que é preciso ação para consertar um erro ou fazer mudanças.

» A culpa saudável o ajuda a agir de maneira coerente com seus valores.

» A tristeza o ajuda a se desgarrar e estimula a empatia e a conexão humanas.

» A vergonha o ajuda a se encaixar na sociedade e o impede de prejudicar os outros.

» A solidão o motiva a procurar os outros.

LEMBRE-SE

Ao negar ou reprimir sentimentos, você pode ficar preso. O sentimento nunca é liberado e fica em seu inconsciente — às vezes durante anos. A dor se acumula, e mais dor exige mais negação. Uma consequência inesperada de negar sentimentos dolorosos é que você se torna deprimido ou apático à alegria, gratidão e ao amor também. A energia que pode ser usada de maneira criativa e construtiva fica canalizada em reter sentimentos, como tentar manter a tampa em uma panela de pressão. A negação de uma emoção primária permite que ela se deteriore em obsessão, adicção, humor depressivo ou ressentimento. Deixar fluir os sentimentos libera a tensão reprimida.

Alguns codependentes usam o ressentimento para camuflar a raiva subjacente. Com frequência, eles se ressentem de alguém com quem não estabeleceram bons limites. Ao crescer, pode não ter sido seguro dizer não ou expressar raiva. Como adultos, eles podem minimizar ou racionalizar isso e até se culpar por negar sua raiva para preservar o relacionamento com a outra pessoa. Permitir-se sentir raiva libera o ressentimento e falar sobre isso pode ajudar a consertar o relacionamento.

Por causa da repressão dos seus sentimentos, algumas pessoas *fingem* sentir através de um comportamento que libera tensão emocional, mas sem experienciar o sentimento. Muitas vezes, codependentes que negam os próprios sentimentos se casam com alguém que tem emoções instáveis, o que lhes permitem experienciar sentimentos indiretamente.

EXEMPLO

Alexis se cortava, mas não sabia por quê. Ela dava respostas monossilábicas, e era desligada e deprimida. Seu marido era o oposto — um homem controlador, passional e nervoso. Ela tinha que lhe pedir dinheiro para as despesas da casa e justificar cada gasto. Ela negava que tinha raiva dele. Mesmo assim, ele expressava a raiva que ela não se permitiria sentir. A expressão da fúria de Alexis teria evitado que se mutilasse.

LEMBRE-SE

Quando você nega seus sentimentos, isso o impede de reagir da maneira apropriada e cria mais problemas. Em alguns casos, você consegue identificar o sentimento, mas negou seu significado guardado e reprimido. Quando isso acontece, você ainda pode ficar preso em um ciclo de reexperimentação do sentimento e repetição do comportamento associado, porque a dor mais profunda não foi resolvida. Esse era o caso de Mona e Ira, que me consultavam em terapia de casal. Como ocorre com frequência, eles estavam bloqueados em um padrão de reação um ao outro com base em sentimentos que negaram em interações com seus pais.

EXEMPLO

Mona tinha uma personalidade otimista e um senso de humor animado. Ela e **Ira** se davam "muito bem", com exceção da queixa dela de que Ira não compartilhava os próprios sentimentos. Ela lhe perguntava com frequência, mas ele sempre dizia que estava "bem". Às vezes, ela lhe dava múltiplas escolhas, que não conseguiam muito feedback e aumentavam sua frustração e raiva. Quando me voltei para Ira, fiquei surpresa com o fato de que, com alguma ajuda, ele conseguiu identificar sentimentos de ser julgado e sufocado pelos questionamentos de Mona. Ele se lembrou de como recuava quando sua mãe o repreendia e a seu pai. Depois de explorar com Mona o que a levou a ficar o importunando, ela admitiu que se sentia tão só quanto como na presença de seu pai arrogante. Logo, estava soluçando. Depois de falar exaustivamente sobre ele, ela disse: "Sempre me sinto bem até chegar aqui e perceber quanta dor tenho escondido de mim mesma." Eu a incentivei a sentir e a expressar seus sentimentos vulneráveis de solidão sempre que apareciam em vez de focar Ira e mergulhar nos sentimentos dele. Ira precisava de ajuda para impor limites, a fim de pensar e expressar seus sentimentos. Tanto Mona quanto Ira poderiam ter consciência de alguns sentimentos atuais, mas os significados por trás deles estavam escondidos em suas infâncias.

Tipo 4: "Minhas necessidades não importam"

Os codependentes são muito bons em antecipar e atender às necessidades dos outros, ainda que neguem ou minimizem as próprias. Esse é o tipo 4 (veja o Capítulo 9, que trata de identificação de necessidades). No outro extremo estão aqueles que exigem e esperam que todos satisfaçam suas necessidades. Alguns codependentes foram negligenciados e suas necessidades físicas básicas não foram atendidas. Outros que foram abusados talvez nunca tenham experienciado segurança em uma relação e não esperam que isso seja um pré-requisito normal. Muitos codependentes tiveram suas necessidades materiais atendidas e assumem que isso é tudo o que pedem. Mas as pessoas têm muitas necessidades. Reconhecer uma necessidade que causou vergonha ou que nunca foi satisfeita é como pedir a uma pessoa cega que descreva uma cor.

LEMBRE-SE

Bons pais asseguram que os filhos possam pedir o que querem. Depois, quando adultos, eles são capazes de identificar as próprias necessidades, agir por conta própria e expressá-las. Se necessidades-chave foram motivo de vergonha ou ignoradas durante sua infância, você cresce fazendo isso consigo mesmo e silencia sentimentos associados a elas. Para que sentir uma necessidade se você não espera que ela seja satisfeita? É menos doloroso negá-la por inteiro.

LEMBRE-SE

Esse é o motivo por que muitos codependentes aprendem a ser autossuficientes e, em particular, a negar necessidades emocionais. Expressar necessidades no contexto de uma relação exige confiança, então você se sentiria vulnerável ao pedir que necessidades fossem atendidas se exigirem a participação de outra pessoa. Você poderia negar e/ou sentir vergonha de suas necessidades de apoio, acolhimento e da mais humana de todas — a necessidade de amor. Mesmo que você saiba que é amado, se nunca recebeu acolhimento ou teve seus sentimentos respeitados, talvez tente preencher esse vazio com uma adicção. Relacionamentos viciantes servem como substitutos da conexão verdadeira. Alguns cuidadores codependentes esperam receber amor em troca, mas são incapazes de demonstrar vulnerabilidade em relação aos próprios sentimentos, o que é necessário para manter um relacionamento íntimo (veja o Capítulo 15, que aborda intimidade).

Muitos que não reconhecem as próprias necessidades de apoio e conforto se isolam — especialmente quando se machucam. Mesmo conscientes sobre as próprias necessidades, pedir a alguém que as atenda pode fazer com que se sintam humilhados.

EXEMPLO

Anna estava se preparando para cirurgia e disse que uma amiga ia deixá-la no hospital. Perguntei a Anna se ela se sentiria mais tranquila se tivesse alguém a seu lado esperando até que fosse anestesiada. "Não tinha pensado em ter alguém lá", respondeu, e acrescentou "mas ficarei bem". Depois da cirurgia, Anna relatou que sua amiga ficou com ela antes do procedimento e que isso tinha sido um enorme alívio — mais do que poderia ter imaginado. Ela minimizou seu medo da cirurgia e negou sua necessidade de apoio.

EXEMPLO

Marlene dizia que era muito feliz no casamento e no trabalho, mas estava extremamente deprimida sem nenhum motivo aparente. Mais tarde, soube que seu marido havia sido impotente durante os 20 anos de casamento, mas isso não parecia incomodá-la. Ela disse: "Não é tão importante para mim. Eu me acostumei a ficar sem." Ela estava em negação de suas necessidades sexuais e não ligou essa privação à sua depressão.

A Recuperação Cria Autoconhecimento

À medida que progride na recuperação e lê este livro, descobrirá mais tipos e níveis de negação. A expressão "descascar uma cebola" é apropriada, porque adquirir consciência do material subconsciente é um processo contínuo, como descascar camadas de uma cebola. As pessoas podem ir a reuniões de mútua ajuda por anos, mas negar a extensão da própria codependência. Como Ciena, no exemplo a seguir, elas fazem mudanças, mas negam a profundidade do problema.

EXEMPLO

Ciena fez progressos na recuperação, mas continuou a ter dificuldades no casamento. Sua autoestima e comunicação com o marido dependente em trabalho melhoraram consideravelmente. Houve menos conflitos, mas ela estava mudando a si mesma a fim de mudá-lo — codependência clássica. A negação a impediu de encarar o vazio em seu casamento, as questões ligadas à própria intimidade e seus medos de ficar sozinha se o casamento acabasse.

Em muitos casos, o dependente entra em recuperação ou o codependente adquire independência e autoestima suficientes para abandonar o relacionamento problemático. A vida melhora e ele, ou ela, pensa que a codependência foi curada, mas as causas não foram abordadas, então os problemas voltam.

EXEMPLO

Cynthia terminou seu relacionamento com um usuário de drogas. Ela estava feliz, focando sua carreira e pensava que a codependência era coisa do passado, apenas para se desapontar ao ver seu comportamento voltar em um novo relacionamento com um homem limpo e sóbrio. Ele era responsável, gentil e era divertido estar com ele. Cynthia estava convencida de que ele era sua alma gêmea, mas a agenda dele nunca o permitia ter tempo suficiente para ela. Ela começou a ficar obcecada por ele e desistiu de planos com amigos e atividades, a fim de estar disponível quando ele telefonasse. Depois de se transformar em um camaleão para ganhar o amor dele, ela se tornou tão infeliz quanto com o ex, de quem começou a sentir falta, porque pelo menos ele precisava dela.

LEMBRE-SE

Frequentemente, codependentes estão em negação sobre o fato de que o trauma passado causa problemas de humor, concentração ou em relacionamentos. Veja o Capítulo 8 para ler mais sobre cura de traumas.

84   PARTE 1 **Começando a Superar a Codependência**

> **NESTE CAPÍTULO**
>
> » Avaliando sua codependência por meio de questionários
>
> » Identificando padrões codependentes do Codependentes Anônimos e do Al-Anon

Capítulo 5

Então, Você É Codependente?

Este capítulo contém quatro avaliações de codependência. As duas primeiras foram desenvolvidas para pesquisadores e médicos usarem na avaliação de clientes. A terceira representa padrões comuns entre codependentes identificados pelo Codependentes Anônimos (CoDA). A última é um questionário extraído da literatura do Al-Anon para analisar maturidade.

Por não haver uma definição de codependência, não há apenas um teste que você possa fazer. Os sintomas e sua gravidade variam entre pessoas diferentes, dependendo de muitos fatores, mas os questionários e padrões identificados pelo CoDA e pelo Al-Anon podem ajudá-lo a entender a si mesmo e verificar se algum dos programas de mútua ajuda pode beneficiá-lo.

Avaliações de Codependência

A seguir, há duas avaliações usadas para identificar codependentes. As perguntas exigem uma resposta "sim" ou "não".

A primeira foi desenvolvida por Ron e Pat Potter-Efron. Eles consideravam codependente alguém que tem ou teve envolvimento com um dependente de álcool, químico ou outro ambiente familiar altamente estressante e de longa data, incluindo doença prolongada que pode estar relacionada à saúde mental ou física. Para constatar se você atende aos critérios deles, você deve responder afirmativamente a pelo menos duas das questões em cinco das oito categorias da Tabela 5-1.

TABELA 5-1 ## Avaliação de Codependência

Avaliação de Codependência	Sim	Não
1. Medo	☐	☐
a. Você fica preocupado com os problemas dos outros, especialmente com os do usuário?	☐	☐
b. Você tenta "manter as coisas sob controle" ou "entender" as situações?	☐	☐
c. Você assume mais do que a carga justa de responsabilidade por tarefas que precisam ser feitas?	☐	☐
d. Você tem medo de se aproximar dos outros de maneira direta, em particular do usuário?	☐	☐
e. Você tem sentimentos frequentes de ansiedade ou preocupação sobre o que acontecerá em seguida?	☐	☐
f. Você evita assumir riscos com os outros porque para você é difícil confiar?	☐	☐
2. Vergonha/Culpa	☐	☐
a. Você, com frequência, tem vergonha não só do seu comportamento, mas também do comportamento alheio, sobretudo o do usuário?	☐	☐
b. Você se sente culpado pelos problemas dos outros em sua família?	☐	☐
c. Você se afasta de contato social quando está se sentindo chateado?	☐	☐
d. Você às vezes se odeia?	☐	☐
e. Você já escondeu sentimentos ruins sobre si mesmo agindo de maneira muito confiante?	☐	☐
3. Desespero Prolongado	☐	☐
a. Você se sente sem esperança de mudar a situação atual com frequência?	☐	☐

Avaliação de Codependência	Sim	Não
b. Você tende a ser pessimista sobre o mundo em geral?	☐	☐
c. Você se percebe com baixa autoestima ou sensação de fracasso que não reflete suas habilidades e realizações?	☐	☐
4. Raiva	☐	☐
a. Você se sente constantemente com raiva do usuário, de outros membros da família ou de si mesmo?	☐	☐
b. Você tem medo de perder o controle se deixar-se dominar pela raiva?	☐	☐
c. Você tem raiva de Deus?	☐	☐
d. Você já se vingou dos outros de maneira sorrateira, talvez sem estar totalmente ciente desse comportamento na hora?	☐	☐
5. Negação	☐	☐
a. Você sente que está negando os problemas básicos em sua família?	☐	☐
b. Você diz a si mesmo que esses problemas não são *tão* ruins?	☐	☐
c. Você encontra motivos para justificar o comportamento irresponsável de outros em sua família?	☐	☐
6. Rigidez	☐	☐
a. Você tende a pensar em apenas uma opção quando há problemas, em vez de olhar para várias alternativas?	☐	☐
b. Você se sente preocupado se alguém perturba sua rotina habitual?	☐	☐
c. Você tende a ver questões morais em termos de preto e branco?	☐	☐
d. Você "fica preso" em certos sentimentos como culpa, amor ou raiva?	☐	☐
7. Desenvolvimento Deficiente de Identidade	☐	☐
a. Você tem dificuldades para pedir o que quer e precisa?	☐	☐
b. Você sofre sempre que outra pessoa também está sofrendo?	☐	☐

(continua)

(continuação)

Avaliação de Codependência	Sim	Não
c. Você precisa ter outra pessoa por perto para se sentir digno?	☐	☐
d. Você se preocupa demais com a maneira como os outros enxergam você?	☐	☐
8. Confusão	☐	☐
a. Você se pergunta o que é ser "normal"?	☐	☐
b. Às vezes você acha que deve ser "louco"?	☐	☐
c. Você acha difícil, algumas vezes, identificar o que está sentindo?	☐	☐
d. Você tem tendência a ser enganado pelos outros — a ser ingênuo?	☐	☐
e. Você tem dificuldades para tomar uma decisão — é indeciso?	☐	☐

Essa segunda avaliação provém da Escala Spann-Fischer de Codependência, conforme publicado no artigo "Development and validation of a revised measure of codependency"©, 2011 *Australian Journal of Psychology* (Wiley). Pesquisas confirmam que ela é uma mensuração válida dos principais sintomas codependentes de repressão emocional, controle interpessoal e abnegação. Responda "sim" ou "não" a cada uma das afirmações a seguir.

1. **Tento controlar acontecimentos e pessoas por meio de desamparo, culpa, coerção, ameaças, conselhos, manipulação ou dominação.**

2. **Fico com medo de deixar as pessoas serem quem são e de permitir que os eventos aconteçam naturalmente.**

3. **Tento controlar eventos e como outras pessoas deveriam se comportar.**

4. **Sinto-me obrigado ou forçado a ajudar pessoas a resolverem os próprios problemas (por exemplo, dando conselhos).**

5. **Sinto que sem meu esforço e atenção tudo cairia por terra.**

6. **Vivo demais com base nos padrões de outras pessoas.**

7. Monto um espetáculo para impressionar as pessoas; não sou a pessoa que finjo ser.

8. Para me dar bem e ser apreciado, preciso ser o que as pessoas querem que eu seja.

9. Preciso me justificar ou pedir desculpas por mim mesmo a maior parte do tempo.

10. Sempre coloco as necessidades de minha família antes das minhas.

11. É minha responsabilidade dedicar minhas energias para ajudar entes queridos a resolverem seus problemas.

12. Não importa o que aconteça, família vem sempre em primeiro lugar.

13. Com frequência coloco as necessidades dos outros antes das minhas.

14. O que sinto não é importante, contanto que aqueles a quem amo estejam bem.

15. Por ser algo egoísta, não posso colocar minhas necessidades antes das necessidades dos outros.

16. Se eu me esforçar o suficiente, serei capaz de resolver quase qualquer problema ou deixar as coisas melhores para as pessoas.

17. Com frequência, sentimentos que não exprimo se acumulam dentro de mim.

18. Mantenho minhas emoções sob controle rígido.

19. Mantenho meus sentimentos escondidos e construo uma boa fachada.

20. Compartilhar meus sentimentos com os outros me deixa desconfortável.

21. Em geral, não deixo os outros verem meu "verdadeiro eu".

22. Eu me escondo a fim de que ninguém me conheça de verdade.

23. Expulso pensamentos e sentimentos dolorosos de minha consciência.

24. Com muita frequência, não tento fazer amizade com as pessoas, porque acho que elas não vão gostar de mim.

25. Faço uma cara feliz quando, na verdade, estou triste ou com raiva.

Você Tem Padrões Codependentes?

O CoDA preparou esta lista de padrões que o ajudam a avaliar seu pensamento, sentimentos e comportamento para verificar se o programa de mútua ajuda do CoDA pode ser útil para você.

Padrões de negação:

Tenho dificuldade para enxergar o que estou sentindo.

Minimizo, altero ou nego o que sinto de verdade.

Percebo-me como completamente altruísta e dedicado ao bem-estar dos outros.

Não tenho empatia pelos sentimentos e necessidades dos outros.

Rotulo os outros com meus traços negativos.

Posso cuidar de mim mesmo sem nenhuma ajuda dos outros.

Mascaro minha dor de várias maneiras, como raiva, humor ou isolamento.

Expresso negatividade ou agressividade de maneiras indiretas e passivas.

Não identifico a indisponibilidade de pessoas por quem me sinto atraído.

Padrões de baixa autoestima:

Tenho dificuldades para tomar decisões.

Julgo o que penso, digo ou faço de maneira severa, como se nunca fosse bom o suficiente.

Fico sem jeito ao receber reconhecimento, elogio ou presentes.

Valorizo mais a aprovação dos outros sobre meus pensamentos e sentimentos do que a minha.

Não me percebo como uma pessoa merecedora ou digna de ser amada.

Busco constantemente o reconhecimento que acho que mereço.

Tenho dificuldades em admitir que cometi um erro.

Preciso aparentar estar certo aos olhos dos outros e até mentiria para parecer bem.

Sou incapaz de pedir aos outros que atendam às minhas necessidades ou desejos.

Percebo a mim mesmo como superior aos outros.

Recorro aos outros para suprir meu senso de segurança.

Tenho dificuldades para começar, cumprir prazos e finalizar projetos.

Tenho problemas em definir prioridades saudáveis.

Padrões de obediência:

Sou extremamente leal, permanecendo tempo demais em situações nocivas.

Comprometo meus valores e integridade para evitar rejeição ou raiva.

Deixo meus interesses de lado para fazer o que os outros querem.

Sou hipervigilante a respeito dos sentimentos dos outros e assumo esses sentimentos.

Tenho medo de expressar minhas crenças, opiniões e sentimentos quando eles diferem dos alheios.

Aceito atenção sexual quando quero amor.

Tomo decisões sem considerar as consequências.

Desisto de minha verdade para conseguir a aprovação dos outros ou evitar mudanças.

Padrões de controle:

Acredito que a maioria das pessoas é incapaz de cuidar de si mesma.

Tento convencer os outros sobre o que devem pensar, fazer ou sentir.

Ofereço conselhos espontaneamente e me dirijo aos outros sem que tenham me pedido.

Fico ressentido quando os outros recusam minha ajuda ou rejeitam meu conselho.

Sou generoso com presentes e favores com aqueles que quero influenciar.

Uso atenção sexual para obter aprovação e aceitação.

Preciso ser necessário para ter um relacionamento com os outros.

Exijo que minhas necessidades sejam satisfeitas por outros.

Uso charme e carisma para convencer os outros de minha capacidade de ser cuidadoso e solidário.

CAPÍTULO 5 **Então, Você É Codependente?** 91

Eu estimulo os outros a sentirem culpa e vergonha para explorá-los emocionalmente.

Eu me recuso a cooperar, ceder ou negociar.

Adoto uma atitude de indiferença, impotência, autoridade ou raiva para manipular resultados.

Uso os termos da recuperação em uma tentativa de controlar o comportamento dos outros.

Finjo concordar com os outros para conseguir o que quero.

Padrões de fuga:

Ajo de maneira a convidar os outros a me rejeitarem, terem vergonha ou raiva de mim.

Faço julgamentos severos do que os outros pensam, dizem ou fazem.

Evito intimidade emocional, física ou sexual como meio de manter distância.

Permito que minhas dependências em pessoas, lugares e coisas me distraiam de conseguir intimidade real.

Uso comunicação indireta e evasiva para evitar conflito ou confronto.

Diminuo minha capacidade de ter relacionamentos saudáveis, desistindo de usar todas as ferramentas da recuperação.

Reprimo meus sentimentos ou necessidades para evitar me sentir vulnerável.

Atraio as pessoas, mas quando chegam perto as afasto.

Recuso desistir da minha determinação para evitar me render a um poder que é maior que mim mesmo.

Acredito que demonstrar emoções é um sinal de fraqueza.

Escondo expressões de agradecimento.

92   PARTE 1 **Começando a Superar a Codependência**

Você Foi Afetado pela Adicção?

As perguntas a seguir vêm do folheto do Al-Anon. *Mesmo que* não haja nenhum dependente de álcool em sua vida ou família, talvez você se identifique com muitas das características descritas. Elas também são reações de se viver com um abusador, pai ou mãe controladores ou alguém com outra adicção. Ao ler, você pode substituir a palavra "bebedor" pelo nome dessa pessoa (veja o Capítulo 17 para ter mais informações sobre o Al-Anon).

VOCÊ CRESCEU COM UM BEBEDOR PROBLEMÁTICO? O Al-Anon É para Você!

O Al-Anon é para famílias, parentes e amigos cujas vidas foram afetadas pelo hábito de beber de alguém... as questões a seguir podem ajudá-lo a determinar se o Al-Anon é para você:

1. Você busca constantemente aprovação e afirmação?

2. Você falha em identificar suas realizações?

3. Você tem medo de críticas?

4. Você se sobrecarrega?

5. Você já teve problemas com o próprio comportamento compulsivo?

6. Você tem necessidade de perfeição?

7. Você fica inquieto quando sua vida está indo bem, antecipando problemas constantemente?

8. Você se sente mais vivo em meio a uma crise?

9. Você ainda se sente responsável pelos outros como se sentiu pelo bebedor problemático em sua vida?

10. Você se importa facilmente com os outros, ainda que ache difícil se importar consigo mesmo?

11. Você se isola de outras pessoas?

12. Você responde com medo a figuras de autoridade e pessoas nervosas?

13. Você sente que as pessoas em geral se aproveitam de você?

14. Você tem dificuldade para se relacionar intimamente?

15. Você confunde pena com amor, como fez com o bebedor problemático?

CAPÍTULO 5 **Então, Você É Codependente?** 93

16. Você atrai e/ou busca pessoas que tendem a ser compulsivas e/ou abusivas?

17. Você se apega a relacionamentos por ter medo de ficar só?

18. Você desconfia com frequência dos próprios sentimentos e dos sentimentos expressos por outros?

19. Você acha difícil identificar e expressar suas emoções?

20. Você acha que a bebedeira de alguém pode ter afetado você?

O alcoolismo é uma doença de família. Aqueles dentre nós que viveram com essa doença durante a infância às vezes têm problemas que o programa do Al--Anon pode ajudar a resolver. Se você respondeu sim a qualquer uma das perguntas acima, o Al-Anon pode ajudar. Você pode contatar o Al-Anon no site `http://www.al-anon.org.br/sede.html` ou também escrevendo para `siacar.alanon@hotmail.com`.

Reproduzido sob permissão da sede do Grupo Familiar Al-Anon, Inc., Virginia Beach, VA.

2

Avançando na Recuperação — Curando-se

NESTA PARTE...

Examine as causas da codependência.

Mergulhe em algumas questões comuns que o ajudam a se familiarizar mais consigo mesmo e com seu passado.

Comece a criar sua autoestima e aprenda a se cuidar.

Identifique seus valores e leve equilíbrio à sua vida com prática espiritual, lazer e diversão.

> **NESTE CAPÍTULO**
>
> » Entendendo a importância de priorizar a recuperação
>
> » Começando sua recuperação
>
> » Cuidando de si mesmo durante a recuperação

Capítulo **6**

Começando a Recuperação

Como está lendo este livro, muito provavelmente você está interessado em saber mais sobre a codependência, ou então começou ou está pronto para começar a recuperação. Neste capítulo, abordo o quanto é importante focar sua recuperação e faço sugestões sobre como começar.

A Recuperação É Sua

Com base em minhas experiências pessoais e profissionais, há pessoas em recuperação que subestimam o tempo e a atenção envolvidos em superar a codependência e como ela pode voltar sorrateiramente justo quando elas estão melhores. Este livro fornece um guia abrangente sobre o que está envolvido na recuperação, mas lê-lo, e mesmo entendê-lo, não será o bastante. Para mudar, são necessários comprometimento e esforço. O comprometimento é com você mesmo e com sua recuperação. Você tem que querer mudar de verdade, porque o processo nem sempre será bom ou confortável. Haverá momentos em que você vai se perguntar se o esforço vale a pena. Pessoas se queixam de que o parceiro não está tentando mudar e se perguntam por que elas deveriam. É importante perceber desde o início que, independentemente da recuperação de qualquer outra pessoa em sua vida, a recuperação é para *você*. Grave isso na sua cabeça.

A recuperação exige mudança

Antes de se familiarizar com a codependência, você não conhecia novas possibilidades para si mesmo e suas circunstâncias. Talvez você não tenha percebido que a cura é um caminho de crescimento pessoal que implica mais do que somente mudar seus hábitos. Crescer significa experimentar coisas novas, incluindo novas atitudes, comportamentos, percepções e crenças. Quando você sai da negação (veja o Capítulo 4), talvez ainda demore para agir pelos seguintes motivos:

- » Você pode ter se adaptado a circunstâncias difíceis a fim de sobreviver, mesmo quando essas circunstâncias eram dolorosas.

- » Você pode estar sobrecarregado pela natureza ou gravidade de suas circunstâncias ou por suas tentativas de controlar o incontrolável.

- » Talvez você se queixe de sua situação e queira que as coisas mudem, ou queira alguém que o faça feliz. É típico entre codependentes querer que os outros mudem e não querer assumir a responsabilidade pelas próprias ações, inércia e escolhas.

- » É normal ter medo de fazer mudanças, porque elas podem ser entendidas como uma ameaça. Quanto maior a decisão ou mudança, maior o medo que a acompanha — do desconhecido, do abandono ou de enfrentar a intimidação.

- » Dias bons proporcionam alívio, então você nega, minimiza e evita a necessidade de mudar.

LEMBRE-SE

Mudar exige que você assuma a responsabilidade por sua contribuição para seus problemas. Com ela, vem a consciência de que as escolhas de hoje são as sementes da mudança do amanhã ou da estagnação — mais bem descrita por Eldridge Cleaver, autor da célebre afirmação: "Se você não é parte da solução, então é parte do problema." Pense sobre o que o impediu de agir no passado ou o faz hesitar agora e o que o motivou a ler este livro. Veja em qual dos passos a seguir você está, que vêm antes de realizar as mudanças:

1. **Pensar no problema.**
2. **Buscar respostas, ouvir e reunir informações.**
3. **Assumir a responsabilidade e perceber que VOCÊ tem de mudar.**
4. **Ficar motivado.**

98   PARTE 2 **Avançando na Recuperação — Curando-se**

5. Planejar e se preparar para ação.
6. Ir a reuniões, aconselhamentos e seminários.
7. Usar a autodisciplina e ficar focado em seu objetivo.
8. Repetir os passos de ação para obter e manter os resultados.

Assumindo um compromisso consigo mesmo

LEMBRE-SE

Muitas pessoas começam a recuperação para se livrar da dor, ajudar alguém ou salvar um relacionamento. Esses são bons motivos para começar, mas, para a mudança durar, você tem que se comprometer consigo mesmo. A dor vai diminuir, o "alguém" pode ou não melhorar ou o relacionamento pode acabar, mas você ainda terá a si mesmo. Quando faz de sua recuperação uma prioridade, você colhe os benefícios. É a sua vida, e, com a recuperação, você descobre as chaves para a sua felicidade, que é sua responsabilidade estando ou não em um relacionamento. Se estiver deprimido, em dado momento você estará deprimido dentro ou fora de um relacionamento — o mesmo vale para outros traços codependentes. A codependência lhe rouba a vitalidade, o contentamento, a saúde e a habilidade de ser você mesmo por inteiro — a única coisa que o faz feliz em longo prazo.

Colocar-se em primeiro lugar é difícil. Você está habituado a fazer dos outros uma prioridade. Esse é o problema. Para desenvolver uma nova habilidade ou desenvolver um músculo, você precisa se exercitar com regularidade, não só quando resolve o problema. O mesmo vale para novas crenças e hábitos. Aja como se sua recuperação fosse a dádiva mais preciosa do mundo — porque ela é. Com o tempo, você saberá que é digno dela.

A recuperação não é um caminho linear

O processo de recuperação não é um caminho linear; ele é cíclico. Ciclos são repetições. Pense em ciclos de migração, nas estações e em revoluções planetárias, mas na cura você não volta ao começo de tudo. A recuperação segue um movimento para frente em espiral, como uma mola maluca: você se move em espiral em direção à cura, o que significa um estado aprimorado de funcionamento.

Se você sofreu um acidente, provavelmente teve a experiência de melhora, retrocessos e recuperação gradual. Também é assim com a codependência. Você vai experienciar períodos de confusão, estagnação, frustração e recaídas, mas, na maior parte do tempo, continuará seguindo em frente rumo à recuperação. É como dirigir um barco à vela. No começo, você não saberá como içar ou controlar as velas e se desviará do curso. Com o tempo, você apenas ajustará o leme para velejar na direção certa, atento ao vento e ao seu destino.

Quanto mais consciência tiver no processo de recuperação, mais progresso vai experienciar. Mobilize sua vontade de se recuperar ou seu funcionamento vai piorar.

Buscando Ajuda e Apoio

Relacionamentos e famílias codependentes tendem a ser fechados, o que significa que você fica isolado das informações e da comunidade externa. A melhor maneira de se recuperar é ir além da família, porque essas relações são restritivas, por motivos mais amplamente explicados no Capítulo 7. Em casos que envolvem adicções, com frequência a vergonha e o medo impedem as pessoas de buscarem ajuda. Em um relacionamento abusivo, o abusador mantém o controle, desconfia de quem vem de fora e não permite a influência externa. É importante não acreditar nem ceder a mensagens de desconfiança e medo. Em vez disso, descubra tudo o que puder e consiga ajuda. Mesmo que não haja envolvimento com abuso ou dependência, os codependentes precisam abrir a própria mente, que se tornou fixa em outra pessoa e em pensamentos negativos. A seguir, há sugestões que ajudaram milhares de codependentes. Algumas ou nenhuma delas podem parecer certas para você. Mire em interromper suas dúvidas e dê uma chance a elas. Utilize o que parece bom para você e ignore o resto. O Capítulo 11 entra em mais detalhes sobre a espiritualidade. O Capítulo 17 aborda com mais detalhes a busca por apoio.

Apoio é crucial

Paradoxalmente, você precisa de apoio externo para olhar para dentro de si. É necessário se disciplinar para não se desmotivar ou distrair. O apoio é crucial para ajudar a sustentar seu esforço com o tempo, a fim de fazer uma mudança duradoura e lhe proporcionar o seguinte: informação, incentivo, validação, empoderamento, amizade, clareza e esperança. O apoio também lhe lembra de seus objetivos e do que é possível. O maior desafio é permanecer focado em si mesmo. O apoio também pode fazer isso.

A mudança também implica desconforto — seja uma nova percepção da realidade ou de si mesmo, medo do desconhecido ou da reação das pessoas, ou da confusão e incompetência por enfrentar algo pela primeira vez. Talvez você se sinta culpado, desconfortável e ansioso. É fácil ficar desanimado e ser influenciado por hábitos antigos. Seu self codependente vai lutar com unhas e dentes para interromper seu progresso. Você precisa de apoio constante e de autoconhecimento para impedir retrocessos. A perseverança dá frutos.

A melhor ajuda vem de pessoas com experiência em codependência, seja em forma de um programa de mútua ajuda, aconselhamento ou psicoterapia. Outras forma de apoio incluem família e amigos, mas com frequência eles têm uma perspectiva codependente e, antes de mais nada, podem ter contribuído

CUIDADO

LEMBRE-SE

para o problema. Eles podem estimular sua negação ou, pior, culpá-lo pelos seus problemas. Conseguir ajuda fora de sua família é crucial para transformar suas crenças e comportamento. Comunidades online podem ser um bom ponto de partida, mas fique atento à possibilidade de receber conselhos equivocados. É preferível encontrar uma reunião de mútua ajuda online.

Se estiver tendo pensamentos suicidas ou estiver em um relacionamento abusivo, ligue para uma linha de apoio e procure fazer terapia (veja o Capítulo 17).

Terapia e reuniões têm vantagens diferentes e não deveriam ser cogitadas como opções mutuamente exclusivas, em que você pode se empenhar em uma no lugar da outra. Em vez disso, pense nelas como formas extras de ajuda. Sua recuperação será mais fácil e rápida com mais apoio. Tanto a psicoterapia quanto as reuniões de mútua ajuda analisam questões ligadas a relacionamentos, espiritualidade, adicção, mudança de comportamento e limites.

Participe de reuniões de mútua ajuda

Participar de reuniões de mútua ajuda é a maneira ideal para começar a recuperação (reuniões específicas para codependência são abordadas no Capítulo 17). Cada uma tem as próprias características. Algumas reuniões têm palestrantes, algumas examinam bibliografias e outras envolvem somente participação, mas seu compartilhamento não é exigido. Se não gostar de uma reunião, vá à outra. Aqui estão alguns benefícios:

» **Informação:** Você obtém informação da experiência compartilhada por membros de longa data e da bibliografia específica para o seu problema.

» **Incentivo:** Talvez você se sinta impotente ao entrar em um programa de mútua ajuda pela primeira vez. Talvez você tenha tentado de tudo, mas nada funcionou e você não acredita mais na mudança. Reuniões podem inspirá-lo por meio de histórias de sucesso, lições de vida e de experiências e força de outros membros.

» **Orientação pessoal:** Você faz amigos que entendem o que você está passando. Eles compartilham as próprias experiências, orientações e oferecem apoio telefônico. Você ganha um padrinho — alguém para ligar em busca de conselho e apoio entre reuniões.

» **Motivação:** Talvez você resolva fazer uma mudança ou fique empolgado com uma ideia, mas logo perca interesse ou motivação. É aí que entra um sistema de apoio. Ouvir os outros pode estimulá-lo e motivá-lo a continuar no caminho da mudança.

» **Anonimato:** As reuniões são anônimas e mantêm a privacidade.

» **Gratuidade:** As reuniões são gratuitas. As doações são estritamente voluntárias.

» **Espiritualidade:** As reuniões têm um quê espiritual, e os membros mencionam Deus ou um Poder Superior; no entanto, elas não discutem uma religião nem exigem que você compartilhe da filosofia.

» **As reuniões são diárias:** Se procurar entre os diversos grupos de mútua ajuda que se dedicam à recuperação da codependência, você pode encontrar reuniões que se encaixem na sua agenda, em geral das 7h às 20h, todos os dias.

Procure a psicoterapia

Outra forma de apoio é a psicoterapia, individual ou de grupo, comumente chamada de terapia, com um profissional licenciado em saúde mental, ou seja, o psicólogo ou o psiquiatra que tenha boa experiência em codependência e dependências, o que inclui terapeutas licenciados de casal e família. Psiquiatras são médicos que também podem prescrever receitas e, em casos mais graves em que há outros transtornos psiquiátricos envolvidos, medicamentos podem ser necessários. Peça a todo profissional que você consultar suas credenciais e pergunte se ele ou ela tem experiência com trabalho em codependência e com os sintomas que você identificar ao ler os Capítulos 3 e 5. Isso é muito importante para evitar que você perca tempo e recursos com um tratamento que não lhe renderá real recuperação da codependência. Além de proporcionar estímulo, orientação pessoal e motivação, estes são os outros benefícios da psicoterapia:

» **Consultas individuais:** Você obtém atenção individual relacionada à sua situação específica, crenças e sentimentos. Sua história individual, reações, pensamentos e padrões comportamentais podem ser compreendidos, examinados e substituídos por novos padrões.

» **Orientação especializada e objetiva:** Um profissional treinado é mais objetivo e tem conhecimento profissional maior do que um amigo, padrinho ou membro de reunião. Além disso, a psicoterapia pode ajudá-lo a evitar confundir os conceitos dos Doze Passos de *impotência* com desamparo, *aceitação* com passividade ou um *inventário ético* com autocrítica.

» **Intimidade:** A natureza pessoal e intimista do processo terapêutico aprimora as habilidades de intimidade.

» **Privacidade:** Algumas pessoas ficam desconfortáveis em compartilhar com um grupo, ou desejam maior confidencialidade.

» **Questões profundas podem ser curadas:** Um profissional pode abordar questões relacionadas à sua família de origem, abuso, trauma, disfunções de humor, vergonha, intimidade e baixa autoestima.

» **Não espiritual:** Algumas pessoas ficam desconfortáveis com a natureza espiritual dos programas de mútua ajuda e preferem a orientação.

102   PARTE 2 **Avançando na Recuperação — Curando-se**

> **Aconselhamento de casais:** Essa é uma oportunidade para trabalhar questões relacionadas à intimidade, criação dos filhos, sexualidade e comunicação com seu parceiro. Você pode obter um feedback objetivo sobre o que está acontecendo com ambos. Também é um lugar seguro para admitir coisas um ao outro.

Utilize coaches e orientadores

Alguns coaches e orientadores têm excelentes habilidades e podem dar motivação e apoio. Eles podem responsabilizá-lo ao aprender um comportamento novo e alcançar benefícios e objetivos pessoais, como assertividade, meditação, namoro e perda de peso. Encontre alguém que esteja familiarizado com adicção e codependência.

CUIDADO

Esses profissionais não são norteados pelas mesmas regras éticas sobre limites que regulamentam profissionais licenciados de saúde mental. Fique alerta com qualquer comportamento que lhe cause desconforto. Um coach ou orientador (ou até mesmo um profissional licenciado) pode estar violando os seus limites e, portanto, ser incapaz de ensiná-lo a estabelecer e proteger os próprios limites. Lembre-se de que eles não são treinados para ajudá-lo com questões emocionais, de intimidade e traumas.

Seja Paciente Consigo Mesmo

Ao ler este livro e começar a recuperação, você adquire autoconhecimento. Talvez você se sinta sobrecarregado de informações, queira mudar rápido ou se sinta autocrítico. Você poderia pensar que está aquém de quem você pensava que era, quem você gostaria de ser ou quem gostaria que os outros vissem em você. Seja paciente e, em vez de julgar a si mesmo, aja como se estivesse pesquisando — coletando dados sobre seu comportamento. Inclusive, fique empolgado quando encontrar uma insuficiência. Sua consciência está aumentando, o que é o começo da mudança. Bons pais não criticam seu bebê por cair quando está aprendendo a andar, mas aplaudem seus esforços. Quando você se vir em seus antigos padrões de comportamento, pense no que aprendeu e diga a si mesmo: "Da próxima vez, terei oportunidade de lidar com as coisas de um jeito diferente."

LEMBRE-SE

A recuperação é um processo. Levou muito tempo para você se tornar quem é, e leva tempo para desaprender hábitos e crenças que não lhe servem. O ex-técnico de futebol Pete Carroll, intitulado Técnico da Década pela *Lindy's Magazine*, atribuía parte do sucesso de seu time ao fato de nunca tê-lo castigado por erros, e sim estimulado-o a voltar à partida e jogar melhor. Ele nunca o destruiu, somente o fortaleceu. Seja como Carroll. Seja um técnico positivo.

Você Precisa Acreditar em Deus?

Talvez você pergunte se deve crer para se recuperar. A resposta é *não*. Algumas pessoas que não praticam uma religião nem acreditam em Deus se desanimam com programas de mútua ajuda. Algumas são ateias. Elas preferem ir à terapia, e se recuperam de codependência e da adicção sem crenças religiosas ou ligação com Deus. No entanto, ficam sem vários dos benefícios do programa.

Os programas de mútua ajuda não são religiosos, e sim espirituais. Na verdade, discutir sobre religião é proibido nas reuniões de mútua ajuda. Não se exige nenhuma crença. Você pode definir a espiritualidade por si mesmo, se quiser. Fé em algo — seja em seu padrinho, no futuro, no processo terapêutico, no desapego ou em sua habilidade de cura — ajuda na sua recuperação.

A maioria dos codependentes foi abusada, traída ou decepcionada e acha difícil ter fé ou confiar em algo ou em alguém. O problema foi colocar confiança no lugar errado e em pessoas indignas de confiança. Outros culpam Deus por suas decepções. Ser capaz de confiar de novo faz parte da recuperação. Com o tempo, você aprenderá a confiar em si mesmo.

Contando aos Outros sobre Sua Recuperação

Sua recuperação é para você, e você tem direito à privacidade sobre sua terapia, reuniões e qualquer outra coisa. Algumas pessoas não vão querer que você busque orientação ou vá a reuniões porque querem controlá-lo devido a alguns dos motivos a seguir:

> » Elas temem que você vá embora.
>
> » Elas têm medo de você se fortalecer e desafiá-las.
>
> » Elas querem continuar nas próprias adicções.
>
> » Elas têm vergonha e medo de que você as faça parecerem ruins.

Como você pode ver, as motivações delas são o medo e a vergonha. Se você estiver preocupado se seu parceiro será abusivo ou prejudicará sua recuperação, espere até ficar mais forte e ter as palavras e o apoio para lidar com uma reação abusiva. Você tem mais poder do que imagina. Se decidir contar ao dependente ou ao seu parceiro, enfatize que sua recuperação é para os seus problemas, e é mesmo.

LEMBRE-SE

Os amigos podem proporcionar uma ajuda imensa ou um grande prejuízo à sua recuperação. A maioria das pessoas introduz as próprias opiniões e é incapaz de ouvir de maneira objetiva. Amigos prestativos ouvem e não julgam, mas conseguem apontar com delicadeza quando você não está sendo honesto ou gentil consigo mesmo ou tem expectativas não realistas. Eles o encorajam e lhe fazem lembrar de suas forças quando está triste demais para vê-las, e comemoram seu crescimento.

CUIDADO

Tome cuidado com amigos que fazem fofoca, têm preconceitos fortes, abusam de drogas ou álcool, sentem inveja ou competem com você, ou não são empáticos e lhe dizem para esquecer seu problema. Algumas pessoas enchem sua vida de críticas e de "sugestões", mesmo quando elas não têm nenhuma experiência com o que você está passando. Codependentes fazem isso com frequência. Apesar de suas boas intenções, não é de se admirar que você se sinta pior ao deixar a companhia deles. Outros amigos talvez se juntem ao bonde da culpa quando você estiver chateado com alguém, o que coloca lenha na fogueira sem ajudá-lo de verdade.

106   PARTE 2 **Avançando na Recuperação — Curando-se**

> **NESTE CAPÍTULO**
>
> » Explicando como a codependência é transmitida na infância
>
> » Descobrindo a amplitude da disfunção familiar nos Estados Unidos
>
> » Compreendendo as características de famílias saudáveis e disfuncionais
>
> » Definindo tipos de abuso
>
> » Descrevendo a dinâmica e os papéis em famílias com adicções

Capítulo **7**

O que O Tornou Codependente?

Neste capítulo, aborda-se o ponto de vista psicodinâmico do desenvolvimento de um Self saudável na primeira infância. Frequentemente, a primeira cuidadora é a mãe; pode ser o pai, um dos avós, outro parente ou grupo de pessoas, mas, para simplificar, refiro-me à mãe. Quando o cuidado parental na infância é inadequado, é provável que a disfunção se reflita na família inteira, o que, mais tarde, prejudica o Self em desenvolvimento da criança que está crescendo. Sintomas de famílias disfuncionais da perspectiva da teoria familiar sistêmica são descritos e comparados com famílias saudáveis.

Você Foi Amado por Ser Quem É?

As crianças nascem vulneráveis, cheias de necessidades e dependentes de seus cuidadores para tudo. Para crescer, precisam de carinho tanto quanto de comida — e de atenção, empatia, cuidado e segurança. Bebês são tão dependentes de suas mães que não sabem que seus corpos são separados. Cada resposta ou ausência de resposta da mãe impacta seu filho. Como a maioria das ações dela é espontânea e inconsciente, quem ela é psicologicamente tem mais influência do que tudo o que ela faz. Por exemplo, o modo como a mãe segura, cuida e toca seu bebê comunica sua noção de ansiedade ou segurança, amor ou desinteresse, impaciência ou assertividade. O tom de sua voz, sua expressão facial e a tensão em seu corpo dão ao bebê informações sobre a segurança do ambiente. Pesquisas mostram que se a mãe não tem expressão ao conversar com o bebê, ele começa a ficar inquieto. Por outro lado, satisfazer as necessidades psicológicas da criança permite o amadurecimento de um Self seguro, vital e independente. Quando estabelecido, o Self consegue resistir a crises e perdas, fracasso e sucesso, e à rejeição e admiração.

A partir dos quatro meses, os bebês precisam conquistar com segurança a separação de suas mães e estabelecer os próprios limites. Eles precisam se *individuar*, um processo psicológico longo em que a criança e, mais tarde, o adulto jovem se torna um indivíduo e desenvolve um Self completo — um indivíduo autônomo psicológica, cognitiva e emocionalmente, dono e confiante nas próprias percepções, pensamentos, sentimentos e memórias. Respostas parentais verbais e não verbais ajudam ou dificultam essa tarefa de desenvolvimento. Pais autoconfiantes aceitam os esforços e empenhos de seus filhos sem medo, pressão, repressão ou competição. Para se tornarem autônomas e adquirirem autoconfiança, as crianças precisam, em primeiro lugar, confiar que suas mães atenderão às suas necessidades com segurança, incluindo a necessidade de autonomia. Como os pais respondem determina o quão efetivamente seus filhos serão capazes de definir limites quando adultos.

Empatia essencial

LEMBRE-SE

A habilidade da mãe de refletir os sentimentos da criança é a chave para o processo de separação-individuação e a formação de um Self saudável. Ela faz isso ao combinar, de maneira empática e intuitiva, suas respostas às necessidades do filho e sentimentos que vivem oscilando. Ela participa da alegria da criança e permanece calma e presente quando seu bebê está triste, abarcando e difundindo sentimentos intensos. Ela se solidariza, nomeia e reflete os sentimentos de seu filho com precisão, ensinando a criança a reconhecer, confiar e responder a seus sentimentos internos, percepções e pensamentos, porque a "Mamãe sabe-tudo" os validou. Limites saudáveis impedem uma mãe de tomar como pessoal os sentimentos de seu filho. Ela é capaz de saber que o filho tem percepções, sentimentos e necessidades diferentes (e, inclusive, conflitantes) dos dela.

Portanto, é através desse processo de combinação que um bebê e uma criança se sentem amados, compreendidos e constroem um self psicológico e autônomo. Para se sentir segura e confiante para expressar seu verdadeiro self, uma criança precisa se sentir amada como indivíduo autônomo por ambos os pais.

O efeito do espelhamento inadequado

Em geral, o espelhamento deficiente ou inadequado reflete o Self incompleto da mãe, e é assim que a codependência se torna transgeracional. Ela resulta da indisponibilidade emocional e da falta de empatia da mãe. Se o filho chora por conta de um brinquedo quebrado e ela está ocupada ou desdenha do fato, ele se sentirá abandonado. O espelhamento com base na culpa pode ocorrer mesmo quando a mãe dá à criança uma atenção extraordinária, que não é resposta à necessidade do filho, mas uma manifestação de sua necessidade de espelhar o que nunca recebeu quando criança. Por exemplo, uma mãe pode conversar de maneira empolgada com seu bebê, mas de um jeito intrusivo ou hiperestimulante. O espelhamento equivocado da mãe pode ser causado por:

» Doença.

» Mágoa.

» Estresse motivado por eventos externos.

» Deficit mental ou emocional, incluindo depressão e narcisismo.

» Limites rígidos — ela será fria e incapaz de ter empatia.

» Limites frágeis — ela não enxergará o filho como autônomo.

LEMBRE-SE

Limites frágeis são típicos de codependentes. A empatia da mãe será incorreta, porque, psicologicamente, ela enxerga seu filho como uma extensão de si mesma — uma oportunidade para se sentir necessária, válida, importante, digna de amor e completa. Ela apenas reforça, inconscientemente, as responsabilidades pelo bebê que elevam a própria autoestima. Quando o filho está chateado, ela é incapaz de compreendê-lo e espelhá-lo. Talvez ela esteja sobrecarregada, com medo ou impaciente com o choro ininterrupto do bebê, ou se sinta ferida pela raiva revoltada de seu filho e reaja se afastando ou o repreendendo.

LEMBRE-SE

Com espelhamento inadequado, as crianças se sentem sós e inseguras. Elas aprendem que suas necessidades, sentimentos e pensamentos não importam, são errados e vergonhosos. Exemplos repetidos ensinam as crianças a reprimir suas necessidades e sentimentos e a se sintonizar com as expectativas e emoções da mãe. Elas se adaptam ao ambiente e desenvolvem ideais de quem precisam ser para sobreviver. O Self de uma criança pode se organizar em torno de afastamento, cuidado, autossuficiência, agressão, tranquilidade e/ou agindo para ganhar aprovação dos outros a fim de se sentir amado. Em vez de desenvolver uma noção forte do Self e consciência de necessidades, sentimentos e pensamentos, o valor do indivíduo é determinado pelos outros. Se uma mãe é incapaz de atender às necessidades do filho, ele se sente perdido e abandonado, já que não há quem valide sua existência. A criança pode ficar apática, deprimida ou ansiosa, levando, mais tarde, a comportamentos autoestimulantes ou hiperestimulantes, como masturbação compulsiva, adicções e riscos perigosos.

Mães codependentes podem, inconscientemente, falhar em apoiar o impulso crescente das crianças por independência. Em vez disso, suas necessidades e respostas automáticas prejudicam seus filhos, mantendo-os dependentes e, consequentemente, codependentes quando adultos. Por outro lado, mães que se sentem oneradas pelas necessidades de seus filhos podem estimular a independência de modo prematuro, sobrecarregando a capacidade limitada de seu filho de agir por contra própria. A criança talvez se sinta abandonada, tema a separação e se torne codependente. Com tantas interações maternas falhas, em vez de desenvolver um Self harmonioso e vital, o funcionamento emocional dessas crianças fica distorcido. Quando adultos, entram em tentativas inúteis e desesperadas de controlar e/ou agradar os outros a fim de satisfazer as próprias necessidades não identificadas. Sem conhecimento consciente e empatia com seu Self interior, tratam a si mesmos e aos outros como objetos, e estarem sozinhos ou em intimidade excessiva os ameaça com a inexistência ou dissolução.

Você Faz Parte da Maioria

Famílias disfuncionais são o novo padrão nos Estados Unidos. Isso porque 72% têm um familiar adicto — de acordo com a Associação Médica Americana. Os números praticamente englobam todo mundo, quando se contam os outros 20% de norte-americanos com uma doença mental séria. A adicção é a principal causa da disfunção familiar, ao lado de doenças crônicas, abuso e trauma. A sociedade é dependente em drogas legais e ilegais, bem como em relacionamentos, romance, sexo, dinheiro, trabalho, aposta, comida, exercícios, consumo, velocidade, celulares e internet, entre outras coisas.

Outro fator que contribui para a disfunção familiar é a alta taxa de divórcios nos Estados Unidos. Um terço das crianças não vive com ambos os pais. O divórcio é um trauma que quase sempre expõe crianças a conflitos, crises, perdas e algum nível de abandono. Muitas dessas relações conjugais provavelmente eram disfuncionais antes do divórcio. Além disso, o crescente estresse devido a preocupações com dinheiro e saúde contribui para conflitos e instabilidades mais altos, doença mental e menos atenção dispensada aos filhos.

O que Torna uma Família Saudável

LEMBRE-SE

Teóricos de sistemas familiares veem famílias como organismos vivos. A saúde e o comportamento das partes são interdependentes e dependentes do todo, e vice-versa. Os pais estabelecem e reforçam as regras, o modelo comportamental e a comunicação. Essa cooperação é essencial para o funcionamento familiar ideal. Por meio de interações com seus pais, você aprende lições vitais, entre elas:

- » Como identificar necessidades e sentimentos.
- » Se suas necessidades, palavras e sentimentos importam.
- » Como cuidar de si mesmo.
- » Maneiras de fazer os outros atenderem às suas necessidades (que podem ser disfuncionais, como birra, manipulação, carência, mentira).
- » Responsabilidade por si mesmo e como satisfazer as próprias necessidades.
- » Se é possível confiar na autoridade.
- » Qual comportamento é recompensado (alguns pais recompensam comportamento negativo com mais atenção).
- » Se seu Self autêntico tem valor.
- » Como resolver conflitos observando e interagindo com seus pais.
- » Como aceitar a decepção.
- » Como resolver problemas e tomar decisões pensando em sentimentos e consequências.

Famílias saudáveis

Famílias funcionais têm rivalidade entre irmãos, discórdias e decepções, mas também têm os seguintes ingredientes de famílias saudáveis.

Um sistema aberto

LEMBRE-SE

Seja em um país, organização, família ou em uma pessoa, a abertura é sinal de saúde. Isso porque a abertura permite a liberdade de expressão, o fluxo de informações, a flexibilidade e a adaptabilidade, que prolongam a sobrevivência. Famílias saudáveis podem resistir a crises, porque são receptivas a novas ideias, conversam sobre elas e se ajustam a novas circunstâncias. Uma família aberta não tem medo de influências externas e, com frequência, é ativa na comunidade.

A POLÍTICA DE "PORTAS ABERTAS" DA GENERAL ELECTRIC

Jack Welch, ex-presidente executivo da General Electric, transformou o sistema fechado da G.E. em um sistema aberto. Ele se orgulhava de ter uma política de "portas abertas" e estimulava a comunicação aberta entre funcionários e gestores, e entre a G.E. e outras empresas. Os lucros triplicaram e a autoestima, a motivação e a produtividade dos empregados aumentaram.

CAPÍTULO 7 **O que O Tornou Codependente?** 111

Você consegue compartilhar conhecimentos e experiências externas com sua família, incluindo outros aspectos de sua personalidade normalmente expressos em ambientes diferentes — você não vive uma vida dupla ou sempre faz um papel fixo da "mãe" ou do "irmão mais novo". Há fluidez e rodízio entre os papéis de modo natural. A informação também circula externamente. Você não tem medo ou vergonha de revelar a "roupa suja" da família a pessoas de fora.

LEMBRE-SE

Em um ambiente aberto, você é livre para expressar seu Self autêntico, pode conversar sobre o que vê, ouve, sente e pensa. Não há tópicos proibidos, como sexo ou dinheiro. Uma deficiência ou falha de um dos pais não é escondida, mas, em vez disso, é uma lição sobre a fragilidade humana — de que os pais são imperfeitos. A divergência não é silenciada, e as decisões e os valores familiares podem ser questionados e debatidos. Embora seja permitido exprimir todos os sentimentos, o abuso não é tolerado nem todas as atitudes são permitidas.

Igualdade para todos

Famílias saudáveis têm um clima de igualdade, respeito e justiça. Cônjuges tratam uns aos outros como iguais, definindo assim um modelo para as relações entre os irmãos. Embora os pais ainda determinem as regras, não são autoritários. A família é mais igualitária do que hierárquica. À parte as diferenças apropriadas à idade, você é tratado com igualdade, e não é permitido que irmãos mais velhos mandem nos mais novos. Tarefas domésticas são divididas de maneira justa entre gêneros. Todo mundo é responsabilizado, inclusive os pais. Se eles não querem ser interrompidos, não interrompem. Eles dão o exemplo do comportamento que ensinam aos filhos e demonstram que não há problemas em cometer erros, pedindo desculpas pelos próprios erros e perdoando os dos outros.

Todo mundo é ouvido

A comunicação é honesta, direta, assertiva e respeitosa. Os pais ouvem e tentam entender você e um ao outro. Você tem oportunidade de ser ouvido, sem ser ignorado ou criticado. Ouvi-lo com compreensão é um sinal de respeito. Isso constrói sua autoestima, respeita sua individualidade e transmite que você e o que você diz têm valor. Você aprende a conhecer e a expressar seus sentimentos e necessidades, e adquire confiança em si mesmo e em suas opiniões.

Regras razoáveis e consistentes

Toda família tem regras — algumas explícitas e outras tácitas. Se você teve um emprego em que não sabia o que era esperado, sabe como isso é estressante. Em famílias saudáveis, regras e punições são claras, consistentes, humanas e razoáveis. Isso gera um ambiente seguro. Você aprende a internalizar um ambiente seguro e consistente e, além disso, é capaz de acalmar e modular seus sentimentos. Regras também são flexíveis e racionais, e podem ser questionadas e comentadas. Elas fazem sentido para você e não o acusam ou envergonham, só dizem que você quebrou uma regra. Punições são justas e relacionadas a violações das regras. Elas o orientam e o convencem a aprender com seus erros. Os pais não julgam os filhos como "ruins" nem recusam amor, o que é cruel.

Às vezes cada um dos cônjuges surge com uma lista diferente de regras da família. Um marido pensou, equivocadamente, que sua esposa tinha uma regra de que eles só podiam fazer sexo à noite. Ela ficou chocada ao saber disso. Por outro lado, ela acreditava que ele a achava gorda e esperava que ela malhasse com regularidade para "manter a forma", mas ele explicou que sua única preocupação era de que ela não ganhasse peso. Eles nunca teriam descoberto seus equívocos se não tivessem discutido suas regras abertamente.

AUTODESCO-BERTA

Responda pensando em sua família de origem e na atual:

» Há (havia) assuntos que são (eram) fora de questão?
» A expressão de todos os sentimentos, inclusive raiva, é (era) permitida?
» Quais são (eram) as regras em seu lar?
» Quem faz (fez) as regras?
» É (era) permitido que você comente (comentasse) sobre elas?
» Elas estão interferindo ou concretizando o que você quer?
» O que acontece (acontecia) se você discorda (discordasse) de uma regra?
» Essas regras são atuais ou você precisa de novas?

Encontrando soluções

LEMBRE-SE

A chave para relacionamentos positivos é a habilidade de resolver problemas e conflitos (veja o Capítulo 13). Em vez de ter brigas recorrentes sobre o mesmo problema, os cônjuges são capazes de resolver discórdias, solucionar problemas e envolver os filhos mais velhos na tomada de decisões que os afetam.

Os pais também os orientam e os ensinam a tomar decisões, sendo incentivadores, estimulando-os e ajudando-os a pensar nas consequências de suas escolhas. A criação saudável lhe dá opções e lhe permite tomar decisões apropriadas à idade por conta própria. Envolvimento demais ou de menos limita sua habilidade de fazer planos e tomar decisões quando adulto.

Relacionamentos amorosos

LEMBRE-SE

Além de respeito, famílias saudáveis têm uma atmosfera de aceitação, confiança, segurança, cuidado e boa vontade. Isso começa com a relação conjugal, baseada no amor e na empatia, não no controle. Os familiares protegem e ajudam uns aos outros. Você é acolhido, estimulado e apoiado quando está ferido ou desanimado. Os pais também protegem os filhos de maus-tratos por parte dos irmãos. Inevitavelmente, haverá conflitos e raiva, mas como o amor não é negado ou diminuído pelo abuso, a paz logo volta. Você confia em seus pais e sabe que é aceito de maneira incondicional — mesmo quando comete erros ou os decepciona. Você se torna um adulto responsável, feliz e confiante, habituado ao amor e à segurança e a ser tratado com respeito e gentileza. Você não permitirá menos do que isso.

Famílias disfuncionais

Muitas famílias disfuncionais parecem saudáveis por fora, mas a dinâmica interna gira em torno da adicção, abuso, doença ou trauma de um de seus membros. Outras famílias são disfuncionais por conta do controle rígido e da falta de empatia e aceitação, que pode tornar os filhos codependentes. O indicador mais forte da codependência é ter pais codependentes.

LEMBRE-SE

A codependência em geral começa quando você se sente emocionalmente abandonado. Em resposta, reprime sentimentos, necessidades, observações e pensamentos. Você aprende a entorpecer sua mágoa, não confia em seus pais e se torna autossuficiente. Para lidar com isso e ser aceito, esconde-se atrás de uma personalidade falsa e/ou desenvolve comportamentos compulsivos. A seguir há sintomas, mas nem todos são necessários para que uma família seja disfuncional. Famílias com adicção em drogas ou abuso em geral têm mais sintomas.

Nós versus eles

Famílias disfuncionais são fechadas em níveis variados. Algumas não permitem diferenças ou que novas ideias sejam discutidas entre membros ou com pessoas de fora. Talvez não recebam convidados ou amigos de outra etnia ou religião. Lembre-se de Archie Bunker, de *Tudo em Família*. Ele era autoritário e intolerante com outros pontos de vista. Algumas famílias são isoladas e não interagem com a comunidade. Outras, sim, mas superficialmente. A família pode ser respeitada na comunidade, mas esconde a verdade. Falar sobre a família com é considerado desleal. No fundo estão a vergonha e o medo de ideias distintas.

Negação

Problemas familiares e crises, como a ausência de um membro, doença ou adicção, nunca são conversados. Os pais pensam que, se agirem normalmente e fingirem que o problema não existe, talvez ele vá embora, ou os filhos não o notarão ou serão prejudicados (veja o Capítulo 4 para ler mais informação sobre negação). No entanto, esse fingimento o faz duvidar de suas percepções, porque o que você vê e sabe não é reconhecido por figuras de autoridade. Você aprende a não questionar ou confiar em seus pais nem confia em suas percepções, sentimentos ou em si mesmo, inclusive depois de adulto. A negação comunica às crianças que elas não podem falar sobre algo assustador — mesmo umas com as outras. Infelizmente, crianças assustadas que dividem o mesmo quarto e ouvem seus pais brigando vivem em medo silencioso, pois não podem conversar sobre sua dor entre si.

AUTODESCOBERTA

Faça a si mesmo estas perguntas:

» Que verdades foram descartadas ou ignoradas em sua família?

» Como seus pais fizeram isso?

» Como isso o afetou?

Segredos

A negação fomenta segredos. Algumas famílias escondem uma verdade vergonhosa por gerações — seja adicção, violência, atividade criminal, questões sexuais ou doença mental. Essa vergonha é percebida pelas crianças — *mesmo quando não conhecem o segredo*. Se você conhece o segredo, mas não pode fazer perguntas ou falar sobre ele, você se sente diferente, prejudicado ou envergonhado.

AUTODESCOBERTA

Um genograma é um diagrama que traça os relacionamentos, padrões e segredos familiares (veja a Figura 7-1). Com certeza será esclarecedor. Reúna informações entrevistando todos os seus parentes e crie um genograma da família. Os homens, representados por quadrados, estão à esquerda das mulheres, representadas por círculos, e o filho mais velho fica à esquerda.

Nesta amostra de genograma, você nasceu em 1969, casou-se com Bea em 1996, e teve um filho e uma filha. Seus pais, Bob e Ana, divorciaram-se ("//") em 1984, quando você tinha 15 anos. Ana se casou com Ira quatro anos depois, mas se separou ("/"). Seu pai, que agora vive com Meg (a linha quebrada "– – –"), é dependente de álcool, assim como seu avô Sid e seu bisavô Jim. Em 1986, seu pai casou-se com Fay, que morreu em 2009. Desse casamento, você tem uma meia-irmã chamada Lea, nascida prematuramente, e uma meia-irmã chamada Mia, da mesma idade que você. Seus outros meios-irmãos são Pam, Joe e Jill. Você também é tio de Sue, filha de seu irmão Al.

Um genograma revela padrões curiosos. Talvez você tenha se casado ou tido um filho na mesma idade de um de seus pais. Ao criar um genograma, você encontra respostas a muitas de suas questões familiares. Neste exemplo, o pai de Ana, Sid, e o irmão, Ted, também são alcoólicos. Como codependente, ela estava preparada para se casar com seu pai. Ana teve gêmeos, assim como sua avó, Nora. Os de Ana eram bivitelinos e os de Nora, idênticos, como indicado pela barra adjacente ("–"). Ana se casou aos 19, como sua mãe, Ema. Você e seu tio Max nasceram no ano do casamento de seus pais, o que quer dizer casamento às pressas. Repare também que ambas as suas avós eram as mais velhas de famílias grandes, o que sugere que eram mulheres fortes e protetoras.

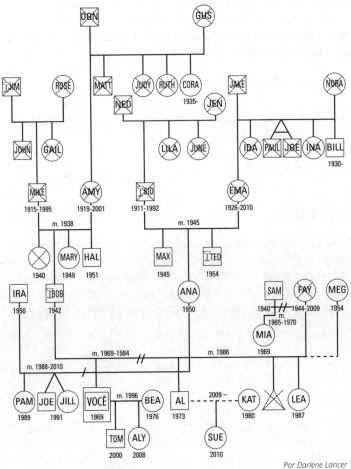

FIGURA 7-1:
Seu genograma.

Por Darlene Lancer

AUTODESCO-
BERTA

Dê uma olhada online ou invente símbolos que indiquem doença mental, adoções, violência familiar, prisões e diferentes tipos de adicções, incluindo alcoolismo, apostas, sexo e distúrbios alimentares. Você também pode registrar doenças e enfermidades, como depressão, adicções, doenças do coração, diabetes e câncer. Pergunte-se também:

» Quais segredos foram guardados na família em que você cresceu?

» Eles são transgeracionais?

» Como eles afetaram sua família?

» Quais regras e atitudes mantiveram os segredos escondidos?

» Isso o deixa envergonhado?

» Você está perpetuando o segredo?

Problemas com limites

Ser bom pai ou boa mãe exige ter limites apropriados e flexíveis que respeitem sua individualidade e autonomia. Em famílias saudáveis, os pais respeitam seus limites emocionais, mentais, sexuais e físicos. Em famílias disfuncionais, os limites são rígidos, indefinidos ou oscilam (veja uma discussão sobre limites no Capítulo 3).

LIMITES INDIVIDUAIS

Quando os limites são rígidos demais, os membros da família são desligados emocional e fisicamente. Talvez não haja nenhum sentimento de proximidade nem demonstração de afeto. Quando adultos, os irmãos são emocionalmente distantes, e as famílias raramente fazem celebrações juntas. Os filhos podem ser distantes dos irmãos e enredados com um dos pais.

Em outras famílias, os limites são inexistentes ou enredados, o que lhe tira o direito de os impor. Os membros da família fazem fofocas e exageram na reação uns com os outros, dão conselhos que não foram pedidos e invadem limites pessoais. Qualquer forma de abuso viola os limites. Alguns pais controladores assumem suas decisões e controlam seus passatempos, aulas, amigos e roupas. Pais também podem invadir seus limites ao se intrometer, ler sua correspondência, questionar seus amigos sobre você ou revistar ou pegar seus pertences sem permissão. Eles resistem à sua vontade de autonomia porque querem se sentir necessários. A independência natural é vista como deslealdade ou abandono, e você pode, inclusive, se rebelar ou se sentir culpado ao tentar definir limites para seus pais e para os outros quando adulto.

Descreva os limites na família em que você cresceu nas áreas a seguir:

> » Dinheiro.
> » Seus pertences pessoais.
> » Toques físicos e demonstração de afeto.
> » Sexo e nudez.
> » Emocional — respeito por seus sentimentos.
> » Mental — respeito por seus pensamentos e opiniões.

LIMITES TRANSGERACIONAIS

Também há limites transgeracionais entre pais e filhos. Os seus foram violados se você foi colocado no papel de um adulto. Isso pode ter acontecido se um dos pais ficou próximo demais de você e o usou como companheiro, um confidente com quem discutir a relação dos pais ou problemas pessoais ou então como um aliado contra o outro progenitor. Você desempenhou a função de substituto emocional para a falta de intimidade entre seus pais e/ou um aliado ou peão nas disputas por poder. Depois de um divórcio, os limites transgeracionais são desrespeitados com frequência quando um dos pais usa um filho para transmitir mensagens ao outro.

Os limites transgeracionais também são ultrapassados quando um filho assume responsabilidades parentais por um pai/mãe irresponsável ou ausente emocional ou fisicamente. Isso acontece em famílias de um pai só ou se um dos pais está doente, no exército ou é dependente. Algumas crianças de 5 anos precisam fazer as próprias refeições. Uma criança pode assumir o papel da "pequena mãe" ou do "pequeno homem" e tomar conta dos irmãos menores ou de um pai carente. Essa é a maneira pela qual muitos codependentes aprendem a se tornar adultos ultrafuncionais e cuidadores. Alguns recebem elogios por isso, e o papel de cuidador se torna parte de suas personalidades quando adultos.

LEMBRE-SE

Ultrapassar limites transgeracionais é psicologicamente nocivo. Se isso aconteceu com você, foi preciso reprimir suas necessidades e sentimentos a fim de adotar uma persona artificial e inapropriada para a idade (ser "um pequeno adulto") para atender às necessidades de seu pai/mãe. Isso o separou de seu self infantil autêntico.

AUTODESCO-
BERTA

Pense a respeito de limites entre gerações:

» Você teve que executar tarefas de adulto ou assumir responsabilidades de adulto?

» Um dos pais fez confidências inapropriadas a você?

» Um dos pais pediu a você que falasse com o outro por ele?

» Você acreditou que tinha uma relação especial com um de seus pais que excluía o outro?

» Como você se sentiu em cada uma dessas situações?

Culpa e vergonha — Comunicação disfuncional

LEMBRE-SE

Em famílias disfuncionais, as pessoas não ouvem, e a comunicação não é nem assertiva nem aberta. Ela é usada mais para controlar do que para entender (veja o Capítulo 13). Normalmente, a comunicação disfuncional tem uma ou mais das seguintes características:

» Indireta.

» Abusiva (definida no Capítulo 3).

» Desonesta.

» Contém mensagens de duplo sentido.

- » Não permite liberdade de expressão.
- » Invalida a realidade dos sentimentos e pensamentos das crianças.
- » Culpa.
- » Envergonha.
- » Discute com frequência.
- » Usa crianças como bodes expiatórios.

Mensagens de duplo sentido acontecem quando um dos pais diz uma coisa e faz outra, ou faz exigências contraditórias. Exemplos: uma mãe diz que está bem quando está chorando, um pai ensina a nunca mentir, mas diz que seu filho de 13 anos tem 12 a fim de comprar uma entrada mais barata, ou uma mãe que leva um filho às compras e diz "Pegue o que quiser", mas só paga por aquilo que ela quer.

LEMBRE-SE

Às vezes há paredes de silêncio, ou a comunicação é irrelevante para o que está acontecendo. Os filhos aprendem a não fazer perguntas ou comentar sobre acontecimentos estressantes. Você se sente abandonado e isolado por ser forçado a lidar sozinho com seus sentimentos, o que é mais nocivo do que os eventos reais. Você tem medo de expressar seus pensamentos e sentimentos e pisa em ovos porque está habituado a ser acusado, humilhado, ignorado ou dispensado. Direta ou indiretamente, disseram a você para não sentir ou pensar o que sente e pensa. O resultado é que, com o tempo, você reprime sua vida interior e se desliga de sugestões internas que lhe dão os dados sobre a realidade e sobre si mesmo. Se você reprime seus sentimentos, observações e reações — não uma vez, mas com regularidade — fica entorpecido e deprimido. Como adulto, você não consegue mais identificar seus sentimentos e não acredita em suas opiniões e pensamentos.

Além disso, você deve ter sido humilhado a ponto de sentir que não merece amor, sucesso ou qualquer coisa boa ou agradável. Quando os pais recusam amor ou acusam e humilham seus filhos, a vergonha e o medo do abandono são internalizados.

Faça uma lista das mensagens humilhantes que você ouviu em sua família. Aqui estão algumas comuns:

- » "Você é um mariquinha (mau, burro, preguiçoso, egoísta)."
- » "Que vergonha."
- » "Seja homem."
- » "Isso não doeu."
- » "Eu me sacrifiquei por você."
- » "Aja como uma dama."

> "Como você pode fazer isso comigo?"

> "Você é mimado."

> "Cresça."

> "Aja de acordo com a sua idade."

> "Você é sensível demais."

> "Quem você pensa que é?"

> "Você não deveria se sentir ___."

> "Nós queríamos uma menina (ou menino)."

> "Você está me deixando louco."

> "Se não fosse você..."

> "Você não sabe fazer nada certo."

> "Você nunca vai conseguir nada."

Conflitos entre os pais assustam os filhos, que com frequência também sofrem as consequências da ira dos pais. Os filhos podem se tornar um campo de batalha para casais que não se comunicam. Em vez de brigar diretamente, os pais fazem do filho o problema e o centro de sua raiva e insatisfação um com o outro. Eles discutem sobre a criação ou sobre o filho, que se sente confuso e dividido entre eles. Isso também acontece com frequência antes e depois de um divórcio.

Regras rígidas

LEMBRE-SE

Em algumas famílias, os pais são irresponsáveis, e as regras são permissivas demais. Os filhos não têm orientação e não se sentem seguros e cuidados. Outras famílias disfuncionais têm regras rígidas e restritivas. Um estilo controlador de criação pode levar à codependência dos filhos. Com frequência as regras são implícitas, mas sentidas. Talvez haja proibição sobre comentar o que está acontecendo, o segredo familiar e/ou assuntos considerados "inapropriados", como morte, o holocausto, o avô hesitante ou o pai que já está no segundo casamento. Quando as regras supõem perfeição, os erros não têm vez. Algumas famílias reprimem a expressão da raiva, da exuberância ou do choro. Há famílias religiosas em que sempre se espera que você seja grato e misericordioso e negue seus sentimentos de dor, raiva e decepção. Para refrear seus sentimentos, você aprende o autocontrole e se torna controlado ou controlador em excesso, tudo contribuindo para uma baixa autoestima.

AUTODESCO-BERTA

Faça uma lista de regras restritivas que dominaram seu crescimento. Exemplos incluem:

> "Não responda."

- » "Não seja direto."
- » "Não seja sincero. Não é delicado."
- » "Seja forte, perfeito e bom."
- » "Não faça idiotices — isso é imaturo."
- » "Não expresse tristeza ou raiva."
- » "Nunca se vanglorie. É convencimento."
- » "É egoísta considerar suas necessidades ou desejos."
- » "Não discuta sentimentos."
- » "Não mencione problemas."
- » "Estou certo porque sim."
- » "Não faça perguntas."
- » "Confie somente em sua família."
- » "Homens só querem sexo."
- » "A masturbação é um pecado."
- » "Meninas não precisam ir à faculdade."
- » "Meninos e homens não choram."
- » "Crianças devem ser vistas, mas não ouvidas."
- » "Coma tudo o que estiver no seu prato — gostando ou não."
- » "Não aborreça sua mãe."
- » "Olhe para mim quando falo com você (enquanto é humilhado)."

Algumas famílias são extremamente regradas. A ordem e a disciplina são mais valorizadas do que os sentimentos. Se você teve pai ou mãe autoritário, sua autoestima se tornou dependente do humor dele, semelhante a famílias dependentes de álcool. Estudos mostram uma correlação entre codependência e ter tido uma mãe compulsiva ou um pai autoritário independentemente de adicções, em que há controle, mas pouco apoio a seus sentimentos.

Arbitrariedade e inconsistência

Regras arbitrárias e inconsistentes são piores do que regras rígidas. Regras que não fazem sentido parecem cruéis e injustas. Você nunca sabe quando será punido. Isso leva a confusão, sensação de impotência e raiva não expressa. Você vive em constante medo, pisa em ovos e se sente desanimado e ressentido por conta da imprevisibilidade e da injustiça. A punição arbitrária mina seu senso de valor e dignidade. Você perde respeito e confiança em seus pais

CAPÍTULO 7 **O que O Tornou Codependente?** 121

A COMPULSÃO À REPETIÇÃO

Identificada primeiramente por Freud, a compulsão à repetição é a compulsão que uma pessoa tem de repetir um trauma anterior como agressor ou vítima, em geral de maneira inconsciente, em uma tentativa de dominá-lo ou de encontrar uma solução. O filme *Feitiço do Tempo* tem um tema similar; nele, o personagem de Bill Murray repete o mesmo dia várias vezes até aprender uma lição sobre o amor.

e em autoridades em geral. Quando os filhos são forçados a obedecer, alguns exprimem suas emoções com comportamento rebelde ou delinquente, tendo desempenho fraco na escola ou usando drogas. Os problemas também surgem quando os pais não se entendem ou discordam sobre questões de criação. Com frequência eles se contradizem. Talvez você obedeça a um deles e seja punido pelo outro.

Imprevisibilidade

LEMBRE-SE

A previsibilidade gera segurança. Se você nunca sabe o humor em que Mamãe ou Papai estará, você não consegue ser espontâneo e estará sempre ansioso. Algumas famílias têm crises constantes por causa de adicções, doença mental ou abuso. Em vez de um porto seguro, a família torna-se uma zona de guerra da qual você deseja escapar. Crianças podem desenvolver queixas somáticas, como dores de cabeça e de estômago. Elas se tornam controláveis para se sentirem seguras ou agem de modo temperamental.

Incapacidade de resolver problemas

Resolver problemas e conflitos é a chave para uma organização que funcione bem. Porém, em famílias disfuncionais, filhos e pais são acusados repetidamente, e há constantes argumentos ou paredes silenciosas de ressentimento. Nada é resolvido.

Abuso

LEMBRE-SE

O abuso é comum em famílias disfuncionais e pode assumir a forma de negligência ou abuso físico, sexual, emocional ou espiritual. O abuso viola seus limites e prejudica seriamente sua autoestima. O abusador pode ser um dos pais, um irmão mais velho ou outro parente. Às vezes, irmãos mais velhos imitam o comportamento abusivo de um dos pais e descarregam sua raiva inexpressa em um filho mais novo. Geralmente o abuso é aleatório e imprevisível, contribuindo para uma atmosfera de ansiedade ou mesmo de terror. O abuso não precisa ser ilegal ou agressivo. O abuso infantil pode ser sutil, silencioso, oculto e até agradável ou disfarçado de brincadeira ou piadas. É comum que os abusadores neguem seu comportamento abusivo e culpem suas vítimas. As vítimas também negam e minimizam o abuso que experienciam, porque se sentem envergonhadas, mesmo que não tenham culpa. Somente o abusador é responsável pelas próprias atitudes — nunca a vítima. NUNCA!

LEMBRE-SE

Adultos que foram abusados quando crianças têm uma dificuldade particular quando o assunto é raiva, segurança, confiança e autoridade. Por causa da negação, muitos não percebem que sofreram abuso. Se não se curaram, têm dificuldade de experienciar intimidade. Alguns entram em relacionamentos abusivos. Trabalhar seu passado os ajuda a parar a compulsão de repeti-lo (veja o Capítulo 8 sobre curar o passado).

Negligência

A negligência pode ocorrer quando os pais são doentes física ou mentalmente ou abusam de drogas. É a falha de um dos pais em prover comida, vestuário, abrigo, cuidados médicos ou supervisão que ameaça a saúde, a segurança ou o bem-estar da criança. Crianças negligenciadas têm sua infância roubada e têm dificuldades de cuidar de si mesmas quando adultos. Se precisam cuidar de um dos pais, eles sofrem o efeito extra das violações de limites transgeracionais.

Abuso físico

Isso inclui não somente atitudes violentas, como bater, chutar, morder, sufocar e queimar, mas também empurrar, estapear, beliscar, puxar o cabelo, atirar objetos e ameaçar de danos físicos. Punições corporais dadas com raiva ou que deixem marcas de queimadura, hematoma ou vergões também são abusivas. Quanto ao abuso patrimonial, é definido pela Lei Maria da Penha como qualquer conduta que configure retenção, subtração, destruição parcial ou total de seus objetos, instrumentos de trabalho, documentos pessoais, bens, valores e direitos ou recursos econômico. A maioria dos pais é tentada a bater no filho por frustração, mas se o impulso é colocado em prática, ele é motivado pela necessidade emocional do pai, não pela preocupação com a criança. A punição corporal não ensina o comportamento correto. Ela apenas instiga medo e vergonha. Cócegas ou empurrões de um pai ou irmão mais velho se tornam abusivos quando você quer que parem, mas é subjugado ou ignorado. Isso é domínio do mais forte sobre o mais fraco, e é humilhante e enfraquecedor. A criança incomodada pode não aprender a se proteger.

LEMBRE-SE

Se você testemunhou violência doméstica ou abuso físico de um irmão, você ficou traumatizado como se tivesse acontecido com você. Você pode se sentir culpado por não ter evitado o abuso. Isso é chamado de *testemunha de abuso*. Ela inclui testemunhar um pai danificando a propriedade com violência — como arrombando uma porta. Talvez você goste de observar seu pai derrubando um cômodo para reformá-lo, mas fique petrificado ao testemunhar isso quando seus pais estão discutindo. A raiva dele é o que causa terror.

Abuso sexual

O abuso sexual pode incluir qualquer toque inapropriado, beijos, olhares, nudez, flertes, pornografia, espionagem, exibicionismo ou insinuação sexual, histórias ou piadas. A importunação sexual também é enquadrada pela legislação brasileira. Trata-se da prática de ato libidinoso como masturbação ou ejaculação na presença de alguém, sem que essa pessoa dê consentimento. Quando o contato sexual com uma criança é mantido em segredo, provavelmente é abusivo, e o segredo exacerba o dano. O contato sexual inapropriado é abusivo. É estímulo além dos limites e quebra de confiança, porque você está sendo usado para satisfazer as necessidades do abusador. Sentir prazer não torna isso menos abusivo. Mesmo entre um irmão mais velho e um mais novo, a diferença de idade é um abuso de poder. Vítimas de abuso sexual sentem aversão e vergonha de si mesmas — especialmente se sentiram prazer. Quando adultos, têm problemas com intimidade, confiança e sexualidade.

Abuso emocional

LEMBRE-SE

O abuso emocional inclui o verbal, definido no Capítulo 3. O abuso emocional também pode assumir a forma de recusa de amor, ou de ameaça ou reforço de punição injustificada, tarefas domésticas, isolamento, privação e qualquer outra conduta que o prejudique e perturbe o pleno desenvolvimento ou que vise degradar ou controlar suas ações, comportamentos, crenças e decisões, mediante ameaça, constrangimento, humilhação, manipulação, isolamento, vigilância constante, perseguição contumaz, insulto, chantagem, ridicularização, exploração e limitação do direito de ir e vir ou qualquer outro meio que lhe cause prejuízo à saúde psicológica e à autodeterminação. Outro tipo de abuso que também causa impactos emocionais é o moral, entendido como qualquer conduta que configure calúnia, difamação ou injúria. Alguns pais são frios e sem afeto, e outros são irresponsáveis, mecânicos e fantasmagóricos. O abuso emocional faz você se sentir não merecedor de amor e rejeitado, e resulta em problemas para se conectar emocionalmente quando adulto. Se um dos pais controlava suas atividades e decisões ou era possessivo e ciumento em relação a seus amigos e parceiros amorosos, você poderia se sentir sufocado ou claustrofóbico em relacionamentos íntimos. Se um dos pais foi crítico demais, aconselhando-o, criticando-o e aprimorando-o sem parar, você poderia internalizar a humilhação e a baixa autoestima e tornar-se crítico demais ao crescer. Você acredita que nunca é suficiente — que não está fazendo o suficiente, não é bom o suficiente ou realizado o suficiente para ter o amor de seu pai ou mãe ou de um companheiro.

Alguns pais com doença mental são cruéis e sádicos. Um pai acordava seu filho toda manhã às 5h para recolher cada folha que havia caído na noite anterior. Como castigo, mais tarde, ele deixava o filho em um posto de gasolina em uma cidade estranha. Uma mãe matou o coelho de estimação da filha e jogou fora os troféus de atletismo do filho.

Abuso espiritual

O abuso espiritual pode ocorrer em famílias extremamente religiosas. Alguns pais negligenciam suas obrigações de compreender, orientar e ensinar seus filhos e, em vez disso, citam frases da Bíblia que seus filhos não conseguem entender. Outros instigam medo de um Deus vingativo ou humilham seus filhos em nome da religião. Isso aconteceu com muitos homossexuais. O contrário também é verdadeiro, quando pais ateus proíbem a menção a Deus ou humilham a curiosidade e os anseios espirituais dos filhos. Outras famílias doutrinam seus filhos em práticas de culto que também podem incluir o abuso, como a obrigação do uso de drogas que levam ao risco de se tornarem dependentes químicos.

Dependência em drogas

Conforme observado no Capítulo 1, a codependência foi primeiramente notada por terapeutas que estudavam famílias em que havia dependência de álcool. Nem todos os filhos de dependentes são codependentes, mas, em geral, as famílias com adicções em drogas ou álcool têm todas as características disfuncionais acima e mais. Ainda assim, metade dos filhos adultos de dependentes de álcool permanece em negação de que tem um pai ou mãe alcoólico. Em vez disso, vive em vergonha e culpa. A maioria foi abusada e, como vítima de abuso, tem problemas relacionados à confiança e raiva do passado.

O caos e o carrossel da negação

LEMBRE-SE

O lar de um pai dependente é monopolizado por seu comportamento errático, irresponsável e, com frequência, tirânico e abusivo, e a situação piora à medida que a adicção progride. O dependente age como um pequeno déspota, nega que beber ou usar drogas seja um problema e decreta que ninguém pode desafiá-lo. O comportamento de todos se organiza em torno da negação da doença do dependente. Eles tentam manter a normalidade, e proteger e capacitar o dependente. Eles reprimem pensamentos, sentimentos e observações a fim de não causar problemas, e vivem com medo de outra bebedeira, desastre ou explosão de raiva.

As mudanças de personalidade causadas pela adicção criam uma atmosfera de caos. Nesse caso, a paternagem e/ou maternagem são inseguras, inconsistentes e imprevisíveis, mesmo quando elas podem ser realizadas primeiramente pelo pai ou mãe sóbrio(a), que está por demais estressado(a) tentando administrar o lar, as exigências irracionais e as crises do dependente. Ambos os pais estão emocionalmente indisponíveis para os filhos. Se ambos são dependentes, também são fisicamente indisponíveis. Como criança, você nunca tem a noção de segurança e estabilidade de que necessita para se desenvolver. Você não convida seus amigos para passar a noite na sua casa a fim de evitar sentir vergonha do pai dependente. Suas necessidades são ignoradas, e você aprende a não pedir nada para evitar decepções. Você se torna autossuficiente quando adulto para evitar que qualquer pessoa tenha poder sobre você de novo. Mesmo quando um dos pais é responsável, os planos e as regras estão em fluxo constante por conta das mudanças imprevisíveis de humor do dependente e do uso de drogas ou álcool, conforme mostrado no exemplo simples a seguir:

O pai ou mãe sóbrio diz aos filhos que a hora de ir para a cama é às 21h, só para ser minado pelo dependente, que insiste que eles podem ficar acordados até as 23h para assistirem a um filme juntos. Começa uma discussão entre os pais, e as crianças de repente são punidas pelo dependente por alguma coisa banal e mandadas para a cama às 20h. As crianças passam a não confiar em ambos os pais, sentem-se inseguras, culpadas, traídas e sozinhas, e ficam confusas e com raiva da injustiça. Seus sentimentos e necessidades não são levados em consideração, e elas não têm com quem conversar.

O papel do não dependente

Quando a adicção em drogas está presente, a família tende a se isolar de parentes, da comunidade e de fontes de ajuda. Desse modo, o cônjuge do dependente não tem apoio algum e vai tentar de tudo, de agrados a ameaças, na tentativa de controlar a adicção. Ele pode tentar proteger os filhos mantendo-os longe do dependente o máximo possível. O comportamento do pai não dependente depende de sua personalidade, estilo de lidar com as coisas e codependência preexistente. Com frequência, começa por ajudar e proteger o dependente, e então oscila entre cuidado, repreensão e acusação, e afastamento emocional à medida que a adicção e a codependência progridem. O não dependente pode eventualmente se comportar de maneira indevida com drogas, álcool, casos ou outra atitude irresponsável. Quando ambos os pais são dependentes, um filho muitas vezes assume o papel de pai.

Você se saiu bem se teve modelos positivos de parentes ou outros que ajudaram em sua criação. Estudos mostram que é mais difícil para você quando a mãe é dependente e devastador quando ambos os pais são dependentes. Crianças mais novas são mais prejudicadas do que as mais velhas, e os meninos são mais vulneráveis do que as meninas. Se o pai não dependente superar o impulso da negação e da codependência e for capaz de confrontar e responsabilizar o dependente, manter os amigos e procurar tratamento ou ir a um programa de mútua ajuda, isso dá mais estabilidade e saúde à família.

Papéis dos filhos

Assim como o cônjuge, os filhos adotam comportamentos para aliviar a tensão familiar, que variam dependendo da personalidade da criança e ordem de nascimento. Sharon Wegscheider-Cruse e Claudia Black identificaram, cada uma, quatro papéis:

> » **O Herói:** Com frequência o mais velho, é quem mais se identifica com seus pais. Em um ambiente caótico, busca estrutura para criar um senso

de segurança. O Herói fornece companhia para o pai não dependente, ajuda com as responsabilidades familiares e pode proteger e ajudar a criar os irmãos mais novos. Ele sabe o que é adequado e faz a coisa certa para ter sucesso na escola, socialmente e no trabalho. Desenvolve liderança e habilidades organizacionais benéficas para atingir objetivos na escola e ao entrar na fase adulta.

O Herói está acostumado a ser responsável e autossuficiente, mas tem problemas para confiar e receber ajuda. Qualquer falha é difícil de ser tolerada por conta de sentimentos inerentes de inadequação. Ele é sério, tende a ser rígido e controlado, e lhe falta flexibilidade e espontaneidade. Talvez se sinta desconfortável brincando ou relaxando e se torne dependente em trabalho. Alguns usam drogas para se desprender. Um dia, ele descobre que tem dificuldades em ser íntimo e aberto com seus sentimentos e se torna ansioso, solitário e depressivo.

» **O Ajustador:** É o filho que não reclama e se adapta à família ao sabor do vento. Se você é um Ajustador, sobreviveu no ambiente imprevisível da adicção não chamando muita atenção a si mesmo na família e na escola. Ao contrário do Herói, você sente o efeito dos eventos e circunstâncias e não assume as rédeas da própria vida como adulto. Seu desafio é ter o controle de sua vida e ir atrás de seus objetivos.

» **O Apaziguador:** É mais sensível às atitudes e sentimentos de outros membros da família e se fere com mais facilidade. Ele é quem mais cuida e sua autoestima resulta do fato de fazer os outros se sentirem bem. Para sobreviver, cultivou as necessidades emocionais dos outros e nunca aprendeu a considerar seus desejos e necessidades. Ele se sente culpado quando os considera; dá mais do que recebe. Como o Ajustador, você precisa descobrir seus desejos, sentir-se merecedor de recebê-los e ir atrás de seus objetivos.

» **O Bode Expiatório:** Adota um comportamento negativo que tira a atenção que a família dá ao dependente. Como Bode Expiatório, você tinha problemas constantes em casa e na escola, e problemas relacionados à raiva e conflitos com amigos e colegas de trabalho. Seu comportamento é uma expressão de sentimentos que você não consegue comunicar e, por não obedecer nem se afastar, atrai ainda mais punição e abuso de seus pais e figuras de autoridade. Muitos Bodes Expiatórios vão presos por comportamento delinquente e começam a usar drogas e/ou álcool na adolescência. Às vezes, isso une os pais, o que pode ser o motivo inconsciente deles, apesar das consequências para eles mesmos.

» **A Criança Perdida:** Em geral, é um filho mais novo ou o mais novo de todos, que se afasta do drama familiar para um mundo de fantasia, música, livros, internet ou jogos de computador. Como uma Criança Perdida, você encontra segurança na solidão e fica longe da dor estando sozinho.

> **O Mascote:** Com frequência também é um filho mais novo ou o mais novo de todos, que lida com o medo e a insegurança sendo fofinho, divertido ou engraçadinho para aliviar a tensão na família.

Alguns filhos usam aspectos de mais de um papel e desempenham mais de um deles. Crianças em outros tipos de famílias disfuncionais também desenvolvem esses papéis em níveis variados. Com o tempo, esses estilos se tornam papéis definidos que duram até a fase adulta. Embora tenham desempenhado uma função útil no crescimento, eles o impedem de se expressar por completo. Você pode ser rebelde ou obediente, ou bom aluno, mas esse papel esconde seu Self verdadeiro. Comportar-se de maneira diferente de seu papel habitual é difícil e assustador, porque dá a impressão de que sua sobrevivência ainda está em jogo — mesmo depois de você ter deixado sua família da infância. A cura exige que você aprenda a se valorizar e a se expressar em todas as áreas de sua vida.

AUTODESCO-
BERTA

Tente identificar os papéis desempenhados por você e por outros membros de sua família:

> Quem eram os ultrafuncionais e os subfuncionais? Qual deles você era?
> Como seu papel fazia você se sentir?
> Que função ele desempenhava no sistema familiar?
> Como ele afetou sua autoestima?
> Que pontos fortes você tirou de seu papel?
> Do que ele o privou?
> Você continua com seu papel no trabalho e em relacionamentos pessoais?
> Quais são os benefícios e os prejuízos?
> Imite outro papel familiar para ver qual é a sensação.

> **NESTE CAPÍTULO**
>
> » Fazendo amizade com sua criança magoada interior
>
> » Curando a vergonha
>
> » Lamentando sua infância
>
> » Descobrindo sobre traumas

Capítulo **8**

Curando Suas Mágoas — Libertando-se

Reconhecer seus padrões codependentes e suas origens é um passo fundamental em sua recuperação, mas a verdadeira mudança envolve a cura da vergonha oculta e a elaboração do luto das perdas sofridas na sua infância. Este capítulo vai começar esse processo. Você é apresentado às fases do luto, concluindo com a aceitação. Funciona um pouco como um retrocesso para encaixar as peças que estão faltando no passado. A decisão de confrontar seu pai, mãe, ou ambos, é abordada.

Crescer em uma família disfuncional pode ser traumático.

Muitos de vocês ainda podem estar experienciando sintomas como consequência. O trauma é explicado, bem como novas opções de tratamento para curá-lo.

A Criança Magoada

Em famílias disfuncionais, não é seguro ser espontâneo, vulnerável e autêntico. Crianças são humilhadas e, até mesmo, punidas por expressar sentimentos e ser imperfeitas, carentes e imaturas. Algumas pessoas são negligenciadas, ou abandonadas emocional ou fisicamente, e concluem que não podem acreditar ou confiar em ninguém, deixam seu Self infantil de lado e desempenham um papel de adulto antes de estar preparadas.

A maneira como você confrontou essas experiências são suas mágoas. Quase todo mundo consegue lidar com o crescimento, mas as cicatrizes permanecem e são responsáveis por problemas em relacionamentos e no enfrentamento da realidade. A cura profunda exige a reabertura dessas feridas, sua limpeza e a aplicação do remédio da compaixão.

A natureza de seu Self infantil

Talvez você já tenha ouvido a expressão "criança interior". Talvez pense que a ideia de ter uma criança dentro de você é absurda, ou se sinta tolo ao falar sobre isso. Isso seria esperado se você se sentisse bobo ao fazer brincadeiras. Contudo, um dia você foi criança e teve todas as características próprias de crianças pequenas. Muitos codependentes aprenderam a ser maduros, responsáveis e controlados com pouca idade. Se seus pais valorizavam essas características, a criança dentro de você teve que ficar escondida. Por outro lado, talvez você tenha facilidade de permitir que sua criança se manifeste, mas ainda há sentimentos de sua infância que nunca são seguros de expressar.

Sua criança interior pode ser comparada com seu *Self verdadeiro e autêntico*. O psicólogo Carl Jung acreditava que a criança era um símbolo do Self e o "portador da cura", indicando o caminho da plenitude, individuação e mudança de personalidade. O espírito de sua criança interior está escondido e esperando para ser reconhecido e libertado.

As características de sua criança

Se você convive com crianças muito novas, sabe que elas são espontâneas e abertas em relação aos próprios sentimentos — antes que aprendam a ter medo e sejam cuidadosas. Elas riem alto, choram quando se machucam e gritam em desafio quando estão com raiva. Elas se recuperam logo e dirigem a atenção para outra coisa. Independentemente de se sentirem magoadas ou decepcionadas, elas perdoam, não se preocupam e amam seus pais incondicionalmente. Elas estão sempre vivendo o momento, são curiosas, exploram tudo e sua habilidade de ficar absortas na própria imaginação e criatividade é ilimitada. Elas ficam muito felizes brincando, cantando e dançando. Acima de tudo, são dignas de serem amadas exatamente como são.

LEMBRE-SE

Embora você tenha sido condicionado a não se comportar como criança, todas as características e necessidades infantis a seguir ainda são parte de você:

- **Imperfeito:** Comete erros, tropeça, esquece e derrama coisas.
- **Carente:** Exige amor, atenção e afeto.
- **Brincalhão e criativo:** Usa imaginação ilimitada.
- **Espontâneo:** Responde à mudança de ideias, sentimentos e necessidades.
- **Dependente:** Precisa de adultos que o ajudem, instruam e incentivem.
- **Imaturo:** Age como criança, não como adulto.
- **Vulnerável:** Expressa todas as necessidades e sentimentos.
- **Autêntico:** Parece não ter defesas ou pretensões.
- **Inocente:** Não tem vergonha de ser desagradável, inadequado ou insuficiente.
- **Entusiasmado e vivaz:** Transpira empolgação e zelo.
- **Amoroso e digno de ser amado:** Dá e merece receber amor.

Seu entusiasmo, criatividade e gosto pela vida vêm à tona quando seu Self autêntico — sua criança interior — é abraçado, expresso e acolhido. É seu Self sensível que está presente quando você experiencia emoções ou é espontâneo, criativo, brincalhão ou intuitivo.

AUTODESCO-BERTA

Liste todas as maneiras pelas quais sua criança se expressa em seus sentimentos e nas brincadeiras, como usar cores vivas, fazer jardinagem, dançar, tocar música, praticar um esporte, brincar com um animal de estimação, cozinhar, tomar banho de espuma ou qualquer outra atividade que você aproveite por completo.

As necessidades de sua criança

Às vezes sua criança avisa, por meio de depressão, raiva, adicção, doença ou dor, que suas necessidades estão sendo negligenciadas. As necessidades fundamentais de uma criança são:

- Amor incondicional.
- Segurança.
- Atenção.
- Carinho.
- Orientação.

CAPÍTULO 8 **Curando Suas Mágoas — Libertando-se**   131

> Respeito.

> Cuidado.

> Brincadeiras.

> Motivação.

CUIDADO

Se você estiver desprezando ou ignorando suas necessidades e desejos, trabalhando demais, deixando de definir limites seguros ou pressionando e criticando a si mesmo, sua criança interior ficará muito infeliz e poderá fazer birra ou se tornar ansiosa, irritadiça, desesperada, cansada, deprimida ou doente. Cuidado ao tentar "cuidar dela" de modo autodestrutivo por meio de comportamentos de adicção — como drogas em vez de relaxamento, ajudar os outros em vez de curar a si mesmo, comer em vez de se expressar ou procurar sexo em vez de ternura.

Fazendo amizade com seu Self infantil

A maneira como você cuida de si mesmo reflete o modo como seus pais o trataram. Se você não foi cuidado, não será capaz de cuidar de si mesmo. Pode ser um desafio para você fazer amizade com sua criança interior, descobrir suas necessidades e cuidar dela de um jeito saudável. Fica mais fácil e divertido com tempo e prática. Sua criança detém muita sabedoria para você descobrir.

Fazendo contato com sua criança interior

AUTODESCO-
BERTA

Sua criança pode ser acessada imediatamente pelo lado direito, emocional e intuitivo, do seu cérebro, através de movimento, expressão criativa, meditação e escrita com sua mão não dominante. Faça o seguinte:

1. Sente-se ou deite-se. Reserve vários minutos para relaxar seu corpo todo, começando pelos dedos dos pés até o topo da cabeça. Agora, imagine que você está visitando a casa onde cresceu. (Se você morou em várias, escolha uma de antes da puberdade.) Repare em como se sente ao estar fora de sua casa e, depois, ao entrar. Preste atenção aos odores, sons, vozes, passos, decoração e às sensações de seu corpo. Faça isso lentamente em cada cômodo, até encontrar sua criança. Olhe para o rosto da criança e descubra o que ela está sentindo. Fale com ela com delicadeza, com gentileza e compaixão, e saiba o que a porção criança em você sentiu no passado, e o que ela quer e do que necessita agora. Tranquilize sua criança de que você está interessado e a ouvindo, e de que fará tudo o que for possível para suprir suas necessidades e desejos.

2. Em papel de jornal ou em algum papel barato, pinte ou desenhe (em cores é melhor) sua criança interior com sua mão não dominante.

Diga a seu Perfeccionista ou Crítico para deixá-lo em paz. O que quer que você desenhe, estará exatamente como tem que estar.

3. Agora, entreviste a criança que você criou. Faça perguntas e responda com sua mão não dominante. Descubra o que sua criança está sentindo, o que mais importa e exatamente do que precisa e quer que você saiba.

4. Sua criança fala com você através de seu corpo e movimentos. Toque música instrumental com uma batida ou ritmo indefinido, e permita que seu corpo se movimente do jeito que quiser. Pare e repare no que está sentindo. Movimente-se de uma maneira que expresse ou enfatize essa sensação. Talvez você queira se enrolar como uma bola, subir pelas paredes ou bater no chão. Deixe sons ou palavras surgirem, uive, cante e escreva-os.

LEMBRE-SE

Crie o hábito de dialogar com sua criança interior diariamente a fim de descobrir seus desejos, sentimentos e necessidades. Pergunte sua opinião sobre planos, decisões, e quais amigos são confiáveis e quais não são. Começar a conhecer sua criança inclui momentos felizes e de brincadeira. Pergunte a ela quais foram os primeiros elementos favoritos de sua vida — colegas, descobertas, comidas, lugares, passatempos, professores, programas de TV, livros, contos de fadas, músicas e assim por diante.

Primeiras impressões

Algumas crianças experienciam traumas de complicações gestacionais ou são prematuras e passam as primeiras semanas separadas de suas mães em uma incubadora. Outras nascem indesejadas, ou de uma mãe dependente ou sob estresse imenso.

Escreva uma carta para sua criança e pergunte sobre essas primeiras experiências no ventre e ao vir a este mundo. Pergunte à sua criança o que seus pais sentiram com seu nascimento. Responda com sua mão não dominante. Talvez você não saiba de maneira consciente, mas suspenda sua incredulidade e confie que qualquer coisa que você escrever carrega alguma verdade.

Talvez você não tenha muitas lembranças de sua infância, mas, depois de começar a escrever, mais coisas aparecerão. Reúna informações sobre seus primeiros anos com membros da família, e liste eventos e memórias de cada ano, incluindo nascimentos, mortes, mudanças, melhores amigos, professores da escola e doenças. Escreva um diálogo com sua criança para descobrir eventos, viagens, descobertas, memórias e pessoas.

Sendo pai/mãe de sua criança

Um bom pai ou mãe respeita, ouve, é solidário, conforta, incentiva e orienta os filhos. Um pai ou mãe também impõe limites. Pratique essas habilidades de paternagem ou maternagem na criação de seu filho e, com o tempo, você desenvolverá uma relação aberta e amorosa.

Cuidando de sua criança

LEMBRE-SE

Símbolos universais de acolhimento e amor incondicional são a Mãe Terra, a Madona e a criança, e divindades femininas em outras religiões. Cuidar da sua criança interior começa com aceitação, compreensão e amor. A maioria dos codependentes acha fácil amar os outros, mas não a si mesmos (veja o Capítulo 10). Alguns terminam exaustos e ressentidos, porque estão ajudando os outros e negligenciando a si mesmos. Quando começa a cuidar de si mesmo, você adquire limites melhores sobre cuidar dos outros.

AUTODESCO-BERTA

Depois de anos julgando, pressionando, repreendendo, mimando, abandonando e negligenciando sua criança, comece construindo pontes de confiança ao acolher, ouvir e conversar com ela das seguintes maneiras:

- » **Ouvindo:** Crie um momento silencioso e a sós para ouvir o que está na mente de sua criança.
- » **Espelhando:** Repita o que sua criança disser e nomeie sentimentos, como: "Estou ouvindo que você está triste."
- » **Compreendendo:** "Foi injusto você ser tratado dessa maneira. Isso deve tê-la magoado demais."
- » **Aceitando:** "Está tudo bem. Você não é mau por se sentir (nervoso, perdido ou confuso)." Todos os sentimentos são aceitáveis.
- » **Sendo empático:** "Sei como você se sente."
- » **Consolando e confortando:** "Você não se sentirá sempre assim. As coisas vão melhorar."
- » **Motivando:** "Você consegue, e podemos fazer isso juntos."
- » **Dando amor incondicional:** Diga "Eu amo você" de frente para o espelho, mesmo para suas partes aparentemente danificadas.

AUTODESCO-BERTA

Faça o seguinte:

1. Em seu diário, escrevendo com sua mão não dominante, descubra como sua criança se sente com a maneira que você a acolheu como pai ou mãe. Estimule sua criança a ser específica em relação às maneiras como você a desapontou. Detalhes fornecem informações valiosas sobre as necessidades de sua criança. Descubra de que modo sua criança quer ser amada.

2. Comece pedindo desculpas à sua criança e se provando digno de confiança por meio de suas atitudes. Mantenha seus compromissos e promessas, ou sua criança se sentirá abandonada e voltará a se esconder.

3. Escreva uma carta de amor para sua criança. Seja específico sobre o que você ama, depois leia-a para si mesmo em voz alta, no espelho.

4. Comece a prática de perguntar a si mesmo como se sente, o que quer e do que precisa no momento.

Protegendo sua criança

Sua criança interior é puro sentimento e exige limites, do contrário se sentirá fora de controle. Ela pode ficar com raiva e querer quebrar coisas, ou machucar você ou outra pessoa. Ela pode querer reclamar ou trocar confidências inapropriadas com um colega de trabalho ou amar alguém que é abusivo ou descuidado. Outras vezes, sua criança é rebelde, teimosa ou tem medo de fazer coisas necessárias para seu bem-estar. Quando sua criança não quer se exercitar, dormir, trabalhar ou ir ao médico, nem sempre é do seu interesse deixá-la agir do jeito dela.

Ser bom pai ou mãe envolve um cuidado que desfaz a raiva, e proteção e orientação que impõem limites e encontram saídas saudáveis para isso. Tente se ater aos limites que você definiu, como terminar de fazer o trabalho, descansar o suficiente, comidas saudáveis e se exercitar. Seu pai ou mãe acolhedor(a) pode ouvir e se solidarizar com os humores e hesitações de sua criança interior. Então, o pai ou mãe protetor(a) pode proporcionar orientação e impor limites, explicando que algumas coisas, apesar de desagradáveis, beneficiam você em longo prazo (veja o Capítulo 12 sobre suas responsabilidades). Você pode mediar um acordo entre sua criança e as perspectivas de adulto.

LEMBRE-SE

Sua criança pode ficar com medo e precisar somente de segurança e incentivo, mas, às vezes, esse medo pode ser um alerta intuitivo, sobretudo se sua criança não quer fazer nada frequentemente. É provável que haja um motivo mais profundo e legítimo, que você deveria explorar por meio de diálogo.

AUTODESCO-BERTA

O pai ou mãe protetor(a) também é a parte de você, que é um porta-voz da criança e seu defensor no mundo. Descubra o que sua criança interior quer que você faça para protegê-la. Defender os outros requer prática se você foi abusado e ninguém o protegeu ou não lhe era permitido dizer "Não" ou "Pare" (veja o Capítulo 13 sobre definir limites). A psicoterapia pode ajudá-lo a encontrar sua voz e curar o trauma, conforme abordado anteriormente neste capítulo. Comece seguindo estas sugestões:

» Feche o punho, bata o pé e repita: "Tenho direito a..." Diga isso em voz alta e continue dizendo, preenchendo a lacuna com expressões diferentes, como "ser respeitado", "sentir-me seguro", "receber um aumento", "ser ouvido" e assim por diante.

» Pratique falar "Não gosto disso", "Pare!", "Como ousa...?" e "Não faça isso!"

» Depois de saber qual mensagem sua criança interior precisa que você diga, faça o seguinte exercício de interpretação: imagine que a pessoa com quem você quer conversar está sentada em uma cadeira vazia. Levante-se e pratique com assertividade o que você quer dizer. Atenha-se a uma frase, sem explicações. (Sua mensagem real pode ser mais longa. Pratique dizer o que você quer de maneira concisa, sem explicações.)

» Faça aulas de alguma arte marcial para treinar autodefesa.

Curando a vergonha

Vergonha é uma emoção que vai e volta, como raiva ou medo. Mas os codependentes internalizaram tanto a vergonha que isso se tornou quem eles pensam que são. Eles pensam que são maus, não merecedores de amor, culpados, egoístas, fracos ou responsáveis pelo abuso que sofreram. Isso não é verdade (veja os Capítulos 3 e 7). Crianças são inocentes, e você também era, não importa o que tenham lhe dito. Mesmo que você não tenha sido acusado ou culpado, provavelmente se acusa ou se culpa.

Quando as crianças se sentem fracas para impor limites ou deixar seus pais, elas os idealizam e atribuem características positivas para sobreviver e criar uma sensação de segurança. Com pais que variam de frios e rígidos até imprevisíveis e fora de controle, é mais reconfortante acreditar que "Se eu for bom, Mamãe (ou Papai) vai me amar" do que "Mamãe (ou Papai) é autocentrado, não liga para mim ou é inconstante". A verdade seria assustadora e levaria ao desespero. Fornece à criança uma sensação de controle acreditar que, se elas forem muito boas e se comportarem, podem evitar críticas e abuso. Outras crianças se esforçam para ser poderosas, ter sucesso ou ser fortes para ser amadas e seguras, enquanto outras se afastam para se sentir seguras. Seu Crítico vai julgá-lo quando você der um passo para fora do papel particular que adotou. O problema é que esses mecanismos de luta continuam de maneira inconsciente quando não são mais úteis e restringem seus sentimentos, escolhas e atitudes.

LEMBRE-SE

Codependentes também se culpam por não dar um basta ao abuso dirigido a eles ou a um irmão, ou por receberem subornos ou agrados de um pai abusivo. Alguns sentem vergonha por não terem se defendido mais cedo, porque finalmente o fizeram depois de adolescentes ou adultos. Eles não percebem que as próprias reações foram estabelecidas quando ainda eram crianças muito pequenas e não tinham a maturidade emocional e mental para reagir de modo diferente. Também é natural amar e precisar de amor e afeição de seus pais, apesar do abuso. Crianças farão de tudo para conseguir isso, pois precisam de amor para crescer. Elas não entendem (às vezes, até mesmo depois de adultas) que não causaram e não podiam ter mudado ou impedido as atitudes dos pais. Talvez você tenha a ilusão de que causou ou pode mudar o comportamento de alguém hoje. Com frequência, a tentativa de consertar o relacionamento com um dos pais é reproduzida em um relacionamento amoroso atual.

A seguir, há algumas maneiras de curar a vergonha:

» Leia os Capítulos 3 e 10 e descreva como e quando você sentiu vergonha.

» Leia o Capítulo 7 e identifique as origens de sua vergonha.

» Trabalhe com o Trio Tirânico, conforme sugerido no Capítulo 10.

» Ouça sua criança interior e converse com ela. Lembre a sua criança repetidas vezes de que ela é inocente, e questione assuntos e crenças negativas sobre si mesmo.

» Fale para sua criança que você a ama independentemente do que aconteça.

» Leia livros sobre codependência e abuso (veja o Capítulo 17).

» Faça parte de um grupo de apoio ou programa de mútua ajuda e compartilhe o que aconteceu com você (veja o Capítulo 18).

» Entre na terapia para trauma, abordada anteriormente neste capítulo.

» Pratique os 8 Passos do meu livro Conquering Shame and Codependency: 8 Steps to Freeing the True You (Hazelden) [sem versão brasileira].

» Assista a palestras, vídeos e ouça podcasts sobre codependência, abuso e relacionamentos afetivos.

Lamentando as Perdas — Sentir para Curar

Talvez você saiba sobre a dor em seu passado ou esteja em negação (veja o Capítulo 4). Todo mundo, inclusive quem cresceu em famílias saudáveis, tem decepções durante a infância. Os codependentes tiveram mais do que os outros. Também é possível que, apesar de ter crescido em uma família disfuncional, você fosse feliz a maior parte do tempo. A vida familiar pode ter incluído afeto, risadas e diversão. Contudo, também houve perdas. Aqui estão algumas ideias que atrapalham o luto:

- » **Racionalizar:** "Meus pais fizeram o melhor que podiam" ou "Eles não sabiam". Mesmo se essas afirmações fossem verdadeiras, elas negam o efeito que tiveram sobre você.

- » **Justificar:** "Meu pai teve uma infância difícil" ou "Fui uma criança difícil".

- » **Minimizar:** "Não foi tão ruim. Conheço pessoas que passaram por coisa pior."

- » **Evitar:** Usar uma adicção (inclusive comida, trabalho e relacionamentos) para evitar sentimentos. Pensar que isso está no passado e não o incomoda. "Lamentar não mudará nada" ou "Meus pais estão mortos agora, de qualquer modo".

- » **Intelectualizar:** "Sei de tudo", mas sem sentimentos.

- » **Perdão prematuro:** Perdoar antes de trabalhar o luto pode abortar o processo e bloquear a liberação saudável de emoções que o mantêm preso.

Quando você descobre o que causou sua codependência — talvez ao ler este livro —, seu conhecimento ainda é teórico. Mesmo que saiba tudo sobre sua infância abusiva, você precisa ligar os eventos e o comportamento de familiares ao efeito que tiveram sobre você e seus sentimentos a respeito disso antes e agora. Você precisa *sentir para curar*.

Quando você perde alguém ou algo precioso, é natural ter sentimentos a respeito disso. Quando experienciou perdas crescendo em uma família disfuncional, emoções não foram exprimidas (veja o Capítulo 7), e a energia delas ficou armazenada em seu corpo. Não descarregar emoções leva à depressão e a sintomas crônicos emocionais e físicos. A cura envolve identificar suas mágoas, sentir os sentimentos e compartilhá-los com os outros. Talvez você tenha chorado ou ficado com raiva do passado, mas é importante ter sido observado por alguém em quem confia. Caso contrário, pode ser uma repetição de sua infância, quando você não tinha ninguém para confortá-lo na dor. Aos poucos, seu passado e essas emoções perdem poder sobre você.

Nunca há uma hora "boa" para fazer o trabalho. Postergá-lo só vai perpetuar sua infelicidade e codependência, que o priva de seu futuro. O luto é um processo que acontece com o tempo — às vezes, vários anos. É prudente buscar ajuda profissional.

A infância que você perdeu

Talvez você não perceba o que perdeu. Se fosse surdo, não conheceria o som de uma sinfonia. Então, se também nunca teve acolhimento, você não conheceria o conforto relaxante da voz de uma mãe. Uma cliente, que nunca teve nenhuma proximidade com o pai, nunca se sentou no colo dele, nunca o viu sorrir para ela, nunca ouviu uma palavra gentil — coisas que boa parte das crianças acha natural.

Suas perdas são particulares a você, mas aqui está uma lista de sugestões para exercitar sua memória:

» Experienciar a morte ou separação de um ente querido ou animal de estimação.

» Saber de todas as coisas que seus amigos podiam fazer e você não.

» Sentir falta de uma infância feliz e livre de preocupações.

» Desistir da ilusão de ter tido uma infância feliz.

» Desistir do amor incondicional do qual sentiu falta da parte de um dos pais.

» Ausência dos pais em reuniões de pais, eventos esportivos ou sua formatura, apresentações ou cerimônia de premiação.

» Não convidar os amigos para ir à sua casa, porque você se sentia muito envergonhado.

» Preferir outra pessoa como pai ou mãe, porque faltava alguma coisa em sua relação com um deles.

» Sofrer sozinho com os acontecimentos ou não ter ninguém com quem conversar.

» Ser abandonado física ou emocionalmente.

» Sentir o divórcio de seus pais e as consequências dele.

» Não receber incentivo, orientação ou apoio financeiro.

» Não se sentir notado ou compreendido por seu(s) pai(s).

» Ser excluído de uma herança.

» Sentir-se inseguro ou não confiar em familiares.

» Ver o estrago e o tempo perdido por conta de seu passado e a energia e o dinheiro que você precisa investir para se curar agora.

» Sentir falta de uma família maior.

» Experienciar feriados, aniversários e férias arruinadas, ou não ter tido nada disso.

» Sentir falta da habilidade de desfrutar de intimidade e relacionamentos saudáveis.

» Sentir danos em sua autoestima e em sua habilidade de amar.

» Sentir falta de sentimentos específicos, como espontaneidade, alegria e diversão.

- » Perder a inocência, inclusive a virgindade, por incesto ou estupro.
- » Sentir falta de êxitos ou objetivos que você poderia ter alcançado.

AUTODESCOBERTA

Escreva um parágrafo sobre qualquer uma dessas perdas ou outras de que se lembra com o maior detalhamento possível. Escreva os sentimentos que você teve na época e como se sente a respeito disso hoje em dia. Leia o que você escreveu para alguém em quem confie.

Faces do luto

Em geral, as pessoas acreditam que o luto implica ficar triste e chorar. Esse é um grande componente, mas o luto tem muitas faces e estágios. Ele inclui falar sobre seu passado e uma gama de emoções. Talvez você se sinta obcecado consigo mesmo e, por um tempo, talvez precise ser. Você pode experienciar alguns destes sentimentos:

- » Mudanças de humor.
- » Fadiga e exaustão.
- » Lapsos de memória.
- » Pensamentos obsessivos.
- » Confusão.
- » Sentir-se perdido, sem objetivos e insignificante.
- » Sentir-se desligado e desorganizado; ter dificuldade para pensar.
- » Raiva, incluindo fúria, autopiedade e amargura.
- » Vergonha e culpa.
- » Sentir-se preso e incapaz de seguir em frente.
- » Desespero.
- » Pensar: "Se ao menos eu tivesse ..."
- » Choro, pesar e tristeza.
- » Indiferença, depressão, vazio ou senso de irrealidade.

AUTODESCOBERTA

Observe quando tiver qualquer um dos sentimentos acima. Escreva a respeito deles e veja se eles se conectam com uma perda presente ou passada. Se for presente, ela o recorda de alguma perda do passado?

O luto nem sempre segue um padrão fixo. Profissionais o dividiram em estágios, que podem ser experienciados fora de ordem e ser reciclados várias vezes desde o começo. Elisabeth Kubler-Ross escreveu sobre os seguintes estágios do luto; a maioria dos profissionais também considera a culpa um estágio:

» **Negação:** Acreditar que você está bem ou que sua infância foi feliz, ou minimizar ou desculpar o comportamento de seus pais (veja o Capítulo 4).

» **Raiva:** A raiva pode durar um bom tempo; é importante não ficar preso nela e se permitir ficar triste (veja o Capítulo 3).

» **Barganha:** Pensar "Se ao menos ..." sobre o passado ou fazer acordos com Deus sobre o futuro. Tentativas repetidas sem sucesso de influenciar um ex ou pai/mãe a se aproximar de você.

» **Depressão:** Causada por pesar e tristeza, e pode incluir sensações de vazio e desespero.

» **Aceitação:** Não quer dizer que você esqueceu ou está bem com o que aconteceu, mas que vê seu passado de maneira objetiva, sem negação ou fortes emoções sobre o que lhe ocorreu.

LEMBRE-SE

Muitos codependentes, especialmente mulheres, sentem-se tristes quando ficam com raiva. Outros não se permitem chorar ou ficar tristes e só sentem raiva. Tanto a tristeza quanto a raiva são estágios necessários do luto.

Os codependentes já sentem mais culpa do que deveriam (veja o Capítulo 3 sobre culpa e o Capítulo 10 sobre se perdoar). Reflita se sua culpa é:

» Para evitar o luto.

» Porque você está assumindo a responsabilidade pelas atitudes de outra pessoa.

» Por escolhas feitas quando você era jovem demais para ser responsável.

» Pela dor que causou aos outros por conta de raiva legítima ou de seu desejo natural por independência.

AUTODESCO-
BERTA

Veja algumas coisas que você pode fazer:

» Identifique seus sentimentos a respeito de cada perda. Quais estágios você experienciou? Não julgue seu progresso.

» Deixe que seus sentimentos venham, sem justificar as atitudes de seus pais ou se culpar.

» Compartilhe seus sentimentos onde for seguro e encontre maneiras produtivas de descarregar sua raiva.

CAPÍTULO 8 **Curando Suas Mágoas — Libertando-se** 141

- » Escreva uma carta a seu(s) pai(s) indicando:
  - O que foi feito com você.
  - Como você se sentiu na época.
  - Como você se sente sobre isso agora.
  - Como isso o afetou.
- » Leia a carta para alguém em quem confie.
- » Imagine seu pai ou mãe em uma cadeira e leia a carta em voz alta.
- » Relaxe profundamente e imagine seu pai ou mãe, e compartilhe a carta.
- » Pense no que você quer da pessoa hoje.

Aceitar e seguir em frente

A aceitação é a chave para seguir em frente, enquanto o luto e o ressentimento impedem o crescimento. Seu destino inclui seus pais, e eles são parte de você, gostando disso ou não. O amor incondicional ou a raiva direcionada a eles é substituída por uma análise objetiva da realidade e do perdão. Você entende por que eles se comportaram como fizeram, mas não como uma defesa de seus sentimentos. A aceitação também inclui perdoar-se e aceitar quem você é hoje sem arrependimento, vergonha ou desculpas.

Algumas pessoas perguntam se o perdão é necessário para a cura. Sim, mas não se deve tentar perdoar antes da elaboração do luto. Ele é uma consequência natural dela. A cura é um processo, e, se o perdão é dado cedo demais, ele pode abortar a cura; se conservado por tempo demais, ele pode impedi-lo de seguir em frente. Raiva e ressentimento não resolvidos podem se transformar em culpa, baixa autoestima e vergonha, e podem repercutir nos relacionamentos atuais.

LEMBRE-SE

Lembre-se do que o perdão é e não é:

- » Significa que você se liberta da dor e do ressentimento.
- » Significa que você se liberta de qualquer desejo de retaliação ou compensação.
- » Não significa tolerar as atitudes do abusador.
- » Não significa esquecer.
- » Não significa necessariamente ficar amigo ou ter um relacionamento.
- » Não significa confiar ou ficar vulnerável a um abusador.

Quando o período de luto se completa, você descobre esperança e energia novas para viver sua vida — mais do que se não tivesse vivido o luto. Você aceita sua infância e que esses foram seus pais. Um peso foi erguido e você se sente mais leve. Você consegue focar o seu futuro, porque não é controlado pelo passado. Você ganha autoestima, autocompaixão e uma sensação de bem-estar. Você é capaz de se arriscar a confiar e amar de maneiras mais realistas e saudáveis.

Confrontos

Uma discussão completa sobre confrontos está além do escopo deste livro. Para curar-se, você não precisa confrontar alguém que o feriu pessoalmente. A pessoa pode estar morta, idosa ou enferma. Quer decida ou não confrontar alguém pessoalmente, siga as sugestões deste livro — saia da negação, fortaleça seu sistema de apoio, autoestima, limites e assertividade, e cure o luto, a raiva e a vergonha. Todas são preparações essenciais para o confronto.

LEMBRE-SE

O confronto deve ser por você — sem expectativas irreais de que a pessoa mudará em um passe de mágica. Prepare-se para ser atacado. Você provavelmente está desafiando a negação que foi mantida durante anos e, se está focado em conseguir algo da outra pessoa, talvez fique desapontado. Se estiver buscando vingança, você tem um trabalho interminável com a raiva para fazer, e um confronto pode fazê-lo se sentir culpado e impedir ou retardar a reconciliação, caso a queira um dia.

Antes de confrontar um dos pais ou um abusador, pergunte-se o seguinte:

AUTODESCO-
BERTA

» Quais são seus motivos?
» O que você espera conseguir?
» Quais são suas expectativas?
» Você consegue conviver com a pior consequência imaginada?
» Você tem um sistema forte de apoio?
» Está seguro com o que aconteceu com você em termos de negação?
» Está seguro de que a culpa não foi sua?
» Do que você ainda precisa e o que ainda quer de sua família?
» Você consegue viver sem isso ou sem contato com eles?
» Está preparado para lidar com acusações e retaliações de raiva?
» E se você não conseguir nenhuma reação?

CAPÍTULO 8 **Curando Suas Mágoas — Libertando-se**   143

DICA

Se decidir levar o confronto adiante, ensaie antes com um amigo ou terapeuta fazendo o seguinte:

» Escreva ou ensaie em voz alta o que você vai dizer.

» Declare de quais limites você precisa e tudo o mais que desejar em qualquer relacionamento futuro.

» Planeje o encontro em um lugar do qual possa ir embora com facilidade.

» Peça para ser ouvido sem interrupção e, de maneira sucinta, anuncie os pontos que você ensaiou.

» Não se julgue se decidir renunciar ao confronto por qualquer motivo, como não conseguir lidar com a reação de sua família, ainda ser dependente deles ou se expor a mais abuso sem nenhum benefício.

Curando o Trauma

LEMBRE-SE

O trauma pode ser emocional, físico ou de origem ambiental, e pode variar de experienciar um terremoto a sofrer humilhação por um valentão. O foco aqui é o trauma emocional, que é um evento estressante ou uma situação contínua que sobrecarrega sua habilidade de lidar com o que está acontecendo. Algumas de suas perdas da infância, como qualquer tipo de abuso ou divórcio, podem ter sido traumáticas. Experienciar vergonha intensa ou sutil, mas frequente, também pode ser traumático.

Tipos de trauma

Com a codependência, o trauma em geral começa quando você é muito jovem e, então, ainda não havia desenvolvido habilidades para lidar com isso como um adulto saudável teria. Portanto, os acontecimentos tinham um impacto maior sobre você do que teriam hoje. A codependência também pode ser resultado de experienciar abandono e eventos traumáticos na idade adulta. Exemplos de ocorrências traumáticas são:

» Traição.

» Abuso, incluindo críticas constantes.

LEMBRE-SE

Pode ser sutil ou velado e pode ser tão nocivo quanto a violência se for duradouro. Abuso físico e sexual são traumas físicos e emocionais (veja os Capítulos 3 e 7).

» Adicção ou viver com um dependente.

- » Morte de um ente querido ou abandono físico ou emocional.

- » Dor.

- » Provocação de um colega ou irmão.

- » Negligência.

- » Ameaça de dor física, danos ou abandono.

- » Desespero.

- » Pobreza.

- » Perda real ou iminente de qualquer coisa de valor.

- » Abandono emocional.

- » Testemunhar o trauma de outra pessoa, incluindo a síndrome do sobrevivente, que se sente culpado por continuar existindo.

Sintomas do trauma

O trauma é uma experiência subjetiva e varia de pessoa para pessoa. Cada filho de uma família vai reagir de maneira diferente à mesma experiência e ao trauma. Os sintomas podem ir e vir e podem não se manifestar até anos após o evento. Você não precisa ter todos os sintomas a seguir para ter experienciado um trauma:

- » Reagir de maneira exagerada a gatilhos que lembram o trauma.

- » Evitar pensar, experienciar ou falar sobre gatilhos do trauma.

- » Evitar atividades das quais você anteriormente gostava.

- » Sentir-se sem esperanças no futuro.

- » Ter lapsos de memória ou inabilidade de se recordar de partes do trauma.

- » Ter dificuldades de concentração.

- » Ter dificuldades em manter relacionamentos próximos.

- » Sentir-se irritado ou com raiva.

- » Sentir-se sobrecarregado de culpa ou vergonha.

- » Comportar-se de maneira autodestrutiva.

- » Ficar assustado e sobressaltado com facilidade.

- » Ser hipervigilante — excessivamente medroso.

- » Ouvir ou ver coisas que não estão lá.

- » Ter sentimentos restritos — às vezes entorpecido ou emocionalmente vazio, ou desligado de emoções, de outras pessoas ou eventos.
- » Sentir-se despersonalizado; uma perda do Self ou isolado de seu corpo e ambiente — como se você estivesse se deixando levar.
- » Ter flashbacks de cenas ou reviver o evento passado.
- » Ter sonhos ou pesadelos com o passado.
- » Experienciar insônia.
- » Experienciar ataques de pânico.

O transtorno de estresse pós-traumático (TEPT) não é incomum entre codependentes que experienciaram trauma ou cresceram com um dependente (para mais informação sobre TEPT, veja *Post Traumatic Stress Disorder For Dummies* — sem publicação brasileira — de Dr. Mark Goulson, publicado por John Wiley & Sons, Inc.). O diagnóstico exige um número específico de sintomas que duram pelo menos 30 dias e podem começar bem depois do evento que os gerou. Os principais sintomas incluem:

- » Pensamentos intrusivos em forma de sonhos, flashbacks enquanto está acordado ou pensamentos negativos recorrentes.
- » Evitar lembretes do trauma, como filmes violentos.
- » Esquecer o trauma, evitar dormir ou calar sentimentos, ou entorpecimento.
- » Hiperexcitação que deixa seu sistema nervoso em alerta, gerando irritabilidade, exaustão e dificuldade para relaxar e dormir.

Você pode ter convivido com esses ou outros sintomas por tanto tempo que os considera normais e não percebe que são uma reação a eventos de seu passado. O trauma é debilitante e rouba sua vida. Com frequência, uma pessoa experienciou vários traumas, resultando em sintomas mais graves, como oscilações de humor, depressão, pressão sanguínea alta e dor crônica. Foque tratar tanto o trauma quanto a codependência.

Conseguindo ajuda

LEMBRE-SE

Se possível, recomenda-se que você trabalhe individualmente com um profissional treinado que possa orientá-lo e ajudá-lo a entender e lidar com sentimentos dolorosos. O luto e o trauma se sobrepõem, porque o trauma envolve perda, com frequência, de confiança, segurança ou inocência. Esses sentimentos passam com o tempo, *mas não sozinhos*.

Vários tratamentos têm se mostrado eficazes para abordar o trauma. Falar em um grupo sobre o que aconteceu com você é útil, mas não será tão eficaz quanto trabalhar individualmente com um terapeuta treinado em um ambiente no qual você se sinta seguro para expressar seus sentimentos e receber feedback. Veja terapias eficazes:

» **Terapia cognitivo-comportamental (TCC):** A TCC é recomendada para mudança de pensamentos, sentimentos e crenças associadas ao trauma.

» **Dessensibilização e Reprocessamento por Movimentos Oculares (EMDR):** A EMDR usa os movimentos oculares para alterar crenças e sentimentos. Os movimentos oculares afetam os padrões do cérebro.

» **Técnica de libertação emocional (EFT):** A EFT é baseada em bater em pontos de acupressão que reduzem a atividade emocional.

» **Terapia Racional Emotiva Comportamental (TREC):** A TREC desafia crenças e pensamentos sem revisar o passado.

» **Visualização:** Diminui o impacto de um evento ao reexperienciá-lo em uma situação segura, com ajuda de um porta-voz ou protetor a fim de ganhar uma nova perspectiva e estratégias de enfrentamento.

» **Psicoterapia psicodinâmica:** Ajuda-o a identificar gatilhos; muda seus pensamentos e crenças; lida com emoções, conflitos e sintomas criados pelo trauma; define limites e aumenta sua autoestima e compaixão por si mesmo.

» **Dessensibilização:** Essa é uma técnica usada em várias formas de terapia para reduzir sua reatividade a gatilhos.

» **Experiência Somática (ES):** A ES é uma terapia voltada para aliviar e resolver os sintomas de TEPT e outros problemas de saúde mentais e físicos relacionados ao trauma, focando as sensações perceptíveis de seu corpo.

» **Grupos de apoio, incluindo programas de mútua ajuda:** Contar o que aconteceu e ouvir os outros pode liberar suas emoções, informá-lo sobre o trauma, acabar com a vergonha e ajudá-lo a lidar com emoções e reconstruir a confiança. Grupos são um complemento excelente para a terapia individual. Em geral, eles não proporcionam a privacidade e a atenção individual necessária para focar os aspectos pessoais do trauma que você experienciou.

148   PARTE 2 **Avançando na Recuperação — Curando-se**

NESTE CAPÍTULO

» **Conhecendo a si mesmo**

» **Percebendo as diferenças entre suas necessidades e desejos**

» **Identificando suas necessidades, desejos, sentimentos e valores**

» **Sendo seu Self autêntico**

Capítulo **9**

Seja Bem-vindo a Seu Self Verdadeiro

O senso de identidade dos codependentes é reduzido. Eles se perguntam "O que é normal?" e "Quem sou eu?" Eles se comparam com os outros, sentem-se vazios e precisam de alguém para se sentir completos. Descobrir quem é você é um processo contínuo e o primeiro passo para a completude.

Construindo um Sistema Interno de Orientação

A maioria dos codependentes está tão habituada a acolher sentimentos, opiniões, desejos e necessidades alheios que não consegue identificar os próprios. Você se desligou de seus instintos e impulsos emocionais e biológicos que são parte de suas deixas sensoriais (veja o Capítulo 7). Esse sistema interno de orientação o informa de suas necessidades e sentimentos, ajuda-o a tomar boas decisões e o capacita para analisar com precisão outras pessoas e situações. Alguns de vocês podem viver a vida desconectados do próprio corpo. O circuito de retorno do corpo até o cérebro não fica bem conectado, prejudicando a interpretação da informação que seu corpo está mandando. A cura implica conectar-se consigo mesmo e restabelecer essa comunicação.

LEMBRE-SE

Alguma vez você já pensou sobre o que gosta e o que não gosta, sobre crenças e valores ou reservou tempo para formular aquilo em que realmente acredita e pensa? Talvez você tenha estado ocupado estudando, trabalhando, formando uma família e, na maior parte das vezes, concordando com o que seus pais, amigos ou parceiro querem e acreditam. Outros de vocês talvez se conheçam melhor, mas têm medo de decepcionar ou discordar das pessoas de quem gostam. Você decide que é mais fácil não arrumar problemas e não percebe o preço alto que paga. A cada vez que faz isso, você se abandona. Seu Self se retrai e sua voz fica mais fraca, como uma vela se apagando. Talvez você se pegue dormindo mais, comendo mais e perdendo o interesse em pessoas e atividades de que costumava gostar. Você "deprimiu" toda a sua vitalidade natural. Antes de esperar encontrar a felicidade em um relacionamento, primeiro você precisa descobrir como se fazer feliz. Sua missão é se tornar seu melhor amigo.

Um tempo sozinho

Conhecer alguém e fazer amizade exige tempo juntos. Seu self *real* foi enterrado e pode estar tímido, e precisará de paciência e segurança para se aventurar. Você tem que se comprometer a passar mais tempo sozinho para se aproximar de si mesmo e começar um diálogo interno. Mais tarde, quando estiver perto de outras pessoas, você pode verificar consigo mesmo como está — isso é mais difícil, porque você pode se sentir tentado a se perder em outra pessoa. Você está começando uma jornada de autodescoberta.

LEMBRE-SE

Passar tempo consigo mesmo não quer dizer ler ou assistir à TV sozinho. (Até isso pode ser difícil se você estiver em um relacionamento.) Quer dizer não ter *nenhuma* distração, para que possa focar de verdade o que está acontecendo aí dentro. É mais difícil se você tiver filhos pequenos, mas você pode fazer disso uma prioridade. Fazer de si mesmo uma prioridade é algo novo. Pode ser estranho e desconfortável ficar só e em silêncio sem distrações, mas é assim que você passa a se conhecer e a descobrir recursos internos ricos e gratificantes. Não tenha expectativa alguma sobre se vai fazer isso bem ou quanto tempo vai durar. Comece com alguns minutos de cada vez e ficará mais fácil. Você está habituado a ter muito estresse e ansiedade, e vai levar tempo para se acalmar. Muitas técnicas de respiração e meditação também são úteis (veja o Capítulo 11).

Construindo o autoconhecimento

Conhecer alguém significa aprender seus gostos, opiniões e sentimentos sobre as coisas. Aprender sobre si mesmo é exatamente o mesmo. Comece escutando e observando, tal como você observa alguém no trabalho ou na escola antes de planejar passar um tempo juntos. Os exercícios a seguir o ajudam a adquirir autoconhecimento.

Escrevendo no diário todos os dias

AUTODESCO-BERTA

Compre um caderno para servir de diário. Escrever seus sentimentos e pensamentos em um diário o ajuda a focar durante seus momentos de solidão. No diário, escreva sobre como se sente todos os dias, o que pensa e o que quer fazer nesse dia e no futuro. Algumas pessoas escrevem o que vem à mente ao acordar ou no fim do dia. Se não consegue começar, inicie uma frase com algo como:

- » "Não tenho nada a dizer..."
- » "Não quero fazer isso, porque ..."
- » "Minha mente está vazia, e a sensação é de..."
- » "Neste exato momento, estou me sentindo... porque..."

Em geral, quando você achar que não tem mais nada para escrever, continue. Talvez você tenha atingido um conhecimento ou sentimentos que esteja bloqueando. Você pode começar anotando seus sonhos da noite anterior e seus sentimentos e associações sobre as imagens e as pessoas nelas.

Autoconhecimento

AUTODESCO-BERTA

Preste atenção em suas conversas durante o dia. Tente *ouvir* seu Self interior enquanto alguém estiver falando com você. Pergunte-se como você se sente:

- » Com que frequência você concorda quando não sabe, ou discorda e ainda assim concorda para ser educado?
- » Você escuta quando não quer?
- » Você fala para preencher um silêncio desconfortável? Observe o que sente.
- » Você faz perguntas em vez de dizer voluntariamente seus pensamentos e sentimentos?
- » Você evita elogios?
- » Você pede desculpas com frequência?
- » Você culpa ou critica, em silêncio ou em voz alta, os outros e a si mesmo?

No fim do dia, escreva tudo o que lembrar e pense em como você se apresenta para os outros. Isso deve ser feito como uma pesquisa, *não* para se julgar. Pergunte-se o seguinte:

- » O que você sabe sobre si mesmo a partir de seu comportamento?

>> O que você realmente sente ou pensa em interações com os outros? Se não sabe, pense a respeito e tente decidir.

>> Você tomou uma decisão consciente de não se revelar ou isso foi automático?

>> O que o impediu de ser verdadeiro? O que imagina que aconteceria se fosse?

O próximo passo ao conhecer alguém é perguntar sobre a pessoa. Pergunte a si mesmo o que está com vontade de fazer no momento. Alguns de vocês não conseguirão responder. Não desanimem. Imagine-se fazendo coisas diferentes, observe quais sensações ou sentimentos são gerados. Alguma atividade o faz sorrir, suspirar de alívio ou lhe causa uma sensação de empolgação, acolhimento ou relaxamento? Depois que souber o que quer fazer, *faça*. Se você se detiver, anote os pensamentos que o impediram. Isso o faz se lembrar da voz de quem?

Para se conhecer melhor, entreviste a si mesmo. Comece com perguntas simples, como "Minha cor favorita é...", "Meus pratos favoritos são..." — você pode separar em frutas, vegetais, sobremesas e assim por diante —, "Meus filmes favoritos são...", "Minhas matérias favoritas na escola eram..." Continue descobrindo do que gosta e do que não gosta nos temas música, animais, roupas, flores, esportes, passatempos, programas de televisão, livros, pessoas, políticos e assim por diante.

AUTODESCO-BERTA

Agora você está pronto para obter mais informações. Desenhe cinco colunas em uma página (conforme mostrado na Tabela 9-1). Na primeira coluna, liste tópicos, como seu trabalho, comprar um carro novo, este livro, nomes de amigos, colegas de trabalho e membros da família. Então, vá para as colunas "Gosto", "Não gosto", "Por quê" e "Neutro". Pergunte-se: "Como me sinto a respeito desse tópico?" Pense no que faz você se sentir assim.

TABELA 9-1   Conhecendo a Si Mesmo

Tópico	Gosto	Não gosto	Por quê	Neutro
Meu trabalho				
Um carro novo				
Este livro				
Meus amigos				
Meus colegas de trabalho				
Minha família				

AUTODESCOBERTA

Você está formulando opiniões e descobrindo coisas sobre si mesmo e seus sentimentos a respeito de sua vida. Cave mais fundo. Escreva um parágrafo sobre cada uma das questões a seguir:

» O que me traz maior dificuldade?

» Do que mais gosto (e menos gosto) em mim mesmo e no meu corpo?

» O que mais me empolga?

» Qual foi a coisa mais corajosa que já fiz?

» Qual foi o maior risco que corri? O que aprendi com isso?

» O que me nutre mais?

» O que fiz que mais me deixou orgulhoso?

» Qual foi o maior desafio que superei? O que aprendi?

» Quem teve a influência mais positiva sobre mim? Quais características eu admirava na pessoa? Eu as adotei?

» Quem teve a influência mais negativa sobre mim? Como fui impactado?

» De que tipo de trabalho mais gostei?

» Qual foi minha experiência mais dolorosa? Eu aprendi com ela?

Ouvindo seu corpo

Ouvir seu corpo ajudará a reativar o sistema de feedback para seu cérebro. Há atletas e dançarinos que sabem como movimentar e controlar seus corpos e se ele está fazendo o que querem, mas não estão cientes da informação emocional interna que ele pode oferecer. Alguns codependentes têm problemas em ver o próprio corpo com precisão e, na verdade, distorceram as autopercepções, com frequência se achando mais gordos ou mais magros, ou menos atraentes. Outros não prestam muita atenção ao próprio corpo.

AUTODESCOBERTA

Seu corpo percebe coisas às quais talvez você não esteja muito atento. Experimente se sentar em silêncio. Respire lentamente para relaxar. Leve a atenção para sua barriga ou coração e observe o que está acontecendo. Que tipo de temperatura, cor, densidade, sons e movimentos você percebe? Relaxe até receber um feedback. Espere por uma resposta sensorial. Ouça seu corpo com os ouvidos em vez de vê-lo com os olhos. Você também pode focar um assunto de sua vida e escutar as sensações corpóreas sobre ele. Talvez você obtenha uma palavra, um sentimento ou uma imagem. Pode não ser uma emoção, mas apenas uma sensação física, com frequência um precursor vago e sem forma da emoção, como sensação de peso, tontura ou náusea. Não precisa ficar com medo. Alguma coisa está tentando vir à tona. A paciência é importante. Não analise ou tire conclusões precipitadas. Apenas deixe os sentimentos e imagens falarem com você. Tente dialogar com a sensação ou imagem. Pergunte:

- "Há quanto tempo você esteve aí?"
- "O que estava acontecendo quando você começou?"
- "O que preciso saber sobre isso?"
- "Qual é a pior coisa desse assunto?"
- "O que você precisa de mim?"

Fique em pé de olhos fechados e incline-se levemente para frente e para trás. Imagine que inclinar-se para a frente significa "Sim" e para trás, "Não". Agora, fique parado e faça a si mesmo uma pergunta de sim ou não. Feche os olhos e perceba para que lado você balança. Com a prática, essa pode ser uma ferramenta útil de acesso à sabedoria de seu corpo para tomar decisões.

Conhecendo a Si Mesmo

Identificar seus sentimentos, necessidades, desejos e valores é um passo decisivo para construir sua autoestima e aperfeiçoar a habilidade de cuidar de si mesmo e viver uma vida mais feliz e satisfatória.

Conhecendo o que você sente

Seus sentimentos são seu guia, e é vital prestar atenção e dar ouvidos a eles. Eles são parte de seu sistema de feedback interno. A consciência emocional inclui senti-los no nível da sensação, bem como nomeá-los e expressá-los.

Muitas pessoas geralmente dizem que são sabem o que estão sentindo. Talvez você tenha desligado e negado por completo seus sentimentos (veja os Capítulos 3 e 4), ou sinta algo que não consegue nomear, com exceção de rótulos gerais, como "Estou chateado", ou dizer que você está "bem" ou "mal". Talvez você consiga nomear mentalmente suas emoções, mas não "sinta" nada em seu corpo. Com a prática, conseguirá ligar os pontos.

Construindo seu vocabulário emocional

A maioria dos sentimentos são variações ou combinações das quatro emoções básicas a seguir:

- Tristeza.
- Alegria.

» Raiva.

» Medo.

A culpa é uma combinação de raiva e medo, e a vergonha é uma mistura de tristeza e medo. Ansiedade e irritação são formas mais atenuadas de medo e de raiva, respectivamente. A Tabela 9-2 lista alguns sentimentos comuns associados às quatro emoções básicas, mas há mais de 200. Veja quantos sentimentos você consegue identificar. Da próxima vez que tiver uma emoção, sinta-a dentro de seu corpo, usando o exercício de autoconhecimento descrito anteriormente neste capítulo. Tente diferenciar todos os matizes da emoção e sensações que a acompanham. Você sente calor, tremor, formigamento ou tensão? Isso construirá sua base de dados emocionais e a habilidade de identificar e comunicar seus sentimentos. Você está aprendendo o que perdeu e construindo memórias corporais que curam o recebimento de feedback. Quando tiver essas mesmas sensações no futuro, conseguirá reconhecer o sentimento.

TABELA 9-2 **Sentimentos Comuns**

Alegria	Raiva	Tristeza	Medo
Bem-aventurança	Agitação	Abandono	Angústia
Calma	Aborrecimento	Alienação	Ansiedade
Compaixão	Arrogância	Derrota	Desespero
Confiança	Amargura	Desânimo	Inquietação
Contentamento	Competitividade	Depressão	Vergonha
Prazer	Desprezo	Desespero	Exposição
Devoção	Defensiva	Decepção	Ânsia
Euforia	Desdém	Desânimo	Culpa
Empatia	Repugnância	Desilusão	Hesitação
Entusiasmo	Inveja	Vazio	Indecisão
Empolgação	Exasperação	Desamparo	Insegurança
Perdão	Frustração	Luto	Ciúmes
Generosidade	Fúria	Desesperança	Nervosismo
Gratidão	Humilhação	Mágoa	Obsessão
Felicidade	Impaciência	Solidão	Sobrecarga
Esperança	Indignação	Perda	Pânico

(continua)

(continuação)

Alegria	Raiva	Tristeza	Medo
Inspiração	Irritação	Arrependimento	Inquietação
Regozijo	Julgamento	Rejeição	Choque
Amor	Furor	Remorso	Timidez
Paixão	Despeito	Vergonha	Desconfiança
Paz	Zanga	Mágoa	Terror
Diversão	Punição	Sem importância	Acanhamento
Poder	Ira	Não desejável	Aprisionamento
Orgulho	Rancor	Fraqueza	Inquietação
Satisfação	Vingança	Inutilidade	Preocupação

Respeitando seus sentimentos

Mesmo os codependentes que sabem o que sentem ou conseguem identificar um número limitado de sentimentos muitas vezes não os respeitam nem os compartilham, por vergonha ou para deixar os outros à vontade. Uma reformulação comum é: "O que há de errado comigo por estar me sentindo assim?" Em vez de se permitir dez minutos para deixar suas emoções fluírem, você pode passar dias julgando e resistindo a sentimentos, ficando mais infeliz e deprimido. Isso é se desrespeitar. Além disso, você pode dizer a si mesmo que seus sentimentos são insensatos, frágeis ou perigosos. Embora os sentimentos não sejam lógicos, têm uma lógica e uma inteligência próprias. Às vezes um sentimento pode ser irracional, mas, com uma inspeção mais profunda, há um bom motivo para ele. Tente perceber o sentimento que está escondido.

LEMBRE-SE

Sentimentos não são sinal de fraqueza; eles apenas existem. O que quer que você sinta é legítimo, e você está autorizado a senti-lo somente por sentir. O perigo está em ignorar sentimentos, o que pode levar a decisões inconsistentes e a problemas de saúde. Embora sentimentos sem motivo não devessem controlar decisões, com frequência o fazem isso quando não são reconhecidos. Por fim, respeitar seus sentimentos também significa assumir a responsabilidade por eles. Ninguém o faz sentir algo — apenas você mesmo.

AUTODESCOBERTA

Dê uma olhada em sua lista de regras familiares e mensagens do Capítulo 7 e veja como elas podem ter influenciado suas atitudes em relação a sentimentos. Muitas pessoas adotam as regras e crenças de seus pais sem conhecê-las ou sem nunca as questionar. Faça um levantamento e pergunte a quantas pessoas você conseguir se elas concordam com as regras e crenças de sua família. Descubra as crenças das outras pessoas.

Faça uma nova lista de regras e crenças para si mesmo. Veja como começar:

- » Tenho direito a meus sentimentos.
- » Não preciso defendê-los.
- » Todos os meus sentimentos são aceitáveis, mesmo os de raiva e dor.
- » Ninguém pode me dizer como eu "deveria" me sentir, inclusive eu.
- » O que estou sentindo vai passar.
- » Meus sentimentos têm valor e razão.
- » É saudável me permitir sentir minhas emoções.

Permitindo seus sentimentos

LEMBRE-SE

Permitir seus sentimentos significa deixá-los fluir. Com frequência, os clientes perguntam: "Por que eu deveria sentir (raiva, dor, tristeza) se isso não vai mudar nada?" Mas sua conclusão é falsa. Respeitar e permitir seus sentimentos muda você. Emoções vêm e vão. Elas passam, mas resistir a elas faz com que persistam. Se não forem expressas, elas ficam presas em seu corpo e causam mais dor e problemas nos relacionamentos. Ao reprimir sentimentos dolorosos, eles podem sair pela culatra, explodir e sabotá-lo. Sentimentos bons, como entusiasmo e alegria, também se fecham. Você pode, inclusive, perder o interesse por sexo ou se sentir sem paixão.

Um motivo pelo qual codependentes não expressam suas necessidades e sentimentos é porque foram humilhados ou ignorados no passado. Eles pensam "Para que me incomodar?", pois seus sentimentos não foram ouvidos e acolhidos durante o crescimento. Não suponha que todas as pessoas reagirão do mesmo jeito que sua família. A recuperação envolve discernimento sobre quem é digno de confiança e não tomar a reação de alguém como algo pessoal.

AUTODESCO-
BERTA

Tente abrir o coração para si mesmo. Coloque a mão em seu peito, imagine seu coração se abrindo e respire. Se estiver com raiva, mexa-se, grite, pise, rosne, berre, bata. Quando acabar, escreva a respeito e veja se alguma atitude é necessária (veja o Capítulo 13 para conhecer maneiras saudáveis de expressar seus sentimentos). É aí que entra a lógica. Permita seus sentimentos, pense em expressá-los e em satisfazer suas necessidades e, então, se necessário, tome a atitude apropriada. A consequência afetará seus sentimentos e lhe dirá se a atitude surtiu o resultado esperado. É assim que você aprende com seus erros e sucessos.

A Figura 9-1 mostra o ciclo da necessidade até sentimentos, ações e consequências, o que gera novos sentimentos. Se você não tem consciência de necessidades ou sentimentos, suas ações não irão ao encontro de suas necessidades, e mais sentimentos negativos são gerados. O que não é atendido precisa de crescimento. Mas, quando você atende às suas necessidades, cria sentimentos positivos.

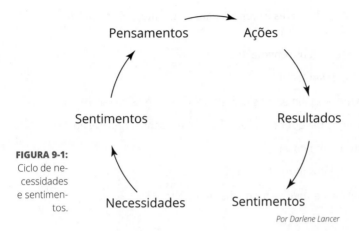

FIGURA 9-1: Ciclo de necessidades e sentimentos.

Por Darlene Lancer

Identificando suas necessidades

Os codependentes têm dificuldades para identificar, expressar e satisfazer suas necessidades e desejos. Você pode estar ligado às necessidades e desejos dos outros e habituado a acolher os deles em vez dos seus. Recuperar-se significa inverter essa situação. Isso exige que você se torne responsável por si mesmo (veja os Capítulos 10 e 12 para ler sobre como assumir a responsabilidade por você mesmo e comunicar o que precisa e o que quer). Primeiro, você precisa descobrir o que precisa e quer. Esse é um passo fundamental na recuperação, geralmente não abordado em programas de mútua ajuda.

LEMBRE-SE

Algumas pessoas reconhecem seus desejos, mas não suas necessidades, ou vice-versa, e muitas os confundem. O motivo por que é importante ter suas necessidades atendidas é que você sente dor emocional quando elas não o são. Você pode estar sentindo dor e não saber por que ou quais necessidades não estão sendo atendidas. Depois de identificar suas emoções e necessidades, você pode assumir responsabilidade por ter suas necessidades reconhecidas e se sentir melhor. Por exemplo, se estiver se sentindo triste, talvez você não perceba que está solitário e precisa de conexão social. Mesmo que tenha, muitos codependentes se isolam em vez de procurar ajuda. Depois de conhecer o problema e a solução, você pode tomar uma atitude ligando para um amigo ou planejando atividades sociais.

As necessidades estão listadas abaixo das sete categorias na Tabela 9-3. Você pode acrescentar mais coisas à lista?

Quando suas necessidades são atendidas, você se sente feliz, agradecido, amado, divertido, alerta e calmo. Quando não o são, você fica triste, com medo, raiva, cansado e solitário. Pense em como você satisfaz ou não suas necessidades e o que pode começar a fazer para satisfazê-las.

TABELA 9-3 ## Categorias de Necessidades

Mental	Social	Emocional	Autoestima	Autonomia	Espiritual	Física
Informação	Família	Intimidade	Autenticidade	Propósito	Contemplação	Descanso
Consciência	Reciprocidade	Aceitação	Honestidade	Crescimento próprio	Meditação	Abrigo
Reflexão	Cooperação	Ser compreendido	Respeito próprio	Objetivos	Reverência	Comida
Clareza	Justiça	Amor	Confiança	Criatividade	Ordem	Água
Discernimento	Confiabilidade	Afeição	Amizade	Independência	Gratidão	Ar
Compreensão	Companhia	Apoio	Apreciação	Fortalecimento	Esperança	Prazer sexual
Estímulo mental	Comunicação	Cuidado	Sentido	Liberdade	Fé	Saúde
Aprendizado	Conexão	Entusiasmo	Integridade	Expressão própria	Beleza	Checapes médicos
	Generosidade	Luto	Respeito de outros	Solidão	Inspiração	Movimento
	Comunidade	Criação			Paz	Segurança/ Proteção
	Diversão	Paixão				Sexo
	Confiança	Humor				

Identificando seus desejos

LEMBRE-SE

Seus desejos são expressões de sua singularidade. Se não foram espelhados na infância (veja o Capítulo 7), talvez você tenha parado de desejar. Alguns pais dão aos filhos coisas materiais, mas não os ouvem nem os criam. Outros humilham seus filhos por quererem algo que eles não podem comprar ou quando não querem satisfazer suas necessidades ou desejos. Eles não assumem a responsabilidade nem admitem a verdade. Há pais que dão aos filhos o que pensam que devem ter, em vez de dar o que as crianças querem. Às vezes, é adequado negar a um filho o que ele quer, mas é importante aliviar a decepção da criança. Experiências dolorosas com desejos podem resultar na crença de "Eu não deveria querer." Em vez de se envergonhar ou ficar desapontados, os codependentes enclausuram os próprios desejos. Muitos não compram para si o que querem mesmo quando podem pagar. Outros se desculpam indiscriminadamente quando não podem comprar, em uma tentativa de preencher uma fome insaciável pelo amor que não tiveram.

AUTODESCO-
BERTA

Suponha que você possa fazer tudo o que deseja, apesar de limitações físicas, emocionais ou financeiras. Complete esta frase: "Eu realmente quero..." Seja o mais louco e criativo que conseguir. Divirta-se com este exercício e escreva o maior número de detalhes que conseguir reunir. Um de seus desejos pode se tornar um objetivo. Então, faça uma lista de desejos com coisas que você *pode* fazer ou ter, como:

» Cortar o cabelo.
» Ir ao cinema quando os filhos estiverem na escola.
» Entrar em um coral.
» Jogar basquete.
» Fazer aulas de surfe.
» Sair para dançar.
» Plantar morangos.
» Comprar um trampolim.
» Aprender espanhol.

Comece pelo mais fácil e transforme cada coisa de sua lista em uma meta. Ouça as mensagens internas que o dissuadem de fazer o que quer. Escreva-as e verifique se elas lhe lembram de mensagens de seus pais. Depois, escreva argumentos de apoio para seus desejos.

AUTODESCO-
BERTA

Liste coisas que você *precisa* fazer; depois, anote se também *quer* fazê-las. Alguns *precisos* talvez sejam atender a necessidades básicas, como compras de supermercado, o que é positivo. Às vezes um *preciso* também é um desejo. Você consegue mudar um *preciso* para um *quero?* Defina como. A Tabela 9-4 é uma lista de amostra.

TABELA 9-4   **Lista Preciso/Quero**

Atividade	Preciso	Quero
Malhar na academia	X	Fazer uma aula de yoga
Estudar para a prova da escola	X	Estudar com amigos
Comprar presente para um amigo	X	X
Ir ao mercado	X	Fazer compras à noite
Devolver o livro à biblioteca	X	X
Ligar para a mãe com frequência	X	Ligar uma vez por semana
Passear com o cachorro	X	Passear com o cachorro com um amigo

Compare sua lista Preciso com sua lista Quero. Se não está fazendo o que quer, quanto de sua vida está sendo guiada por aquilo que você acha que precisa fazer? Esteja ciente de que algumas obrigações refletem desejos mais profundos. "Preciso ir ao médico" na verdade reflete um desejo mais profundo de ser saudável. Você "precisa ir trabalhar" porque você quer bancar um certo estilo de vida, atingir um objetivo de carreira ou sustentar sua família. Tente integrar mais desejos em sua vida.

Confiando em si mesmo

Se você cresceu em uma família em que seus sentimentos e percepções eram desvalorizados, aprendeu que não podia confiar em suas dicas internas — observações, impressões e sentimentos. Como consequência, sua habilidade de acreditar em seus sentimentos e de tomar decisões ficou limitada. Ao procurar os outros em busca de respostas, você desiste de viver a própria vida. Além disso, se for incapaz de discernir situações e pessoas perigosas ou ruins para você, acaba por confiar em pessoas indignas de confiança em relacionamentos que o prejudicam mais uma vez, criando mais desconfiança. Ouvir a si mesmo e respeitar seus sentimentos são o início da autoconfiança e do amor e proteção a si mesmo.

AUTODESCO-
BERTA

Ouça aquela pequena voz que talvez tenha ignorado no passado. Espere por ela antes de tomar decisões. Repare no que acha que "deveria" fazer versus o que deseja. Preste atenção em como se sente quando algo parece "certo", "esquisito" ou desconfortável. Essa sensação percebida pode ser sua primeira impressão antes de passar por cima dela com motivos lógicos e ignorá-la, ou talvez ela exija que você gaste tempo com indecisão e confusão, ou consiga mais informação sobre a situação ou a pessoa a fim de obter esclarecimentos. Tudo bem. Não se apresse. Também esteja ciente de que suas impressões e sentimentos mudam com o tempo ao conhecer alguém.

Ao tomar decisões, pergunte-se: "Qual seria a coisa mais agradável para fazer?" e "Como me sinto a respeito disso?" em vez de "O que penso a respeito disso?" Passe um tempo consigo mesmo decidindo antes de perguntar aos outros e ouça sua voz interior. Isso é especialmente importante quando você está obcecado ou reativo emocionalmente e se sente obrigado a agir (veja o Capítulo 12). Se tem recebido sugestões dos outros, verifique dentro de si se elas batem com suas dicas internas. Quanto mais você faz isso, mais confiável e forte essa voz se torna, e você começa a confiar em si mesmo — em seu corpo, suas escolhas, pensamentos e sentimentos — para viver sua própria vida.

LEMBRE-SE

Ouvir a si mesmo também é o portal para revelar sua paixão (abordada no Capítulo 16). Seguir seu coração apesar do que outros podem dizer envolve risco. Haverá momentos em que você tomará decisões ruins, tanto porque agiu com informações insuficientes quanto por negar informações sobre uma pessoa, situação ou suas próprias necessidades e limitações. Quando isso acontecer, em vez de se criticar, considere como uma experiência de aprendizado para fazer escolhas melhores na próxima vez. É assim que você constrói confiança.

Identificando seus valores

Suas crenças são formadas por seus princípios, conceitos e opiniões que governam suas decisões e influenciam seus sentimentos. Você dedica mais tempo e atenção às coisas que mais valoriza. Algo que viola seus valores pode deixá-lo com raiva ou medo. Ser inteiro inclui conhecer o que você defende. Isso é parte de sua jornada de autodescoberta. É importante porque, quando você aceita comportamentos alheios ou se comporta de maneira contrária a suas crenças fundamentais, você mina sua integridade e autoestima. *Integridade* significa integração de seus valores, crenças e comportamento — que você "faz o que diz". Abraçar seus valores apesar da oposição constrói integridade e poder pessoal.

AUTODESCO-
BERTA

Para identificar seus valores, pense no seguinte:

» O que deixa você mais furioso em relação às coisas do mundo?

» Quais organizações ou instituições de caridade você apoia ou apoiaria?

» Quais mentores ou figuras públicas você respeita ou admira? Por quê?

» Com quais crenças religiosas você concorda e de quais discorda? Por quê?

» Quais são seus pontos de vista políticos?

» De quais gêneros de filme e de livros você gosta mais?

AUTODESCO-BERTA

Escolha dez entre os valores a seguir e os classifique de 1 (alto) a 10 (baixo). Você é influenciado pelos valores do país, da sociedade, de sua família, cultura e religião. Pense em quais valores alheios você adotou e quais são próprios. Quais eventos de sua vida e mensagens familiares moldaram seus valores?

Liberdade	Religião	Saúde
Igualdade	Aventura	Conquista
Beleza	Caridade	Estilo de vida fácil
Justiça	Educação	Servir aos outros
Reconhecimento	Amor verdadeiro	Natureza e planeta
Amizade	Família	Verdade
Riqueza	Prazer	Respeito
Criatividade	Harmonia	Compaixão

AUTODESCO-BERTA

Agora que você conhece seus valores, faça uma segunda lista de seus valores conforme expressos por suas ações. Como eles combinam? Questione-se para verificar se suas atividades, objetivos, crenças e valores estão alinhados. Repare se suas palavras e ações combinam com seus valores. Quando não combinam, qual é a sensação que isso lhe traz? Um exemplo pode ser passar a maior parte de seu tempo fazendo coisas que você não valoriza e não fazer o que valoriza. Reavalie seus valores e o que o influenciou a se afastar deles. Alguns de seus valores são ideais vazios que você acha que *deveria* ter, mas na verdade não tem? Pense se precisa mudar seu comportamento ou realinhar seus valores.

Sendo Seu Self Autêntico

LEMBRE-SE

Autenticidade significa ser honesto e genuíno. Ela exige coerência e alinhamento entre suas palavras e ações, valores e motivos. Para isso, você precisa se conhecer e, aos poucos, arriscar trazer seu verdadeiro self ao mundo, expressando-se e atuando naquilo que sabe. Essa é uma parte importante na superação da codependência. As pessoas fazem isso na terapia e em reuniões de mútua ajuda quando se arriscam a revelar a si mesmos expondo a própria vulnerabilidade em vez de reagir. A meditação, anotações em diários e a autoaceitação (abordadas no próximo capítulo) são métodos que o ajudam a se tornar mais honesto consigo mesmo e com os outros.

Você está disposto a ser honesto com aspectos de si mesmo dos quais desgosta? Esse é um passo difícil, mas necessário, em direção à autoestima e à autenticidade. Encarar e aceitar a verdade é o começo da mudança.

CUIDADO

Sua autopercepção pode ser falsa se você for incapaz de discernir a verdade de rótulos que lhe foram dados na infância.

O processo contínuo de autodescoberta o desafia a descobrir quem você realmente é, a viver com base nessa verdade e a descartar tudo o que não for você, incluindo essas crenças velhas e falsas, e ideais que você adotou que são opostos a quem você é de verdade.

> **NESTE CAPÍTULO**
>
> » **Conhecendo o Crítico, o Impulsionador e o Perfeccionista e descobrindo como trabalhar com eles**
>
> » **Construindo a autoestima por meio de responsabilidade e honestidade próprias, e cumprindo os compromissos**
>
> » **Identificando suas qualidades e reconhecendo a si mesmo**
>
> » **Livrando-se da culpa**
>
> » **Descobrindo os elementos da autoaceitação e do amor-próprio**

Capítulo **10**

Construindo Autoestima e Amor-próprio

Imagine sua autoestima como um jardim negligenciado, coberto de ervas daninhas por todo lado, invadindo algo que já foi natural e bonito. As sementes dessas ervas daninhas foram sopradas em sua infância e dominaram sua psique sob os disfarces do Crítico, do Impulsionador e do Perfeccionista. Para curar e regenerar seu jardim, você precisa arrancar as ervas daninhas, preparar e fertilizar o solo e cultivar sementes novas. Seu jardim também precisa de luz solar e água para nutrição e um trabalho regular com enxada para evitar que as ervas daninhas voltem. O Capítulo 3 explica que, quando o assunto é autoestima, o que conta é o que você pensa. Este capítulo dá uma olhada mais de perto em seus pensamentos e fornece técnicas para arrancar as ervas daninhas de seus pensamentos autodestrutivos e comportamentos que minam sua autoestima. Ele sugere como você pode plantar as sementes de valor próprio positivo, autoaceitação e amor-próprio.

O Trio Tirânico — O Crítico, o Impulsionador e o Perfeccionista

Antes de arrancar as ervas daninhas, você precisa saber identificá-las. Elas estão bem debaixo do seu nariz — seu diálogo interior. O *Crítico* é a voz que o julga e o critica, e também o que você diz e faz — inclusive seus próprios pensamentos. O Crítico nunca está satisfeito ou pensa que você é bom o suficiente, ou que está à altura de seus ideais. O *Impulsionador* o cutuca e o estimula a atuar e se aprimorar para atender aos padrões ilusórios do *Perfeccionista*. Os três trabalham juntos, embora soem como uma só voz — a sua. A maioria das pessoas não está ciente de que essas atribuições interiores tomam conta de suas vidas. Sem mais consciência, esse trio terrível o tiraniza. Ele limita, em vez de promover sua criatividade e produtividade. Ficar consciente de seu diálogo interior negativo é um caminho para se libertar do controle pernicioso dele.

Reeducando o Crítico

Todo mundo tem um juiz interior, um Crítico que aponta erros e defeitos. O que deveria ser uma consciência saudável pode se tornar uma autocrítica diária e contribuir muito para a baixa autoestima. O Crítico mina a confiança e a felicidade, e o faz se sentir inseguro, inadequado ou vagamente insuficiente. Se você raramente fica contente, tem problemas em correr atrás de objetivos ou está em um relacionamento abusivo, é provável que seu Crítico esteja fazendo hora extra. Ele julga os outros também e pode isolá-lo, mas é, de longe, mais duro com você mesmo. Ele é seu pior inimigo. Embora possa ter boas intenções e tentar protegê-lo do sofrimento ou fracasso, em algumas pessoas ele é um acusador implacável. Em outras, está cheio de desprezo e esmaga a alegria delas. Seu Crítico pode deixá-lo deprimido, doente e arruinar sua vida.

AUTODESCO-BERTA

Para superar a autocrítica, você precisa domar seu Crítico, colocando-o em evidência e reconhecendo sua voz em primeiro lugar. Experimente os exercícios a seguir para fazê-lo sair de seu esconderijo:

» Sente-se em silêncio e observe seus pensamentos. Talvez você se ouça dizendo: "Não consigo fazer isso. Não sou bom nisso." Ouça essa série de humilhações!

» Faça uma lista de todas as coisas que não gosta em si mesmo em cada área de sua vida. Para ajudá-lo, complete a frase: "Não gosto de mim quando eu..." Ouça as críticas que surgirem durante o dia e acrescente-as à lista. Esteja alerta ao falar consigo mesmo usando as palavras "deveria", "sempre" ou "nunca" — seu Crítico está na ativa.

» Se estiver se sentindo entediado, frustrado, para baixo ou tendo emoções desconfortáveis, podem ser sintomas de pensamento negativo. Volte a um

- evento precedente e tente se lembrar dos pensamentos que teve sobre isso e sobre si mesmo.

» Observe a voz de seu Crítico — tom, volume e palavras. Ela o lembra de alguém que falava assim com você no passado? Crianças imitam as palavras e os tons dos próprios pais e os internalizam.

Quando você descobre o quanto o Crítico é ativo em sua vida, você consegue começar a fazer amizade com ele e a domá-lo, tornando-o um coach amigável. Ao invés de ficar contra você, transforme-o em algo a seu favor:

» Dialogue com o Crítico no papel, escrevendo perguntas com sua mão dominante e respondendo com a não dominante. Descubra o nome do Crítico, função, modelos e motivos. Como ele realmente se sente sobre você? (Sua mão não dominante tem maior acesso a seu subconsciente.)

» Não importa o quanto o Crítico seja malvado, seja respeitoso. Você está fazendo amizade. Pergunte a ele como gostaria de melhorar suas falhas e, especificamente, seus motivos e desejos a respeito de cada uma. Você pode descobrir que o Crítico tem boas intenções.

» Ensine o Crítico a ser mais amigável. Em vez de humilhações, avise ao Crítico que seria mais eficaz ser um coach que o apoia e falar com você em um tom mais animador e encorajador. Escreva exemplos de como você quer que seu Crítico fale com você. Veja o que o Crítico diz sobre isso. Talvez você precise insistir que o insulto ultrapassa seus limites.

» Você precisa ser vigilante ao interromper e domar seu Crítico, exatamente como se estivesse domando um cachorro não adestrado. A cada vez que o Crítico começar, diga "Pare" e lembre-o de como você gostaria de ser abordado. Se isso lhe escapa, hábitos antigos são reforçados.

CUIDADO

Quando você fica consciente do Crítico, é comum desenvolver um Supercrítico que o critica por ser autocrítico. Não caia na armadilha dessa tática sorrateira do Crítico, tentando ser útil com mais crítica. Diga a ele: "Pare!"

Relaxando o Impulsionador — Seu controlador escravo

LEMBRE-SE

O Impulsionador o empurra a agir para fazer as coisas. Ele gosta de estar ocupado. O problema é que ele pode se tornar um controlador escravo. O Impulsionador está sempre buscando maneiras de aprimorar você, seu parceiro, seu ambiente e seu trabalho. Há sempre coisas demais a fazer em um tempo curto demais. Quando você está tentando relaxar, a chamada de ação do Impulsionador o lembra de dezenas de coisas que não foram feitas. Talvez ele até o tire do sofá. O Crítico forma equipe com o Impulsionador para fazer você se sentir culpado por tudo o que não fez e encontra falhas que o Impulsionador pode corrigir. Se o Crítico pensa que você está gordo e precisa se exercitar, o Impulsionador o coloca em ação e, junto com o Crítico, importuna-o por não fazer o bastante para perder mais peso mais rápido. Um Impulsionador enérgico não o deixa faltar o trabalho quando está doente ou tirar férias sem levar trabalho junto para "adiantar". Ainda assim, você nunca o adianta, porque o Impulsionador ficaria sem serviço. Se estiver machucado ou fisicamente limitado de alguma forma, o Impulsionador e o Crítico o deixam infeliz por não conseguir fazer as coisas.

O lado bom é que o Impulsionador pode ajudá-lo a atingir seus objetivos, mas sempre há mais. Ele pode persegui-lo para que você nunca faça uma parada longa o suficiente para desfrutar de seu sucesso, e isso pode levar a doenças relacionadas a estresse se você for incapaz de controlá-lo. Seu Impulsionador precisa aprender a se desprender das coisas e a fazer menos, a fim de que você se torne um ser humano em vez de um "fazer humano" (o Capítulo 11 oferece dicas de relaxamento).

AUTODESCO-
BERTA

Para aumentar a consciência sobre o Impulsionador, faça uma lista de tudo o que você precisa fazer. Inclua coisas de cada área de sua vida, de checapes de saúde a listas de leitura. Leia a lista em voz alta. Escreva com sua mão não dominante como você se sentiu ao ouvi-la.

AUTODESCO-
BERTA

Para conhecer melhor seu Impulsionador, dialogue com ele em seu diário. Escrevendo com sua mão dominante, termine essas frases e responda pelo Impulsionador com sua mão não dominante:

» Você me pressiona a fazer mais porque...

» Você não me deixa relaxar porque...

» O que aconteceria se eu relaxasse e você (o Impulsionador) parasse de me pressionar?

» Quando você começou a me pressionar pela primeira vez?

» Complete esta frase para si mesmo (não para o Impulsionador): Se me permitisse não fazer algumas coisas de minha lista, eu me sentiria...

» Complete esta frase para si mesmo (não para o Impulsionador): Pressionar-me a realizar mais coisas me priva de...

> **TIRE MINIFÉRIAS**
>
> Feche os olhos e imagine que você está de férias, deitado e relaxando em seu ambiente favorito. Finja que você tem letras de neon na testa formando a palavra RELAXE. Elas se acendem sempre que você expira. Expire dez vezes lentamente. Inspire o ar fresco de seu local de férias. Cheire-o e sinta-o em sua pele. Ouça os sons ao redor — possivelmente de água, pássaros ou uma brisa. Sinta o chão sob seus pés. Você está em um gramado, em uma floresta ou na areia da praia? Você não precisa se sustentar mais. Deixe-se afundar para dentro da terra abaixo de você. Expire e veja as letras de neon "RELAXE". Observe o que sente. Você fica ansioso? Se sim, permita-se. Veja por quanto tempo você consegue apenas se deixar ser. Tire essas miniférias uma vez por dia, mesmo que por 5 ou 10 minutos. O principal é que você está começando a interromper a retenção compulsiva do Impulsionador.

Aceitando a imperfeição quando nada é bom o suficiente

O Perfeccionista tem ideais inatingíveis sobre tudo o que diz respeito a você, seu comportamento e às pessoas em sua vida. Ele vive em um mundo de ilusão. Conforme abordado no Capítulo 3, o perfeccionismo é guiado pela vergonha. Embora o Perfeccionista possa focar os erros, a regularidade, seu corpo, habilidades atléticas ou o trabalho, no cerne há a crença de que você de alguma forma não é adequado — atraente o suficiente, bom o suficiente, inteligente o suficiente, forte o suficiente e assim por diante. O perfeccionismo é uma fuga dessas crenças dolorosas. Você pode achar difícil finalizar tarefas, porque seu trabalho nunca está perfeito. O Crítico o julga por não satisfazer os padrões irreais do Perfeccionista. O fato de não existir esse negócio de perfeição não faz sentido ao Perfeccionista porque ele não teria o que fazer.

O antídoto para o perfeccionismo é a autoaceitação. Para aceitar alguma coisa (veja a explicação sobre aceitação no Capítulo 12) você não precisa gostar, apenas reconhecer — como é. Algumas coisas em si mesmo você pode mudar, outras não. Paradoxalmente, até que você se aceite é difícil mudar por completo, pois você está em conflito com a realidade.

Faça uma lista de suas crenças sobre si mesmo. Em que aspectos você não se sente suficiente? Como suas crenças afetam suas ações? Olhe para o espelho e diga: "Eu me aceito exatamente como sou, de maneira incondicional." Você consegue falar sério — sem engasgar? Você gosta do que vê? Que objeções vêm à mente? Ah, esqueci — olhe-se no espelho *sem roupa*. Talvez você evite espelhos como um todo. Só isso já mina sua autoestima. Você está tentando evitar e negar o que já acredita sobre si mesmo. Inevitavelmente, há algumas coisas de que não gosta. Talvez você ache que está velho, ou que seus seios são pequenos demais, seus quadris largos demais, ou que suas pernas são curtas demais. Você não precisa gostar do que vê, apenas encarar e aceitar a realidade de que esse é você. Repita em voz alta: "Eu me aceito de maneira incondicional, mesmo que..." Se não conseguir, então afirme: "Aceito minha recusa em aceitar que estou (gordo)." Faça esse exercício no espelho por algumas semanas. Escreva seus sentimentos no diário. Observe quaisquer mudanças de atitude enquanto faz progressos.

Sentindo-se Bem Consigo Mesmo

Agora que você começou a arrancar as ervas daninhas, é hora de preparar e fertilizar o solo, e de plantar sementes novas. Isso significa introduzir alguns novos hábitos saudáveis que talvez causem sensação de desconforto — ou mesmo de egoísmo ou orgulho. É muito difícil remover um pensamento ou hábito negativo sem substituí-lo por um positivo, mas, se não fizer isso, continuará focando os pensamentos antigos, que só os reforçam. Você também precisa se nutrir com sol e água para ajudar as sementes a crescerem.

Chega de mentiras

Assumir a responsabilidade por seus sentimentos e ações é a chave para construir autoestima; caso contrário, você continuará a se vitimizar e a depender de sentimentos e comportamentos alheios sobre os quais não tem controle algum. Essa é uma fórmula de derrota. Se você pula de um relacionamento para o outro procurando alguém que o faça feliz ou o preencha, você perde a oportunidade de crescer em sua plenitude e força. Em vez disso, sua codependência cresce. Até que aceite a responsabilidade de si mesmo, você não consegue mudar sua vida — e isso inclui melhorar sua autoestima. Quando o fizer, o futuro estará em suas mãos (veja os Capítulos 3, 6 e 9 para ler mais sobre responsabilidade própria).

É claro que você não é responsável por tudo o que lhe acontece. Há atos aleatórios de violência, acidentes causados por outros, atos de Deus e da natureza, doenças hereditárias e assim por diante. Embora alguns filósofos sugiram que você é responsável por tudo em sua vida, penso que o ponto de vista é extremista e pode sobrecarregá-lo e enfraquecê-lo com sentimentos de desamparo. Dalai Lama concorda que há muitas variáveis sobre as quais não temos controle algum.

Viver com responsabilidade pode ser mais fácil de entender do que colocar em prática de fato. Isso exige autoconhecimento de seus sentimentos e necessidades (veja o Capítulo 9), observando quando você não assume responsabilidades e dando fim à acusação, às desculpas e às tentativas de mudar ou controlar os outros. Então você fica pronto para agir a fim de satisfazer as próprias necessidades e encarar seus sentimentos. Há áreas de sua vida em que você assume mais responsabilidade e se sente melhor consigo mesmo do que em outras em que não o faz.

Para muitos de vocês, assumir maior responsabilidade por si mesmo exige nada menos do que uma guinada de 180 graus de como você viveu até agora. Se estiver habituado a procurar os outros a fim de se sentir feliz e seguro, pode ser desanimador perceber que eles não farão isso. Mas todo mundo tem que crescer. A batata quente parou em você. Talvez você não queira a tarefa. Se ficar nervoso, vá em frente e faça birra! Você não precisa fazer nada neste exato momento. Deixe cair a ficha dessa percepção. Quando você começar a assumir a responsabilidade por si mesmo, a mudança é profunda. Comece tentando o seguinte:

» Observe quando você pensar no que outra pessoa deveria fazer. Pare e pergunte o que você precisa fazer (veja o Capítulo 12). Por exemplo, você pode dizer a alguém que vá atrás dos próprios sonhos quando você mesmo não está indo atrás dos seus, ou descansar mais quando é você quem precisa disso.

» Quando está se sentindo magoado, nervoso ou triste, em vez de focar a si mesmo, você se volta para fora e foca o comportamento do outro? Pense em sua contribuição para como se sente e pergunte o que pode fazer. Por exemplo, permitir seus sentimentos, escrever no diário, conversar com um amigo ou sair para se divertir.

» Quando algo dá errado ou os planos vão mal, você culpa outra pessoa? Você fica frustrado ao lidar com pessoas por telefone ou dirigindo no trânsito e começa a criticá-las? Mesmo que não tenha causado o problema, aceite a realidade e assuma a responsabilidade por seus sentimentos. Respire e relaxe.

» Se está atrasado para um compromisso ou um prazo, você dá desculpas falsas ou espera concessões e prorrogações dos outros em vez de assumir sua lentidão?

» Quando tiver um problema, pense em como pode ajudar a si mesmo.

» Como se sente quando é responsável consigo mesmo? E quando não é?

» Nas áreas em que sua responsabilidade própria é baixa, escreva sobre o que pode fazer para começar a assumir mais responsabilidades. Se estiver tentado a focar porque não consegue fazer mudanças, procure meios pelos quais consegue. Se tiver alguma deficiência, encontre coisas que lhe dão prazer e pessoas que o ajudem a fazer o que você não consegue. Observe quais crenças e sentimentos o detêm.

CAPÍTULO 10 **Construindo Autoestima e Amor-próprio**   171

AUTODESCO-BERTA

Escreva um parágrafo completando estas frases:

» Sou passivo porque...

» Permito o comportamento de que não gosto porque...

» Se aceitasse responsabilidade pelo meu corpo, eu...

» Se parasse de acusar meu cônjuge por minha infelicidade, eu...

» Se dependesse só de mim conseguir o que quero, eu...

» Se não culpasse meus pais por meus problemas, eu teria que...

» Se tratasse minha família com mais responsabilidade, eu...

» Se assumisse responsabilidade por minhas finanças, eu...

» Se parasse de procrastinar, eu...

» Se parasse de esperar que as coisas mudem, eu...

Tomando atitudes

Colocar em ação o que você aprendeu e assumir riscos é o jeito mais poderoso de construir autoestima. Há um ditado no Alcoólicos Anônimos: "Tome a atitude, e os sentimentos a seguirão." A ciência encontrou evidências para apoiar essa sabedoria antiga. Tomar atitudes de autoafirmação, como se expressar, impor limites e fazer o que quer pode dar uma sensação desconfortável no início e criar ansiedade, culpa e dúvida. A vergonha e a baixa autoestima que a acompanha, o medo e a ansiedade por ser julgado, cometer erros ou falhar dificulta assumir riscos. Além disso, ter um local externo de controle e ter tido pais controladores ou acusadores pode inibir sua habilidade de identificar necessidades e desejos. Não fazer autoafirmações positivas pode estagnar seu crescimento. Todos esses são obstáculos para você construir sua autoestima, tomar decisões e colocar-se em primeiro lugar.

LEMBRE-SE

Planeje esperar essa resistência — como dor depois de usar músculos fracos — e saiba que é um sinal de que você está fazendo a coisa certa. Dê-se crédito por assumir um risco. Assumir riscos razoáveis constrói uma nova autopercepção. De uma nova maneira, você começa a conhecer a si mesmo, suas preferências e do que é capaz. Depois, você pode construir isso e assumir riscos maiores, todos eles construindo sua autoconfiança.

Depois de um tempo, tais atitudes parecem mais naturais e provocam menos ansiedade, até que um dia você se vê fazendo-as espontaneamente — impondo limites, pedindo o que quer, experimentando algo novo, expressando uma opinião minoritária, dando-se crédito e fazendo atividades mais agradáveis — até mesmo sozinho. Você descobre que tem menos ressentimentos e julgamentos e que os relacionamentos ficam mais fáceis. Você começa a gostar e a amar a si mesmo, e desfruta do processo de viver.

AUTODESCO-BERTA

Elabore uma lista de coisas que você gostaria de fazer e as faça — não espere que um amigo vá com você. Faça uma lista de coisas que você tem medo de fazer. Fale com um amigo que o apoia e o encoraja ou com um padrinho que o ajude a desafiar seus medos e correr mais riscos.

Tornando-se autêntico

Os codependentes têm medo de se revelar porque, no fundo, não se aceitam. Eles têm medo de que as pessoas fiquem bravas com eles e os abandonem se forem verdadeiros. Quando age de um jeito falso, você sempre duvida dos bons sentimentos que os outros têm a seu respeito porque acha que eles não o conhecem *de verdade*. No Capítulo 12, você aprendeu que a autenticidade é a chave para superar a codependência. Que desafio! Viver de maneira autêntica significa que você está se empenhando em se conhecer e confiar em si, em ser responsável consigo e se expressar. Não há discrepância entre seu self interior verdadeiro e o que mostra aos outros. Que desafio!

AUTODESCO-BERTA

Escreva a cada dia as discrepâncias entre o que você faz e o que pensa e sente de verdade. Como seria passar o dia, a semana, a vida expressando seu Self verdadeiro? Escreva um parágrafo sobre as consequências se:

» Você não se preocupasse com ferir os sentimentos das pessoas.

» Você não seguisse as decisões de outras pessoas.

» Você não abrisse mão de seu tempo ou não ouvisse quando não quisesse.

» Você dissesse não quando quisesse.

» Você dissesse às pessoas quando elas o decepcionassem ou ferissem seus sentimentos.

» Você fosse mais honesto em suas opiniões.

» Você não tivesse medo de demonstrar raiva.

» Você admitisse quando não soubesse a resposta ou o que fazer.

LEMBRE-SE

No filme *O Mentiroso*, Jim Carrey interpreta um advogado principiante que não consegue evitar dizer a verdade por 24 horas. Não estou sugerindo que você diga a um colega de trabalho, como faz o personagem de Carrey: "Sua peruca parece uma coisa que foi morta ao atravessar a rua", ou mesmo que diga a alguém que sua roupa íntima está aparecendo. Ser mais honesto é questão de se revelar. Isso é muito mais difícil. Em alguns relacionamentos, sobretudo no trabalho, revelar seu Self interior pode ser útil ou não a seus objetivos. Quanto mais você fica íntimo de alguém, mais essencial é a honestidade para a saúde da relação.

AUTODESCO-BERTA

Escreva uma história sobre um dia imaginário em que você diz a verdade a pessoas importantes de sua vida. Escreva como você se sentiria. O que o impede de ser mais honesto? Como isso afeta seus relacionamentos?

Ser mais autêntico ajuda a aumentar sua autoestima. Se estiver escondendo segredos em seus relacionamentos, há uma boa chance de repetir as regras da família em que você cresceu. Em geral, o medo de que a verdade prejudique ou destrua alguém é, na verdade, uma camuflagem para seu medo de que alguém se afaste de você ou o rejeite. No entanto, o efeito de ocultar a verdade é o que realmente gera prejuízo, dor e barreiras entre você e os outros. Revelar fatos é um nível da verdade. É mais difícil ser aberto e honesto com seus sentimentos no presente (veja o Capítulo 15 sobre intimidade). Quando você não é, confirma sua crença de que precisa esconder quem você é.

Diálogo interior positivo

Você está sempre ou se colocando para baixo ou se animando. Você pode escolher ser pró ou contra você mesmo. Você viu como o Crítico, o Impulsionador e o Perfeccionista o sabotam. Agora você precisa plantar sementes de diálogo interior positivo. Depende de você se encorajar, mesmo quando estiver desanimado ou com medo. Um diálogo interior positivo também é crucial para motivá-lo a assumir riscos, fazer mudanças e se tornar mais independente. Você pode fazer o que acredita que pode, e não pode fazer o que não acredita que pode.

Reconheça a si mesmo

Todo mundo gosta de elogios, de tapinha nas costas e reconhecimento por um trabalho bem-feito. Por que esperar pela gentileza dos outros? Depende de você reconhecer e elogiar a si mesmo. Já reparou como o calor do elogio alheio arrefece rápido? Quando você o dá a si, o brilho continua. Fale consigo mesmo sobre seu sucesso, como elogiaria um amigo. Você pode repeti-lo e deleitar-se nisso o quanto quiser. Fazer isso muda o que você pensa sobre si mesmo e eleva sua autoestima. Não é o mesmo que afirmações vazias. É dar crédito a si mesmo com respaldo da experiência — lembranças de atitudes positivas que tomou. Lembre-se de que afirmações positivas são úteis, mas precisam ser respaldadas por atitudes positivas.

AUTODESCO-BERTA

Faça o seguinte:

» Adquira o bom hábito de listar três aspectos ou comportamentos positivos sobre você todos os dias. Liste dez, se conseguir; mesmo coisas pequenas, como segurar a porta para alguém ou dizer bom dia a colegas de trabalho com quem você geralmente não conversa.

» Liste coisas pelas quais você é grato. A gratidão bloqueia a negatividade. É difícil ser crítico e grato ao mesmo tempo.

> Repasse sua lista de autocríticas e escreva afirmações de incentivo em contrapartida a cada crítica. Pense no que você diria a uma criança pequena aprendendo uma nova habilidade. Seja gentil e paciente consigo. Diga a si mesmo: "Eu o amo e o aceito", "Você está se saindo muito bem" e "Estou muito orgulhoso de seu progresso".

> Lembre-se de mudanças pequenas e positivas e de como você superou coisas no passado.

> Ao experimentar um novo comportamento, se o Crítico e o Perfeccionista entrarem em cena para minimizá-lo ou negá-lo e procurarem erros ou motivos para acabar com você, confronte-os e argumente com eles.

Outra tática do Crítico é atacá-lo porque você está aceitando a si mesmo. Ele talvez diga que você é convencido ou arrogante. Algumas pessoas crescem com crenças que confundem confiança com arrogância. Elas acreditam que uma autoimagem positiva comete o pecado do orgulho, ou que é trabalho do Diabo e punido por Deus. Essas regras familiares podem ser difíceis de superar, porque ser uma pessoa positiva implica uma quebra psicológica com sua família, ou mesmo com sua religião. Se fosse ruim se sentir confiante, todo mundo seria condenado a ter uma autoestima baixa.

Confiança não é convencimento nem arrogância; mas sentir-se seguro em si mesmo, com base no verdadeiro conhecimento de suas forças e limitações. Por outro lado, o convencimento é bajulação infundada de si mesmo ou um senso exagerado de importância própria, e a arrogância é um senso falso de superioridade em relação aos outros. Ambos tentam compensar a baixa autoestima.

Suas características

A autenticidade e a autoestima exigem que você admita tudo de seu Self, não somente os defeitos. Em geral, quando a autoestima está baixa, você não valoriza o fato de ser único. Você menospreza suas características ou tem dificuldade em acreditar em suas boas qualidades ou em aceitar elogios. Algumas pessoas recusam elogios e se sentem culpadas por admitir qualquer coisa de positivo sobre si mesmas. Elas sofreram uma lavagem cerebral tão forte que pensam "Grande coisa!" ou "E daí?"

Liste o seguinte:

> Seus aspectos positivos.

> Suas habilidades e capacidades.

> As suas realizações. (Se não conseguir pensar em nada, comece com isto: você aprendeu a ler!)

> Como se sente quando elogiado. Comece dizendo "Obrigado(a)" — fim da frase.

> Se recebeu elogios durante o crescimento e pelo quê. (Em algumas famílias somente a negatividade é permitida, e ninguém nunca recebe créditos.)

Mantendo compromissos consigo mesmo

Codependentes que não pensariam em desmarcar um encontro com um amigo tipicamente desmarcam compromissos consigo mesmos: "Amanhã vou começar uma dieta", "Amanhã vou à academia". Ao fazer isso, você está abandonando a si mesmo — a menos que, em alguns casos, seja mais agradável descansar em vez de fazer o que planejou. Há apenas escolha e consequência, e você é responsável por suas escolhas e atitudes. Tente sempre escolher com base em seu maior interesse próprio — o que talvez não lhe dê uma recompensa imediata, mas resultará em benefícios em longo prazo e em uma autoestima aprimorada. Essa é a maneira de nutrir seu jardim e mantê-lo saudável.

LEMBRE-SE

A outra coisa sobre manter compromissos consigo mesmo é atender às próprias expectativas. Certifique-se de que suas expectativas são razoáveis. Seria razoável fazer uma limpeza da primavera em um só dia ou correr uma maratona antes de uma corrida de 5km? Manter compromissos consigo mesmo é similar a praticar seus valores. Se você espera pagar seus impostos em dia, mas continua adiando, em breve estará farto de si mesmo, e seu Crítico terá um dia de batalha com você.

Às vezes, você pode não saber qual atitude é mais amorosa e adequada — manter um compromisso ou se safar. Faça o exercício de escuta do Capítulo 9 para ver o que seu corpo quer. Se houver motivos legítimos pelos quais você não consegue satisfazer suas expectativas, então explique as circunstâncias a seu Crítico e a seu Impulsionador e diga a eles que parem de passar sermão em você. Qualquer que seja sua decisão, aceite-a.

Compaixão e Amor-próprio

Conforme abordado no Capítulo 3, a autoestima é uma autoavaliação. Ela é cultivada ao melhorar o que você pensa sobre si mesmo e viver e forma coerente com seus objetivos, valores e crenças. A autoestima varia dependendo de como você age e, em menor grau, de eventos externos e desafios de saúde. Agir de modo contrário ao que você acredita diminui sua autoestima. Em contraste, a aceitação de si mesmo é estável e incondicional. Você se aceita apesar de falhas, fracassos e limitações, como no exercício anterior do espelho (veja a seção "Aceitando a imperfeição quando nada é bom o suficiente"). Se você se atém à culpa, sua autoestima e autoaceitação sofrem.

Aceite-se

A autoaceitação significa que, em vez de pensar em como você precisa ser diferente, você aceita quem você é. Preste atenção quando você se compara aos outros — tanto positiva quanto negativamente. Talvez você esteja comparando o que há dentro de você com o que há fora dos outros. Pare e lembre-se de que você e todas as outras pessoas têm impressões digitais particulares e únicas. Imagine que isso inclui todos os seus defeitos e qualidades, todos os seus talentos e limitações. Diga a si mesmo: "Este é quem eu sou, e está tudo bem." Se isso for útil, diga a si mesmo: "Foi assim que Deus me fez e quis que eu fosse. É da vontade de Deus que eu seja como sou." Repita as palavras de Walter Cronkite: "É assim que é", e de Popeye: "Eu sou quem eu sou."

LEMBRE-SE

Essa atitude de autoaceitação funciona como mágica. Quando você começa a se aceitar, para de lutar para se apresentar como inteligente, forte, gentil, sexy ou qualquer outro papel. A autoaceitação lhe permite ser autêntico. Finalmente você consegue relaxar, e mais do seu self interior aparece. Você não tem vergonha ou medo de se revelar quando se aceita incondicionalmente. Essa atitude se espalha para outras pessoas, por quem você tem mais compaixão e aceitação. Você não sentirá necessidade de controlá-las ou mudá-las, ou mesmo de convencê-las a concordarem com você.

Perdoe-se

Você é incapaz de se aceitar, até de se perdoar por qualquer culpa do passado.

AUTODESCO-
BERTA

Elabore uma lista de coisas que você fez pelas quais se sente culpado. Abaixo de cada uma, analise estas questões:

» Quais foram minhas razões? Vá fundo nisso. Foi uma razão mais profunda de se sentir seguro ou digno de amor? Por exemplo, um furto durante a infância pode ter sido motivado por um desejo de aceitação, ou um adultério por uma necessidade de amor, ou retaliação por sofrimento.

» Quais eram as circunstâncias e minha consciência na época?

» De que maneira eu estava tentando cuidar de mim mesmo?

» O que fez minha escolha parecer a melhor na época?

» Alguém foi prejudicado por minhas ações?

» Preciso me retratar? Com quem?

» O que aprendi com essa experiência?

» Como lidaria com isso de modo diferente hoje em dia?

Escreva uma carta compassiva para si mesmo perdoando-se, como faria para uma criança que cometeu um erro — uma criança que você ama e a quem quer ensinar e perdoar.

LEMBRE-SE

Em alguns casos, talvez você precise se retratar com outras pessoas, embora isso pareça estranho no começo, sem dúvidas é libertador e edificante. Talvez você se surpreenda agradavelmente pela reação positiva dos outros. Lembre-se de não justificar suas atitudes ou acusar a outra pessoa, mas somente se desculpar pelo mal cometido. Além do mais, você não está fazendo isso pelo perdão delas, mas para conseguir perdoar a si mesmo. Portanto, a reação da outra pessoa não é importante; você está fazendo isso por você. Por fim, o ponto principal é decidir não repetir seu comportamento no futuro. Pessoas com autoestima elevada aprendem com os próprios erros em vez de se castigarem.

Amor-próprio

Enquanto a aceitação é uma atitude direcionada a você mesmo, o amor é uma combinação de sentimento e ação. Muitos pensam que amor-próprio é egoísmo ou narcisismo, mas, na verdade, egoístas e narcisistas não se amam de modo algum. Um "grande ego" é uma tentativa de compensação pela falta de amor-próprio. Os codependentes têm uma autoimagem bem negativa.

LEMBRE-SE

O amor pelo seu próprio eu é saudável. A Bíblia diz: "Amai ao próximo como a ti mesmo." Você é um ser humano tão digno de amor quanto qualquer outro. Contrário à ideia de que amor-próprio é egoísta e tira sua capacidade de amar os outros, o oposto é verdadeiro. Quanto maior é seu amor por si mesmo, maior será sua capacidade de amar os outros. Além disso, você só se permite receber a mesma quantidade de amor que dá a si mesmo.

O amor envolve compreensão, respeito, aceitação, responsabilidade e compaixão. Essas virtudes não são compartimentalizadas, e sim experienciadas por seu eu e pelos outros. O amor não é divisível. Ao desenvolver esses aspectos em si mesmo, sua capacidade de amar a si e aos outros aumenta.

Praticando a compaixão

O amor exige atenção focada, disciplina e paciência. Não se consegue isso com facilidade, principalmente na sociedade ocidental com suas várias distrações e ênfase em velocidade e produtividade. Além disso, amar inclui empatia e compaixão, que o capacita a sentir com aceitação, cuidado e compreensão o que outra pessoa está sentindo e a estender essa compaixão para si mesmo. A compaixão é expressa com gentileza, ternura e generosidade de alma — o oposto do trio tirânico (veja a seção anterior "O Trio Tirânico— o Crítico, o Impulsionador e o Perfeccionista"). Repare, quando você está estressado, sobrecarregado ou exausto, se você tenta fazer ainda mais em vez de se cuidar. Isso é desafiador se você não se sentiu aceito ou acolhido quando criança. Você não tem nenhum modelo para imitar e se trata com rispidez ou indiferença — o modo como foi tratado.

DICA

Amor-próprio também significa ter boa vontade consigo mesmo. Tente enxergar-se através de um olhar compassivo e compreensivo, como você talvez enxergue uma criança, animal de estimação ou amigo próximo. Olhe para o motivo positivo por trás de suas ações — em geral é autopreservação — e tudo bem. Suas ações são resultado do que você aprendeu com seus pais e de suas experiências até hoje. Ao observar e pensar em seu comportamento de maneira compassiva, você aumenta as oportunidades de mudá-lo no futuro.

LEMBRE-SE

O amor-próprio é bem diferente de se martirizar, que é um misto de medo, julgamento e raiva de problemas que o acometeram. Com compaixão e empatia próprias, você está presente em sua experiência sentimental nua e crua e é capaz de permiti-la e confortar a si mesmo com compreensão e cuidado. O martírio implica que "não deveria ser assim", mas com amor-próprio há compaixão e aceitação pelo que é, sem nenhuma tentativa de resistir a isso ou de consertá-lo.

Tornando-se centrado

A habilidade para fazer isso exige fé, assim como o amor exige fé quando você arrisca comprometer seu coração. A fé necessária ao amor-próprio é o que o capacita a permitir que seus sentimentos se manifestem, sem escorregar para a ansiedade ou julgamento. A centralização e a calma contêm e apoiam suas emoções e lhe conferem certa objetividade. Você sabe que, apesar disso: "Eu vou sobreviver." Essa objetividade lhe permite confortar a si mesmo. Naturalmente, há momentos em que você não tem nenhuma objetividade ou fé, mas continua batalhando por isso. Passar um tempo sozinho consigo mesmo é fundamental, e uma prática meditativa é útil para desenvolver a capacidade de testemunhar e conter suas emoções.

AUTODESCO-
BERTA

Imagine um gatinho sentado em seu peito. Você o afaga, aninha e fala amorosamente com ele. Permita que seu coração se abra. Ouça-o ronronar e sinta o calor do corpo dele perto do seu, enquanto seu peito sobe a cada respiração. Ouça as batidas de seu coração. Agora, imagine o gatinho dentro de seu coração, e continue afagando e falando com amor consigo mesmo sobre tudo o que sofreu e todos os seus fardos, conflitos e preocupações. Deixe que tudo apenas seja durante alguns minutos. Você não precisa resolver ou fazer nada. Diga a si mesmo: "Neste momento, estou seguro." Pergunte-se: "Qual é a coisa mais amorosa de que preciso agora?" Pratique isso todos os dias.

Praticando o amor-próprio

Amar-se é uma jornada para a vida toda, e um objetivo que começa com autoconhecimento (veja o Capítulo 9). É o cerne da recuperação e o recompensa com benefícios enormes — aumento na autoestima, paz, bem-estar, saúde e relacionamentos amorosos com os outros. Você pode considerá-lo uma prática espiritual, porque exige consciência, reverência e gentileza consigo mesmo, como uma das criações de Deus. Amar-se durante dez minutos por dia é um bom começo, mas é um processo contínuo. Você tem oportunidades para fazer isso ao longo do dia — com frequência, de momento a momento — em suas atitudes e na maneira como fala consigo mesmo.

Trabalhar com o trio tirânico eleva a consciência de seu diálogo interior negativo automático. Então, depende de você transformá-lo em positivo. Talvez você se sinta bobo no começo, mas tente dizer "Eu o amo" em voz alta para si mesmo no espelho. É bom ouvir isso dos outros, inclusive de você.

AUTODESCOBERTA

Talvez você repare que muito de seu comportamento ao longo do dia é rotina — o que e como você toma seu café da manhã, verifica mensagens, vai trabalhar. Interrompa sua rotina e ouça seu coração, mente e corpo. Pergunte-se várias vezes por dia: "O que estou sentindo?", "Do que preciso e o que quero?" e "Qual é a escolha mais amorosa que posso fazer neste instante?" Espere respostas e dê a si mesmo aquilo de que precisa, incluindo descanso, comida saudável, alegria, compaixão e socialização. Escolhas feitas com base no medo, na ansiedade ou na culpa, em geral, não são de seu maior interesse.

Pais amorosos disciplinam seus filhos com gentileza. O amor-próprio exige refrear seu comportamento automático que é autossabotador e não saudável. Talvez você precise impor limites à procrastinação, gulodice, preguiça, atraso, ou ao oposto — trabalhar, divertir-se ou se exercitar mais do que é saudável. Quando quiser uma segunda sobremesa, tente ficar consigo mesmo em silêncio. Veja o que está sentindo — talvez ansiedade ou inquietação. Talvez você precise se acalmar ou se confortar, ou encontre sentimentos mais profundos para explorar.

> NESTE CAPÍTULO

> » **Conectando-se com seu corpo**

> » **Descobrindo lazer e hobbies**

> » **Curando seu espírito**

> » **Buscando outras pessoas**

Capítulo 11

Encontrando Prazer

Concentrar-se em seus problemas pode consumir sua alegria e prazer. A cura implica sair da negação e sentir sua dor, mas também inclui desenvolver hábitos saudáveis para aumentar sentimentos positivos e aproveitar as substâncias químicas de cura que eles liberam para combater o desânimo, a ansiedade e a depressão. Este capítulo foca levar prazer, contentamento e sustento à sua vida por meio de atividades físicas, sensoriais, espirituais, criativas e sociais. Às vezes, focar um problema se torna um problema, enquanto participar de atividades que o inspiram, relaxam e satisfazem reaviva seu entusiasmo e criatividade, e lhe confere nova atitude, perspectiva e foco. A criança interior que você conheceu no Capítulo 8 não é somente emocional e vulnerável, mas também brincalhona, espontânea, criativa e cheia de energia. Então, relaxe e desfrute de um pouco de diversão saudável. Mudanças acontecem quando você faz isso.

A Conexão Mente-Corpo

Freud via o ser humano como um animal em busca do prazer que luta apaixonadamente pela felicidade. Você foi criado para o prazer. Seu cérebro contém centros que respondem diretamente a sensações prazerosas para orientar e manter a saúde. As pessoas mais saudáveis são indivíduos com alegria de viver, que amam, buscam e criam o prazer. Elas perseguem prazeres saudáveis e vivem de maneira otimista, com entusiasmo e compromisso que melhoram a saúde e prolongam a vida.

A unidade entre mente e corpo foi reconhecida na época de Aristóteles. Seus pensamentos e sentimentos afetam seu corpo, e o movimento e as sensações de seu corpo afetam sua mente. Por exemplo, a depressão consome sua energia física e pode levar à doença e à dor, e a doença e a dor podem deixá-lo irritado e deprimido.

AUTODESCO-BERTA

Para testar a conexão corpo/mente, tente estes experimentos:

» Feche os olhos; agora, imagine-se abrindo a geladeira e pegando um limão bem amarelo. Veja-se fatiando o limão em uma tábua. Sinta seu aroma ácido enquanto o corta. Imagine o sabor azedo. Imagine-se pegando uma fatia do limão e sorvendo-a até o suco se misturar à sua saliva. Observe se sua boca começa a se encher de água. Esse é um exemplo de como sua mente e imaginação realmente causam mudanças químicas em seu corpo — assim como assistir a um filme assustador pode fazer seu coração acelerar.

» Agora, sorria e ria por um minuto. A sensação física causada por esses movimentos faciais provoca uma liberação de substâncias químicas alteradoras do humor que podem deixá-lo mais relaxado. Se não notar diferença, tente se exercitar de 20 a 30 minutos; isso causará a mesma sensação.

PAPO DE ESPECIALISTA

Hoje, temos evidências empíricas dessa interdependência. Pesquisas psiconeuroendocrinológicas e psiconeuroimunológicas, sustentadas por exames de tomografia por emissão de pósitrons (TEP) e outras técnicas, revelaram inteligência em todo o corpo. O sistema nervoso autônomo é constituído pelo *sistema simpático*, que o prepara para ação — lutar ou fugir — e pelo *parassimpático*, que o relaxa. Quando você não consegue nem lutar nem fugir ao encarar o perigo, congela em um estado de ansiedade constante. Ao contrário, o sistema nervoso parassimpático é associado às sensações prazerosas e ao acolhimento, à cura e à regeneração.

LEMBRE-SE

Assim como emoções negativas podem estressar seu corpo, experienciar prazer pode acalmar sua mente e elevar seu humor. Veja os efeitos contrastantes de ambos os lados — o simpático e o parassimpático — do sistema nervoso autônomo, na Tabela 11-1.

TABELA 11-1 Efeitos do Sistema Nervoso Autônomo

Sistema Nervoso Simpático	Sistema Nervoso Parassimpático
Aumenta a pulsação	Lentifica e fortalece os batimentos cardíacos
Pele pálida e fria	Bochechas rosadas, pele quente
Restringe a circulação	Dilata os vasos sanguíneos

Sistema Nervoso Simpático	Sistema Nervoso Parassimpático
Aumenta a pressão sanguínea	Reduz a pressão sanguínea
Contrai os músculos	Relaxa os músculos
Respiração superficial	Respiração lenta e profunda
Restringe a digestão	Estimula a digestão e a eliminação
Aumenta a taxa metabólica	Reduz a taxa metabólica
Suprime a imunidade	Estimula a resposta imune

Nutra seu corpo

LEMBRE-SE

A maneira como você trata seu corpo diz muito sobre sua autoestima — o que você pensa e sente em relação a si mesmo. A mídia fomenta a criação de padrões ideais imaginários de como deveria ser a aparência e o funcionamento do corpo. Você diria que as orelhas de um cão de caça são longas demais, que um beija-flor é pequeno demais ou que um dálmata tem manchas demais? Cada um é diferente e perfeito. Você não está sendo amoroso consigo mesmo se odeia ou esconde partes de seu corpo, funciona como uma máquina ou não se importa com o que o alimenta. Embora muitas pessoas ajam como se seus corpos fossem um escravo para servi-las, você e seu corpo são um só, e depende de você cuidar dele como a natureza quis.

Dizem que nosso corpo é um templo — um templo de Deus. O que isso significa? O divino mora dentro de você. O espírito de Deus flui por cada uma de suas células. Esse é o poder da vida que reside dentro de você, e a vida dentro de você e de todas as outras criaturas é uma expressão de Deus. Seu relacionamento com seu corpo é um modelo para todos os seus relacionamentos. Dar e receber amor de maneira livre e sem inibições começa com a aceitação do seu corpo.

Você é mais gentil com seu animal de estimação do que com o próprio self animal? Seu corpo animal precisa ser tocado com gentileza e amor. Isso estimula a liberação de substâncias químicas de prazer, como a serotonina, que maximiza a saúde. O afago inibe a produção de hormônios de estresse do sistema nervoso simpático e ativa o sistema nervoso parassimpático, promovendo funções imunológicas, relaxamento do corpo/mente, redução da dor, longevidade e crescimento e regeneração celular. Um afago reconfortante pode até estabilizar a função cardíaca e a pressão sanguínea.

DICA

Você pode honrar seu corpo ao:

» Agradecer-lhe e louvá-lo todos os dias.

» Fingir que seu corpo é um recém-nascido e, de agora em diante, banhá-lo de maneira consciente e gentil, como um bebê.

» Preparar comida saudável com amor e comer lentamente para saborear cada mordida. Desfrute de música relaxante ou luzes de velas ao comer.

O relaxamento é essencial para curar a mente e o corpo. Viver em sua cabeça, obcecado, preocupado e analisando o deixa exaurido e paralisado. Ao nutrir seu corpo e colocar em prática as sugestões descritas neste capítulo, você pode trocar para o modo de relaxamento. Você não ficará relaxado se tomar um banho de espuma e ficar preocupado o tempo todo.

AUTODESCOBERTA

Os exercícios a seguir podem ajudá-lo a se nutrir e a ficar mais presente:

» Sente-se ou deite-se confortavelmente. Feche os olhos e coloque uma das mãos na barriga e a outra no peito. Respire normalmente. Sinta sua respiração. É muito importante não alterar ou pensar em sua respiração. Apenas sinta-a.

» Repita o exercício anterior e, desta vez, preste atenção às sensações em seus dedos dos pés, ombros, nádegas, dedos das mãos e coxas. Mova seu corpo e realmente sinta sensações tanto por dentro quanto na pele. Sinta a textura de suas roupas, o apoio da gravidade e o peso de seu corpo. Se estiver em uma área externa, cheire o ar, ouça e sinta a brisa, e sinta o calor do sol.

» Sente-se ou deite-se confortavelmente. Comece pelos dedos dos pés e contraia-os por 5 segundos, depois relaxe totalmente por alguns momentos. Contraia seus pés por 5 segundos; então, solte. Contraia, segure e solte todos os grupos musculares de seu corpo, incluindo seu rosto e couro cabeludo. Quando terminar, rastreie qualquer tensão em seu corpo e libere-a. Pense em uma liberação total.

» Passe talco ou amido de milho em sua barriga bem devagar.

Movimente seu corpo

LEMBRE-SE

Seu corpo é feito para se movimentar. As primeiras sensações do feto são balançar, flutuar e mover-se no ventre. Segurar e balançar com cuidado estimula o relaxamento. A saúde depende do movimento. As endorfinas são liberadas com os movimentos internos sutis das artes marciais, dança e exercícios. Você extrai prazer do movimento de seus músculos, membros, respiração, tecidos, fluidos e células. Sem dúvida você já ouviu falar dos benefícios dos exercícios para a saúde. Exercitar-se, até mesmo caminhar regularmente, faz o seguinte:

» Aumenta a ingestão de oxigênio e a circulação.

» Melhora a saúde do coração.

» Reduz o colesterol ruim e aumenta o bom colesterol.

» Evita e trata diabetes tipo 2, artrite, depressão e alguns tipos de câncer.

- » Reduz a ansiedade e a depressão e eleva o humor.
- » Aumenta a energia, a força e a resistência.
- » Reduz e controla o peso.
- » Melhora a confiança e a autoestima.

De que tipo de exercício você gosta? Você pode descobrir aulas de movimento e exercícios em uma associação local ou em uma universidade pública. Se você pertence a um clube particular, peça a um treinador para montar um plano de exercícios personalizado para você. Para dar motivação, exercite-se com um amigo. Foque seu prazer e escolha uma atividade pela qual seja apaixonado, como surfe ou dança. Se gosta de nadar, nade em um ritmo prazeroso, não como se fosse uma corrida. O mesmo vale para a caminhada. Talvez você queira aumentar sua distância com o tempo, mas não transforme isso em uma competição consigo mesmo. Aproveite o céu, as árvores e outras vistas e sons. Se você se exercita em um cenário natural, ganha o benefício extra de estar na natureza. Quanto maior for seu prazer, mais transformadores serão os resultados.

Agrade a seus sentidos

LEMBRE-SE

Todo o sentido da expressão "parar e cheirar as rosas" é arranjar tempo para prazeres simples, sensoriais. Desacelerar é o segredo e no mundo moderno tudo se move mais rápido, pessoas trabalham mais e prazeres simples, como cheirar flores, andar na grama, observar um pôr do sol ou observar um céu noturno estrelado, são raros. Para relaxar de verdade, você deve soltar sua mente e voltar-se para seus sentidos. Deixe para trás o pensamento, a conversa e o trabalho, e vá para o reino das sensações para abrir seu coração e sua intuição. Leva tempo. Qualquer um desses sentidos é um portal para as áreas do cérebro que liberam endorfinas. Elas são substâncias químicas que curam e proporcionam prazer e euforia quando você aprecia música, beleza, natureza ou arte. Pesquisas mostram que pacientes de pós-operatório que podem ver árvores de seus quartos de hospital precisam de menos medicação e têm alta mais cedo.

Seu corpo responde naturalmente a ritmos, cantos e cânticos, que reverberam por seus tecidos e ossos, passando pelo córtex frontal do cérebro e estimulando movimento espontâneo, memória e emoção.

Aromas agradáveis também curam. Um cheiro de maçã temperada pode reduzir sua resposta ao estresse e promover o relaxamento. A aromaterapia é eficaz para tratar insônia, ansiedade, ataques de pânico, dor recorrente, enxaqueca e compulsão alimentar.

MOVIMENTO MILAGROSO

Há muitas histórias de paixão superando as limitações da mente e do corpo. Uma ex-professora de dança, que só podia caminhar com uma bengala, devido a um AVC, dançou com incrível graça quando sua música favorita foi tocada. Mais incrível é a história do violoncelista Pablo Casals, que sofria de artrite reumatoide e enfisema. A cada manhã, cabeça e costas curvadas, ele se dirigia ao banco do piano. Ele abria as mãos, as costas começavam a se endireitar e sua respiração relaxava. Casals começava a tocar "Wohltemperierte Klavier", de Bach, com habilidade e vivacidade, cantarolando enquanto tocava. Depois, tocava um concerto de Brahms, com dedos ágeis que voavam pelo teclado. Seu corpo inteiro ficava fluido e se movia ao sabor da música. Em seguida, levantava e ficava alguns centímetros mais alto, tomava um café da manhã farto e ia dar uma volta.

MÚSICA CURA

Certas frequências musicais desaceleram e entram no corpo/mente para maximizar a cura. Uma valsa libera endorfinas e reduz hormônios do estresse. O som de chuva, ondas, água ou sinos, vento nas árvores ou uma voz amável podem ter o mesmo efeito calmante — comparável a 2,5mg de Valium. O "Concerto para Violoncelo em Dó", de Hayden, e a "Ária na Corda Sol", de Bach, são músicas usadas como suplementos no tratamento contra câncer, AVC, artrite e hemodiálise, bem como em unidades de cuidado intensivo para reduzir dor e ansiedade, e acelerar a recuperação no pós-operatório. A música reduz a necessidade de anestesia e analgésicos, e tem ajudado pacientes com mal de Parkinson, Alzheimer e autismo.

Sentir a beleza e as maravilhas da natureza e organismos vivos o desperta para a dimensão transcendental da vida, da criação, do universo e de Deus. Quando você olha com mais profundidade para a grandiosidade e a perfeição de uma flor, ou sente o poder do oceano ou o esplendor de um prado, um pôr ou nascer do sol, você se conecta a algo maior do que você mesmo e que alimenta sua alma e acalma sua mente.

AUTODESCO-
BERTA

Faça o seguinte:

» Passe um dia inteiro sem planejamento, mas siga os impulsos e sensações de seu corpo — ignore seus "eu deveria".

» Deite-se na grama e observe as nuvens.

» Faça um CD de músicas relaxantes. (Algumas das minhas favoritas são: "Noturnos", de Chopin; "Meditação", de Massenet, da ópera *Thaïs;* o "Quinteto em Lá para Clarinete", de Mozart; "Alhambra", de Francisco Tárrega; "O Cisne", de Saint-Saens, e "Emmanuel", de Michel Colombier.)

» Observe uma fogueira.

» Ouça uma fonte, um riacho ou o oceano.

» Observe animais ou bebês brincando.

» Faça carinho em um gato ou cachorro.

» Faça um arranjo de flores.

» Visite um museu de arte.

» Observe um aquário. (Isso se comprovou tão eficaz quanto a hipnose na redução de dor, ansiedade e pressão sanguínea.)

» Asse alguma coisa aromática.

» Use óleos perfumados, sabonete, incenso ou perfume.

Brinque e Rejuvenesça

Crianças ficam facilmente contentes quando brincam. Se já se esqueceu, visite um parquinho ou um parque. Observe o entusiasmo e a vivacidade de crianças brincando. Todo mundo tem lembranças latentes de brincar quando criança — uma época em que você era uno com o mundo, o amor e o prazer.

Brincar não tem propósito, mas tem sentido. Isso o deixa ocupado com diversão espontânea inconsciente. Durante a brincadeira, você se une no presente atemporal com o objeto de sua experiência. Seu Self está desfrutando do mundo ao desfrutar de si mesmo. Essa unicidade relaxada e alegre é curadora e prazerosa.

AUTODESCO-
BERTA

Faça o seguinte:

» Escreva uma história sobre uma época alegre ou divertida da qual se lembra de sua infância.

» Faça um desenho de sua criança brincalhona com sua mão não dominante.

Recreação e férias

A *recreação* faz exatamente isso: renova a mente e o corpo por meio de atividades empolgantes ou divertidas. Ela renova e unifica o corpo, a mente e o espírito, inspirando-o e revitalizando-o. A recreação melhora sua saúde e qualidade de vida. É a recuperação efetiva para curar vítimas de trauma, o luto e muitas doenças. É difícil se preocupar quando você está cuidando do jardim, acampando, jogando golfe ou empinando uma pipa — mas não planeje atividades com alguém que contribui para seu estresse.

O lazer é a liberdade sem propósito de obrigações, responsabilidades ou atividades que tomam tempo. O lazer pode incluir brincadeiras e hobbies recreativos, como pescar, ir ao cinema, ler, ficar deitado na praia ou não fazer nada. Atividades aparentemente sem sentido o nutrem e relaxam. Com que frequência você simplesmente deixa um dia se desdobrar, conversa com seu vizinho, senta-se fora de casa sem fazer nada, coloca para tocar músicas antigas que salvou ou escreve uma carta? O objetivo é maximizar seus momentos sem preocupações.

AUTODESCO-BERTA

Faça o seguinte:

» Pergunte à sua criança interior o que ela quer fazer na hora de brincar e responda com sua mão não dominante.

» Faça uma colagem com as coisas de que sua criança interior gosta. Use figuras de revistas ou baixe fotos da internet.

» Separe um dia ou uma tarde toda semana para fazer isso.

» Vá a uma loja de brinquedos, papelaria, jogos ou artigos de arte. Escolha alguma coisa divertida. Então, brinque.

» Planeje uma festa à fantasia ou uma festa com jogos e atividades divertidas.

» Leia histórias de ninar para si mesmo.

» Planeje as férias. Se não puder tirar, finja que está de férias em sua própria cidade. Planeje o dia e faça dele uma aventura. Deixe sua criança ajudar.

DICA

O riso é um ótimo antídoto para dor, estresse e emoções negativas. Ele estimula a liberação de endorfinas, relaxa músculos e reduz hormônios do estresse, que indiretamente aumentam a pressão sanguínea. Ele é aprovado pela Sociedade Americana do Câncer. Norman Cousins reverteu totalmente uma dolorosa espondilite anquilosante e escapou de uma cirurgia cardíaca suplementando seu tratamento médico com visualização, risos e o amor da família e amigos. Ele assistia aos filmes dos irmãos Marx e às reprises do *Candid Camera* (Câmera Escondida) e atribuiu sua cura ao riso e às endorfinas que elevaram seu humor. Pesquisas confirmam que assistir a uma hora de comédia reduz os hormônios do estresse e ativa a imunidade. Ria com um amigo. É realmente contagioso.

AUTODESCO-BERTA

Faça o seguinte:

» Liste todas as coisas que o fazem rir e coloque-as em prática.

» Leia livros de piadas.

» Assista a filmes e episódios de TV cômicos.

» Faça piadas e jogos de palavras com um amigo.

> Planeje uma sessão de risos com um amigo e ria sem motivo. Logo vocês estarão gargalhando.

Hobbies e expressão criativa

Um hobby é uma atividade da qual você gosta e que não é sua vocação. Você gosta dela somente por gostar. Pode ser colecionar selos, fazer pesquisas, criar borboletas, usar um microscópio ou fazer algo criativo. A criatividade anima a alma. Ela pode ser expressa de várias maneiras, como na arte, no artesanato, na música, na dança, na fotografia, na escrita, no teatro e em outros hobbies. Ela proporciona relaxamento, prazer e inspiração, e é um canal poderoso para a cura, especialmente se você estiver se divertindo e pratica o hobby como uma brincadeira. Por outro lado, o perfeccionismo e o foco no esforço, na técnica ou na expectativa de um resultado restringe sua criatividade e o fluxo de informações em seu corpo, levando-o para longe da alegria do momento presente. Independente se você gosta de artes, tricô, de cozinhar ou de esportes, você fica mais feliz quando se perde e entra no "fluxo" da atividade.

Considere fazer aulas de educação continuada para adultos ou uma faculdade comunitária para desenvolver novas habilidades. O que quer que faça, é crucial que seu Crítico não apareça e estrague sua diversão. Não há problemas em cometer erros ou fazer bagunça. A ideia é permitir que seus sentimentos e intuição o guiem. Crianças pequenas fazem isso antes de aprender a julgar suas criações. É importante aproveitar o processo e não se concentrar no produto.

AUTODESCOBERTA

Faça o seguinte:

> No papel, pergunte à sua criança interior o que ela sente a respeito de sua criatividade em sua vida hoje. Responda com sua mão não dominante.

NO FLUXO

Mihály Csíkszentmihályi foi pesquisador e o fundador do conceito de estar "no fluxo". De acordo com Csíkszentmihályi, o fluxo é quando você está totalmente imerso em atuar e aprender. O fluxo melhora seu desempenho, motivação e habilidade. Ele explora suas emoções para aprimorar seu desempenho ou o que quer que esteja fazendo, seja um esporte ou atividade de aprendizado criativo. Ele estimula emoções positivas e revigorantes e a alegria. A atividade é tão envolvente e gratificante que você perde a noção de si mesmo e do tempo, inclusive de necessidades corporais. A atividade deve ter algum desafio. Se for difícil demais, você fica frustrado — se for fácil demais, fica entediado.

> Peça à sua criança que se recorde de hobbies e atividades criativas das quais você gostava quando criança. Houve alguma coisa que sua criança queria fazer e você não fez — aulas de teatro, aprender a voar ou tocar algum instrumento?

> Escrevendo com sua mão não dominante, descubra o que sua criança deseja expressar ou fazer. Então, faça. Se você sempre quis voar, faça aulas de voo. Nunca é tarde demais para aprender algo novo. Isso o mantém jovem, apaixonado e entusiasmado.

> Pegue um pouco de papel de açougue ou de jornal, canetas marca-texto e tintas para cartaz. Cole o papel em uma parede e pinte um mural de sua vida — como era, como é e como você quer que ela seja. Você não precisa pintar figuras. Você pode usar cores e formas para expressar seus sentimentos. Use as canetas para acrescentar legendas e chamadas com seus pensamentos e sentimentos. Se o ajuda a relaxar, coloque uma música enquanto pinta.

> Faça uma colagem de objetos, pedaços de tecido, arame, figuras e/ou plantas amassadas. (Elas podem ser amassadas em um livro pesado, como uma lista telefônica, e ressecadas em poucas semanas.)

Anime e Acalme Seu Espírito

Mesmo quando você tem hobbies tipicamente relaxantes como ler um jornal, jogar um jogo ou assistir à televisão, você não está relaxado de verdade. Eles podem causar estresse e até competição, e não estimulam o sistema nervoso parassimpático da mesma maneira que abandonar a atividade mental o faz.

Uma prática espiritual é uma atividade regular feita com o propósito de aprimorar sua *espiritualidade*. Ela pode relaxá-lo profundamente e ser uma fonte valiosa de cura. O significado da espiritualidade varia entre diferentes culturas e religiões. Se ela inclui rezas, prática de artes marciais, caligrafia ou meditação, você está desenvolvendo a habilidade de focar sua atenção em uma única coisa de cada vez. Se você ainda não tiver uma prática espiritual, considere criar uma para colher seus inúmeros benefícios (veja o Capítulo 18 sobre uma prática espiritual de Mútua ajuda).

A meditação acelera a recuperação

LEMBRE-SE

Manter uma prática espiritual constante é um componente importante para sua recuperação. Ela o ajuda a curar sintomas de codependência, como uma noção frágil do Self, ficar focado nos outros, comportamento compulsivo, pensamentos obsessivos, ansiedade, infelicidade e depressão. É comum pessoas se preocuparem com o passado ou com um evento futuro imaginário e, então, reagirem como se ele tivesse acontecido. Quando está pensando no passado ou no futuro, deixa de aproveitar o presente. Levar sua mente para o presente eleva sua habilidade de fazer mudanças construtivas para evitar repetir erros passados e deixar que problemas antecipados se materializem.

A meditação é uma prática espiritual simples que foca sua atenção. Você pode fazê-la a qualquer momento. Embora o treino possa ser útil, ele não é necessário. Talvez você pense que não tenha tempo algum para meditar, mas, na verdade, a meditação o torna mais eficiente e produtivo, criando mais tempo em sua vida. Seus benefícios são muitos, como:

» Melhora a saúde física, emocional e mental.
» Aumenta a concentração e a clareza de pensamentos.
» Equilibra suas emoções.
» Aumenta a noção de satisfação espiritual.
» Aumenta e criatividade e a intuição.
» Capacita-o a estar presente — no "agora".
» Acalma-o.
» Fortalece o Self e a disposição.
» Proporciona orientação.
» Constrói motivação, coragem e poder.
» Promove sensações de bem-estar e alegria.
» Reduz a reatividade.
» Aumenta as ondas cerebrais alfa e beneficia o sistema nervoso parassimpático (consulte a Tabela 11-1).
» Reorganiza e fortalece a estrutura da personalidade.

Tipos de meditação

Há muitas formas de meditação, o suficiente para encher um livro, e algumas requerem prática avançada. Diferentes religiões, culturas e escolas de pensamento dão ênfase a diferentes técnicas. A seguir estão algumas sugestões simples para você começar. Várias práticas coincidem e a lista não é abrangente de modo algum. Experimente um tipo diferente por vez durante uma ou duas semanas e, então, continue com a que for melhor para você.

LEMBRE-SE

Todo mundo é diferente. Ao escolher uma prática, é importante que ela seja confortável para você. Procure por pequenos sinais de melhora em seu humor, clareza, concentração e interações com os outros. Depois de meses ou anos de prática, você se torna cada vez mais *atento*, ou ciente, de suas sensações corporais, sentimentos, pensamentos e percepções em sua vida diária. Isso, em troca, reforça todos os benefícios de sua prática meditativa. Se você gosta de meditação, adquira mais informações através de leitura e encontros com um grupo de meditação ou de um professor do gênero que escolher (veja *Meditação para Leigos*, de Stephan Bodian). Meditar com outras pessoas é mais potente do que sozinho, e o ajuda a manter a atenção.

Observando sua respiração

Simplesmente observe sua respiração *sem modificá-la*. Sinta o ar entrando e saindo de suas narinas, ou seu peito ou barriga subindo e descendo. Há muitos exercícios respiratórios para aumentar o relaxamento, como prolongar a expiração ou inspirar e expirar por uma narina de cada vez. Nessa meditação você não está fazendo nada de especial, apenas observando. Pensamentos podem surgir, mas você leva sua atenção de volta para a respiração. Sua respiração desacelera naturalmente. Desacelerar sua respiração relaxa sua mente e seu sistema nervoso.

Observando sensações

Repare nas sensações que vêm e vão em diferentes regiões de seu corpo. Se pensamentos ou sentimentos surgirem, tente observá-los no nível da sensação antes que se transformem em pensamentos e emoções. Mesmo se sentir algum desconforto, observe-o. Uma prática é mover sua atenção para uma região diferente, enquanto outra técnica sugere que você fique curioso sobre o desconforto e experiencie a textura, a temperatura, o volume, a pressão e assim por diante, no nível da sensação pura. Isso pode neutralizar seu desconforto. Experimente ambos os exercícios e descubra a diferença.

Observando pensamentos

Talvez você não tenha consciência de como sua mente é agitada até começar a meditar. Muitas pessoas resistem ou desistem de meditar porque seus Críticos o repreendem por pensar. Bem, adivinhe! A mente de todo mundo é cheia de pensamentos. É preciso disciplina meditativa para alterar isso. O ponto não é banir pensamentos — impossível —, mas observá-los. Isso não é fácil. Ao começar a meditar, talvez você observe seus pensamentos, mas dentro de poucos minutos terá se esquecido do que estava fazendo e pensará em algo do passado ou do futuro. Você não está mais no *agora*, mas em preocupações, fantasias, sentimentos, reações ou planos. É preciso prática para observar seus pensamentos com objetividade, o que é bem diferente de apenas pensar. Uma técnica é permitir pensamentos e sentimentos sem interrompê-los. Deixe que sigam o próprio curso. O principal é lembrar-se de observá-los.

Veja algumas dicas de meditação:

» Observar que você está pensando tende a minimizar os pensamentos. Pergunte-se — sempre que lembrar — "Quem está pensando?" Veja o que acontece.

» A visualização pode ser útil. Compare seus pensamentos com ondulações em uma piscina de água parada ou nuvens passando por um céu azul. Observe-as flutuar sem se ater ao conteúdo.

» Outra ferramenta é contar. Conte seus pensamentos ou conte suas expirações, recomeçando sempre que tiver um pensamento. É melhor não contar além de quatro, porque iniciantes têm dificuldade em manter a atenção além disso, ou mesmo em chegar a quatro sem pensar em alguma coisa — incluindo a contagem —, então, tenha calma consigo mesmo.

LEMBRE-SE

Um problema comum é esquecer que você está meditando e se perder em pensamentos. Outro é pensar na meditação, que também é uma história na qual você não quer entrar. Em geral, isso leva a uma avaliação de bom ou ruim. Atenção para não competir consigo mesmo, o que estraga o propósito. Volte a observar seus pensamentos. Se estiver se julgando, rotule cada julgamento como julgamento 1, julgamento 2 e assim por diante. Outra armadilha é ser pego em pensamentos agradáveis ou criativos. Continue a se trazer de volta para o presente. Essa observação tende a diluir o poder dos seus pensamentos. Logo, sua mente fica cansada de ser interrompida e se aquieta, como um filhote de cachorro que você está adestrando repetidas vezes.

Olhando para um objeto

Foque sua atenção em algo fora de você — por exemplo, o som de sinos, um objeto como uma pedra, um galho, a chama de uma vela ou uma mandala (imagem de um símbolo religioso ou diagrama). Você pode fazer uma mandala desenhando um círculo, um triângulo ou um quadrado no papel. Olhe para ela por alguns minutos. Se estiver olhando para um objeto, explore *de maneira não verbal* cada detalhe disponível à sua percepção, mas não fixe o olhar. Imagine que o está tocando e tente senti-lo com os olhos. Agora, feche os olhos e olhe para a imagem persistente até que se esvaia; depois, repita o processo.

Meditação em movimento

Se você fica inquieto quando está sentado, há muitas formas de meditação em movimento, como hatha yoga, tai chi, caratê, qigong, aikido, danças derviches sufis, técnica de Alexander, improvisação de contato, movimento autêntico e Continuum. Para experimentar, pratique uma meditação caminhando. Isso pode ser feito dentro ou fora de casa. Respire algumas vezes para centralizar sua consciência e ande devagar, prestando atenção a cada trecho de seu pé e dedos dos pés enquanto eles fazem contato com o solo. Observe os músculos e ossos flexionando em seu tornozelo e na panturrilha, ao longo de sua perna e em seu quadril, o movimento de sua barriga e da pelve, e o balanço de contraponto de seus braços e ombros. Se surgirem pensamentos ou sentimentos, apenas os observe e traga sua atenção de volta ao seu corpo em movimento. Há muito com o que ocupar sua atenção em cada passo. Ande devagar para absorver toda a informação que você conseguir. Foque uma parte do corpo de cada vez — seus pés, por exemplo —, observando cada aspecto de cada passo e qual região de seu pé toca o chão primeiro. Não julgue o que observar.

Mantra

Mantras são palavras, sons ou frases sagradas repetidas continuamente. Eles são orações ou cânticos que fazem parte de todas as religiões e tradições indígenas. Um mantra pode ser pronunciado tanto em voz alta quanto em silêncio, e pode estar cronometrado com sua respiração. Em algumas tradições, um mantra é dado a você por um guru ou professor e pode se basear em seu signo astrológico. Há mantras para diferentes propósitos — para alcançar diferentes estágios de consciência, para ressoar com os aspectos variados da energia divina e manifestar qualidades diversas, como a compaixão. Exemplos incluem "Elohim" e "Adonai" no Judaísmo, "Jesus Cristo" ou "Amém" no Cristianismo, "Allahu Akbar" no Islã, e "OM" (ou "AUM") no Budismo e no Hinduísmo. Você também pode usar palavras, como "paz" ou "amor", ou frases, como "Eu sou Deus" ou "Eu sou o que sou". Para começar, use um mantra que seja familiar e significativo (veja o Capítulo 12).

Contemplação

A contemplação de uma ideia, problema, imagem ou passagem espiritual às vezes é considerada uma forma não estruturada de meditação. Contemple um dos mantras do Capítulo 12. Reflita sobre eles e deixe sua mente considerar diferentes aspectos, reações e sentimentos a respeito, sem desviar para outros tópicos. Permita que seus pensamentos e sentimentos tomem conta de você. Em contraste, a oração contemplativa cristã é o esvaziar da mente para atingir a unicidade com Deus.

Orientações gerais

DICA

A menos que esteja fazendo uma meditação em movimento, é melhor sentar confortavelmente. Você não precisa se sentar com as pernas cruzadas, embora haja benefícios fisiológicos de se sentar em certas posições indicadas. Se ficar sentado for muito desconfortável, deite-se ou tente uma prática com movimento. É melhor meditar no mesmo horário a cada dia durante um período de tempo definido. Você pode ajustar um temporizador. Comece com cinco ou dez minutos. É importante não tentar demais. Tentar relaxar o deixa mais tenso. Pense na meditação como uma oportunidade de se desprender (você pode voltar para suas preocupações mais tarde), em vez de outro desafio. Qualquer que seja a forma que praticar, quando começar a se julgar, trate o julgamento como qualquer outro pensamento e volte para o objeto de sua atenção. Se ficar com sono, medite com os olhos parcialmente abertos, olhando para frente e para baixo em um ângulo de 45 graus. Por fim, a meditação não é um meio de escapar de seus problemas, mas de ajudá-lo a encará-los com mais coragem e equanimidade.

A RESPOSTA DO RELAXAMENTO

A Resposta do Relaxamento é uma técnica secular desenvolvida pelo Dr. Herbert Benson, um pioneiro em pesquisas sobre corpo-mente. Comprovou-se que ela estimula o sistema nervoso parassimpático e reduz o estresse, a ansiedade, a depressão e a raiva. Benson a desenvolveu depois de estudar praticantes experientes de Meditação Transcendental na Universidade Harvard.

1. Sente-se em uma posição relaxada e feche os olhos.
2. Começando pelos dedos dos pés e subindo até seu rosto, relaxe cada músculo e mantenha-os relaxados.
3. Respire normalmente pelo nariz e repita, em silêncio, "um" a cada inspiração e novamente a cada expiração. Não controle sua respiração.
4. Faça isso diariamente de 10 a 20 minutos e descanse alguns minutos antes de se levantar.

Satisfaça Suas Necessidades Sociais

A codependência pode restringir seu estilo de vida e conexões com pessoas de fora de sua família ou relacionamento primário — principalmente se você estiver convivendo com adicção ou abuso. Você fica tão envolvido e preocupado com esses relacionamentos que provavelmente não tem tido tempo ou energia mental e emocional para desenvolver uma amizade com outros ou se envolver na comunidade em que vive. Além disso, cada vez mais pessoas moram sozinhas ou são pais/mães solteiros(as).

LEMBRE-SE

Parte da cura implica sair por aí e estabelecer novas ligações e amizades. Isso o ajuda a perceber que há vida fora de suas relações codependentes que proporciona motivação, diferentes pontos de vista e apoio. Conversas, compartilhamento, manter contato com outros que têm vidas ativas e envolvidas prove engajamento, encorajamento e uma sensação de pertencimento, especialmente quando você não tem ou não é próximo de familiares incentivadores e que estejam por perto.

Diz-se que compartilhar as alegrias faz com que dupliquem, e que compartilhar suas dores as reduz pela metade. Talvez seja por isso que as pessoas com laços sociais fortes vivem mais, têm menos gripes, pressão sanguínea e frequência cardíaca mais baixas. De fato, uma boa rede social proporciona os mesmos benefícios à saúde que exercícios!

DICA

Quando você sai da escola, pode ser difícil estabelecer novas relações. Veja algumas sugestões:

» Participe de um grupo de apoio (veja o Capítulo 18) e converse com as pessoas depois da reunião. Junte-se aos outros se o convidarem para tomar um café.

» Faça trabalho voluntário em um centro para idosos, hospital próximo, abrigo de animais ou outra organização sem fins lucrativos. Considere ser mentor de uma criança em programas de apadrinhamento.

» Faça parte de um comitê na escola de seus filhos ou em uma organização religiosa a que pertença.

» Faça um curso e aprenda algo novo. Converse com outras pessoas durante o intervalo. Arrisque-se e faça planos para encontros de jantar ou café antes ou depois do curso.

» Faça um trabalho voluntário como docente em um museu local.

» Em escolas locais ou bibliotecas, torne-se um tutor e ajude crianças e adultos a ler.

» Participe de angariações de fundos políticas e atividades de campanhas.

» Descubra encontros online com outros que compartilham um interesse comum.

» Conecte-se a amigos antigos por redes sociais, como Facebook ou Twitter.

» Descubra um clube para pessoas que compartilham seus hobbies ou interesses recreativos, como o clube de velejadores, o Clube Sierra, a Sociedade Audubon, um clube de bridge, beisebol, moedas ou livros. Há clubes para quase todos os interesses, e a internet facilitou encontrá-los mais do que nunca.

» Embora o contato cara a cara sempre seja melhor, participe de bate-papos e fóruns online, incluindo aqueles sobre codependência. Se você está confinado à sua casa ou vive em uma área remota, essa é uma excelente maneira de se conectar com outros que compartilham de seus problemas e interesses.

3
Curando Suas Relações com os Outros

NESTA PARTE...

Descubra como são os relacionamentos saudáveis e examine suas interações com os outros.

Aprenda quando se desprender e quando se expressar de maneira mais assertiva.

Descubra o segredo de impor limites saudáveis.

Empregue estratégias que o ajudem a lidar com seus relacionamentos, incluindo sexo, namoro e fobia de codependência.

> **NESTE CAPÍTULO**
>
> » Entendendo os extremos: envolvimento excessivo e desapego
>
> » Assumindo a responsabilidade por si mesmo
>
> » Compreendendo como o medo e as expectativas sustentam o controle
>
> » Vendo as razões da reatividade, preocupação e obsessão
>
> » Apreciando a importância da aceitação
>
> » Adquirindo dicas e ferramentas para se desprender

Capítulo **12**

Desprendendo-se e Desapegando-se

Codependentes se apegam demais — não porque amem muito, mas porque necessitam muito. O apego tem base na necessidade — de que alguém seja de um certo jeito para que você se sinta bem. Este capítulo trata de mudar seus hábitos ruins e crenças equivocadas que o mantêm reativo, envolvido em excesso e apegado de maneira doentia. Você pode aprender a aproveitar sua vida apesar dos problemas e comportamentos alheios. A mudança começa observando-se os padrões codependentes de mandar e controlar, reagir e se preocupar, e de obsessão. Eles são interconectados, mas, para fins de discussão, este capítulo os aborda separadamente.

Envolvimento Excessivo versus Desapego

É normal e saudável se apegar a alguém de sua família ou de quem você seja íntimo, mas padrões codependentes de apego causam dor e problemas. Eles se envolvem demais. O antídoto é desprender-se e não se apegar. O Al-Anon e o Codependentes Anônimos (CoDA) recomendam a *separação*. Prefiro o termo *desapegar*, que implica neutralidade, porque muitas pessoas confundem a separação com abandono físico ou emocional.

Você está envolvido demais?

O apego codependente é excessivo. Em vez de duas pessoas com mentes separadas e sentimentos independentes, os limites entre você e (chame-o/a de "X") se misturam. Você pode notar isso quando:

>> Seu humor depende de X. Você não consegue ficar feliz se X não estiver.

>> Você tem fortes reações emocionais às opiniões, pensamentos, sentimentos e julgamentos de X.

>> Você se preocupa e pensa nos problemas de X.

>> Você analisa os motivos ou sentimentos de X.

>> Você pensa no que X está fazendo, deixando de fazer, pensando ou sentindo.

>> A atenção que você dá a X o impede de ter tempo ou interesse em sua carreira, seus hobbies, atividades ou amigos.

>> Você só quer passar tempo com X e abandona outras atividades se X desaprovar ou não acompanhá-lo.

>> Você tenta agradar X, porque tem medo de rejeição.

>> Você fica ansioso quando faz coisas sem X.

Quando está envolvido em excesso, você se cega. Os outros são uma extensão de você, e você deles. Você tenta controlar suas opiniões, sentimentos e atitudes para conseguir o que quer e se sentir bem. Você tenta comandá-los para evitar testemunhar o sofrimento deles. Você tenta impressioná-los e agradá-los, persuadindo-os a concordar com você, e reage com mágoa ou raiva quando querem espaço.

O que é o desapego?

Se você for desapegado, em vez de controlar os outros, você será compassivo e vai motivá-los. Em vez de manipular os outros para gostarem de você, será autêntico. Você não tem necessidade alguma de brigar ou persuadir os outros, mas é curioso e respeita diferentes pontos de vista. Você respeita a necessidade que eles têm de espaço ou silêncio e, nesse meio tempo, aproveita seu tempo sozinho ou com outra pessoa. Isso pode soar impossível, mas a recompensa é gratificante. O *desapego* a que nos referimos é diferente daquele do Budismo. Ele envolve três conceitos:

1. Ter limites adequados.
2. Aceitar a realidade.
3. Estar no presente, não no passado ou no futuro.

O desapego é um meio de separar a cola emocional não saudável que o mantém fundido a um relacionamento codependente. Ele envolve desprender-se de suas expectativas e se desligar dos problemas ou assuntos de outras pessoas, de reagir ao que dizem e fazem, e de ficar obcecado e preocupado com as coisas. Você cuida da própria vida. Ele não elimina seus sentimentos e preocupações, mas os canaliza de maneira saudável. Na prática, é mais compassivo e amoroso do que o apego codependente.

LEMBRE-SE

Desapegar não quer dizer negligenciar responsabilidades familiares ou abandonar alguém. A proximidade física é irrelevante no desapego, embora o espaço físico ou a separação possa ser útil como meio de se centrar, mas esse não é o significado do desapego. De fato, alguns casais divorciados são mais apegados emocionalmente e reativos um ao outro do que a maioria dos casais. Alguém que mora longe pode pressioná-lo em uma chamada telefônica para que você fique remoendo a conversa durante dias.

Desapego também não é o mesmo que ser indiferente, desinteressado, fechado emocionalmente ou ignorar alguém. Quando começam a praticar o desapego, com frequência as pessoas se desligam dos sentimentos ou usam muros de silêncio para conter o comportamento codependente, mas, com persistência, compreensão e compaixão, elas são capazes de se desprender com amor.

Dando um passo para trás e se desprendendo

Desprender-se faz você colher benefícios profundos, não somente para aplicar aos relacionamento, mas para o crescimento pessoal, paz interior e para todas as áreas de sua vida.

Você aprende a amar

Ser desapegado em um relacionamento é a maneira mais amorosa de estar presente e praticar o amor incondicional com alguém. Como esse paradoxo é possível? Quando se trata de relacionamentos, o princípio subjacente do desapego é respeitar a liberdade da outra pessoa de um lugar profundamente sentido.

LEMBRE-SE

Pense em desprender-se como *dar um passo para trás* de suas necessidades pessoais para ver o panorama mais amplo. Imagine a realidade de que você e a outra pessoa são dois seres separados com necessidades, genéticas, experiências de vida e perspectivas divergentes, ambos inteiros e capazes. Leva tempo para essa compreensão intelectual penetrar seu coração até o desapego se tornar natural. É desse local de autonomia que você pode enxergar a si mesmo e aos outros por inteiro como indivíduos únicos que são. Isso é respeitá-los e amá-los.

Você ganha paz, liberdade e poder

Quer você esteja reagindo a algo ou alguém, quer esteja tentando consertar ou controlar, você está sendo controlado. Quando você para de comandar, julgar ou ajudar outra pessoa, sua mente fica livre de preocupações. Você está livre das escolhas e das consequências dos problemas deles. Você é mais livre para ser você mesmo, e permite aos outros que também o sejam.

LEMBRE-SE

Quando você dá um passo adiante no aprendizado de desprender-se de suas reações e é capaz de se desapegar dos humores, atitudes e palavras alheios, recupera seu poder. Em vez de reativo, você se torna um agente autodeterminado de sua vida. Você muda a si mesmo e seus pensamentos, e decide como vai agir nesse momento e a todo momento. Você escolhe seu comportamento independentemente dos outros. Isso eleva sua autoestima às alturas. Quando sai da montanha-russa emocional com outras pessoas, sua mente fica em paz, não importa o quanto o outro fique perturbado. Você reassume o poder de controlar sua mente, sentimentos e autoestima.

Você ganha tempo para si mesmo

Quando você se desprende da responsabilidade pelos outros, você não se consome mais ao ficar vendo se a pessoa está dando conta das próprias responsabilidades. Você tem muito mais liberdade e consegue viver a sua vida em vez de viver a dos outros. Isso lhe permite se desenvolver, o que inclui também várias áreas da vida como carreira, hobbies, interesses e amigos.

Cada um na relação aprende a independência e a responsabilidade próprias

O desapego também permite a você e à outra pessoa assumirem responsabilidade pelas próprias vidas. Aqueles que você esteve comandando ou controlando ganham a oportunidade de aprender com os próprios erros e assumir responsabilidades pelas próprias escolhas. Como resultado, ambos se tornam mais independentes.

Responsabilidade Própria

É natural desejar felicidade a seus entes queridos e é doloroso vê-los sofrer, mas os codependentes vão além e se sentem responsáveis pela dor e a felicidade alheias. Incomoda tanto que tentam resolver os sentimentos negativos e problemas de pessoas próximas a eles. A verdade é que você só pode curar uma das metades do relacionamento — você mesmo.

LEMBRE-SE

Você é responsável por seus pensamentos, sentimentos, atitudes e pelas consequências dessas atitudes, e as outras pessoas são responsáveis pelas próprias (o Capítulo 3 aborda a responsabilidade nos relacionamentos). Assumir responsabilidade não é o mesmo que se culpar. É provável que você já faça muito isso. A primeira é só uma admissão — um reconhecimento de que "Eu disse (ou fiz)" alguma coisa. Ponto! Isso não o torna uma pessoa horrível.

LEMBRE-SE

Animar alguém ocasionalmente ou dar-lhe mais atenção não é codependência. A vantagem de um bom casamento é que cônjuges cuidam um do outro quando um deles está com problemas, mas é apoio, e não cuidado codependente, e é recíproco. Em contraste, quando tenta constantemente mudar o humor dos outros ou resolver seus problemas, você se torna o cuidador deles com base em uma crença equivocada de que pode controlar o que está lhes causando dor. Você está assumindo responsabilidades que são deles, não suas. Às vezes, casais codependentes concordam que um cônjuge tem a obrigação de fazer o outro feliz. Essa é uma tarefa impossível e leva à infelicidade mútua, raiva e ressentimento. O animador de festa está sempre falhando. O que quer que ele tente, nunca será o certo ou o suficiente.

Se você assume a responsabilidade pela felicidade de seu parceiro, você está contribuindo com a dependência, irresponsabilidade e comportamento infantil dele, e privando-o da oportunidade de crescer e se tornar independente. Por outro lado, ao assumir responsabilidade de fazer você mesmo feliz, você traz felicidade ao relacionamento e se torna capaz de interagir com seu parceiro com o coração aberto.

EXEMPLO

A esposa de **Henry** estava deprimida. Ele a amava e tentava de tudo para fazê-la feliz. Nada ajudou durante muito tempo, e ela continuava a reclamar. Logo ele estava tão ressentido e tão infeliz quanto ela que não tinha mais nenhum amor para dar. A barganha inconsciente era de que sua esposa fosse dependente, irresponsável e carente, assegurando que ela não o deixaria, e que Henry permanecesse dependente, zeloso e necessário.

Outra cilada para codependentes é que eles assumem responsabilidades e culpa demais pelos problemas no relacionamento. Eles tentam mudar a si mesmos (a solução do camaleão humano) a fim de fazer a relação funcionar. A crença é: "Se causei o problema, posso aprender o que fiz de errado, mudar a mim mesmo, e então o problema desaparecerá." Isso nega o princípio de que cada pessoa em um relacionamento é responsável pelos próprios sentimentos e atitudes.

AUTODESCO-BERTA

Faça o seguinte:

» Liste as coisas pelas quais você se sente responsável. Incluindo questões familiares e de trabalho. Qual é a diferença entre a responsabilidade *com* os outros e a *pelos* outros?

» Liste cada responsabilidade que você assume por outros que são capazes de gerenciá-la. Se a pessoa for uma criança ou adolescente, tem idade suficiente para assumir essa responsabilidade ou aprender a assumi-la? Fale com essas pessoas sobre assumir responsabilidades por si mesmos. (Responsabilidades compartilhadas, afazeres e tarefas não são problemas — a menos que haja desequilíbrio e você se ressinta disso.)

» Revise sua lista de necessidades do Capítulo 9. Para cada uma, escreva atitudes que você pode tomar para ser responsável por satisfazer suas necessidades.

» Elabore um plano para ter tempo de satisfazer suas responsabilidades e necessidades e deixar os outros gerenciarem as próprias vidas.

Ajudando Demais

Comandar e controlar comportamentos, o que inclui tomar conta e ser permissivo, viola os limites alheios. Comandar a vida de alguém demonstra desrespeito. Envia a mensagem de que a pessoa é incompetente e precisa de sua ajuda. Por baixo disso estão seu medo e suas expectativas sobre a vida da pessoa, conforme mostrado na Figura 12-1.

FIGURA 12-1: Sabendo o que é melhor.

Por Darlene Lancer

Na realidade, você não é capaz de saber o que é melhor para outras pessoas, considerando sua criação individual, experiências e desejos. O comando pode começar com coisas pequenas, como dar conselhos sobre as roupas de seu marido, a dieta de seu filho adolescente ou o romantismo de sua namorada. Tentativas de mudar, controlar e dar conselhos não solicitados são padrões codependentes que minam a autoestima alheia. Talvez você empreste um ouvido simpático para seus problemas e sugira soluções. Logo, você acaba no papel de um reparador, conselheiro ou líder de torcida e fica cada vez mais enredado nas escolhas alheias e chateado porque os comportamentos deles não atendem as suas expectativas. Você começa a observar cada movimento deles para ver se estão fazendo a coisa "certa".

LEMBRE-SE

Se está se perguntando se você está comandando, controlando ou sendo permissivo, veja alguns sinais:

» Você julga, aconselha ou resmunga para mudar o comportamento ou as crenças de X.

» Você repete perguntas provocadoras a X.

» Você persegue, intromete-se ou tenta conseguir informações sobre X.

» Você faz coisas repetidas vezes por X que X é capaz de fazer.

» Você é permissivo com X (a permissividade é definida no Capítulo 3).

» Você faz coisas por X que você não tem vontade de fazer.

» Você satisfaz as necessidades de X ou oferece ajuda sem ser chamado ou antes que haja acordo sobre isso.

» Você faz mais do que sua parte ou dá mais do que recebe no relacionamento com X.

» Você tenta consertar os sentimentos ruins de X.

» Você pensa por X.

>> Você resolve os problemas de X.

>> Você fala por X.

Quando o assunto são os filhos, ensinar é diferente de controlar, o que gera ressentimento e rebelião. Você exerce naturalmente uma autoridade adequada sobre filhos pequenos; mas, à medida que eles crescem, bons pais delegam aos filhos decisões e tarefas apropriadas à idade. Alguns pais controlam e são permissivos demais com os filhos, que, quando adultos, não sabem como se responsabilizar por si mesmos.

O medo é o combustível do controle

O comportamento controlador tem base na dependência e no medo. Quando sua autoestima e sensação de bem-estar dependem do humor de outra pessoa, de sentimentos em relação a você ou da manutenção de um relacionamento, sua necessidade de controle cresce. Em um relacionamento novo, você aceita, e talvez até se sinta atraído pelas diferenças do outro, mas, à medida que se apega e não quer terminar a relação, essas diferenças podem incomodá-lo ao imaginar como elas podem afetá-lo no futuro. Você começa a ter expectativas e a fazer sugestões ou comentários visando mudar a outra pessoa. À medida que suas vidas se tornam interligadas, há maior apego e dependência pelo outro, e o medo ou impacto que as ações da outra pessoa têm sobre você é maior. O impulso de controlar aumenta quando você vê alguém próximo se comportando de maneira destrutiva. Sua preocupação o faz tentar ajudar e controlá-lo muito mais. Mesmo que seu conselho seja bom, dá-lo é geralmente contraproducente.

E se pedirem sua ajuda?

Essa é uma pergunta boa e difícil. A resposta é: depende. Talvez você pense: "Não estou interferindo, controlando ou ultrapassando limites se sou chamado para ajudar." Isso não é necessariamente verdade. Considere o seguinte:

>> Talvez você ainda esteja interferindo na oportunidade de a outra pessoa encontrar forças, resolver problemas e ser mais independente. Saber que não será necessário o assusta?

>> Quando começar a ajudar, talvez você caia em um padrão de assumir e controlar. Talvez queira conseguir informações e monitorar o comportamento da outra pessoa e as consequências. Você consegue ajudar e se desprender?

>> Se você já ajudou a pessoa e isso não foi recíproco, você assumiu o papel de reparador do Alfa, tornando-se responsável pelo Azarão em uma relação sem equilíbrio (veja o Capítulo 3).

>> Você está reforçando seus hábitos de controlador e cuidador?

» Como você pode oferecer apoio sem cuidar?

Um caminho mais sábio e amoroso seria ouvir as ideias da pessoa e oferecer motivação e apoio, deixando-a saber que você confia em sua capacidade para lidar com o assunto e que ela sabe mais a respeito da questão do que você. Leia sobre cuidar e oferecer cuidado no Capítulo 2.

AUTODESCO-BERTA

Escreva sobre o seguinte:

» Quem e o que você tenta controlar, consertar ou comandar?
» Como você tenta fazer isso, especificamente?
» Quais são seus motivos na situação?
» Você sente algum ressentimento ou piedade por si mesmo ao ajudar?
» Você está "sacrificando" ou cuidando das próprias necessidades?
» Ajudar o deixa ansioso, frustrado ou cansado?
» Você se sentiria muito culpado em dizer não?
» Você é capaz de ouvir problemas sem oferecer conselhos?
» Você acha que sabe o que é melhor para a pessoa?
» Qual seria seu maior medo se você parasse?
» Como você se sentiria se parasse?
» Como você se sente quando alguém tenta mudá-lo ou controlá-lo?
» Você dá conselhos que não foram seguidos? Como você acha que a pessoa se sente com isso? Como isso faz você se sentir?
» Como seria pedir ajuda ou apoio emocional?
» Você já se sentiu usado ou desvalorizado?
» Quando você faz algo por alguém que pode fazer aquilo por si mesmo, como isso faz você se sentir sobre si mesmo e sobre a outra pessoa?

Quais são suas expectativas?

LEMBRE-SE

Criar expectativas é o pré-requisito da dor. Elas geram problemas nos relacionamentos quando você tem intenções sobre o tipo de pessoa que quer que seu parceiro se torne e sobre como ele deveria se comportar. Elas o desapontam e plantam sementes de julgamento, que crescem e viram ressentimentos. Elas se alastram como fogo e queimam quaisquer bons sentimentos que você tem em relação à pessoa. Ninguém gosta de ser julgado, inclusive você. Se tivesse um gato, não esperaria que ele se comportasse como um cachorro. Você não esperaria que um gato nadasse e fizesse uma trilha com você. Se sim, você e seu gato

CAPÍTULO 12 **Desprendendo-se e Desapegando-se** 207

ficarão muito tristes. Logo você ficaria furioso e começaria a odiá-lo. Agora, quando espera que alguém próximo a você se comporte de um modo que não quer ou que vai contra a própria natureza, ambos acabam ressentidos.

EXEMPLO

Jeremy era um contador organizado e achava insuportável que sua esposa artista, Kaitlin, fosse desorganizada. Inicialmente ele se sentiu atraído por seu espírito despreocupado, mas não focou o quanto ela era desorganizada. Primeiro, ele julgou o fato de que ela não pendurava as roupas e que tinha revistas e recortes em todas as mesas e bancadas. Para onde quer que olhasse, ele encontrava mais evidências das falhas dela, até que foi consumido por animosidade. Ele limpava a bagunça dela, reclamava, e ela ficava ressentida e fazia pouco esforço para mudar. Para preservar sua sanidade e o relacionamento, Jeremy começou a praticar o desapego e lembrar a si mesmo de por que amava sua esposa. Embora não gostasse da bagunça, isso não o incomodava tanto. Ele aprendeu a aceitar sua esposa. Não ficava mais nervoso. Eles decidiram contratar uma empregada, o que ajudou e incentivou Kaitlin a ser mais arrumada.

Talvez você tenha uma ideia preconcebida de como seu relacionamento deveria evoluir ou como o casamento deveria ser — talvez do modo como seus pais se comportavam, ou o contrário, ou o que você imaginar. Isso pode criar expectativas em sua cabeça que o deixam desapontado.

EXEMPLO

O pai de **Janet** sempre cuidou do carro da mãe dela. Quando Janet se casou, seu marido, Daniel, supôs que Janet cuidaria do próprio carro. Ela ficava magoada com a falta de ajuda do marido, acreditando que isso era trabalho de homem, mas nunca falou a respeito. Ela não sabia nada sobre troca de óleo e quase estragou o motor do carro por não trocá-lo. No fim, ela pediu a Daniel se ele poderia cuidar da manutenção do carro dela. "Por que eu deveria? O carro é seu", foi a resposta. Daniel também tinha expectativas — que Janet recolhesse e lavasse as roupas sujas dele, mas Janet recusou imediatamente. Ao conversarem a respeito, ambos abandonaram as próprias expectativas e regras com que os pais deles viviam.

Suas expectativas são irracionais?

Suas expectativas podem ser racionais e até desejáveis no geral, mas *irracionais a respeito de uma pessoa específica*. Para determinar se elas são razoáveis, considere o fato de a pessoa ser capaz e estar disposta a atendê-las. Como ficaram suas expectativas no passado? Elas foram atendidas? O que isso lhe diz sobre a outra pessoa e sobre você mesmo?

Olhe com objetividade para seu relacionamento e pergunte-se o que você disse e fez para alcançar suas expectativas e o que a outra pessoa disse e fez. Considere seus motivos e se você comunicou de maneira clara seus desejos, sem ressentimento, acusação ou crítica. Não espere que alguém leia sua mente. Essa é uma expectativa irracional! Certifique-se de pedir com cortesia o que você quer. Se você pediu várias vezes a uma pessoa que fizesse uma mudança e ela não fez, é irracional achar que mais pedidos, manipulação ou resmungos farão diferença.

Você está com os pés no chão?

Se você reparar que tem fantasias sobre seu relacionamento ou sobre como gostaria que seu parceiro se comportasse, há uma boa chance de que você esteja negando sua infelicidade no presente e fugindo para o futuro (leia o Capítulo 4 para determinar se está em negação). Considere quais de suas necessidades estão sendo atendidas agora. Você está evitando assumir responsabilidade por sua própria felicidade? Você comentou sua insatisfação com seu parceiro e escutou os pontos de vista dele? Não brigue, mas ouça, porque essa é a realidade.

E as expectativas razoáveis?

É razoável que cada pessoa contribua em um relacionamento e cumpra as próprias responsabilidades. É razoável ser tratado com respeito e integridade, e na verdade é uma boa ideia ter expectativas antes de se comprometer com alguém. Namorar é uma oportunidade para avaliar se há uma boa compatibilidade entre as duas pessoas. Ela prefere gato ou cachorro? Vocês são compatíveis? Você consegue conviver com os hábitos e defeitos da pessoa como os vê? Se você entra em um relacionamento esperando que alguém mude, está procurando encrenca.

LEMBRE-SE

O desapego não significa que você deveria aceitar abuso ou comportamento que vá contra os seus valores. Ser responsável por si mesmo também significa não permitir que alguém o trate mal. Você pode precisar ter uma conversa franca para resolver seus conflitos e impor limites se estiver sofrendo abuso (veja o Capítulo 13). Quando tenta controlar seu parceiro o agradando ou manipulando, você consegue mais do comportamento que não quer. Se seu parceiro continua desrespeitando seus limites, pense em por que quer continuar o relacionamento e considere participar de um grupo de apoio e obter ajuda profissional (veja o Capítulo 18).

Você espera que os outros sejam videntes?

Você espera que os outros leiam sua mente, compreendam você ou atendam às suas necessidades sem perguntas ou avisos? Para evitar comunicar suas necessidades, você talvez acredite que os outros deveriam ser capazes de ler sua mente, e não valoriza se recebeu alguma coisa pela qual pediu, dizendo: "Você deveria saber sem que eu precisasse pedir." Isso coloca seu parceiro em um impasse — errado por não atender à necessidade por conta própria e por satisfazê-la depois que lhe disseram qual era. Os codependentes fazem isso por vários motivos:

» Eles não estão totalmente cientes de suas necessidades e desejos.

CAPÍTULO 12 **Desprendendo-se e Desapegando-se** 209

> Eles presumem que outros têm os mesmos sentimentos e valores que eles têm, o que ignora diferenças entre eles e os outros.

> Eles têm muita vergonha das próprias necessidades e desejos para falar sobre eles.

> Eles têm medo de ser reprovados e se sentir rejeitados, desapontados e humilhados.

Quebrar esse hábito exige consciência do que você quer e do que precisa, e a coragem de pedir por isso. No começo, talvez você diga a si mesmo que ele já *deveria* saber. No entanto, essas expectativas levam à decepção, ao ressentimento e ao conflito.

DICA

Cuidado para não desvalorizar alguém que atende às suas demandas com base no pensamento acusador que diz, essencialmente: "Não conta se eu tiver que dizer." Em vez disso, pratique a gratidão quando as pessoas param o que estão fazendo para fazer o que você pede!

Quando o assunto é adicção

É irracional pedir a um dependente que não pratique sua adicção. Agir com surpresa, decepção, raiva ou dor porque um dependente de álcool bebe é como ficar chateado porque o sol nasce. Embora seja doloroso ver alguém que você ama se machucando, suas expectativas lhe causam mais dor. Se você tem tentado parar ou controlar a adicção de alguém, é provável que se sinta como Sísifo, que empurra eternamente uma rocha ladeira acima somente para que role morro abaixo ao atingir o topo. Quando você acha que está fazendo progressos, tem que começar tudo de novo.

Nada do que você diz faz diferença permanente. Você começa a perceber que suas palavras e ações permissivas são fúteis e somente alimentam a resistência. Aliás, parar um comportamento viciante é tão difícil para dependentes que todo mundo que tenta influenciá-los os distraem do problema de sua adicção. Você se torna o obstáculo em suas mentes. Controlar e ser permissivo na verdade prolonga a adicção (você pode aprender mais sobre permissividade no Capítulo 3). Dependentes e abusadores adoram colocar a culpa do próprio comportamento em outras pessoas. Eles tentam responsabilizá-lo pelas atitudes e adicções deles, que não são, de maneira alguma, responsabilidade sua, e você pode dizer isso a eles. Assumir responsabilidade por eles encoraja a adicção e a negação, a ponto de eles não terem que ser responsáveis pelas próprias ações. No entanto, quando você se desprende, eles precisam assumir responsabilidade por si mesmos.

LEMBRE-SE

Pode ser difícil você mudar de comportamento e praticar o desapego. Antes de se desprender do controle, você precisa aceitar que não tem poder sobre as pessoas (veja o Capítulo 18). O desapego respeita a escolha do dependente de praticar sua adicção mesmo quando isso é destrutivo e você discorda. Depois de sair do caminho e parar de controlar e/ou ser permissivo e proteger o dependente da verdade, você se prepara para impor limites (o Capítulo 13 pode ajudá-lo a procurar meios para impor limites). Isso permite à outra pessoa experimentar as consequências do próprio comportamento e assumir a responsabilidade pelas próprias ações.

Experienciei isso em primeira mão quando pratiquei o desapego com um dependente de álcool e parei de reagir à sua bebedeira. Minha atitude começou a mudar por inteiro. Ele reparou e comentou: "Você está sendo tão legal que não posso culpá-la por minha bebedeira. Isso está fazendo com que eu olhe para mim mesmo." O desapego funciona! Leia mais sobre aceitação e desprendimento no Passo 1 no Capítulo 18.

Sendo Provocado e Reagindo

Mesmo quando você não está controlando, é fácil reagir, e com exagero, a pessoas e eventos. Os codependentes reagem a necessidades, sentimentos, julgamentos, comportamentos e desejos alheios. Seus pensamentos e sentimentos ficam embasados no que está acontecendo dentro de outra pessoa. Há reações e exageros destacados por sua intensidade e duração. Quanto você fica chateado e por quanto tempo? É razoavelmente proporcional ao que o provocou? Aquilo a que você reage — seus *gatilhos* — são particulares a você. Você se lembra de uma interação dolorosa que teve com alguém no passado e que experiencia de novo no presente. Em alguns casos, o gatilho pode ser inofensivo. Sinais comuns de gatilho são quando você tem uma reação desproporcional ao incidente. Por exemplo, você explode quando alguém fura a fila no mercado, fica muito ansioso quando alguém está 10 minutos atrasado ou sente ciúmes quando alguém flerta com seu parceiro.

Algumas pessoas transformam tudo em *catástrofe*. Elas reagem de modo exagerado e fazem tempestade em copo d'água quando as coisas não saem do jeito delas. Estão constantemente sobrecarregadas e ansiosas, revivendo o drama da própria infância. Outras se sentem impelidas a reagir tomando atitude e fazendo alguma coisa com o que quer que aconteça, a fim de reprimir suas emoções. Infelizmente, como a atitude não é pensada por completo, isso muitas vezes piora as coisas. Elas precisam aprender o "*Não faça nada; fique sentadinho aí!*"

LEMBRE-SE
Em reações, às vezes a raiva, a obediência ou o abandono esconde uma dor ou vulnerabilidade real. A acusação esconde vergonha e culpa, e a culpabilização própria às vezes esconde raiva de alguém. Tanto reações grandes como pequenas o roubam de seu Self.

LEMBRE-SE
A maneira como você reage tem base em sua personalidade, cultura e experiência anterior. As brigas se intensificam quando você reage em um dos estilos a seguir. Limites misturados o impedem de enxergar de fato um ao outro.

Na verdade, você está travando batalhas que ocorreram há muito tempo na sua infância, quando você desenvolveu um dos vários modos de reagir:

» Acusadores ("A culpa é sua").

» Apaziguadores ("O que você disser está bom").

» Os que pedem desculpas ("Desculpe-me por você se sentir assim").

» Os que distraem (agindo com irrelevância; por exemplo, penteando o cabelo ou fazendo piada).

» Sedutores (beijam e fazem as pazes).

» Os de estilo perfeccionista ("Estamos só 17 minutos atrasados").

» Os que se retiram do assunto ("Não quero falar sobre isso").

» Os que atacam ("Seu grande F*!#%!").

» Professorais ("Estou certo, porque minha opinião é baseada em evidências").

» Mártir ("Não consigo fazer nada direito").

LEMBRE-SE

Com limites intactos, você é capaz de ver que as atitudes e os pontos de vista da outra pessoa não são um reflexo seu e somente expressam suas perspectivas particulares, experiências, necessidades e sentimentos. Não haveria necessidade de reagir, somente de escutar e responder. Você não acusaria ou ficaria com raiva porque seu parceiro está falando, ou pararia de falar só porque ele não está falando com você. Quando seu Self está mais inteiro e sua autoestima mais elevada, você consegue tolerar opiniões diferentes e até sentimentos negativos sobre si mesmo (veja o Capítulo 10). Você ouviria seus sentimentos e pensaria no comentário. Você mesmo decide se concorda e, se sim, determina se quer fazer algumas mudanças. Você comunicaria seus pensamentos ou sentimentos sobre o que foi dito respondendo de maneira autêntica, mas isso é diferente de uma reação automática, em que você *não* é verdadeiro. Quando você para de reagir, é capaz de responder e se comunicar de maneira assertiva (veja os Capítulos 8 e 13 para curar-se um trauma passado e aprender a se expressar).

EXEMPLO

Randall pediu à namorada que telefonasse com mais frequência e lhe fizesse um jantar, admitindo que isso o faria se sentir amado. Ela reagiu com raiva exagerada porque ouviu esse pedido como uma exigência — com a qual estava acostumada por conta do pai. À medida que trabalhava no relacionamento, ela viu que poderia escolher se queria satisfazer Randall, que fazer isso garantiria que ela tivesse mais necessidades suas atendidas, e que ela poderia fazer os próprios pedidos a ele.

EXEMPLO

Marcia era enfermeira e estava sofrendo de estafa por trabalhar tempo demais. Entre seus turnos, esperava que seu namorado lhe desse atenção e se queixava por se sentir ignorada. Ele queria agradá-la, mas também era ocupado com o trabalho e começou a reagir às ligações dela se afastando, como forma de retaliação. Quando Marcia se lembrou de sua ânsia por passar um tempo com o pai depois que ele e sua mãe se divorciaram, percebeu que suas expectativas em relação ao namorado eram irracionais, e que seu afastamento foi um gatilho ainda maior. Quando ele viu que Marcia não era como sua mãe crítica, ele parou de reagir. Ele conseguiu impor limites e se aproximar mais de Marcia, que foi capaz de assumir responsabilidade por cuidar de si mesma e impor limites no trabalho.

É fácil reagir a palavras e atitudes de alguém intoxicado de raiva, drogas ou álcool, mas seus sentimentos e palavras não serão considerados e, possivelmente, nem mesmo lembrados. Talvez você fique chateado muito tempo depois que a outra pessoa tenha voltado ao "normal".

Imagine que alguém esteja atirando uma bola de fogo em você — sua negatividade. Essa é uma tentativa de substituir a responsabilidade por seu mau humor, vergonha, adicção ou outro comportamento. O ataque e culpa evitam a autoavaliação. Você pode entrar no jogo (veja a Figura 12-2) ou largar a bola. Ao pegar a bola, alguém lhe envia a própria dor. Se você lançá-la de volta, suas mãos continuam queimadas, e as chamas aumentam a cada lançamento.

FIGURA 12-2: Escolha não jogar.

Por Darlene Lancer

AUTODESCOBERTA

Você sempre pode optar por não jogar. Responda a estas perguntas:

» Quem é um gatilho para você?

» Quais comportamentos despertam esse gatilho?

» Escreva sobre cada gatilho e os sentimentos que você experiencia.

> Como você reage? Você sempre reage do mesmo jeito?
>
> O que acontece com a outra pessoa? Ele ou ela reage de volta?
>
> Suas reações ajudam a situação?
>
> De quais pessoas, eventos e sentimentos anteriores eles o lembram?
>
> Tente reagir de maneira diferente e responda novamente às perguntas anteriores.

Preocupando-se e Ficando Obcecado

Você reparou que preocupar-se com o que pode acontecer ou ficar obcecado por uma pessoa é uma tentativa de controle — mesmo se acontecer apenas na sua mente? Infelizmente, muitas pessoas entendem que a preocupação é uma forma de amor e se sentiriam culpadas se não se preocupassem, mesmo que isso cause estresse e seja contraproducente. Além disso, a preocupação que você imagina em geral não acontece ou, pelo menos, não do mesmo jeito. Mesmo que sim, preocupar-se não muda o resultado. Nem o prepara, de maneira efetiva, para lidar com problemas quando eles surgem, como adquirir informações e apoio ou se centrar com orações e relaxamento. Em vez disso, a preocupação e a obsessão o esgotam. Elas também podem fazê-lo reagir de modo ensaiado ou habitual inadequados às reais circunstâncias, porque a preocupação e a obsessão o tiram do presente. O desapego o ajuda a estar mais presente e ser mais amoroso consigo mesmo e com os outros. Estar no aqui e agora é o primeiro passo para encontrar soluções para todos os problemas.

DICA

Quando estiver ocupado com preocupação ou obsessão, faça a si mesmo estas perguntas: Estou dentro da minha cabeça? Estou no presente? O que estou sentindo? Do que meu corpo precisa?

Aceitando a Realidade

A aceitação é um processo. Ela não acontece em um dia, uma semana ou um mês, porque precisa de esforço e avanços em passos curtos e tropeços. A mudança começa com a consciência. Repare se seu comportamento e pensamentos alcançam os resultados que quer. Em seguida, pratique o desapego usando as ideias da seção "Ferramentas para Desprender-se", posteriormente neste capítulo. Elas possibilitam que você desenvolva uma atitude de aceitação, que promove o desapego.

Aceitação não é aprovação

A aceitação é um reconhecimento daquilo que existe. Há muita confusão sobre o significado de aceitação:

» Não é resignação, que sugere uma postura passiva que provém da falta de esperança. A aceitação é um passo positivo rumo à posse de sua vida e a responsabilidades.

» Não significa que você aprove os fatos. Ao contrário, a aceitação é a consciência de que esses fatos existem — goste deles ou não.

» Não significa que você deve tolerar comportamento abusivo. Essa é uma concepção equivocada. O fato é que muitas pessoas não estão cientes de que estão sendo abusadas e não o reconhecem como tal. Consequentemente, elas não confrontam isso. Com a aceitação, você é capaz de mudar seu comportamento, buscar segurança e apoio, e impor limites.

LEMBRE-SE

A aceitação é um passo fundamental de fortalecimento que se segue à consciência e é precursora da ação adequada e efetiva. Antes de escolher agir de modo diferente, você precisa aceitar o mundo e suas condições, e considerar as opções que tem. A alternativa à aceitação é uma guerra eterna com a realidade. É uma batalha perdida. Em relacionamentos, isso o coloca em uma posição fraca de ser uma vítima e se fixar em alguém que não é nem responsabilidade sua, nem está ao seu alcance mudar. Ao se opor ao que é, você fica em um estado constante de turbulência consigo mesmo e em conflito com a pessoa a quem está tentando controlar. Direcionar a mente à guerra ou à paz é uma escolha.

Uma vez que você se desprende, suas obsessões diminuem, proporcionando uma sensação de liberdade e soltura. Ao mesmo tempo, você está libertando a outra pessoa do fardo de sua preocupação e controle. Então, a outra pessoa não pode mais resistir a você. Ela deve encarar a si mesma e pode assumir responsabilidade pelas próprias atitudes.

Há níveis cada vez mais profundos de aceitação. Primeiro você aceita o fato de que não tem poder sobre os outros, que está contribuindo com o problema e, então, que *você* é quem precisa fazer mudanças. Você também pode aplicar esse passo a hábitos e emoções.

Aceitação da adicção alheia

É importante perceber que o dependente não escolheu ficar dependente. Não é uma questão moral. Nada do que você fez o causou, e você não pode controlá-lo ou mudá-lo. Isso não significa que o dependente é má pessoa ou não o ama. A adicção e a codependência são considerados doenças. Você tentaria mudar o comportamento de alguém por causa de uma patologia como tuberculose ou diabetes? Você culparia a pessoa ou teria compaixão e aprenderia tudo o que conseguisse sobre a doença e como lidar melhor com ela?

Encarar o fato de que alguém que você ama tem uma doença crônica e ameaçadora é assustador e doloroso, motivo por que a negação é tão forte. Infelizmente, muitas pessoas, inclusive dependentes, moralizam a adicção, criando um obstáculo extra à aceitação e a um tratamento que prolonga a negação e perpetua o comportamento destrutivo.

Ferramentas para Desprender-se

Se você acredita que é codependente e reconhece comportamentos que gostaria de abandonar, então você está pronto para agir. Praticar o desapego ajuda-o a adquirir aceitação com o tempo. O apoio é essencial. Além disso, as ferramentas que listo nesta seção podem ser muito úteis. Quanto mais você as utiliza, mais fácil o desapego se torna.

Foque a si mesmo

É difícil interromper um pensamento ou hábito sem substitui-lo por outro. Se você começa a se interessar pela própria vida, não tem tempo ou energia para focar a de outra pessoa. Desenvolva hábitos e objetivos que o fortaleçam e motivem (veja os Capítulos 11 e 16). Isso eleva sua autoestima e o distancia das ações de outra pessoa.

Mantras para lembrar

LEMBRE-SE

Um *mantra* é uma palavra ou frase que se repete. Lembrar-se das frases a seguir pode mudar seus pensamentos, sua atitude e seu comportamento:

» **Viva e deixe viver:** Esse é meu ditado favorito. Seu significado é muito poderoso. Quando você se dá permissão para fazer o que quer, então se torna capaz de dar aos outros essa liberdade. Ela define limites adequados. Você é o único sobre quem tem poder, e somente você é responsável por si mesmo. Você descobre que suas ações geram sua felicidade.

» **Os quatro nãos:** Os quatro nãos o lembram de não focar, não ter expectativas, não julgar ou passar o tempo pensando nos outros.

   1. Não vigie.
   2. Não espere.
   3. Não julgue.
   4. Não fique obcecado.

» **Cuide dos próprios assuntos:** Esse é outro lembrete para focar a si mesmo quando estiver tentado a dar conselhos ou resolver o problema de alguém. Pergunte-se se você teve a mesma experiência com as circunstâncias exatas que a pessoa a quem gostaria de ajudar está encarando e, além disso, se vocês compartilham os mesmos desejos, sentimentos e preocupações. Pessoas em recuperação com frequência tentam empurrar os outros a fazer as mudanças que elas mesmas fizeram ou que precisam fazer. Mas essas escolhas talvez não sejam apropriadas para outra pessoa.

» **Deixe ir embora e entregue a Deus:** Você não precisa acreditar em Deus ou em um poder maior para desprender-se, mas, se acredita, pode ser extremamente útil colocar suas preocupações nas mãos de Deus e deixar a vontade divina, e não a sua, cuidar de seus problemas. Imagine colocar uma pessoa nas mãos de Deus. Envolva-a em uma luz branca. Lembre-se de que Deus sabe do que essa pessoa precisa, e desprenda-se. Você também pode envolver a pessoa em uma luz e libertá-la, acreditando em Deus ou não. Outra maneira de se desprender é deixar a realidade assumir seu curso.

Os Três Cs

Quando o assunto é a adicção de alguém, os três Cs do Al-Anon são úteis:

1. Você não o Causou.

2. Você não pode Controlá-lo.

3. Você não pode Curá-lo.

Oração

Orar pelo próprio bem-estar e pelo daqueles que você ama pode confortar seus medos e preencher o vazio que fica quando você se desprende da ajuda e do controle. A Oração da Serenidade é uma oração de aceitação e o antídoto perfeito para o comportamento controlador. (Se você tiver dificuldades com a palavra "serenidade", tente substituir pela palavra "disposição".)

Deus, dê-me serenidade para aceitar as coisas que não posso mudar, coragem para mudar as que posso e sabedoria para entender a diferença.

Meditação e mindfulness

A meditação proporciona muitos benefícios (veja o Capítulo 11 para dicas de meditação). Ela o ajuda a ficar no presente quando sua mente vaga por obsessões sobre outras pessoas, pela terra de mágoas e ressentimentos passados ou pelo perigoso território dos "E se". Foque sensações do momento — o que vê, o que toca, o que ouve. Traga sua atenção à tarefa em mãos, seja lavar pratos ou dirigir. Ao desenvolver a habilidade de se acalmar e silenciar a mente, você se torna mais centrado e menos reativo a pessoas e eventos. A meditação também constrói o autoconhecimento, permitindo-lhe pensar antes de falar ou de agir com base em velhos hábitos. Você é capaz de parar e escolher suas respostas durante as conversas.

Intervalos

Os intervalos são uma excelente maneira de apaziguar brigas, sobrecarga emocional e obsessões. Talvez precise se afastar da situação ou da pessoa que serve de gatilho para você. Uma mudança de cenário, sobretudo se sua atenção está voltada para outra coisa, acalma suas emoções. Se seu gatilho for uma pessoa, você pode explicar que precisa de um pouco de tempo para se acalmar e que você gostaria de continuar a conversa mais tarde (diga quando). Um intervalo também pode ser curto, como de cinco a dez respirações lentas, antes de responder.

Registrando

Escrever é útil especialmente quando alguém serviu de gatilho para você. Isso pode centrá-lo, permitir descarregar e ajudá-lo a descobrir a fonte original de seu gatilho. Escreva seus sentimentos atuais e os deixe levarem-no a épocas em que você sentiu a mesma coisa no passado.

Ação contrária

Experimente um novo comportamento. Se você discute com frequência, fique em silêncio. Se em geral é silencioso, fale. Se é sempre sério, conte uma piada. Isso pode surpreender pessoas próximas e até você mesmo. Um homem sempre discutia com sua esposa dependente de álcool e verbalmente abusiva. Ele adquiriu o hábito de dizer: "Não é maravilhoso que a gente ainda se ame?" Ela ficou chocada. Isso a fez sorrir, e ela se tornou afetuosa.

Fazer o oposto também pode significar usar uma parte diferente de seu cérebro. Em vez de ficar obcecado, tome uma atitude positiva para solucionar a situação, que pode ser tão simples quanto obter mais informações. Quando estiver obcecado por uma pessoa, modifique suas emoções para liberar sentimentos reprimidos. Você também pode "perder a cabeça e encontrar suas razões". Faça alguma coisa física. Dê uma volta, coloque música, cante, dance, assista a um vídeo motivacional ou de autoajuda, prepare uma refeição, faça um esporte ou brinque com um animal de estimação, ou faça qualquer coisa que mude seu estado mental. Atividades passivas, como cinema ou televisão, talvez não o envolvam o suficiente para mudar por muito tempo.

Se sentir-se impelido a agir, espere. Pergunte-se qual seria a consequência de esperar mais um dia. Fazer isso todos os dias pode revelar que você não precisava realmente agir. Se for uma decisão, você pode postergá-la? Se postergar uma decisão gerar mais problemas, tente conseguir mais informações e dar passos curtos em direção à solução.

Agindo como se

Essa dica é basicamente "finja até conseguir". É comum que pessoas escondam seus sentimentos em certas situações — como no trabalho. Muitos codependentes fazem isso excessivamente em relacionamentos pessoais. Outros ainda são rápidos em reagir às palavras de alguém com mágoa, raiva ou na defensiva. Se você é assim, tente "agir como se" o comentário não o incomodasse. Depois de um tempo, você pode descobrir que, ao fazer isso, você não se incomoda e não está levando as palavras alheias para o lado pessoal. Se alguém lhe dá tratamento de silêncio, faça o oposto. Finja que isso não o intimida e fale gentilmente com a pessoa. Você vai reparar que não fica tão incomodado com o silêncio. Ela ficará frustrada porque a "punição" não está funcionando e logo vai ceder.

Tire o rótulo

Essa é uma ótima maneira de reduzir as expectativas em relacionamentos próximos. Da próxima vez que reagir, imagine como se sentiria se seu parceiro fosse apenas um amigo. Você julga mais seu cônjuge do que seus amigos? Por que não ser tão compreensivo com seu parceiro? Esse truque pode se aplicar a outros membros da família também. Como seria tratar sua família do mesmo jeito que você trata seus amigos, ou esperar que sua família o trate como seus amigos o fazem? Qual é a diferença?

Perca a cabeça e encontre suas razões

Conecte-se ao seu corpo. A obsessão é alimentada pela ansiedade, na tentativa de controlar a dor ou o futuro. Permita que quaisquer sentimentos reprimidos fluam. Mexa-se, vá para a natureza. Faça o que o deixa contente.

PLLP: Pare de levar para o lado pessoal

PLLP é um lembrete de que existem limites emocionais entre você e os outros. As palavras e ações deles provêm do que está acontecendo dentro de si mesmos. Então, quando você reage e leva as coisas para o lado pessoal, delega sua autoestima a outras pessoas. Quando não reage, você mantém seu poder e não se sentirá magoado ou com raiva. Por exemplo, alguém que diz algo humilhante está tentando transferir a própria humilhação para você. Se não levar a declaração para o lado pessoal, você consegue impor limites ou ignorá-la.

Use a imaginação

Foi comprovado que a visualização é uma poderosa ferramenta para aprender um novo comportamento. Ensaios mentais são quase tão eficazes quanto os físicos. Visualize-se praticando o desapego. Veja-se calmo, centrado e confiante, e não reativo à raiva, à adicção ou às palavras e comportamentos negativos de seu parceiro. Imagine o que você pode dizer ou fazer. Pratique a assertividade (veja o Capítulo 8) em sua imaginação. Pense como sua vida pode ser diferente com a prática do desapego.

Tendo um Plano B

Isso é especialmente útil se seu parceiro não for confiável— caso típico de dependentes. Sempre tenha um plano B, para que não seja deixado na mão. Na maioria das situações, você pode visitar um amigo, ir sozinho ao cinema, teatro ou a uma festa, ou ir a uma reunião dos mútua ajuda. Mesmo se ficar em casa, em vez de se sentir com raiva e pena de si mesmo, use o tempo para aproveitar um hobby, ler ou fazer uma refeição especial. Assuma as rédeas de sua vida em vez de se sentir uma vítima.

Preveja Resistência

Se estiver fora da zona de conforto, você está mudando. Quando você agita o barco, outros também se sentem desconfortáveis. Veja o que esperar.

De você mesmo

Mudar seus hábitos e valores pode ser percebido como uma ameaça gigantesca, sobretudo porque as emoções disparadas pela mudança são poderosas. Espere se sentir culpado ao não ajudar os outros como fazia no passado. Pode ser muito difícil mudar esse padrão. Ainda assim, é mais fácil quando você percebe que sua ajuda não está ajudando, mas, em longo prazo, magoando. Você também pode se sentir vazio, ansioso ou deprimido. Em outros momentos, tem lampejos em que se sente centrado, em paz, livre e empoderamento. A serenidade e a liberdade precisam de um pouco de prática quando você está habituado a se sentir encurralado e ansioso.

Esses sentimentos de transição diminuem com o tempo, à medida que se torna mais confortável sentir o desapego e a paz. Você começa a se sentir mais livre e empoderado. Quando aceita mais a si mesmo e aos outros, você se torna mais afável e animado, aberto e paciente. Se tem filhos, fica menos irritável e mais presente e acolhedor.

Dos outros

Espere que os outros não gostem de suas mudanças. O Azarão (veja o Capítulo 3) pode tentar fazê-lo se sentir culpado e manipular você a ajudar e cuidar. Parentes e outras pessoas próximas podem acusá-lo de não se preocupar ou de ser egoísta e autocentrado. Eles não vão entender o que você está tentando fazer e talvez queiram que volte aos velhos hábitos, que lhes são familiares e mantêm o status quo. Eles também podem querer que você cuide do Azarão por sua própria paz de espírito ou para não terem que fazê-lo. Esse é outro motivo por que um grupo de apoio é tão importante.

Inversamente, o Azarão pode ficar satisfeito por você não estar mais supervisionando, julgando ou tentando controlá-lo. Ele pode ficar impressionado com seu novo humor animado e começar a olhar para si mesmo em vez de culpar você. Isso leva a mais paz em seu lar.

222   PARTE 3 **Curando Suas Relações com os Outros**

NESTE CAPÍTULO

» **Expressando-se com assertividade**

» **Identificando suas questões-chave**

» **Impondo limites**

» **Confrontando abusos**

» **Resolvendo conflitos**

Capítulo **13**

Manifestando-se

A comunicação é tão importante que pode firmar ou romper uma relação, e é fundamental para o sucesso. Ela reflete sua autoestima aos ouvintes — para melhor ou para pior. Os codependentes sofrem com hábitos disfuncionais de comunicação aprendidos na família em que cresceram (veja os Capítulos 3 e 7). Na maioria das famílias disfuncionais, um dos pais (ou ambos) é passivo ou agressivo e raramente assertivo. Os codependentes geralmente copiam esses estilos. Alguns evitam o conflito e escolhem a paz a qualquer preço. Eles se sentem ansiosos, como se sentiam na presença dos pais durante o crescimento. Outros acusam, desligam-se ou reagem (veja o Capítulo 12) para se proteger, mas não são assertivos. Ambos os estilos perpetuam a desarmonia nos relacionamentos.

Comunicando-se de Maneira Eficaz

Você começou a identificar sentimentos, necessidades e valores, e como não controlar, cuidar ou reagir. O bicho pega quando você coloca em ação o que aprendeu e se expressa. Aprender como se comunicar de maneira efetiva constrói sua autoestima. É preciso prática e coragem.

Quando você sufoca seus sentimentos ou ignora suas necessidades, o relacionamento sofre e você desrespeita o Self que está tentando desenvolver. Se seu motivo é controlar, manipular ou consertar alguém, suas palavras refletem essas atitudes codependentes, mas quando seu motivo é expressar seu Self, suas palavras concordam que o foco é você, não a outra pessoa, cuja reação passa a ser menos importante.

A comunicação envolve mais do que palavras. Você transmite informação com seu corpo inteiro, incluindo:

» **Olhos:** Contato visual, movimento, umidade, expressão e foco.
» **Face:** Expressão.
» **Corpo:** Movimento voluntário e involuntário, inclusive postura, gestos e tensão muscular.
» **Pele:** Cor (como enrubescimento) e transpiração.

Além disso, sua voz se comunica através de:

» Volume.
» Afinação.
» Cadência.
» Tom e ênfase.
» Fluidez.
» Enunciação.

Tornando-se assertivo — Os seis Cs

A comunicação assertiva centraliza o respeito, projeta a confiança e inspira a influência. Comunicação se aprende, e você pode aprender a se comunicar com assertividade. Isso exige prática, então, seja paciente.

LEMBRE-SE

Assertividade significa manifestar com clareza e educação o que você pensa, sente, necessita ou quer. A maior parte da comunicação se resume a esses quatro pontos essenciais. Você também pode explicar o porquê. A intenção de quem fala é comunicar sobre si mesmo. A comunicação assertiva é respeitosa, direta, honesta, aberta, não ameaçadora e não defensiva. Não é autoritária, agressiva, rude, egoísta ou manipuladora. A comunicação assertiva é composta de seis elementos; eu os chamo de seis Cs:

» Coerência.
» Cortesia.

- » Concisão.
- » Clareza.
- » Conhecimento.
- » Creditar-se.

Coerência

LEMBRE-SE

Coerência significa se expressar honestamente e manifesta como se sente por dentro. É crucial para a comunicação eficaz. A confiabilidade se trata de fatos. A honestidade tem mais a ver com intenção e sentimentos — em que você diz o que pensa, ou sente e faz o que diz.

Quando suas palavras não combinam com o que está em seu interior, você envia mensagens ambíguas que seu corpo revela. A desonestidade é mais comum do que você imagina. Não estou me referindo a mentiras veladas, mas a momentos em que você concorda por fora, mas não por dentro. Isso é comum entre codependentes. Por exemplo, quando você diz que está bem, mas sua linguagem corporal revela que está infeliz — ou, ao contrário, você sorri ao contar uma história triste. Em ambos os casos, seu ouvinte fica confuso e não sabe como responder e/ou talvez sinta que não pode confiar em você.

Ficar inquieto revela ansiedade e distrai o ouvinte. Se você diz a alguém que está à vontade ou confiante, mas faz movimentos agitados, os outros vão acreditar no seu corpo. O contato visual é um hábito adquirido e uma maneira importante de se conectar em relacionamentos íntimos. A falta de contato visual indica baixa autoestima. Se isso é um problema para você, pratique olhar para a cabeça, o cabelo ou orelhas da pessoa.

Cortesia

O propósito da comunicação é compartilhar informação e sentimentos, não descarregar, vingar-se ou repreender. Se você é descortês com seus ouvintes, vai perdê-los. Para ser eficaz, você quer envolver seu ouvinte. Para isso, trate-o com respeito. Seu ouvinte ficará mais disposto a ouvir sua crítica se ela for construtiva e transmitida com assertividade.

Concisão

Seu impacto diminui com as palavras. Seu ouvinte quer que você vá direto ao que interessa e ouvir seus motivos. Quando você está nervoso ou com medo e tenta se expressar, talvez você fique se retratando ou divagando para evitar que seu ouvinte se chateie, mas essa é a consequência não intencional. Organize os motivos pelos quais está com medo, pratique em voz alta o que planeja dizer e pondere os efeitos em longo prazo de não dizer nada. Veja outros motivos para a verbosidade:

> » Você está falando para conseguir atenção.
> » Você é carente e não sabe o que quer.
> » Você não tem nada a dizer, mas está tentando preencher o silêncio.

Clareza

Clareza significa ser direto. Codependentes não gostam de ser diretos, porque isso representa assumir responsabilidade por seus sentimentos e opiniões, que podem causar confrontos ou rejeição. Você faz pedidos camuflados, como os seguintes?

"Não tem nenhuma comida em casa."

"Está passando um filme novo."

"Sair e ver um filme faria bem a você."

"Não tem combustível no carro."

LEMBRE-SE

Não faça perguntas, nem dê dicas ou fale de maneira abstrata. Não diga um "Você quer ir ver um filme?", que é ambíguo se *você* quiser ir. Assuma uma posição (assumir posições é abordado mais adiante neste capítulo) e diga: "Eu gostaria de ver (diga o título ou um filme de X estilo)." Também não fique presumindo coisas. Pessoas atribuem significados diferentes às mesmas palavras. Quando o outro falante é indireto ou não é claro, peça esclarecimentos. Reafirme o que ouviu e peça mais informações.

Conhecimento e escuta

O *conhecimento* refere-se a estar ciente de seu ouvinte e lhe dar atenção. É fundamental. A comunicação é uma via de mão dupla. Você precisa ouvir para ser ouvido. Para ser um comunicador eficaz, ouça com atenção e respeite o que os outros dizem. A escuta genuína os envolve e o ajuda a sintonizar sua resposta. Veja diferenças como uma oportunidade de aprender, em vez de uma ameaça que você tem de rechaçar.

LEMBRE-SE

A escuta atenta e ativa inclui parafrasear e repetir o que é dito a você. Isso é um feedback responsável, porque demonstra que você se importa e está interessado. Os outros são mais receptivos quando acreditam que seus sentimentos e opiniões são importantes para você. Mesmo quando você ouve tudo o que é dito, seu ouvinte não sabe disso, motivo por que reafirmar é necessário. Além disso, a intenção deles pode ser diferente do que você entendeu. Repetir o que você ouve fornece uma oportunidade de obter esclarecimento.

O conhecimento também implica que seu entendimento e percepções dos outros estão aguçados, e não vistos ou ouvidos sob as lentes de experiências ou traumas passados — o que significa que você está no presente, e não ameaçado por diferenças entre você e a outra pessoa. Você é capaz de realmente ouvi-las, porque não está reagindo. Isso causa um aumento enorme da autoestima.

DICA

O timing é crucial. Não comece uma conversa importante no carro ou quando a outra pessoa está assistindo à TV, no computador ou ocupada de outra forma, sem permissão. Você está sendo mal-educado e interrompendo a concentração da pessoa, além de gerar atrito e acabar desapontado por não ser ouvido.

Creditar-se

Ser capaz de se creditar é o elemento mais difícil. Assumir responsabilidade por suas opiniões, sentimentos e necessidades significa que você não nega seus sentimentos e atitudes, ou acusa os outros ou, então, dá conselhos. Não fale sobre eles como sendo algo distante de você ou cite algum especialista ou o terapeuta. Usar mensagens com "Eu", conforme abordado nas seções seguintes, dá crédito ao que você pensa e sente. Também significa fazer declarações em vez de somente perguntar ou evitar perguntas.

Expressando sentimentos

É muito comum as pessoas confundirem pensamentos e sentimentos ao se manifestarem. Por exemplo, digamos que você esteja incomodado por seu amigo ignorar seu pedido de telefonar se ele se atrasar para o jantar. Você poderia dizer: "Sinto que você foi (desatencioso etc.)" Essa afirmação viola o sexto C, de creditar-se. Isso julga o comportamento dele, sem revelar como você se sente ou como esse comportamento o afeta. Uma regra de ouro é: se você consegue substituir a palavra "sentir" por "achar", então você expressou seus pensamentos ou opiniões, que com frequência são julgamentos sobre a outra pessoa. Aplicando essa regra, "Acho que você foi negligente" não passa no teste dos sentimentos e está julgando a outra pessoa. Em vez disso, você poderia dizer "Eu me sinto negligenciado (ou desvalorizado ou magoado) quando você não me telefona" ou "Eu não gosto quando você..."

LEMBRE-SE

Quando você afirma seus sentimentos ou assume uma posição, os outros não sentirão necessidade de se defender e se justificar, porque você só está falando sobre si mesmo. Quanto mais vulnerável você conseguir ser ao expressar seus sentimentos, mais receptivo seu ouvinte será. Seu sentimento inicial pode ser raiva ou ressentimento, mas tente identificar seus sentimentos mais profundos e expressá-los. Isso é especialmente difícil de fazer quando você está emotivo. É útil esperar e pensar no que está sentindo e qual resultado ou mudanças comportamentais você quer. Para ser assertivo, pratique a frase antes de iniciar a conversa. Talvez sozinho ou com alguém em quem confie.

CUIDADO

Cuidado para suas afirmações com "Eu" não serem julgamentos *implícitos*, que deixarão seu ouvinte na defensiva, como "Eu me sinto usado" ou "Sinto que não posso confiar em você". Em vez disso, tente "Eu me sinto magoado — por não ser importante para você" e "Não me sinto seguro com você", que são revelações mais vulneráveis.

É perfeitamente bom e muitas vezes útil ao ouvinte descrever o comportamento dele em vez de generalizar. Diga: "Quando você deixa pratos sujos pela casa, eu me sinto..." Leva tempo e prática ser capaz de identificar seus sentimentos. Se você estiver no meio de uma conversa, não há problema em dizer: "Deixe-me pensar no que estou sentindo. Hmm... Não é exatamente raiva... ou mágoa... é mais uma falta de importância. Quando lhe peço para colocar os pratos na pia e você continua não colocando, sinto que meus sentimentos não são importantes para você, e assim me sinto desvalorizado." O ponto é comunicar o impacto sobre você, não ficar furioso ou punir a outra pessoa.

Expressando necessidades e desejos

A maioria dos codependentes não comunica as próprias necessidades. Eles temem a rejeição ou humilhação porque não foram ouvidos ou foram humilhados na infância. Depois de ter identificado o que você necessita e quer, a melhor abordagem é pedir de forma direta. Isso pode ser assustador quando você não está habituado. Em vez de pedir que as próprias necessidades sejam atendidas, com frequência os codependentes acusam e criticam, o que leva somente a discussões e torna menos provável que tenham suas necessidades satisfeitas.

Não diga: "Você nunca faz _____" ou "Você sempre faz _____."

Diga: "É importante para mim que (ou adoraria que) você _____."

DICA

Conte à pessoa o efeito positivo de satisfazer seu pedido. Isso é motivação persuasiva: "Se você me contasse mais sobre o que está acontecendo no trabalho, isso me faria sentir mais próximo de você."

Você também pode acrescentar uma afirmação de sentimento sobre a consequência do comportamento oposto: "Quando você não me conta o que acontece no trabalho, eu me sinto deixado de lado e excluído de uma parte importante de sua vida."

Posicionando-se

A assertividade implica posicionar-se de forma direta. Tomar uma posição é uma afirmação sobre o que você fará ou não, do que gosta ou desgosta, o que quer e o que não quer, e o que está disposto a tolerar ou não. Em vez disso, codependentes são reativos e indiretos. Eles se mascaram e fazem perguntas para evitar conflito, rejeição e crítica. Se não assume uma posição, você pode discutir, mas não negociar necessidades ou posições conflitantes. Nada se resolve. Veja uma conversa codependente típica:

A: "Preciso ir ao médico no centro. Você quer ir comigo?"

(Afirmação não Eu, projetada para responsabilizar B por ir.)

B: "Ir ao centro não é meu jeito favorito de passar o sábado. Você quer que eu vá com você?"

(Reação + questão clara para conseguir que A se posicione.)

A: "No fim de semana passado fui com você pegar os móveis para seu escritório, mas se você não quiser arranjo outra pessoa para ir."

(Reação manipuladora e não resposta esquiva.)

B pode reagir ou responder com assertividade à manipulação de **A**:

B-1: "Você só foi comigo porque não gostou do que eu tinha escolhido."

(Reação à manipulação de A.)

B-2: "Vou com você."

(Posição, sem comentar a reação de A.)

LEMBRE-SE

Quando codependentes reagem em vez de se posicionarem, isso agrava o conflito. **B-1** reage e atribui intenção a **A**, o que levará a uma discussão, mas **B-2** se posiciona. O objetivo é ser capaz de permitir a reação da outra pessoa sem reagir a isso e responder com um posicionamento, como a seguir:

A: Posicionamento + **B:** Posicionamento → negociação.

A: Reação + **B:** Reação + **A:** Reação → agravamento e discussão.

LEMBRE-SE

Muitas pessoas acham que não tem sentido se expressarem se a outra pessoa não vai concordar ou aceitar seus posicionamentos. Esse não é o propósito de se manifestar. Você está fazendo isso para mudar seu comportamento submisso, não para mudar as opiniões dos outros. Quando se manifesta, você se sente melhor consigo mesmo e com o relacionamento apenas por ter se expressado. À medida que sua autoestima cresce, você fica mais à vontade com crenças e opiniões diferentes. Talvez você queira que alguém se comporte de maneira diferente ao impor um limite (conforme descrito em "Impondo Limites", mais adiante neste capítulo); mas, mesmo nesse caso, a pessoa não precisa concordar com você, apenas respeitar sua solicitação.

CAPÍTULO 13 **Manifestando-se**   229

Armadilhas do codependente

LEMBRE-SE

Há alguns padrões comuns de manifestação codependente, feitos para evitar confrontos — com frequência manipulando a outra pessoa. Aqui estão alguns sinais vermelhos para observar. Se você se sente culpado por eles, escreva alguns modos alternativos de se manifestar que o ajudem a praticar uma comunicação aprimorada:

» **Conversa de vítima:** "Você está fazendo com que eu me sinta culpado", "Por que você nunca ajuda em casa?", "Você está me dando dor de cabeça". Quem fala não está assumindo responsabilidade pela própria experiência nessas afirmações. Seria mais eficaz descrever sua experiência, sentimentos e necessidades.

» **Generalização:** "Você nunca se lembra do meu aniversário", "Sempre fazemos o que você quer". Se você disser "sempre" ou "nunca", perde imediatamente seu ouvinte, que se sente julgado e atacado. A outra pessoa vai atacá-lo ou bater de frente com pelo menos uma vez em que sua afirmação foi falsa. Então vocês discutem sobre quem tem a lembrança correta, em vez de falar sobre o que quer. É melhor pedir o que você quer.

» **Desculpas vazias:** Codependentes dizem muito "Desculpe-me". Isso pode incomodar. Às vezes eles se desculpam até pelo comportamento alheio, o que não faz sentido algum para o ouvinte. Por causa da culpa irracional, eles pedem desculpas por algo sem importância — por exemplo, se você está cinco minutos atrasado e passa outros cinco pedindo desculpas por isso e lamentando. Mais frequentemente, os codependentes pedem desculpas para tirar o peso de si mesmos e terminar uma conversa. Em geral, eles não se sentem culpados. Às vezes, talvez eles nem mesmo entendam por que a outra pessoa está chateada.

LEMBRE-SE

Quando não tiver certeza se deve se desculpar, você sempre pode dizer "Vou pensar no que você me disse." Isso faz a outra pessoa se sentir ouvida e levada a sério, o que é mais útil do que um pedido de desculpas vazio. Um verdadeiro pedido de desculpas é de coração, com consciência do seu comportamento e do impacto dele em outra pessoa.

» **Justificativas:** No início da recuperação, é extremamente difícil assumir responsabilidade por seus sentimentos e atitudes e apenas dizer "Você está certo", ou o oposto, "Não, não vejo isso dessa forma". Ponto! Repare se você usa expressões como "Eu apenas..." ou "Eu só quis dizer..." Isso, junto a outras explicações e justificativas, revela culpa e baixa autoestima, e proporciona à outra pessoa munição para continuar discutindo. Explicar-se dá à outra pessoa o direito de julgar seus motivos e o que é melhor para você. Você realmente quis fazer isso? Lembre-se, do Capítulo 9, de que você tem direito a ter seus sentimentos. É suficiente que você queira ou não queira algo, sem explicações.

- **Mudança de assunto:** Codependentes mudam de assunto para evitar confrontos ou se revelar. É melhor responder de maneira direta e impor um limite, afirmando "Prefiro não discutir isso". De novo, nenhuma justificativa é necessária, somente que você não quer falar a respeito.

- **Acusação:** Outra tática de fuga é se concentrar na outra pessoa e culpá-la por algo para evitar assumir a responsabilidade pelas próprias ações. A baixa autoestima dificulta que codependentes admitam o que quer que seja. Se você cometeu um erro, é melhor admiti-lo, mas não significa que você tem que deixar qualquer um criticá-lo ou puni-lo por isso.

- **Falar demais:** Quando você dá explicações para evitar se posicionar ou dizer sim ou não, é chato para a outra pessoa, que em geral não se importa com os seus motivos.

- **Ficar protelando:** Por medo de dizer não, codependentes adiam encontros e conversas. Então, quando o momento chega, eles se sentem mais culpados e constrangidos, e é ainda mais difícil dizer não ou fazer o que querem.

- **"Deveria":** Usar a palavra *deveria* é um sinal vermelho de que você está ultrapassando os limites alheios e, provavelmente, dando conselhos ou tentando controlar.

Dicas de comunicação

DICA

Lembre-se destas dicas:

- Codependentes passam maus bocados encontrando e mantendo um posicionamento sob pressão. Quando estiver inseguro, espere para reunir seus pensamentos e sentimentos por conta própria. Diga: "Deixe-me pensar a respeito" ou "Dou-lhe um retorno sobre isso".

- "Não" é uma frase completa. Você não precisa justificar ou explicar seus sentimentos e pensamentos. Se questionado, use a técnica do disco arranhado e continue repetindo "Não me sinto à vontade com isso".

- Talvez você tenha que ser persistente. Use a técnica do disco arranhado e tome cuidado para não falar demais, ou arruinará toda a coragem que levou para se repetir. No fim, o ouvinte ficará cansado de perguntar. Pratique com estranhos, como operadores de telemarketing.

- Você não precisa responder a toda pergunta que lhe é feita. Você pode dizer: "Prefiro não responder" ou "Não quero discutir isso". Você pode descobrir que responder a todas as perguntas é um hábito compulsivo difícil de romper. A maioria das pessoas se sente como crianças interrogadas. Use a técnica do disco arranhado e repita sua afirmação.

- Você tem direito de mudar de ideia sem maiores explicações.

» Repare se você continua falando quando a outra pessoa já se desligou. Se esse for o caso, pare e pergunte quando seria um bom momento para continuar a conversa. Você também pode dizer "Acho que perdi sua atenção".

» Prepare-se com antecedência para conversas difíceis. Pense em seus sentimentos e em como expressá-los; então, afirme o que você quer.

Impondo Limites

Depois que você começa a se conectar com seu corpo e consegue dizer o que é bom e ruim e do que você precisa e o que quer, está pronto para impor limites. Impor limites traça uma linha entre você e outra pessoa. Com frequência, isso exige que você diga: "Não", "Eu não quero...", "Eu não gosto de...", "Eu não estou disposto a..." ou "Pare com isso". Esse é um estágio avançado do posicionamento "Eu". Pode ser difícil porque, mesmo quando você consegue se expressar, talvez não acredite que tenha direito de dizer não. Todos os motivos pelos quais você talvez hesite em tomar um posicionamento "Eu" são intensificados quando você defende a si mesmo. Impor limites dá a sensação de confronto — embora não precise ser, mas requer prática, prática e mais prática.

A importância de ter limites

LEMBRE-SE

Nunca é demais enfatizar a importância da confiança e da segurança em um relacionamento. Limites nos protegem e nos ajudam a sentir seguros. Eles são essenciais em um relacionamento. Sem eles, você pode se sentir magoado e ressentido, e atacar ou se afastar e construir barreiras.

Limites indicam respeito pelos outros e por você mesmo. Eles não foram feitos para punir. Impor limites mostra que você está assumindo responsabilidade, cuidando e protegendo a si mesmo. Não alerte ou diga aos outros o que fazer e não deixe que lhe digam. Não os acuse e não os deixe acusá-lo. Respeite o corpo, as crenças, pensamentos, sentimentos e coisas materiais alheios, e exija que respeitem os seus.

Talvez você procure os outros para que o façam se sentir seguro. Talvez você não perceba que está se sentindo inseguro porque não está ciente de seus sentimentos e não confia em si mesmo para impor limites. Quando você prova a si mesmo que é capaz de dizer não, então sente-se mais livre para dizer sim e permite mais intimidade em sua vida. Você confia em si mesmo e se sente seguro, porque sabe que não vai se aproximar de alguém que violou seus limites.

Seus sentimentos

Pratique conectar-se consigo mesmo durante conversas e ouça seu corpo. Seus músculos estão se contraindo, o coração acelerando ou a mente ficando confusa? Seu corpo talvez esteja se preparando para lutar, paralisar ou fugir, indicando um ataque. Talvez você não esteja consciente de nada no momento, mas horas ou dias depois tenha sentimentos relacionados à conversa. Um sinal de que talvez você precise impor limites é se estiver se sentindo assustado, sufocado, nervoso, com baixa autoestima, deprimido ou magoado. Tanto alguém pode ter violado seus limites como você pode ter se doado demais e se sinta usado ou subestimado. Medo ou raiva significam que você pode precisar tomar uma atitude para se proteger ou corrigir alguma coisa.

Talvez você precise impor limites a si mesmo — por exemplo, trabalhar mais ou menos, passar menos tempo ao telefone ou parar de doar seu tempo e energia. Quando se sentir tentado a acusar outra pessoa, pergunte-se se você precisa impor um limite em relação ao comportamento da pessoa ou ao seu.

Autoestima

Você adquire dois benefícios imediatos ao impor limites, consegue o comportamento que quer e a massagem extra em sua autoestima por respeitar suas necessidades e defender a si mesmo. Cada vez que o faz, você fica mais forte e isso se torna mais fácil. Você consegue se desprender do controle e é mais espontâneo ao dizer sim e não. Percebe que dizer não a alguém é dizer sim a você mesmo. Você não controlará os outros ou deixará que o controlem ou abusem de você. Recebe mais respeito, e sua autoestima e senso de liberdade e poder crescem cada vez mais.

DICA

Faça o seguinte:

» Pratique dizer "Não" uma vez por dia durante uma semana. Lembre-se de que essa é uma frase completa.

» Pratique não responder às perguntas.

Limites e consequências

Insistir, gritar, acusar e reclamar são reações que focam a outra pessoa e não são limites. Até que suas palavras correspondam a suas atitudes, você não está impondo um limite e, garanto, você será ignorado. Um ultimato dado em desespero também é uma reação — e com frequência não é levado a sério.

Pensando antes de agir

Inicialmente, quando impõe limites, você pensa em vez de reagir. Você não os conseguirá impor até estar pronto e ter clareza do que quer. Então, vá no seu ritmo e não se pressione nem se critique por esperar. Se você os impuser antes de estar pronto e mais tarde desfizer o limite, vai arruinar sua credibilidade — como o menino que gritou "lobo". Com o tempo, impor limites se torna mais espontâneo — um dos sinais mais empolgantes da recuperação.

Suas questões-chave

Para impor limites, você precisa conhecer suas questões-chave. Quando se trata de impor limites ao comportamento alheio, muitas pessoas se queixam de que o fazem, mas nada muda. Mesmo quando são assertivas, elas são ignoradas, e logo se sentem desanimadas. O que falta a elas é estabelecer as consequências.

AUTODESCO-BERTA

Pense em duas situações de imposição de limites em que:

A. Alguém lhe pede para fazer algo que você não quer.

B. O comportamento de outra pessoa o incomoda.

Depois, complete o exercício seguindo estes passos. Pense e escreva sobre o seguinte:

1. Descreva exatamente o que está incomodando você. Tente descobrir no que isso o incomoda e por quê.

Pediram dinheiro emprestado a você ou que levasse um amigo ao aeroporto e você não quer — por quê? Você está brava porque seu marido fica muito tempo no computador, ou na verdade porque sente que você não tem importância? É porque sua esposa gasta muito dinheiro ou porque você quer que ela aprecie o quanto está dando duro no trabalho?

2. Como você se sente?

A. Descreva como você se sentirá se concordar com o pedido da outra pessoa e se não concordar.

B. Descreva como o comportamento da pessoa faz você se sentir. Como você se sentirá se não impuser um limite?

3. O que precisa mudar?

A. É possível modificar sua concordância com o pedido de um jeito confortável?

B. Descreva o que você quer que a pessoa faça diferente. Pense nas consequências.

4. **Como você se sentirá em relação à outra pessoa e ao relacionamento?**

A. Descreva como será a sensação a respeito da pessoa *e* do relacionamento se você consentir com o pedido e se não consentir.

B. Descreva como será a sensação a respeito da pessoa *e* do relacionamento se ela consentir com seu pedido ou não.

5. **Quais são suas questões-chave?**

A. Pode ser um compromisso com limites, como "Estou disposto a levar você na terça-feira antes do trabalho", ou sua linha de base pode ser um simples "Não" ou "Acho melhor não".

LEMBRE-SE

Você não precisa explicar ou justificar. Espere receber pressão em alguns casos e pedidos repetidos, casos em que a pessoa não está ouvindo você, mas ignorando-o. Repita, se necessário. Talvez você precise estar preparado para impor um segundo limite sobre insistência, como: "Não estou mais disposto a discutir isso."

B. Decida suas questões-chave no que diz respeito ao comportamento da outra pessoa. O que você está disposto a aceitar? O que é inegociável?

Estabelecendo consequências

Considere uma consequência se a pessoa ignorar repetidas vezes suas solicitações de limites. Pode ser comunicando como você se sentirá ou uma atitude que pode tomar. Idealmente, é a consequência natural da falha da pessoa em ouvir você. Por exemplo: "Quando você deixa suas roupas sujas no chão, sinto que minhas necessidades não são importantes para você. Se acontecer de novo, não terei vontade de me sentir próxima de você" ou "Vou contratar uma empregada" ou "Elas ficarão onde você as deixar".

LEMBRE-SE

Se a consequência for uma ação ou uma inação, *você tem que estar disposto a realizá-la*, então é importante ir com calma e escolher uma consequência razoável que você pode assumir de modo confortável e permanecer conectado com a pessoa, a menos que esteja com vontade de terminar o relacionamento. É necessário que você não faça ameaças vazias. Talvez você tenha feito isso no passado. Isso incentiva o comportamento indesejado da outra pessoa. Quando você está seguro de seu limite, os outros o escutarão.

Agindo

Depois de completar o exercício da seção anterior, você pode praticar, com um amigo ou no espelho, situações difíceis relacionadas a limites. Se for um pedido para você, defina sua decisão e, se necessário, uma rápida explicação. Se estiver fazendo o pedido, defina os cinco elementos a seguir:

1. O *comportamento* que você não quer. Descreva o comportamento sem julgá-lo. Em vez de "comportamento sem consideração" diga "estar atrasado".

2. Como isso o afeta.

3. O comportamento principal que você quer *e* o que não quer. Seja específico.

4. As consequências positivas se a pessoa concordar.

5. As consequências negativas se a pessoa não concordar.

Quando você está pronto para impor limites, não há necessidade de levantar a voz. Você pode ser calmo, gentil e respeitoso e ainda assim ser ouvido. Sua resolução está comunicada. O mais difícil de convencer é você mesmo. Quando você realmente conhece seus limites, os outros percebem e não vão violá-los. Siga o que fazer e o que não fazer ao impor limites, apresentados na Tabela 13-1.

TABELA 13-1 **O que Fazer e o que Não Fazer ao Impor Limites**

Fazer	Não fazer
Ficar calmo	Pedir desculpas, divagar ou tagarelar
Usar afirmações "Eu"	Acusar, repreender, insistir, ficar com raiva
Fazer contato visual	Falar do passado
Ser direto e franco	Justificar e explicar
Falar com firmeza e naturalidade	Ser sarcástico, frio, superior
Ser acolhedor	Ficar inquieto
Relaxar	Usar um tom de voz alto ou doce e indeciso
Ouvir	Dizer "Você sabe" ou "Quero dizer"

Confrontando o abuso

O abuso emocional pode começar de um jeito inofensivo, mas cresce à medida que o abusador fica mais seguro de que você não terminará o relacionamento. Talvez ele não comece até um noivado, casamento ou gravidez. Se você olhar para trás, você talvez se recorde de sinais indicadores de controle ou ciúme (para definição e exemplos de abuso emocional, veja o Capítulo 3).

LEMBRE-SE

Uma regra de ouro é que você aceite bem menos abuso dos outros do que aceita de si mesmo. Elevar sua autoestima das maneiras abordadas nos capítulos anteriores é necessário antes de confrontar o abuso. O abuso é uma tática manipuladora usada para levar a cabo a intenção do abusador de controlá-lo e escapar de uma conversa relevante. Repare nas defesas do abusador — como ele impede suas tentativas de se comunicar e joga tudo em cima de você para fugir da responsabilidade. Ao focar o conteúdo, você cai na armadilha de tentar responder racionalmente, negando acusações e se explicando. Você perde seu poder. O abusador venceu e evitou a responsabilidade pelo abuso verbal. Primeiro você precisa abordar o abuso.

AUTODESCO-
BERTA

Prepare-se para confrontar o abuso fazendo o seguinte:

» Comece a reconhecer situações em que você é abusado emocionalmente. Observe as táticas do abusador e escreva-as. Pense nisso como uma pesquisa em vez de levar para o lado pessoal.

» Preste atenção em como seu corpo se sente e em seus sentimentos durante esses momentos. Uma pontada no estômago ou mudança de humor indica que a interação está fazendo você se sentir mal. Identifique seus sentimentos (veja o Capítulo 9).

» Primeiro você precisa acreditar que tem direito a mais respeito. Faça os exercícios nos capítulos anteriores.

» Pratique dizer não e impor limites com estranhos e, depois, com conhecidos não ameaçadores e pessoas com quem convive. Quanto mais você valoriza o relacionamento, mais ansioso fica. Trabalhe para fazer isso com o abusador quando uma reação negativa é provável; no entanto, quando estiver calmo e firme e não espere até o abusador perder o controle; muitos recuam.

» Faça uma aula de assertividade.

» Entre em um programa de mútua ajuda e/ou procure aconselhamento para ajudá-lo a elevar sua autoestima e lidar com o abusador. Em geral, é necessário o apoio e a validação do grupo, do terapeuta ou conselheiro para conseguir enfrentar o abuso de maneira consistente. Sem isso, talvez você duvide de sua realidade, sinta culpa ou tema represálias ou perda do relacionamento.

» Trabalhe questões de abuso na infância. Fazer isso pode ajudá-lo a lidar com o conflito.

DICA

Em vez de dar um ultimato sobre abuso verbal em geral, acredito que seja preferível praticar reagir de um modo diferente, e então impor limites a cada momento em que o abuso verbal ocorrer. Evite se defender ou se explicar, o que incita o abuso. Há outras maneiras eficazes de responder, apresentadas nos exemplos a seguir:

» **Comece pedindo esclarecimentos.** Diga "Pode repetir isso, por favor?" ou "Será que poderia explicar o que quer dizer quando me chama de bruxa?"

» **Manifeste seus sentimentos.** "Você percebe que me xingar fere meus sentimentos?" Talvez você descubra logo que o abusador não se importa.

» **Manifeste uma observação.** Por acaso, sem acusar, comente: "Parece que você gosta de me deixar triste (me interromper, me dar ordens)."

» **Insinue limites.** "Você tem direito à sua opinião" ou "Discordamos" ou "Não vejo isso dessa maneira" e acrescente: "Vou pensar a respeito." Responda a acusações com "Não assumo responsabilidade por isso".

» **Tente humor, o que frustra a motivação do abusador de ter poder sobre você.** Mas não seja sarcástico.

» **Concordar com a crítica surpreende o abusador e a interrompe.** "Foi realmente burrice da minha parte esquecer de colocar a carta no correio" ou "Eu deveria ganhar o prêmio de 'preguiçoso do mês'" ou "Acho que nunca serei um filho bom o suficiente". Você pode qualificar seu assentimento com: "Talvez você esteja certo."

Se essas táticas não funcionarem, talvez você queira confrontar o abusador e impor um limite de maneira direta. Quando estiver pronto, seja direto e firme com as manifestações, como "Pare com isso", "Não fale assim comigo", "Não me xingue", "Não levante a voz para mim", "Não use esse tom comigo" ou "Eu não respondo a ordens".

LEMBRE-SE

Talvez o abusador responda com um "Ou o quê?" Você pode responder: "Eu não vou continuar esta conversa." Outra rebatida do abusador pode ser: "Como ousa levantar a voz (ou me dizer o que fazer)." Por isso é tão importante ficar calmo e não reagir, o que aumenta o conflito. Esteja preparado com uma questão-chave e com as consequências discutidas anteriormente. Reforce que você não está dizendo ao abusador o que fazer, mas afirmando o que *você* fará. Um abusador verbal pode se tornar mais abusivo quando confrontado; nesse caso, você continua a se reportar ao abuso da mesma maneira. Você pode dizer "Se continuar, vou sair da sala" e sair se o abuso continuar.

CUIDADO

Não entre em discussões com alguém que está sendo abusivo. Isso aumenta o conflito.

Se você continuar impondo limites e assumindo as consequências, o abusador captará a mensagem de que o abuso não está dando o efeito desejado e vai parar. Se não, reconsidere suas questões-chave e mais consequências. Você também precisa impor limites para enfrentar abuso emocional comportamental, como negar amor, comunicação, apoio ou dinheiro, que são métodos de manutenção de poder, assim como um comportamento que controla aonde você vai, com quem conversa ou o que pensa. Uma coisa é dizer "Se você comprar o sofá, não poderemos tirar férias", mas é abusivo quebrar os cartões de crédito alheios. Espiar, perseguir e invadir seus pertences, espaço ou sua pessoa também é abusivo e desrespeita seus limites. Lembre-se de que o abusador pode não estar interessado em seus sentimentos, mas responderá às suas atitudes.

O relacionamento pode mudar ou não para melhor, ou assuntos mais profundos podem vir à tona. De qualquer modo, você está construindo sua autoconfiança e autoestima, aprendendo habilidades importantes sobre impor limites e recuperando seu poder. Quando o fizer, não permitirá que abusem de você.

Reconhecendo a violência doméstica

Violência doméstica significa abuso físico, que inclui danos à propriedade ou a seus pertences, chutar, estapear, socar, ferir, queimar, empurrar e ameaçar com uma arma. Violência diz respeito ao controle, e sempre começa com abuso emocional, embora o abuso emocional nem sempre leve ao abuso físico. Se há abuso físico em seu relacionamento, é provável que ele se repita. Promessas de que isso não acontecerá novamente ocorrem depois de um incidente quando o abusador está com remorso. Vítimas são dependentes de seus parceiros e continuam com eles, tendo esperanças e acreditando nas promessas do abusador.

LEMBRE-SE

Conviver com violência doméstica destrói sua autoestima. Com o tempo, sua noção de poder pessoal diminui à medida que o abusador assume cada vez mais o controle e o isola da família e de amigos. Você tem direito a se sentir seguro com a pessoa que ama. O abusador tentará arrumar desculpas e culpá-lo pelo próprio comportamento. Você não é responsável pelo comportamento de ninguém. Assim como no caso de alcoolismo, você não causou o abuso, e não pode nem controlá-lo nem curá-lo. Os abusadores podem controlar os próprios impulsos, apesar do que dizem. Eles não batem nos chefes, mesmo quando estão com raiva, porque sabem que há sérias consequências. Eles têm menos controle se estiverem intoxicados, usando drogas ou se já iniciaram um ataque violento. Repercussões legais também são consequências que detêm a violência, quando reportada.

LEMBRE-SE

Estudos mostraram que um estilo de comunicação negativa e a inabilidade de resolver conflitos são os principais fatores de risco para a violência. Se você tende a se afastar para se defender de abuso emocional, isso também aumenta as chances de o abuso aumentar. Típico de codependentes, as vítimas de abuso colocam as necessidades do parceiro antes das próprias. Sua segurança e a de seus filhos deveria ser sua preocupação número um. O que você pode fazer?

» Melhorar suas habilidades comunicativas.

» Construir sua autoestima.

» Entrar em um programa de mútua ajuda e começar terapia individual. Isso pode ser mais útil que terapia de casal.

» Praticar impor limites ao abuso emocional.

» Não ser conivente com o abusador mantendo segredo sobre a violência ou a adicção. O segredo o impede de conseguir ajuda e apoio e aumenta o controle do abusador sobre você.

» Aprenda tudo o que puder sobre violência doméstica (que está além do escopo deste livro).

> Esteja preparado para fugir rapidamente. Planeje com antecedência como escapar.

> Alerte os vizinhos a ligar para a polícia se ouvirem barulhos muito altos.

> Consiga um lugar para ficar com um amigo ou parente. Tenha uma mala no carro e/ou em um local seguro com remédios e chaves extras, joias, celular, agenda de endereços. Arrume a mala com as roupas das crianças.

> Tenha em mãos o número de um abrigo local e linhas diretas (veja o Capítulo 17).

> Copie e pegue documentos legais importantes, como certidões de nascimento, ordens judiciais, passaporte e registros de propriedade de banco, casa e carro.

> Abra contas bancárias e cartões de crédito em seu nome, certifique-se de pegar cartões de crédito, talões de cheque e dinheiro.

O que esperar

Impor limites aos outros pode deixá-lo ansioso e se sentindo culpado. Quando você assume um risco emocional, é normal ficar ansioso sobre o que pode acontecer ou adotar uma postura crítica sobre o que você falou ou deixou de falar. Esse é seu velho eu, assustado por desafiar regras antigas. Ele tem medo de retaliação e abandono. Esses sentimentos passam e, a cada vez que você impõe um limite, fica mais fácil. Se você deixa que sentimentos o impeçam, continua a se sentir menos poderoso e ressentido, o que arruína o relacionamento e seu respeito próprio.

Quando você começa a impor limites, pode se sentir rígido e ser inflexível quanto a eles. Essa é a reação de não ter tido limite nenhum e o medo de não conseguir mantê-los. Quando você confia em si mesmo e descobre que os outros respeitam seus limites sem prejudicar o relacionamento, você se torna mais flexível. Você se sente fortalecido e livre para deixar os outros lhe dizerem não.

Lidando com o Conflito

LEMBRE-SE

O conflito é inevitável nos relacionamentos. É natural que duas pessoas tenham falhas de comunicação e desejos e necessidades diferentes. De fato, diz-se que em cada mal-entendido há seis pessoas envolvidas: o casal e dois pares de pais. Isso porque o que você testemunhou ao crescer em sua família influencia seus valores, percepções e expectativas. Saber disso é diferente de aceitar. Pense em suas diferenças, perceba que elas acontecem em qualquer relacionamento e tente aceitá-las, a menos que violem suas questões-chave e sejam inegociáveis.

Se um não quer

Em relacionamentos, não há vítimas ou vilões — apenas conspiradores e colaboradores. Se um não quer, dois não brigam. Se você não reage e, em vez disso, responde com posicionamentos, evita que as discussões cresçam. Seja responsável por sua comunicação assertiva, inclusive pela imposição de limites. Compromissos difíceis exigem uma compreensão profunda dos sentimentos e gatilhos de cada um. Expresse os seus e ouça.

DICA

Aborde a resolução do problema com boa vontade, a partir de uma perspectiva de ganho mútuo. Pense no bem-estar comum, não só no seu. Perceba que a felicidade da outra pessoa é importante se você valoriza o relacionamento. Se ela estiver infeliz com a solução, ambos sofrem. Comece com a premissa de que você está comprometido com o relacionamento, que "nós" temos um problema e "nós" podemos resolvê-lo. Comece a negociação com uma tempestade de ideias, ou seja, lançando e escutando várias ideias para gerar soluções novas para o seu problema. Você ainda pode ser assertivo, mas ouça as ideias de seu parceiro também. Isso mostra que você valoriza seu parceiro, que é mais propenso a concordar com soluções que ele sugerir.

Regras do compromisso

DICA

Para gerenciar o conflito em seus relacionamentos íntimos, estabeleçam e escrevam regras de comando juntos para as discussões, como não falar do passado, mudar de assunto nem começar as brigas tarde da noite ou no quarto. Permitam-se pedir um tempo e ter conversas com limite de tempo, a fim de lhes dar espaço nesse ínterim para refletir. Repetir e até interpretar a posição um do outro é muito útil. Se o conflito continuar sem resolução, considere a terapia de casal.

PARTE 3 **Curando Suas Relações com os Outros**

> **NESTE CAPÍTULO**
>
> » Lidando com as reações de seu parceiro e de sua família
>
> » Vivendo com um dependente antes e depois da sobriedade
>
> » Visitando sua família
>
> » Mudando suas amizades
>
> » Navegando por limites sexuais e de namoro
>
> » Entendendo a codependência e o sexo

Capítulo **14**

Relacionando-se

Este capítulo aborda seus relacionamentos familiares e amizades após fazer progresso na recuperação. Ele discute alguns dos problemas que podem surgir em relação aos outros em termos de sexualidade e como impor limites a outros codependentes.

Algumas pessoas podem gostar de vê-lo mais assertivo e contente em respeitar seus limites. No entanto, quando você muda o status quo em relacionamentos íntimos, com frequência, sofre resistência por conta de as pessoas estarem acostumadas às velhas regras, e a mudança pode ser difícil.

Dançando Conforme a Música

Casais executam uma dança — um padrão de relacionamento. Quando você muda os passos, seu parceiro pode ficar confuso e não saber o que fazer. Ele pode seguir sua condução, mas você pode esperar que quaisquer limites que tenha imposto sejam testados, então, esteja preparado para reforçá-los. Por outro lado, ao se tornar mais assertivo, talvez você vivencie maior proximidade e vulnerabilidade.

O que esperar

Talvez seu parceiro faça birra, ignore-o ou o pressione a voltar à antiga rotina. Você pode precisar de apoio para se manter firme até que ele se ajuste ao novo status quo. Quanto mais você for assertivo de maneira firme, mais cedo suas mudanças serão aceitas. Talvez você precise ser um "disco arranhado", mas seja assertivo sem se justificar, acusar ou criticar (veja o Capítulo 13), caso contrário, você alimenta a discussão e termina na defensiva.

Com sorte, ser assertivo vai ajudá-lo a satisfazer suas necessidades. Você se torna um pai ou uma mãe mais eficaz, com menos irritações e gritos. Isso também pode levar a uma negociação de necessidades com amigo e familiares, mas conheça bem seus limites para não ser persuadido a aceitar algo com que não conseguirá conviver. Isso não é egoísta. É amor e respeito por si mesmo, e quando você o faz com doçura, ganha o respeito dos outros — mesmo que eles não gostem. Lembre-se de que a mudança é para seu próprio bem.

Revelar seus sentimentos pode fazê-lo se sentir mais vulnerável e permitir uma maior intimidade com seu parceiro. Você poderá se sentir ansioso, e a proximidade pode assustá-lo no início. Tornar-se mais autêntico e menos reativo também deve diminuir o conflito.

Talvez você receba reclamações de que mudou ou de que é egoísta. Você pode concordar: "Sim, eu mudei" ou "Estou pensando mais em mim. O que tem de errado nisso?". Essas tentativas de minar sua resolução uma hora passam. Se a outra pessoa não o ouviu ou mudou de comportamento, certifique-se de ter especificado e cumprido as consequências. Quando você fala sério, é levado a sério. Além disso, lembre-se de que a intenção dos limites não é controlar alguém, mas de que são para seu próprio conforto. Considere atitudes que você pode tomar.

Lidando com um dependente

Viver com um dependente de álcool ou outro usuário de drogas é desafiador. Você reparou nas oscilações de humor e em personalidades "Jekyll e Hyde". É um erro levar para o lado pessoal qualquer coisa que o Sr. ou a Sra. Hyde lhe digam, porque é fortemente induzido por drogas. É útil lembrar que o dependente tem uma doença que afeta o humor e o pensamento. Tente não deixar a culpa ou o menosprezo afetarem sua autoestima. Em vez disso, pratique o desapego (veja o Capítulo 12).

Se seu estilo de reagir é culpar e criticar ou reprimir seus sentimentos e queixas, essas estratégias (e reações em geral) são ineficazes e não construtivas. A culpa e a crítica são um convite à reação defensiva. Varrer as coisas para baixo do tapete não o ajuda a se sentir melhor e encoraja o dependente a continuar usando drogas, como se isso não causasse problemas. Nesse caso, é melhor usar assertividade calma com uma atitude amorosa ou, pelo menos, amigável. Ao abordar problemas, tome cuidado para não dar conselhos ou impor soluções.

Declare os fatos e seja receptivo a ouvir novas soluções. As pessoas têm mais propensão de seguir as próprias ideias. Se você discorda ou nenhuma solução é proposta, você está em uma melhor posição para propor sua solução. Comunique calmamente ao Dr. Jekyll o que você quer. Não discuta problemas com Hyde.

DICA

Embora não reagir a um dependente seja sábio, não é fácil. Emoções nem sempre são administráveis. É natural ficar frustrado e nervoso com alguém que é autocentrado, abusivo e/ou inacessível. Reprimir sua raiva ou descontá-la nos filhos ou nos outros gera mais problemas. Em vez disso, escreva em seu diário, compartilhe com um grupo de mútua ajuda e na terapia, trabalhe no jardim, corra, dance ou atire umas bolas de tênis ou golfe. O exercício vigoroso é um grande relaxador de tensões, assim como ioga e meditação. Na meditação (veja o Capítulo 11), você observa e sente sua raiva em silêncio e, ao fazer isso, ela se dissipa.

O problema da adicção pertence ao dependente. É melhor investir sua energia em si mesmo, nos filhos, no trabalho, nos amigos incentivadores, em interesses e hobbies. Ao não ser permissivo e controlador, você se torna mais independente e menos sujeito a ser controlado. Isso lhe confere maior liberdade e felicidade, e permite ao dependente lidar com o próprio adicção.

Depois da sobriedade

LEMBRE-SE

Com frequência, há um período de lua de mel durante a nova sobriedade, mas a culpa, a raiva e o medo a respeito do passado destrutivo perseguem o relacionamento e ainda precisam de resolução. O cônjuge não dependente em geral tem grandes esperanças e expectativas de uma relação normal após ter passado por privações por tanto tempo, mas talvez fique decepcionado e magoado porque o dependente está passando tempo fora de casa, em reuniões dos mútua ajuda e conversando intimamente com outros membros. O cônjuge se lembra de todas as mágoas, insultos e decepções que o dependente sóbrio negou ou dos quais gostaria de se esquecer. Por outro lado, o cônjuge pode falar sobre o passado, o que leva a mais conflito, porque o dependente ou não quer lembrar ou sente muita vergonha de abordá-lo. Outro problema é que o cônjuge ainda está ansioso e pisando em ovos, sem saber se Hyde voltará a qualquer momento. Quando ambos estão mais recuperados, o cônjuge aprende a perdoar e a se desprender da mágoa do passado, e o dependente assume responsabilidade e conserta as coisas.

Se o adicto sóbrio continua em recuperação, os problemas persistem, a menos que o cônjuge não dependente também se recupere. Isso porque a dinâmica do casal está mudando, e, para equilibrar o relacionamento, ambos precisam adotá-la. O Alfa (abordado no Capítulo 3) tem que abandonar o controle enquanto o cônjuge recentemente sóbrio assume maior responsabilidade no casamento, e como pai ou mãe. Às vezes, as questões do não dependente se tornam mais patentes se ele não abrir mão de um pouco de controle ou ainda estiver infeliz, mesmo se a tão esperada sobriedade tiver chegado. Questões individuais dos cônjuges e problemas mais profundos no relacionamento mascarados pela adicção começam a emergir e requerem trabalho e cura.

Relacionando-se com Membros da Família

LEMBRE-SE

Em geral, é mais difícil não reagir a seus pais do que aos seus amigos e parceiros, com quem você está em maior pé de igualdade. Talvez você descubra que é impossível manter um comportamento saudável quando está perto de seus pais, ou talvez tenha a sorte de ter uma mãe e um pai que apoiam suas mudanças e limites relacionados aos seus relacionamentos pessoais.

Muitos adultos que também são pais se sentem crianças perto dos próprios pais, que ainda estão lhes dizendo o que fazer. O psiquiatra e especialista em família Murray Bowen cunhou a expressão "massa indiferenciada do ego familiar", que significa vagamente que, quando você está perto de sua família sem limites claros, você perde a cabeça. Isso porque em famílias disfuncionais é como se houvesse apenas um ego. Esteja sua família envolvida ou não em sua vida de adulto, em que os limites são fracos ou inexistentes, você pode ter problemas ao impor limites a eles. Mesmo que você tenha se mudado para o mais longe que conseguiu, lembre-se de que distância física é irrelevante (veja a discussão sobre o desapego no Capítulo 12). Reatividade é o que conta. Em famílias que têm regras de "não fale", talvez você se sinta desconfortável ao falar sobre sentimentos ou assuntos proibidos. Isso ainda é uma reação.

Visitas familiares

Sua família, especialmente seus pais, podem testar e desafiar seus novos limites. Talvez você tenha uma mãe que telefone todos os dias, ou um irmão que quer dinheiro emprestado ou está abusando de drogas. Confusos, eles podem culpar seu parceiro ou terapeuta pelos novos limites.

Você pode precisar se distanciar de seus pais para criar os limites que é incapaz de impor verbalmente. Algumas pessoas cortam relações com a família pelo mesmo motivo ou por raiva não resolvida da própria infância. Embora os cortes reduzam a tensão emocional, os problemas inerentes permanecem e afetam todos os seus relacionamentos. Bowen pensava que a maneira ideal de se tornar independente da família era trabalhar em si mesmo na terapia e, então, visitar os pais e praticar o que aprendeu. Testemunhei clientes que se sentiram desconfortáveis voltando para casa e fazendo isso. Eles fizeram a transição gradual, de ficar na residência dos pais durante as visitas, passando por ficar à vontade em recusar convites, até ficar em um hotel ou com amigos sem sentir culpa. Alguns, no fim, conseguiam ficar com os pais e gostar disso.

DICA

Ao fazer uma visita, repare nas regras, limites e padrões de comunicação e, então, tente agir de um modo diferente do papel que você desempenhou durante o crescimento (veja o Capítulo 7). Preste atenção aos hábitos e defesas que você usa para administrar a ansiedade. Pergunte-se: "Do que estou com medo?" Lembre-se de que, embora talvez se sinta uma criança com seus pais, você não é. Agora, você é um adulto poderoso. Você pode ir embora, ao contrário de quando era criança.

Quando a adicção ativa em drogas e o abuso estão presentes, considere quais os limites necessários para que se sinta à vontade. É uma visita de um dia ou de uma hora, ou uma ligação? Uma mãe recentemente sóbria disse aos filhos que ela não conseguia ficar perto deles até pararem de usar drogas. Talvez você tenha irmãos que o pressionam a salvar um dos pais, ou talvez fique tentado a fazer isso. Com situações familiares difíceis, é útil conversar com um terapeuta ou com outras pessoas codependentes em recuperação.

Fatos para recordar

LEMBRE-SE

Curar um relacionamento começa com você — seus sentimentos e atitudes. Às vezes, basta trabalhar em si mesmo (veja o Capítulo 8). Às vezes, é necessário perdoar ou conversar. Em muitos casos, os pais estão mortos, mas isso não quer dizer que você não pode curar os sentimentos que têm sobre o relacionamento. Veja algumas coisas em que pensar quando o assunto é sua família:

- » Seus pais não precisam se curar para você ficar bem.
- » Cortar relações não cura nada.
- » Você não tem que gostar de seus pais, mas é provável que ainda os ame.
- » Adicção ativa ou abuso de um dos pais pode ser um gatilho para você. Imponha limites e pratique o desapego, abordado no Capítulo 12.
- » Você não pode mudar ou salvar membros da família.
- » A indiferença é o oposto do amor, não a raiva ou o ódio.
- » Odiar alguém interfere no amor por si mesmo.
- » Raiva e ressentimentos não resolvidos o magoam.

Relacionando-se com Amigos

Seus sintomas de codependência (veja o Capítulo 3) também aparecem nas amizades, mas em menor nível por causa da intimidade menor. À medida que sua autoestima e assertividade crescem, você pode observar coisas novas em suas amizades. Você segue um amigo a maior parte do tempo ou faz o oposto e assume o controle? Você tem uma relação que parece de mão única ou conhece alguém com quem tem problemas de sair do telefone? Você é capaz de compartilhar com seu amigo sua raiva ou decepção sobre uma amizade? Você tem um amigo que pensa toda hora como vítima? Repare se você ultrapassa limites

CAPÍTULO 14 **Relacionando-se**   247

com conselhos ou ajuda não solicitados e, então, se sente frustrado porque os problemas de seu amigo não mudam.

O programa de mútua ajuda sugere não aconselhar outros membros em recuperação e, em vez disso, compartilhar sua própria recuperação, experiência e esperança. Você pode avisá-los que se importa, mas que não tem perguntas, e, se concordarem, que eles participem de um programa de mútua ajuda ou busquem terapia. Essa é a melhor resposta.

Com alguns amigos, talvez você precise permitir que eles vejam mais de você na relação e, com outros, talvez tenha que impor limites. Se estiver irritado ou não quiser falar com ninguém, pergunte-se se é preciso impor limites. Impor novos limites aos amigos pode ser duro no começo, assim como em todo relacionamento, porque estão acostumados à velha dinâmica e podem se sentir magoados. Você pode explicar com carinho suas razões e sentimentos. Você está aprendendo a doar mais a si mesmo. Alguns amigos podem não entender, ou talvez descobrir que você se sente criticado, não ouvido ou controlado por eles. Pense se essas amizades acrescentam alguma coisa à sua vida.

Codependentes tendem a compartilhar os próprios problemas — o velho ditado se aplica: "A tristeza adora companhia." À medida que você muda, seus amigos também mudam. Talvez você descubra que prefere estar com pessoas mais assertivas e felizes com as próprias vidas. Você pode decidir abandonar velhos amigos disfuncionais ou limitar seu tempo com eles.

Tornando-se Antidependente

Na recuperação, você descobre novos medos e problemas. Agora que você experienciou mais independência, você tem medo de voltar ao modo antigo. É natural proteger sua autonomia recém-descoberta e ter cautela para não se perder em um relacionamento, mas, com frequência, os codependentes passam de limites fracos ou inexistentes a rígidos. Eles ficam *antidependentes*, desejando jamais depender de alguém novamente após abandonar um relacionamento não saudável. Eles ficam inflexíveis com compromissos ou constroem barreiras para se sentirem fortes e autossuficientes, dificultando uma aproximação. Eles acreditam que a dependência é uma "fraqueza" ou que não é saudável, não percebendo que faz parte da condição humana e que não há nada de vergonhoso nisso. Provavelmente nunca tiveram uma dependência saudável em relacionamentos duradouros e acolhedores. Isso gera problemas quando sua necessidade de autonomia entra em conflito com as necessidades de intimidade alheias. Por exemplo, eles nunca perderam uma reunião de mútua ajuda para passar o tempo com um amigo ou parceiro, ou usam trabalho, esportes, doença ou dor como desculpa para evitar a proximidade.

Se o crescimento continua, esse período bumerangue precede a *interdependência* saudável, em que dois adultos autônomos se permitem confiar e depender um do outro (veja os Capítulos 2 e 15); no entanto, alguns codependentes ficam presos aí e têm medo de intimidade e/ou de compromisso. Seguir os exercícios sugeridos neste livro para identificar e expressar suas necessidades e sentimentos de vulnerabilidade, além de praticar o cuidado consigo e impor limites, gera confiança em si mesmo e bem-estar com a intimidade e a dependência.

Namorando

Na recuperação, é natural desejar um relacionamento íntimo igualitário. O trabalho de recuperação eleva sua autoestima, então você se sente digno de amor e aprende habilidades relacionais. Quanto mais saudável você se torna, mais saudáveis são as pessoas com quem namora e mais capaz é de avaliar potenciais parceiros. O poder da codependência é forte, e é muito difícil resistir à repetição de padrões antigos. O melhor antídoto é trabalhar na sua recuperação e frequentar reuniões dos mútua ajuda. Livros sobre namoro existem aos montes, mas aqui estão alguns indicativos no que tange à codependência.

Tipos de relacionamentos

Há vários tipos de relacionamentos. Cada um satisfaz diferentes necessidades, com diferentes tipos de envolvimento. Eles variam de casual (o mais frequente) a casamento e compromisso de longa data (menos frequente), conforme mostrado na Figura 14-1.

Os relacionamentos mais comuns são os encontros casuais com conhecidos que você encontra em uma reunião ou atividade, como em eventos, ou com pessoas que conheceu enquanto desempenhavam uma função, como um caixa ou garçom. Codependentes com limites frágeis podem revelar detalhes íntimos das próprias vidas ou se sentirem responsáveis por ajudar os outros, negligenciando as próprias necessidades ou amigos. É legal ser generoso, mas é importante manter uma escolha e limites a respeito de quando e quem você ajuda.

Se você interage frequentemente com uma pessoa, ela se torna uma conhecida. Alguém que você conhece em uma palestra ou no cabeleireiro pode se tornar um conhecido, similar a um colega de classe, do time ou do trabalho. Se você decide socializar e sair com a pessoa, ela passa a ser uma parceira de atividade. A pessoa ainda não é uma amiga porque sua relação gira em torno de uma atividade específica, como um parceiro de golfe. À medida que você encontra essa pessoa e interage com ela, reúne informações sobre seu caráter e disponibilidade, e passa a respeitar suas necessidades e opiniões.

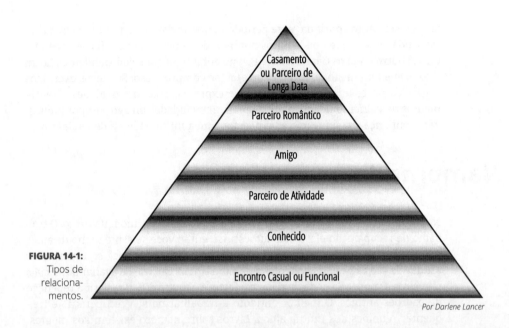

FIGURA 14-1: Tipos de relacionamentos.

Por Darlene Lancer

Quando você gosta da companhia de um conhecido, tem interesses comuns e passa a confiar nele, talvez queira subir um degrau e virar seu amigo, o que significa que agora você quer conversar e passar mais tempo junto, porque se sente bem. Vocês gostam de fazer coisas das quais *ambos* gostam. Vocês se envolvem na vida um do outro e oferecem apoio.

LEMBRE-SE

Amizades podem levar anos para se desenvolver. Se você espera que elas aconteçam nos poucos meses em que conhece alguém, talvez fique desapontado ao conhecer a pessoa mais a fundo.

Se você acrescenta sexo à equação, então tem um parceiro romântico, embora algumas pessoas façam sexo casual com um estranho, conhecido ou parceiro de atividade. Se você faz algo do tipo, é um engano esperar que, tirando o sexo, a pessoa queira passar um tempo com você, então talvez seja importante descobrir primeiro se vocês podem ser amigos. Caso contrário, você pode acabar se sentindo usado ou ficando decepcionado.

Você é quem determina o tipo de relacionamento que quer — um companheiro de atividade, parceiro sexual, um compromisso ou até casamento. Nem sempre é fácil decidir. Muitas vezes os codependentes ficam confusos, porque não se conhecem ou porque foram magoados no passado. Se não tem certeza se você quer um compromisso ou tem medos inconscientes, sua ambivalência provavelmente atrairá alguém que não seja certo para você ou que é incapaz de se conectar ou se comprometer emocionalmente. De qualquer modo, você ainda pode decidir se quer ou não continuar o relacionamento.

Conhecendo alguém

A atração física não diz nada sobre a integridade da pessoa ou sua capacidade de respeitá-lo e manter um relacionamento saudável. De maneira semelhante, uma pessoa pode ser muito atraente, ter sucesso e ser realizada, mas isso não evidencia como ela age em um relacionamento íntimo. Para fazer boas escolhas, baseie-se em conhecer e valorizar a si mesmo, suas necessidades e padrões e em conhecer a outra pessoa.

Namorar é uma oportunidade de reunir informações sobre alguém e de comunicar seus sentimentos, valores, desejos e necessidades. Você pode determinar se vocês são compatíveis e se seu namoro tem as qualidades necessárias para um relacionamento bem-sucedido (veja o Capítulo 15). Se você não está ciente de seus valores ou não os respeita, a atração sexual pode dominar e tentá-lo a se adaptar aos valores de seu namorado, em vez de compará-los aos seus. Depois de um tempo, você pode ficar infeliz por seus valores não combinarem com os de seu parceiro.

Aceitar a si mesmo significa não julgar nem negar suas necessidades ou valores para fazer um relacionamento funcionar. Algumas pessoas gostam de passar muito tempo juntas, enquanto outras precisam de mais espaço. Algumas são ativas e outras, caseiras. Algumas precisam de muito afeto e outras, não. Para algumas, a segurança é primordial. Algumas querem aventura, e outras, intimidade emocional ou constituir uma família. Perceba que você pode ser quem é e ter o que quiser sem desculpas ou sacrifício. Frequentemente, os codependentes têm medo de falar sobre as próprias necessidades e desejos, pois isso pode afastar seus parceiros, mas o melhor é que essas diferenças fiquem claras. Se você varrê-las para baixo do tapete, elas não desaparecerão. Mais tarde, elas podem causar dor e conflitos no relacionamento, quando você estiver mais envolvido, e fica mais difícil de terminá-lo.

Apaixonando-se

Os codependentes usam uma aproximação 8 ou 80 autodestrutiva para namorar. Ou você sente uma atração física intensa, aliada ao medo inerente do abandono, ou fica entediado e indiferente. Quando está interessado em alguém, você logo revela sua história, sentimentos profundos e segredos a fim de se sentir próximo. Quando o amor é compartilhado nos primeiros estágios de um relacionamento, você muda. Os limites se misturam e você se torna dependente rapidamente. Logo vocês abandonam hobbies e planos com amigos para ficar juntos.

Emocionalmente, você é catapultado para fora de sua personalidade normal para se tornar mais expansivo. Tensões e batalhas diminuem, e você se sente maravilhoso — generoso, gentil, brincalhão, feliz, seguro, vivo, forte, abençoado, aceitando a si mesmo e aos outros e conectado com o mundo. Algumas pessoas experienciam isso como momentos agradáveis, enquanto outras conseguem sustentá-lo durante horas, um dia todo ou mais. Tudo está bem — por um tempo. Só estar junto ou mesmo pensar em seu amado faz brotar esses sentimentos. Todo mundo quer *essa experiência!* O amor lhe permite se desprender das defesas, perder o controle e "cair" na corrente de sua própria energia e da própria vida. Você compartilha seu passado e sentimentos particulares, e se sente aceito e amado. Você acredita que suas orações e sonhos para o futuro podem finalmente ser realizados, que sua dor e solidão acabaram, e que esses sentimentos bons vão durar para sempre. Há muita esperança e expectativas sobre esse novo amor. Logo você para de ser honesto, e agrada e manipula a fim de proteger as sensações maravilhosas de quando estão juntos. Algumas pessoas se casam nesse estágio e devotam as próprias vidas umas às outras.

LEMBRE-SE

A realidade começa a se desgastar na grande experiência amorosa quando os conflitos, a consciência das diferenças e o mero estresse da vida aparecem. O medo de falar de um modo aberto e honesto leva à ansiedade e obsessão, e quando as coisas começam a incomodá-lo, em vez de abordá-las, você culpa a si mesmo ou ao seu namorado. Você tem mágoas que não tinha antes de vocês se conhecerem, e sente saudade dos sentimentos bons que tinha. Você quer *aquela experiência amorosa* de volta e não quer que seu parceiro vá embora, porque precisa de um relacionamento para se sentir calmo e vivo. Você começa a controlar e manipular o relacionamento, escondendo seus sentimentos verdadeiros para que continue vivo. Ainda assim, são precisamente essas táticas defensivas feitas para manter a relação que bloqueiam a magia que vocês descobriram juntos no início. Você começa a se perguntar "Eu deveria estar com essa pessoa?", "Somos compatíveis?" Você não fica mais contente por estar no presente e começa a se preocupar com o futuro. Talvez você não vá realizar seus objetivos educacionais ou de carreira, ou terá, agora, a responsabilidade de criar uma família. Sua personalidade normal e suas defesas almejam voltar porque elas o ajudaram a sobreviver. O que seria de você sem elas? Quem você seria? Certamente nada parecido com ninguém de sua família disfuncional.

LEMBRE-SE

Se há coisas boas o suficiente na relação, você não quer se desprender. Codependentes a mantém mesmo quando não há nada. Eles têm medo de ficar sozinhos de novo ou se sentem culpados demais por terminar o relacionamento. Você aplaca seu parceiro ou perde o interesse e se afasta por um tempo, a fim de evitar conflito e manter sua autonomia. Caso contrário, você pode discutir a relação e tentar mudar a pessoa com exigências, crítica ou culpa, ou talvez fique terminando e voltando. Você racionaliza suas dúvidas e espera que as coisas melhorem, mas não consegue nem ficar perto nem seguir em frente. Se conseguir se conectar com o amor e ignorar suas diferenças e preocupações ou se lhe derem um ultimato, você talvez se case. Como alternativa, você pode rapidamente seguir em frente com alguém novo ou passar um tempo sozinho para recuperar o Self que perdeu quando estava emocionalmente próximo.

Faça o seguinte:

» Dê tempo para conhecer alguém.

» Avalie o que seu parceiro diz sobre si e como ele trata os outros.

» Continue envolvido em seus hobbies e atividades com outros amigos.

» Mantenha o cuidado consigo, os encontros e sua prática espiritual, sobretudo quando se sentir carente ou com saudades de seu parceiro, em vez de contatá-lo de um jeito impulsivo.

» Preste atenção a comportamentos que o fazem se sentir inseguro, conforme descrito no Capítulo 15.

A Codependência e o Sexo

O sexo é uma forma de comunicação íntima. Os problemas que os codependentes têm em se comunicar se revelam no quarto. Quando há falta de intimidade emocional ou outros problemas no relacionamento, o prazer sexual geralmente é o primeiro a desaparecer. Em alguns casos, o sexo é a única forma de proximidade que o casal tem.

A paixão sexual o torna vulnerável, descontrolado e subjugado. É uma necessidade humana que depende da cooperação de outra pessoa. Insegurança ou crenças religiosas podem fazê-lo sentir-se ansioso ao abordar suas necessidades e preferências sexuais, mas é importante compartilhar suas fantasias, necessidades, desejos e aversões. Ainda assim, os codependentes acham difícil falar com franqueza e honestidade sobre qualquer assunto controverso — especialmente sexo. A tendência que têm em negar necessidades, esconder sentimentos, buscar o controle e culpar o outro ou a si mesmos contribui para problemas sexuais, portanto, o melhor é considerar um problema sexual como um problema do relacionamento, o que ele é, mesmo que comece como um problema individual. Dificuldades variam de impotência, frigidez e desejo reprimido até adicção em sexo. A adicção em sexo, como a adicção em comida, ultrapassa a linha da necessidade para a compulsão, e o sexo ou certos atos sexuais viram uma droga que se torna um hábito, apesar das consequências negativas.

Perder o interesse pelo sexo em um relacionamento em que ele era bom é uma forma passiva de expressar raiva. Expressá-la de forma assertiva pode fazê-lo recuperar a libido. Se você estiver reprimindo a raiva, antes que o sexo possa voltar a ser seguro e satisfatório, ela precisa ser abordada. Para que o sexo seja saudável e gratificante, ambos os parceiro precisam ter autoestima, limites, estar receptivos à troca e respeitar suas diferenças — os segredos dos relacionamentos saudáveis (veja o Capítulo 15).

Autoestima sexual

Não conseguir relaxar causa ansiedade em relação ao desempenho sexual. A vergonha pode reprimi-lo e fazê-lo se preocupar com sua aparência e/ou performance. A autoestima lhe permite se desinibir e se expor emocional e fisicamente. Pratique a meditação e o mindfulness (veja o Capítulo 11) e tire seu Crítico (veja o Capítulo 10) do quarto. Isso o deixará mais relaxado para se soltar e desfrutar de si mesmo — da forma como o sexo deve ser.

DICA

À medida que sua autoestima aumenta, você se torna mais assertivo sobre a intimidade, o que é essencial para o sexo satisfatório. Estudos mostram que mulheres que são mais assertivas sexualmente obtêm maior prazer e autoestima sexual. Com frequência, a inabilidade de falar sobre o que você quer sexualmente, do que precisa e do que não gosta gera problemas, impedindo-o de aproveitar o sexo e o afastando. Tente compartilhar seus medos e preocupações com seu parceiro. Fale sobre suas fantasias e do que gosta na cama; pode ser mais fácil do que dizer o que você não aprecia.

Limites

LEMBRE-SE

Limites lhe permitem se sentir seguro e se aproximar, sem medo de perder sua autonomia e liberdade, magoar-se ou se sentir sufocado. Esses medos causam impotência, frigidez e desinteresse. Você talvez evite completamente o sexo porque não se sente à vontade para impor limites dentro ou fora do quarto. Se estiver se sentindo controlado, desrespeitado ou humilhado, ou se vivencia abuso emocional ou físico, há uma boa chance de isso afetar o sexo pela falta de segurança e confiança. Passe a impor limites (veja o Capítulo 13).

Reciprocidade

O sexo saudável envolve desejo e vontade de ser desejado, e também de dar e receber prazer. Alguns codependentes negam seus desejos e fazem sexo como um dever, sem envolvimento emocional. Quem gosta de agradar ou cuidar, com frequência, desempenha esses papéis durante o sexo. Eles só ficam confortáveis doando, porque receber faz com que se sintam vulneráveis e expostos demais, ou fora de controle. Doar os ajuda a ficar no controle e focados no parceiro.

Aceitação

Para se aproximar, é preciso respeitar as diferenças. Idealizar alguém no início do relacionamento, antes de conhecer bem, resulta em decepções e dificuldade de aceitar a pessoa quando se encara a realidade. O sexo de repente se torna banal ou você perde o desejo. Alguns casais se excitam com brigas, drama ou insegurança. Os relacionamentos, o que inclui sexo satisfatório para ambos, exigem aceitação e, às vezes, negociação de preferências e necessidades.

Começando um relacionamento sexual

Sexo e namoro são um campo minado para codependentes com limites e autoestima frágeis. Homens e mulheres usam a sedução para esconder seus medos de inadequação e de não saberem ser autênticos e íntimos. O seduzido pode interpretar a atenção como mais do que atração sexual e manipulação. Com frequência, mulheres têm dificuldades de dizer não ao sexo que não querem, pois se sentem responsáveis pelas necessidades sexuais do parceiro ou porque têm medo do término. Fazer sexo por esses motivos diminui sua autoestima. O sexo se torna um substituto da intimidade, a fim de reduzir sentimentos de depressão e solidão. A verdadeira intimidade exige tempo juntos, autoestima, habilidade e confiança (veja o Capítulo 15).

AUTODESCO-
BERTA

Antes de fazer sexo com alguém que você namora, pense no seguinte:

- » Quais são seus desejos e expectativas sobre um relacionamento sexual? Você quer um relacionamento exclusivo?
- » Se você não abordou isso com seu parceiro, por que não?
- » Como fazer sexo o afetará emocionalmente?
- » Quais são os riscos à saúde? Descubra se seu parceiro tem uma infecção sexualmente transmissível (IST). Revele se você tiver. Aborde a proteção.

Conheça as ISTs. A maioria das pessoas não sabe que está infectada. Somente um teste pode revelar. A infecção pode ser transmitida mesmo quando não há nenhum sintoma presente.

LEMBRE-SE

- » Aborde o uso de métodos contraceptivos.

DICA

Pense no namoro como um laboratório para aprender mais sobre si mesmo. Perceba como você se sente quando é tocado — não apenas sensações prazerosas, mas também seus pensamentos e emoções. Diferencie sentimentos de excitação e medo, que podem parecer similares. Só você tem o direito de decidir se alguém pode tocá-lo. Se começar a racionalizar sensações, pensamentos ou sentimentos negativos, seu corpo está lhe sinalizando: "Pare!" Pratique ouvir e verbalizar essa palavra.

CUIDADO

Nunca faça sexo:

- » Se estiver com medo.
- » Se você se sentir culpado em dizer não.
- » Se você se sentir obrigado ou pressionado.
- » Para conquistar o amor de alguém.
- » Para mudar ou manipular alguém.

A atração sexual e o apego o levam a negligenciar os sinais vermelhos. E, no relacionamento, os mesmos aspectos dos quais gostou podem se tornar problemas. Veja o Capítulo 15 sobre o que procurar e o que evitar ao começar um relacionamento.

Adicção

Todos os problemas mencionados até agora nesta seção são exacerbados e complicados pela adicção. Com frequência, os dependentes não estão emocionalmente presentes durante o sexo. O álcool prejudica o desempenho masculino, deixando ambos os parceiros frustrados. Falhas repetidas minam a relação e tendem a fazer os parceiros evitarem o sexo. O companheiro do alcoólico pode se sentir desmotivado com a bebedeira e recusar o sexo ou consentir por medo ou senso de obrigação, o que gera ressentimento.

Outra dinâmica é o Azarão dependente (veja o Capítulo 3) olhar para o cônjuge Alfa como alguém forte e firme em quem depender, como um pai ou mãe. O dependente talvez idealize o Alfa como um santo, comparado com a aversão de si mesmo, e provoque a repreensão ou punição do Alfa para aliviar a culpa. Mesmo que o Alfa não o repreenda, o Azarão dependente acredita que está sendo julgado e pode evitar o sexo por conta de sentimentos de desmerecimento. Desnecessário dizer que o homem dependente não quer fazer sexo com sua mãe disciplinadora. A culpa relacionada à impotência induzida pelo álcool também pode levar um dependente de álcool a se afastar.

No início da sobriedade, se o dependente em recuperação tem vergonha e culpa em admitir a própria adicção e a conduta passada, alguns dos padrões sexuais do passado podem continuar. O cônjuge do dependente talvez não consiga relaxar e aproveitar o sexo com o cônjuge recentemente sóbrio, ou evite-o depois da sobriedade — às vezes, de maneira inconsciente — para punir o dependente pelo passado ou para permanecer no controle.

> **NESTE CAPÍTULO**
>
> » Compreendendo os tipos de relacionamentos
>
> » Identificando o que faz bons relacionamentos
>
> » Distinguindo a verdadeira intimidade da codependente
>
> » Lidando com a solidão

Capítulo 15

Fazendo os Relacionamentos Funcionarem

R elacionamentos saudáveis são minoria nos Estados Unidos. Na verdade, a maioria é disfuncional — provavelmente cerca de 80%. Então, "normal" não significa necessariamente saudável. Infelizmente, a mídia incentiva relacionamentos disfuncionais. Histórias de amor falam sobre paixão, e o casamento é o final feliz. Na realidade, isso é só o começo. Este capítulo descreve os critérios e as habilidades necessárias que fazem os relacionamentos funcionarem. A intimidade é a força vital das relações, e exploro esse tópico. Por fim, dou algumas dicas para lidar com a solidão.

Receita para Relacionamentos Saudáveis

LEMBRE-SE

Um relacionamento saudável de longa data não preocupa seus pensamentos. Ele se torna plano de fundo em vez de plano principal. Ele é um apoio em sua vida, como a bateria que permite que o relógio funcione. Se você precisa verificá-la continuamente, não está aproveitando o relógio — que é sua vida. A bateria não precisa de conserto, apenas de recarga, e de maneira semelhante a manter um nível de habilidade ou cuidar de seu animal de estimação, até as relações saudáveis exigem tempo e cuidado.

Você não controla por quem se apaixona, mas escolhe com quem passar seu tempo e se comprometer. A maioria das pessoas está apaixonada quando se casa. Mas isso não dura para a multidão que se divorcia a cada ano, porque o amor não resolve problemas maritais nem prediz o sucesso de um relacionamento. Além do amor, você precisa lidar com o processo de se relacionar — como vocês tratam um ao outro, comunicam-se e tomam decisões juntos. O processo dos relacionamentos e o comportamento que os fazem durar exigem mais do que o aspecto sentimental do amor. Misturar esses componentes causa problemas. Quando você acusa seu parceiro de não o amar porque ele quer um tempo só ou discorda de você, está confundindo seus sentimentos com o processo.

LEMBRE-SE

Amor e ódio andam lado a lado. Não é anormal sentir hostilidade intensa por seu companheiro. Quando você vive com alguém, com o tempo há decepções constantes, pequenas e grandes. Ao se abrir ao amor e à intimidade, você se abre a ser magoado e decepcionado. Se há boas compensações suficientes no relacionamento, você pode falar sobre isso, se desprender e deixar a dor para trás.

Um Self saudável

Muito do trabalho de recuperação e da construção da autoestima é consertar e aprofundar sua individuação — tornar-se um Self completo. O processo de individuação (veja o Capítulo 7) em desenvolver um Self psicologicamente saudável e autônomo é deficiente em crianças codependentes, e afeta sua habilidade de ter relacionamentos íntimos satisfatórios.

Individuação e relacionamentos

Outra maneira de olhar para a individuação é o nível em que você curou mágoas de infância e aumentou sua capacidade de pensar e perceber claramente o mundo e as outras pessoas como separadas de você mesmo e no presente, não filtradas através de crenças, regras e experiências que têm origem em seu passado. Ao concretizar isso, você responde mais com base em si mesmo e não personaliza opiniões, necessidades e sentimentos alheios. Você fica menos reativo a gatilhos de experiências da infância. A individuação também significa que você vê e aceita seus pais por quem eles são, sem idealização, tristeza ou ressentimentos.

Há três premissas sobre individuação e relacionamentos:

1. **Você consegue atuar mais facilmente e é mais feliz em seus relacionamentos no nível em que desenvolveu seu Self e sua autoestima. Isso significa que você está mais individuado.**

2. **Quanto maior sua individuação, maior sua intimidade. A verdadeira intimidade tem base na proximidade, não em similaridade ou unicidade.**

3. **Você escolhe um companheiro praticamente no mesmo nível de individuação. Você pode continuar a crescer e se individuar ainda mais.**

Para um relacionamento ser bem-sucedido, é preciso haver dois indivíduos separados que se encontram para formar um casal, que não é uma mistura ou fusão. Há três entidades distintas: eu, você e nós.

Querendo proximidade ou autonomia

Com menos individuação, os codependentes enfatizam o "nós" ou o "você" dos relacionamentos, e perdem o "eu" de vista. Eles vão da atração física ao pensamento de que *nós* somos um casal, às vezes ignorando se a outra pessoa concorda. Normalmente, eles querem passar todo o tempo juntos, deixam amigos e interesses, e com frequência esperam que o parceiro tenha os mesmos interesses. Eles se magoam com facilidade se o parceiro quiser fazer alguma coisa de maneira independente. A maioria dos codependentes pensa que a relação ideal é quando "nós" somos "um". Ignorar as diferenças e a autonomia, ambas essenciais para relações de sucesso, resulta em falta de respeito e tentativa de controlar, mudar ou consertar o parceiro. Por outro lado, há codependentes cujo Self é muito ameaçado pela proximidade, e eles enfatizam o "eu", excluindo o parceiro. Sua autonomia ainda é frágil, e eles são receptivos ao controle. Alguns são distantes e evitam intimidade, mas ainda são codependentes.

A maioria dos medos que desafia o amor gira em torno de quão inteiro e seguro é seu Self individual e do quanto você se sente digno de ser amado. Paradoxalmente, quanto mais autonomia você tem, mais capacidade de intimidade você tem. Sem autoestima e autonomia, você se pergunta "Serei magoado?", "Estarei seguro?" ou "Vou me aprisionar?" Em geral, isso é inconsciente, mas quase sempre se resume a "Vou conseguir amor suficiente ou serei abandonado?" ou "Vou perder minha autonomia ou ser sufocado?" Ficar ligado a alguém é normal e saudável, mas o pensamento de se tornar dependente pode ser aterrorizante, assim como o medo de que suas insuficiências possam desapontar a outra pessoa. Se não se sente digno de amor, você afasta seu parceiro. Se tem medo de ficar só, você se prende ao relacionamento.

Brigas de poder ocorrem por causa de parentes, tarefas domésticas, decisões sobre a carreira ou onde morar; mas, se você olhar com mais profundidade, um dos parceiros pergunta se ele (geralmente homens) tem que abandonar a independência excessiva ou se ela (geralmente mulheres) é importante o bastante para ele. Seu relacionamento pode ficar parado — às vezes, a vida toda — nesse estágio de disputas por poder e descontentamento mútuo, em que você acha que seu parceiro é o problema. Veja a seção "Navegando pela Autonomia e Intimidade", neste capítulo.

Pessoas em relacionamentos saudáveis buscam proximidade, não unicidade. Elas priorizam o relacionamento, mas gostam do restante das próprias vidas e não se negligenciam. Há discórdias e compromissos, autonomia e proximidade. Quanto mais você desenvolve seu "eu" individual, mais consegue tolerar tanto a proximidade quanto a autonomia (veja o Capítulo 3).

Ingredientes essenciais

LEMBRE-SE

Parceiros saudáveis não querem intensidade nem o drama, as brigas ou o medo do abandono que cria essa exuberância. Eles desejam contentamento. Eles não são dependentes em altos e baixos e naquela adrenalina de términos, retornos, medo e sexo louco. Eles evitam a adicção, a infidelidade, alguém com problemas demais, ou quem é desonesto ou abusivo. O ponto é que você deseja se sentir seguro não somente do dano físico, mas também para ser você mesmo.

DICA

Você pode achar que uma pessoa dessas é um achado. Talvez sim — talvez não. Antes de o negócio ficar sério, procure alguém que:

- » Seja seguro.
- » Tome conta de si mesmo e não precise ser socorrido.
- » Trate você e os outros com respeito.
- » Seja fiel e digno de confiança.
- » Queira passar tempo junto.
- » Valorize você e o relacionamento.
- » Tenha conexões com outros amigos e com a própria família.

Os codependentes às vezes confundem a excitação com a ansiedade de não se sentir seguros, porque é familiar e reminiscente da falta de segurança em suas famílias quando crianças. Qualidades pessoais que criam segurança e confiança formam o básico. A Tabela 15-1 compara aspectos pelos quais procurar, que constroem ou rompem relacionamentos.

TABELA 15-1 Receita de Relacionamentos

Seguro	Arriscado
Confiável	Imprevisível, não mantém a palavra
Honesto	Evasivo, desonesto
Respeitoso	Rude, indigno, omisso, mandão
Escuta	Preocupa-se, interrompe, ignora
Aceitação	Julga, rejeita
Abertura	Mantém segredos
Contato visual	Sem contato visual
Limites claros	Inapropriado, invasivo, rígido
Incentivo	Competitivo, indiferente
Autêntico	Falso, conta vantagem, palavras e ações não combinam
Cuidadoso	Autocentrado
Pratica o autocuidado	Negligencia-se
Compromete-se	Rígido, inflexível
Permite	Controla
Doador	Egoísta, carente, sonegador
Compreensivo	Frio, insensível

Relacionamentos que duram

LEMBRE-SE

Para superar disputas por poder, você precisa ter autoestima o suficiente para manter sua identidade. Com um Self mais forte, você não teme que ele vai desintegrar se for rejeitado ou ficar sozinho, nem tem medo de perdê-lo ao se aproximar e se abrir. Quando seu Crítico fica quieto (veja o Capítulo 10), você se sente digno de amor e não o rejeita quando ele aparece; caso contrário, você continua um perseguidor ou distanciador — perseguindo alguém indisponível que não consegue ou não quer amá-lo, ou então entediado ou descobrindo falhas em alguém que o ama. Relacionamentos duradouros exigem mais que o básico. Eles envolvem:

» Desenvolver seu Self e autoestima.
» Criar segurança.
» Ser realista.

CAPÍTULO 15 **Fazendo os Relacionamentos Funcionarem** 261

- » Comunicar-se de maneira assertiva.
- » Aceitar as diferenças um do outro.
- » Tomar decisões juntos.
- » Resolver juntos os problemas.
- » Passar tempo de qualidade juntos e separados.
- » Dar e cooperar.
- » Ter necessidades e valores compatíveis.
- » Compartilhar uma visão comum.
- » Manter as amizades.

Casais tentam, mas não conseguem, manter e expressar essas qualidades com perfeição, não o tempo todo e, às vezes, nem mesmo bem. Você fica magoado, com raiva e decepcionado, e apesar de suas boas intenções, ambos querem e não querem magoar o parceiro. Vocês dão seu melhor, e às vezes seu melhor é seu pior. Então você perdoa a si mesmo e ao outro.

Desenvolvendo seu Self e sua autoestima

Quanto maior é seu senso de Self e sua autoestima, mais bem-sucedidos serão seus relacionamentos. Casais em que cada um tem uma identidade independente continuam a focar e buscar objetivos individuais e crescimento. Quando você encontra sustento em sua relação e por si mesmo, você é mais capaz de doar, o que alimenta sua intimidade como casal. Com autoestima elevada, você não espera nem precisa de muita validação e apoio. Se sua autoestima é baixa, você deposita exigências irreais em seu parceiro para fazer você feliz e se sentir bem consigo mesmo. Essas responsabilidades são suas. Por isso trabalhar em si mesmo pode realmente melhorar seus relacionamentos.

A autoestima também lhe permite se abrir sem ficar com vergonha de se revelar. Você não ficará tão sensível à crítica e às diferenças, ou tão ameaçado pela proximidade ou autonomia. Você não tem tanto medo de ser rejeitado, porque pode caminhar com as próprias pernas. Ao sentir-se livre para ir embora, você não tenta agradar ou mudar as pessoas, mas desfruta da companhia delas e negocia o que quer.

Criando segurança

A segurança é algo básico e se reflete nos outros ingredientes de um relacionamento saudável, como comunicação saudável e resolução de conflitos, que incluem respeito, escuta e não abusar do parceiro. Essas qualidades o estimulam a se sentirem seguros e a serem abertos um com o outro, em vez de se manterem em silêncio, afastarem-se e ficarem magoados. Quando se sente seguro, você é livre para ser você mesmo. Se um de vocês está passando por tempos difíceis, você sabe que o relacionamento é um porto seguro e que vocês estão lá para apoio mútuo. Se você não é confiável e não cumpre compromissos e promessas, não se pode contar com você. Isso arruína a confiança e a boa vontade que fundamentam a segurança.

Sendo realista

Casais felizes são realistas sobre as expectativas de cada um e sobre o relacionamento. Eles aceitam a responsabilidade de se fazerem felizes e não esperam que a fase inicial do romance e o fascínio durem para sempre, porque não dependem do relacionamento para se completarem. Eles sabem que isso não vai preencher todas as suas necessidades, que a perfeição não existe, e que os relacionamentos têm problemas e desafios. Eles têm disposição para conversar e resolver as coisas.

Comunicando-se com assertividade

A comunicação saudável em um relacionamento saudável envolve compartilhar sua experiência *interna* presente, ouvir a outra pessoa e, então, compartilhar sua experiência *interna* presente sobre o que ouviu (veja os Capítulos 3, 9 e 13). Repare que isso inclui ouvir e fazer afirmações que incluem "eu", essenciais para que os relacionamentos durem. A comunicação assertiva envolve impor limites e pedir aquilo de que precisa e que deseja, sem expectativas ocultas, que podem ser ouvidas como uma exigência sutil. Praticar o cuidado e a responsabilidade consigo mesmo o motiva a compartilhar seus sentimentos, dizer não e fazer pedidos sem reagir, manipular ou punir a outra pessoa quando não conseguir a resposta que deseja.

A comunicação saudável também dá espaço para raiva e discórdias, mas vocês têm regras básicas consensuais. Vocês evitam a comunicação abusiva e não se atacam ou se depreciam, nem acusam, resmungam, interrompem ou criticam. Ambos concordam em dar um tempo na conversa se a raiva começa a aumentar, mas se desprendem ou falam sobre as coisas e não acumulam mágoas.

Aceitando as diferenças um do outro

Diferenças são garantidas em relacionamentos. Casais felizes sabem disso. Eles se respeitam e aceitam as diferenças um do outro. Quanto maior é seu senso de Self, maior sua habilidade de tolerar diferenças sem ficar com raiva, fingir que elas não existem ou tentar mudar a outra pessoa. Em geral, depois de cerca de seis meses com alguém, as qualidades e os comportamentos de que você não gosta começam a incomodá-lo. A aceitação não significa que você concorda, nem que você tolera ou é conivente com o comportamento doloroso ou com o abuso, mas a aceitação é necessária se você não quiser viver infeliz convivendo com uma característica ou um hábito que não consegue tolerar (veja o Capítulo 12). Não espere que a pessoa mude por você! Se ela mudar, talvez não demore muito até seu comportamento habitual retornar. Você ainda pode determinar sua questão-chave e decidir se aceita a pessoa *por completo*.

Tomando decisões e resolvendo problemas juntos

Como as diferenças são inevitáveis, você precisa desenvolver habilidades de resolução de problemas (veja o Capítulo 13). Alguns casais evitam o conflito ignorando problemas, deixando que a outra pessoa tome as decisões ou dividindo áreas de responsabilidade. Essas estratégias podem levar à repressão de mágoas, que alimenta o desespero e cria obstáculos, e então irrompe sem resolução, reforçando novamente mais distanciamento e desespero. Esses casais têm medo de se magoarem de novo, ficam retraídos e operam em um nível funcional sem intimidade real.

Casais que se comunicam e resolvem problemas de maneira efetiva conseguem respeitar e abordar as diferenças uns dos outros sem acusar ou desistir do próprio posicionamento. Eles buscam o acordo porque valorizam a felicidade uns dos outros e percebem que ela é crucial para a sua própria e para o bem-estar da relação. Em vez de os problemas os separarem, eles adquirem compreensão mais profunda e proximidade através da resolução de problemas.

Passando tempo de qualidade juntos e separados

Se vocês querem um relacionamento íntimo estimulante, passem tempo juntos fazendo algo que ambos possam aproveitar. Pode ser algo simples, como conversar, ou tão complexo quanto desenvolver um projeto em comunidade. É mais fácil encontrar mutualidade se vocês compartilham hobbies ou interesses ou uma busca conjunta, mas interesses comuns não são uma necessidade para um bom relacionamento, contanto que ambos arranjem tempo para ficar juntos. A mutualidade sem os outros componentes de relacionamentos bem-sucedidos é insuficiente.

Igualmente importante é aproveitar interesses, trabalho e amigos sem seu parceiro. Você se renova e traz energia e experiências novas ao relacionamento. Você não está usando a relação como única fonte de estímulo, o que a consome. Tempo de qualidade separados também faz você sentir saudades do parceiro, mantendo o romance vivo.

Dando e cooperando

Em relacionamentos que funcionam, os casais sabem que sua felicidade depende de fazer o parceiro feliz. Eles fazem o melhor para cooperar quando o parceiro faz um pedido. Por serem capazes de tomar conta de si mesmos e se estimularem,

264   PARTE 3 **Curando Suas Relações com os Outros**

não há disputa por poder ou competição para ver as necessidades de quem são atendidas. Eles se sentem suficientes e são capazes de dar sem expectativas. A cooperação não os diminui nem os esgota. Na verdade, ao dar eles recebem. Eles também não têm medo de dar, porque conseguem dizer não quando for o caso.

Tendo necessidades e valores compatíveis

Em geral, a necessidade de proximidade e novidades são similares entre casais satisfeitos. Se você quiser mais proximidade que seu parceiro, talvez se sinta sempre infeliz e rejeitado. Por outro lado, se quiser maior autonomia, talvez se sinta sufocado. Em ambos os casos, o motivo não é pessoal, mas um reflexo de prioridades diferentes entre você e seu parceiro. Perceber isso pode ajudá-lo a aceitar suas diferenças. Parceiros que fazem de novas experiências uma prioridade alta são mais felizes, porque estão sempre aprendendo e trazendo ideias e experiências inovadoras ao relacionamento. Se um parceiro gosta de experiências novas, a relação pode funcionar se o outro acompanhar.

Seus valores não precisam ser os mesmos, mas compatíveis o suficiente para poderem sobreviver em longo prazo. Vocês não precisam ter as mesmas crenças políticas ou religiosas para serem felizes juntos, a menos que seus valores nessas áreas sejam fatores decisivos, mas é vital que vocês respeitem mutuamente os valores um do outro. Há vários outros valores, como fidelidade e segurança. Em relacionamentos que funcionam, a honestidade e a fidelidade são prioridades altas. A confiança é essencial e, uma vez quebrada, leva tempo para restaurar.

O quanto você valoriza sua segurança também impacta seu relacionamento. Se seus valores em relação à segurança não combinam, isso pode levar a problemas em fazer mudanças e em decisões financeiras. Se um parceiro quer viver o agora, vender tudo e viajar pelo mundo, e o outro quer pagar a hipoteca e poupar para o futuro, o que se arrisca mais se sente confinado, e o cônjuge conservador se sente inseguro. Ambos pensam que o outro está errado, e nenhum fica feliz.

AUTODESCO-BERTA

Priorize uma lista de valores com seu parceiro (veja o Capítulo 9). Identifique a quais de suas necessidades e valores é dada a mesma prioridade. Discuta suas diferenças e como chegar a um acordo.

Compartilhando uma visão comum

Ter uma visão de futuro em comum os ajuda a construir o futuro juntos, seja uma família, um negócio ou uma casa de repouso. Isso os consolida em uma unidade que inclui ambos. Também direciona sua atenção e compromisso a algo maior que vocês mesmos, em que ambos estejam trabalhando. Pense na empolgação que pode ser gerada quando estão trabalhando em equipe — seja uma equipe atlética ou um trabalho com outras pessoas em uma campanha política, ou uma comunidade, um trabalho ou projeto criativo. Pessoas que trabalham juntas com frequência se conhecem e se apaixonam pela sinergia do entusiasmo compartilhado.

Mantendo amizades

Manter amizades fora do relacionamento é essencial para codependentes, cujos relacionamentos próximos tendem a ser fechados. Pode haver uma sensação de confinamento (veja o Capítulo 7). É irreal esperar que uma pessoa compartilhe todos os seus interesses e atenda a todas as suas necessidades de companhia, apoio e proximidade. Estimulem as amizades de fora um do outro e integrem seus amigos ao relacionamento. Com sorte vocês encontram outros casais com quem fazer as coisas.

AUTODESCO-
BERTA

Reveja seus relacionamentos presentes e passados, e compare-os com as características mencionadas nesta seção, então responda o seguinte:

» As qualidades que você está procurando em um parceiro mudaram?

» Seus relacionamentos melhoraram com o tempo? Como?

» Se você está em recuperação, de que maneira o que aprendeu mudou seus relacionamentos?

» Qual percentual de seu tempo e de energia mental está focado em você e no seu parceiro?

» Quais habilidades ou atitudes você precisa aprimorar para ter relacionamentos mais saudáveis?

Navegando pela Autonomia e Intimidade

Todo mundo tem necessidades duais de autonomia e intimidade. A maioria dos problemas de relacionamentos gira em torno de negociar como você satisfaz suas necessidades de proximidade física e emocional e suas necessidades individuais, que incluem necessidade de autonomia, objetivos de carreira, hobbies pessoais, amigos particulares, criatividade, espiritualidade e assim por diante. Em seu livro *Intimate Partners*, Maggie Scarf destaca cinco tipos de relacionamentos, com base no nível de individuação dos parceiros. Os níveis foram originalmente categorizados por Stuart Johnson, mestre em Trabalho Social, e estão renomeados aqui (veja a Figura 15-1). Repare que o nível cinco é o mais baixo, e o nível um é o mais harmonioso e individuado. A maioria dos casamentos varia entre os níveis dois e três — em que o dois é o mais contente e o quatro, o mais conflituoso e disfuncional. Seu relacionamento pode variar dependendo de seu estresse, o que pode fazer com que vocês caiam para um nível mais baixo de funcionamento por conta do medo e de menos cuidado em geral.

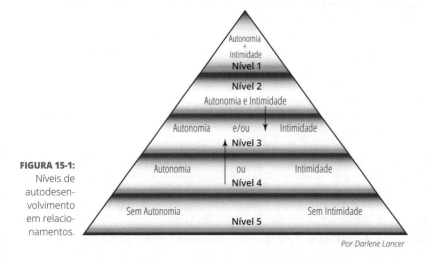

FIGURA 15-1: Níveis de autodesenvolvimento em relacionamentos.

Por Darlene Lancer

Nenhum Self — Nível cinco

Neste nível, você sofre quando o assunto é relacionamento. Seus limites são tão frágeis que, sozinho, você se sente perdido e com medo de não conseguir sobreviver em um mundo que entende como indiferente (veja o Capítulo 3). Talvez você se sinta deprimido, vazio, solitário ou despedaçado. Você espera estar com alguém que valorize sua existência e o faça se sentir relevante, mas se aproximar também representa problemas. Sua falta de limites torna relacionamentos próximos assustadores, porque você se perde neles. Talvez você se sinta sufocado ou consumido, ou apenas não seja capaz de manter as próprias opiniões, sentimentos e identidade. Essa não é uma avaliação teórica, mas um processo bem visceral e automático. Você precisa afastar seu parceiro para se preservar. Você se sente mal tanto dentro quanto fora de um relacionamento. Em ambos os casos, sua sobrevivência parece ameaçada. Neste nível, o problema da autonomia e da proximidade é insolúvel. Há dor e drama em excesso, e os relacionamentos são muito instáveis.

Buscando e se afastando — Nível quatro

No nível quatro, você é capaz de experienciar tanto a autonomia quanto a proximidade, mas de forma excludente. Você experiencia uma por vez, enquanto a outra opera de maneira inconsciente. Por conta própria, você se sai melhor do que no nível cinco, mas em um relacionamento seu parceiro põe em prática a necessidade que você reprimiu e "separou" de seu consciente. Em terapia conjunta, com frequência um dos parceiros (o que procura) queixa-se de que o outro (o que se distancia) não arranja tempo para se aproximar. Nem o que procura nem o que mantém distância está ciente das próprias necessidades de autonomia e espaço. O que mantém distância cria mais autonomia para o que procura, o que ele conscientemente não quer, mas que satisfaz a necessidade inconsciente de autonomia que o que procura tem. Esse último cria mais proximidade para o que se distancia, que ele conscientemente evita, mas que precisa inconscientemente. Mesmo assim, eles são infelizes e culpam um ao outro. O que mantém distância pode se sentir claustrofóbico ou pressionado e querer criar ainda mais distância, enquanto o que procura se sente abandonado e rejeitado, e procura com mais vigor. Nenhum dos dois está ciente de que parte de si mesmo está projetada no parceiro e é atuada por ele.

EXEMPLO

Às vezes, a verdade é revelada quando um parceiro faz o papel do outro. Por exemplo, um marido queixa-se de que a esposa não quer sexo. Por sugestão de uma amiga, ela busca mais sexo. Para sua surpresa, sempre que procura, o marido dá uma desculpa. Eles fizeram um acordo inconsciente de renunciar a intimidade sexual. Ela era o contraponto do marido, que conseguia preservar o orgulho e a virilidade, inconsciente de seus medos de intimidade.

Separando e unindo — Nível três

Se existe abuso ou adicção, é difícil avançar além do nível dois, que exige reflexão e consciência dos sentimentos. No nível três, quando você é provocado por emoções, ainda pode achar que seu parceiro é o problema, mas depois consegue falar a respeito e reconhecer os sentimentos dentro de si que projetou em seu parceiro. Você *separa* a necessidade inconsciente de autonomia ou intimidade, mas então a integra ou une de volta de maneira consciente. Em outras palavras, quando você reflete sobre sua experiência, é capaz de sentir as próprias necessidades e sentimentos conflitantes. A necessidade de proximidade ou autonomia não é de seu parceiro, mas você pode reconhecer que ela vive dentro de você. Isso dá permissão para uma conversa íntima e para compartilhar sentimentos sem culpa. Você pode falar sobre medos de perder sua individualidade e autonomia, bem como de sua necessidade de proximidade e intimidade. Conversar diminui potenciais discussões, estimulando-o a se comprometer com seu companheiro. Como o conflito está dentro de você, talvez você descubra soluções nunca antes imaginadas. Na terapia de casal, com o tempo, você tem mais experiências no nível três e será capaz de se modificar por conta própria.

No exemplo anterior sobre sexo, a esposa não somente pediria sexo, mas também sentiria seu desejo e seria capaz de abordar suas necessidades conflitantes de intimidade e passar um tempo sozinha com interesses pessoais, como ler um romance ou conversar com um amigo. O marido poderia reconhecer a ansiedade em relação à proximidade e satisfazer o desejo dela e o próprio de estar só, o qual ele tem medo de admitir para si mesmo e para a esposa.

Incluindo os opostos — Nível dois

No nível dois, em vez de experienciar intimidade e autonomia como mutuamente excludentes, como no nível quatro, você percebe que elas são opostas em um contínuo. Você está ciente de seus sentimentos conflitantes e assume a responsabilidade por eles na maior parte do tempo, e batalha para equilibrar suas necessidades duais de proximidade e autonomia. Nenhuma das duas o assustam, e você pode abordar e falar sobre ambos os lados da moeda ao tomar decisões. Você não impõe expectativas, culpa ou faz exigências ao parceiro, já que é capaz de sobreviver emocionalmente por conta própria. Também não agrada seu parceiro sem pesar o custo para si mesmo. O acordo não é tanto com seu parceiro como dentro de si mesmo; no entanto, você ainda experiencia o acordo como o abandono de uma necessidade para satisfazer a outra.

Você é capaz de incluir ambivalência e opostos dentro de si, o que oscila no relacionamento. Há um senso muito maior de fluidez e escolha. Às vezes, você é forte, confiante e corajoso; em outras, sente-se medroso, incompetente e fraco. Você é tanto dependente quanto autossuficiente, brincalhão e sério, intelectual e emocional, doador e receptor. Seus relacionamentos não são determinados por papéis, nem certos sentimentos ou aspectos residem apenas em uma pessoa, como ocorre no nível dois. Ambos os parceiros expressam todos os seus sentimentos. Por vezes, eles temporariamente escorregam de volta para o nível três.

Harmonizando — Nível um

Rara é a pessoa que atinge este nível, em que a autonomia e a independência não estão mais em conflito, mas são igualmente gratificantes. Não há tensão entre as duas. As emoções não aumentam quando decisões são tomadas a respeito de fazer coisas juntos, porque não há nem projeção nem conflito interno. Você é capaz de expressar uma necessidade por autonomia com amor e afeição, em vez de acusação ou culpa. Você não se sente rejeitado quando deixado, porque é mais inteiro e autônomo. Você não leva para o lado pessoal a necessidade do parceiro por autonomia. Você aceita que ele é uma pessoa separada, com necessidades diferentes. Na verdade, você pode se sentir próximo quando afastado fisicamente. Apoiar a autonomia um do outro faz vocês se sentirem mais amados e apreciados como indivíduos. Do mesmo modo, ser íntimo sexual e emocionalmente não dá sensação de perda de autonomia, mas uma celebração da própria sexualidade e do amor mútuo. A integridade do seu Self é mantida e totalmente integrada, em vez de partes serem projetadas em seu parceiro. Dar e receber se misturam, mas você pode pedir o que prefere e não faria algo que não se sentisse à vontade para fazer. Em vez de sentir uma perda de si mesmo com a proximidade, você se sente mais completo com seu parceiro.

Intimidade

Poucas pessoas sabem o que é intimidade ou como tê-la. A palavra *íntimo*, em geral, refere-se a um relacionamento pessoal longo e/ou muito próximo. Ela também se refere a seu Self interior, essencial ou central. Às vezes, é usada para descrever informações pessoais ou sexo. O foco aqui é a intimidade emocional.

Pseudointimidade

LEMBRE-SE

Os codependentes não são bons com intimidade. Por causa dos limites frágeis e por se sentirem vazios ou incompletos, eles suprimem as diferenças (ou não se conhecem o suficiente para estarem cientes delas) a fim de se fundirem e se sentirem inteiros. No entanto, a intimidade é se aproximar, não se fundir. Apegar-se rapidamente a alguém cria um senso de intimidade e proximidade. Os codependentes confundem esse apego e compartilhamento com amor e intimidade verdadeira. Com frequência, uma pessoa é a cuidadora e a outra tem o problema. A dinâmica do Alfa–Azarão (descrita no Capítulo 3) se estabelece, e eles se sentem íntimos para ouvir e dividir dor e problemas. Ambas as pessoas se sentem valorizadas e cuidadas, mas isso não é a verdadeira intimidade. De fato, a vergonha pode motivar tais revelações muito cedo, a fim de afastar a outra pessoa, como se dissesse: "Você ainda me quer?"

EXEMPLO

Em seu primeiro encontro com **Betsy**, **Brandon** compartilhou toda sua angústia sobre a graduação e a desaprovação dos pais em relação à profissão que escolheu. Ele ficou tão arrasado que começou a chorar. Quando quis um beijo de despedida de Betsy, ela recusou. Brandon ficou magoado, achando que eles eram próximos porque ele tinha compartilhado sua dor. Para sua surpresa, ela respondeu com honestidade, dizendo que não o conhecia bem o suficiente, que levaria tempo e que ainda não tinha lhe dado abertura.

LEMBRE-SE

Codependentes fazem sexo logo depois do encontro para se sentirem próximos, mas o sexo pode não fazer com que sintam a intimidade. Na verdade, pode ser usado para evitá-la. Em vez de se sentir seguro e próximo depois, você pode se sentir mais vazio que nunca. Se vocês são amigos, então os sentimentos de segurança, acolhimento e proximidade devem continuar. Mas amigos também nem sempre são íntimos. A intimidade é algo especial, que exige mais do que confiança e proximidade. Você pode se sentir seguro com amigos do mesmo sexo e até compartilhar seus problemas, mas ainda não são íntimos o suficiente para conversar sobre os sentimentos relacionados a vocês ou à amizade.

Casais que estão juntos há algum tempo caem em padrões rotineiros de comunicação e enterram seus ressentimentos a fim de preservar o relacionamento. Agora eles estão apegados um ao outro e não querem complicar as coisas. Eles não sabem que precisam trabalhar a intimidade e acreditam que estão protegendo seu amor ao manter segredos, e não ao serem honestos e autênticos. Em vez disso, enquanto o relacionamento está definhando, eles tentam se segurar ao romance estimulante e aos sentimentos de amor que um dia tiveram, criando romance com flertes, luz de velas e gestos e palavras de amor, mas romance não é intimidade, e é bem menos importante.

Sendo autêntico e vulnerável

A intimidade cria sentimentos de contentamento, integração, vivacidade, paz e bem-estar. Ela é gratificante e transforma tanto você quanto o relacionamento. A proximidade física, o sexo e o romance são importantes para manter um relacionamento, mas a intimidade emocional o renova e o reaviva, e apoia você. Casais que estão casados há décadas podem se amar, fazer sexo, dormir na mesma cama e lutar para ficarem próximos, mas não sabem como.

LEMBRE-SE

A verdadeira intimidade tem a ver com ser autêntico e sentir menos medo de compartilhar um problema ou algo sobre seu passado. Ao revelar-se no presente, você respeita sua autonomia e abandona suas defesas, o que o deixa vulnerável e exposto a seu parceiro. Isso exige coragem e confiança de uma alma de guerreiro, especialmente quando você revela algo negativo que você teme que possa prejudicar o relacionamento. A intimidade faz o oposto. Ela constrói sentimentos de confiança, aproxima-o e aprofunda o relacionamento. Isso exige a segurança de conhecer a outra pessoa para minimizar o medo. Medo, cuidado, controle e reações ficam no caminho da intimidade. Ela também exige que você seja presente, assertivo e consiga articular seus pensamentos verdadeiros — não uma reação. Todas as coisas que impedem um relacionamento saudável em geral também impedem a intimidade.

Diálogos variam de acordo com os próprios níveis de intimidade, mas as conversas mais íntimas têm as seguintes características:

» Você expressa *sentimentos no momento presente*, não fatos, pensamentos ou julgamentos.

» Você é vulnerável e honesto sem se preocupar com as consequências.

» Você reconhece as diferenças de cada um, minimizando reatividade e projeção.

» Você descreve *sentimentos* a respeito de si, do relacionamento ou da pessoa com quem está (veja o Capítulo 13).

Quando você tem problemas em estar presente, o antídoto é *admitir*. Sabendo que você não está aqui por completo, você está afirmando *o que é*, o que o traz para o presente. Você pode afirmar, de maneira autêntica: "Estou confuso" ou "Não sei o que estou sentindo".

DICA

A intimidade acaba naturalmente. Em geral, você ou seu parceiro fica com medo e interrompe a proximidade. Pessoas temem que a intimidade descontrolada possa dominar sua produtividade e autonomia e que elas vão desaparecer em seus parceiros ou se tornar tagarelas avoados. Para ler mais sobre intimidade, veja Your Intimacy Index (Seu Índice de Intimidade, em tradução livre) em http://www.whatiscodependency.com/intimacy/[conteúdo em inglês].

A intimidade também pode ser não verbal, quando duas pessoas abandonam as próprias defesas e compartilham uma atitude de abertura e amor. A intimidade pode ser um encontro de almas precioso, acompanhado de uma experiência interpessoal e mítica. Há um senso de unicidade com limites se fundindo ou desaparecendo. Nesses momentos, falar é uma defesa à intimidade. A meditação e o mindfulness aumentam sua capacidade de sentir e sustentar a intimidade.

AUTODESCO-BERTA

Os exercícios a seguir podem aumentar sua consciência sobre o quanto você se sente à vontade com a intimidade:

» Escreva um diálogo entre suas partes que buscam intimidade e autonomia. Permita-lhes que negociem o que cada uma teme e deseja. Verifique se elas conseguem chegar a um acordo.

» Recorde e liste seus momentos mais íntimos com alguém.
- O que você sentiu durante e depois?
- Como a experiência afetou seu relacionamento?
- Como a proximidade acabou? Se você deu fim a ela, examine o que o assustou. Era algo relacionado a uma experiência passada? Quais defesas você usou?
- Se foi a outra pessoa que deu fim a ela, como você se sentiu? Isso lhe lembrou de uma experiência passada?

» Como você impede ou evita intimidade no presente?

» Você conversa com amigos próximos sobre seu relacionamento com eles?

» Como você poderia aumentar a intimidade com alguém próximo de você?

Lidando com a Solidão

Prepare-se para ficar sozinho. A solidão faz parte da condição humana — especialmente hoje em dia, em que a monogamia em série é a norma. Você está sozinho antes, depois e, às vezes, durante um relacionamento. Mesmo um relacionamento ideal termina com a morte. Ficar à vontade consigo mesmo, aprender a atender às suas necessidades, sair e caminhar com as próprias pernas lhe permite aproveitar a vida e o torna um parceiro melhor quando o amor chegar.

LEMBRE-SE

A solidão e estar sozinho descrevem uma condição física. Talvez você não se sinta necessariamente sozinho e até goste disso. Por outro lado, a solidão pode ser sentida em um casamento ou na multidão quando você se sente desconectado dos outros ou vazio por dentro. É uma sensação de isolamento quando você precisa e quer proximidade emocional e interação social. Algumas pessoas ficam deprimidas, tristes ou entediadas e não sabem que são solitárias. Outras sabem e ainda assim acham difícil buscar ajuda.

CUIDADO

Cuidado com o isolamento. Limites rígidos por medo, vergonha, dor e luto levam muitos codependentes a se isolar. Eles ficam presos entre o medo de um relacionamento doloroso e a dor de ficarem sozinhos. Amigos podem ajudar com a sua solidão, mas talvez você precise de aconselhamento para se sentir seguro o suficiente para arriscar se aproximar de alguém novamente.

LEMBRE-SE

Passar mais tempo sozinho e desenvolver seus interesses e um círculo de amigos incentivadores o ajuda a ficar à vontade sendo solteiro. É fortalecedor saber que você consegue fazer coisas por conta própria, e, embora possa acreditar que não gosta disso, experimente e descubra. Faça um curso ou vá ao cinema, a um show ou a uma exposição. Fazer coisas sozinho ou com um amigo minimiza a necessidade de se jogar em um relacionamento com alguém inadequado ou indisponível porque você está sozinho. Se teve um término recente, em vez de namorar logo, passe um tempo consigo mesmo para lamentar a perda que estiver sentindo (veja o Capítulo 8). Enquanto isso, além das atividades sugeridas no Capítulo 11, aqui estão algumas maneiras de lidar com a solidão:

» Planeje com antecedência atividades sociais nos fins de semana.
» Ligue para um amigo ou parente e admita que está só.
» Visite ou ajude um vizinho.
» Vá a uma reunião dos Codependentes Anônimos.
» Planeje férias com um amigo ou grupo de turismo.
» Planeje com antecedência seu aniversário e feriados comemorativos.

SOZINHOS NOS ESTADOS UNIDOS

Vinte por cento dos norte-americanos se sentem sós, e mais de 10% afirma não ter amigos próximos em quem confiar ou com quem sair. A solidão está crescendo. O número de pessoas que não têm ninguém com quem abordar assuntos importantes triplicou, e o número de pessoas em quem confiam caiu um terço nos últimos 20 anos.

Às vezes, a solidão o pega de surpresa. Você pensa que está bem e, no dia seguinte, está triste, ou se diverte em uma festa e volta para casa sozinho. Talvez você não sinta vontade de conversar com alguém, mesmo que isso possa ajudar. Assim como com todos os sentimentos, o que piora a solidão é a resistência em senti-la. Se você reprime seu coração acerca de um sentimento, ele só fica preso. Parte de você tem medo de talvez ser engolido pela dor, e para evitá-la você precisa se distrair ou entrar em um comportamento de adicção, como comer demais, ligar para um ex indisponível, trabalhar ou usar drogas.

AUTODESCO-
BERTA

Veja alguns exercícios que você pode fazer para lidar com a solidão:

» Em vez de resistir à sensação de solidão, permita-se experienciar a totalidade de si mesmo e de suas emoções. Repare no que mais estiver sentindo — talvez tristeza ou compaixão. À medida que os sentimentos surgirem, talvez não sejam tão dolorosos como imaginou ou não durem tanto. Uma vez liberados, você não usa energia para reprimi-los e se sente mais leve, em paz, revigorado ou cansado. Talvez você se sinta contente em sua solidão em vez de vazio e sozinho, porque agora está conectado consigo mesmo e seus recursos. Você pode decidir ligar para um amigo, dar uma caminhada, ou acolher o descanso por conta de exaustão que estava evitando.

» Você também pode experienciar tristeza ou luto. Eles podem estar conectados com a solidão de muito tempo atrás. Às vezes, sentimentos de solidão e isolamento são comuns se você ficava em casa sozinho todos os dias depois da escola. Escrever sobre seus sentimentos e lembranças associados é um jeito de curar a dor do passado (veja o Capítulo 8).

» Pense nos gatilhos que podem ter acionado seus sentimentos nas últimas 24 horas. Você teve uma decepção ou conversa que não acabou bem? Escreva no diário pensamentos, crenças e sentimentos. A que conclusões diferentes você poderia chegar?

» Se estiver sentindo falta de um ex, pense no que o atraiu à pessoa e em quaisquer sinais que talvez tenham passado despercebidos. Considere sua parte no motivo pelo qual o relacionamento não deu certo e o que aprendeu. Pergunte o que você faria de diferente no futuro.

4

Seguindo em Frente e Mantendo a Recuperação

NESTA PARTE...

Expanda para o mundo seu Self recém-descoberto e viva uma vida plena e saudável.

Descubra seus sonhos, paixões, habilidades e talentos, crie sua autoconfiança e seu futuro.

Dê uma olhada abrangente em como lidar com recaídas.

Descubra onde conseguir ajuda, das reuniões à psicoterapia, até uma lista de números de emergência.

Aprenda como trabalhar os Doze Passos e o que fazer quando tiver contratempos.

> **NESTE CAPÍTULO**
>
> » Colocando a autoestima em ação
> » Tornando-se sua própria autoridade
> » Seguindo suas paixões
> » Descobrindo suas habilidades e talentos
> » Dando rumo certo às suas metas

Capítulo **16**

Indo Atrás da Sua Felicidade

F ortalecer-se para ter iniciativa na vida constrói e reflete sua autoestima. Este capítulo trata de colocar em ação o trabalho que vem fazendo na recuperação. Agora, você está pronto para revelar seus sonhos e paixões, e descobrir suas habilidades e talentos. Se esteve esperando que alguém lhe trouxesse felicidade e segurança, você se negligenciou. Este capítulo volta a atenção para você, a fim de ajudá-lo a começar a criar confiança e seu futuro. Isso começa com seu próprio fortalecimento.

Seja Autor da Própria Vida

LEMBRE-SE

Empoderar é dar autoridade. A recuperação é uma questão de fazer de você mesmo sua própria autoridade — do que gosta, o que quer e o que decide, em vez de transferir ou reagir à outra pessoa. Até mesmo se rebelar é uma reação que tira seu poder. Dar-se autoridade significa que *você se torna o autor da própria vida*. Pode parecer uma responsabilidade assustadora. É colocar sua autoestima em ação (veja os Capítulos 10 e 12).

Local interno de controle

A maioria dos codependentes tem um *local externo de controle* (veja o Capítulo 3), o que significa que eles acham que fatores externos são a causa do que lhes acontece e de como se sentem. Os codependentes têm expectativa e esperança de que a mudança virá de fora ou de outra pessoa. Seu foco e poder estão fora de si mesmos. Eles buscam os outros para que os façam se sentir bem e os aprovem, especialmente quando o assunto é relacionamento. Eles também tendem a dar desculpas ou culpar os outros ou as circunstâncias pelos próprios problemas e quando as coisas não saem como o planejado. À medida que você para de fazer isso e começa a assumir responsabilidade por sua vida e seus sentimentos, ações e inércia (veja o Capítulo 12), você está, aos poucos, recuperando seu poder, e o local de controle se torna interno, em você mesmo.

LEMBRE-SE

A cada momento em que você não agrada, reage a alguém ou o controla e dá voz a seus sentimentos, opiniões e limites, está construindo sua autoestima e um local interno de controle. Você para de ser a vítima. Você para de gastar sua energia tentando mudar ou controlar outra pessoa. Se está infeliz e com aquele sentimento familiar de vítima, você assume a responsabilidade de fazer mudanças para ficar feliz, mesmo quando não consegue "consertar" o problema. Esse é um processo que envolve construir a autoestima (veja o Capítulo 10), cuidar de si mesmo (veja o Capítulo 11), impor limites (veja o Capítulo 13) e curar seu passado (veja o Capítulo 8).

O passo final é manifestar a autoestima e a autoconfiança recém-descobertas. É expressar não apenas sua voz nos relacionamentos, mas também seus talentos, habilidades e criatividade para o mundo. Quando aprende algo novo, quando resolve um problema por conta própria, quando está fazendo o que ama e quando atinge seus objetivos, você se sente independente e confiante, e mal pode esperar por um novo dia. Você sabe que consegue caminhar com as próprias pernas, e essa é uma sensação incrível.

Pessoas com um local interno de controle têm mais sucesso em todos os aspectos da vida. Elas sabem que os resultados são contingentes das próprias ações e esforços em vez de sorte, circunstâncias injustas e coisas fora de seu controle. Há testes online que você pode fazer para determinar seu local de controle. A boa notícia é que você pode mudar seu local de controle. Depois de perceber que pode fazer a diferença na própria vida e na sensação de bem-estar, você começa a recuperar seu poder.

Afirme-se

Aquilo em que você acredita e pensa determina suas ações e sucesso. Às vezes, acreditar que você pode atingir um objetivo é o passo mais difícil para alcançá--lo. Se você tem o hábito de dar desculpas e pensar "Não consigo", convença-se de que *consegue*, mudando a maneira com que conversa consigo mesmo. Talvez você pense que as afirmações não têm valor algum, mas sempre que nega a si mesmo e a suas habilidades, você está afirmando o negativo. Fazer afirmações positivas com consistência e acompanhadas de ações começa a convencer sua mente inconsciente de que você *consegue*. Quando consegue, você é capaz de realizar objetivos e tarefas com mais facilidade, sem procrastinação.

Outra atitude inconsciente que impede as pessoas de alcançar o que querem é a crença de que não merecem. Vergonha e experiências de abandono, abuso ou privações podem levá-lo a concluir que você não é digno de felicidade, sucesso, amor, boa saúde, segurança financeira ou amigos incentivadores. É importante entender sua programação passada (veja o Capítulo 7), não para culpar sua família, mas para identificar, e então descartar, mensagens falsas e negativas que ainda o influenciam.

As afirmações funcionam melhor quando:

» São declarações que não contradizem sua realidade.

» São declarações que você não considera falsas.

» Estão no presente — não "Eu vou" ou referentes a uma data futura.

» São claras e concisas.

» São rítmicas ou rimadas.

» São positivas (evite declarações que contenham palavras negativas, como "não" ou "sem" e verbos como "parar", "evitar" ou "desistir").

» São inspiradoras ou que lhe causam comoção emocional, e usam adjetivos e verbos relacionados a emoções.

» São tanto escritas quanto faladas.

» São repetidas consistentemente durante pelo menos um mês.

Ao criar uma afirmação, veja quais crenças negativas surgem e modifique a declaração até conseguir concordar com ela pelo menos em alguma coisa. Você pode usar expressões como "Estou em processo de...", "Todos os dias estou pronto para...", "Estou aberto a...", "Aceito novas ideias", "Estou construindo minha autoestima diariamente" e "Minha confiança em mim mesmo cresce cada vez mais".

CUIDADO

Não dê ouvidos aos outros que dizem que você não consegue, não deve ou não será capaz de fazer o que você deseja. Evite contar seus sonhos e objetivos a pessoas que riem disso ou duvidam de você. Em vez disso, converse com aqueles que o apoiam.

ELES DERAM A VOLTA POR CIMA

Sylvester Stallone afirma que foi recusado mais de 1.500 vezes para papéis de ação por causa de seu rosto desfigurado. Mesmo falido, quando seu roteiro de *Rocky* finalmente obteve a atenção da United Artists, ele insistiu no papel principal e recusou US$350 mil que dependiam de sua *não* atuação. A United Artists concordou em lhe pagar somente US$35 mil e uma porcentagem dos lucros.

O primeiro romance de Stephen King, *Carrie,* foi recusado 30 vezes antes de ser aceito para publicação.

O jogador da NFL Mark Herzlich recebeu a notícia de que nunca mais jogaria futebol de novo depois que os médicos operaram sua perna por conta de um câncer.

Walt Disney teve que desmanchar sua primeira empresa de animação e ficou tão falido que comia comida de cachorro.

J.K. Rowling recebia auxílio da assistência social, mas com trabalho duro e determinação escreveu *Harry Potter* [que também foi inúmeras vezes recusado].

Steven Spielberg foi rejeitado três vezes pela escola de cinema Universidade do Sul da Califórnia e desistiu de outro programa.

Oprah Winfrey superou uma infância de abusos e foi despedida de seu emprego como repórter televisiva porque "não era feita para a TV".

Michael Jordan foi cortado de seu time de basquete do ensino médio.

Norman Cousins despediu seu médico e provou que ele estava errado ao se curar de uma Espondilite Anquilosante.

Após três anos usando muletas, os médicos disseram-me que talvez eu nunca andasse de novo. Provei que estavam errados — e fui dançar até me acabar!

Supere a indecisão

Vários codependentes sabem o que outras pessoas deveriam fazer, mas passam maus bocados tomando as próprias decisões, mesmo pequenas, como o que pedir de um cardápio e o que fazer com o tempo livre. Eles podem evitar tomar decisões como um todo e praticarem adicções, sonharem acordados, preocuparem-se com alguém ou pedirem a opinião dos outros. Problemas com decisões podem ter origem em:

» Não ter tido permissão para fazer escolhas na infância.

» Ter crescido com um dos pais controlador ou autoritário.

» Não ter sido ensinado a resolver problemas.

> » Não ter um local interno de controle.
>
> » Não estar ciente de seus sentimentos.
>
> » Querer agradar outras pessoas.
>
> » Medo de cometer um erro e do próprio julgamento.
>
> » Medo de se decepcionar.

LEMBRE-SE

Se você cresceu em uma família com regras estritas, ou se um dos pais era controlador (veja o Capítulo 7), você não teve oportunidade de tomar decisões importantes nem de ter o apoio de pais que o ajudassem a aprender como descobrir seus sentimentos sobre algo e pesar alternativas e consequências. Crianças conseguem aprender rápido como pensar por si mesmas. Bons pais permitem que elas tomem decisões adequadas à idade. Isso inclui ouvir e refletir de volta à criança seus sentimentos e necessidades, e pensar em várias ideias sobre consequências de escolhas diferentes. A criação saudável ajuda os filhos a identificarem e a confiarem em seus sentimentos, a fim de desenvolver um local interno de controle para aquilo que querem e precisam.

Quando você não sabe o que sente e não tem habilidade para pensar nas consequências de suas ações e prováveis resultados, pequenas decisões podem parecer monumentais. Em vez disso, você age sem ponderar e/ou as evita e desenvolve uma atitude passiva diante da vida. Você pode adquirir o hábito de buscar os outros para obter orientações, e as opiniões deles podem se tornar mais importantes que as suas. Se você gosta de agradar, não vai querer desagradá-los.

CUIDADO

Tome cuidado não somente com amigos que lhe dizem o que você deveria fazer, mas também com figuras de autoridade. Mesmo quando estiver pagando pelo conselho de um profissional, explore várias opções e certifique-se de que a atitude que tomar esteja alinhada com seus valores. Pode ser tentador pedir a um psicoterapeuta que tome suas decisões. Em vez disso, procure ajuda para pensar nas consequências de suas opções, o que lhe confere poder para tomar decisões por conta própria e resolver seus problemas.

LEMBRE-SE

Em muitas famílias disfuncionais, crianças são punidas por cometerem erros inocentes. Em alguns casos, a punição é severa, arbitrária e imprevisível (veja o Capítulo 7). Esses medos sobrevivem mesmo quando você não está mais morando com seus pais. Esse pai ou mãe ainda vive dentro de você como seu Crítico (veja o Capítulo 10) e não lhe permite perdoar seus erros. O perfeccionismo e o desejo de ser infalível podem assombrar cada decisão a ponto de você ter que pesquisar cada aquisição, ensaiar conversas íntimas e evitar experiências novas. Outro fator é o medo da decepção. Em famílias conturbadas, os pais raramente têm tempo de confortar os filhos quando eles estão decepcionados. Lidar com a decepção faz parte da maturidade, aprendida quando os pais compreendem e sentem empatia pelos sentimentos dos filhos.

Veja algumas dicas para tomar decisões:

> » Escreva todas as opções possíveis.
> » Escreva as consequências de cada uma, inclusive seus sentimentos.
> » Para ajudá-lo, visualize os resultados e experiencie o que você sente em seu corpo.
> » Converse sobre suas opções com alguém em quem confie e que não vai julgá-lo ou lhe dizer o que fazer, mas que escute e o deixe decidir sozinho.
> » Um gráfico pode ajudá-lo a comparar visualmente as características de escolhas diferentes. Liste suas opções do lado esquerdo do quadro e escreva no topo os elementos a serem considerados, como custo, conveniência, tempo investido, valor e retorno. Você pode acrescentar uma coluna para as consequências e classificá-las de 1 a 10. Os fatores vão variar, dependendo do tipo de decisão. Comparar qual carro comprar incluiria coisas como manutenção, conforto, preço, desvalorização e quilometragem. (Essa técnica não funciona tão bem com decisões mais baseadas em sentimentos.)

DICA

Decisões não são certas ou erradas, há apenas consequências. Muitas vezes você não as saberá até assumir o risco e fazer uma escolha. Permita-se experimentar, mudar de ideia e cometer erros. É assim que você cresce e começa a conhecer a si mesmo e ao mundo.

Manifeste Suas Paixões

A expressão "Siga sua felicidade" ficou conhecida pelo renomado mitologista Joseph Campbell. Ele exortava: "Siga sua felicidade, e o universo lhe abrirá portas onde antes só havia paredes." Sempre que falava, ele encorajava as pessoas a fazerem o que amavam e a encontrarem sua paixão. Seguir sua felicidade quer dizer viver uma vida com propósito e alegria. Talvez você seja um daqueles sortudos que sempre tiveram um objetivo de vida e foram atrás dele. A maioria das pessoas, no entanto, passa pela vida sem saber, sabendo e desistindo, deixando para depois ou não tentando, ou fazendo o que os amigos e a família acham ou esperam. Se você não tem sonhos, paixões, nem sabe o que o faz feliz, há uma boa chance de você não o ser. Como você pode descobrir sua felicidade?

Sonhos, paixões e trabalho

LEMBRE-SE

Este livro dá ênfase a ouvir sua voz interior, sentimentos e intuições. Para a maioria dos codependentes, essa voz foi esmagada ou ignorada durante tantos anos que eles pararam de escutar. Essa voz e seus pressentimentos se tornaram cada vez mais fracos. A recuperação trata de reparar esse diálogo interno. Paradoxalmente, para descobrir seus objetivos para o futuro, você precisa prestar atenção ao presente e ouvir o que o chama no momento. Ouça seu corpo e sua mente. O que parece certo e o que você quer? Aonde quer ir? Com quem quer passar o tempo? Sobre o que quer aprender mais? Essas são pistas para sua paixão (veja o Capítulo 9).

Realizar seus sonhos e expressar suas paixões traz alegria para sua vida. Seja um hobby ou carreira, quando você faz o que ama, sente-se feliz. Se conseguir transformar isso em subsistência, então não vai parecer um trabalho. Você espera pelo dia seguinte ansiosamente, e seu entusiasmo lhe traz mais sucesso.

AUTODESCOBERTA

Considere participar de palestras e aulas que o ajudem a identificar suas paixões e interesses. Escreva suas ideias no diário. Converse com seu orientador educacional da escola ou um coach de planejamento de carreira. Olhe nas seções de "Precisa-se" de um jornal ou online e destaque tudo o que parecer interessante ou estimulante — sem pensar em pagamento, habilidade ou escolaridade exigida. Encontrar a área certa é o primeiro passo para trabalhar com o que traz realização. Ao fazê-lo, você está focado e motivado a desenvolver suas habilidades ou conseguir a escolaridade exigida. Responda também às seguintes perguntas para identificar suas paixões (esses exemplos sugeridos não são exclusivos, mas apenas para fazê-lo pensar):

» Com qual vida você sonhava durante a infância?
» O que você queria ser quando crescesse?
» Quem eram seus ídolos?
» Você gostaria de ter a vida de quem?
» Quem você admira hoje? Em qual área?
» Quais eram suas aulas favoritas na escola?
» O que o deixa entusiasmado?
» Sobre o que gosta de conversar? E ler?
» Qual hobby lhe dá mais prazer?
» Qual atividade faz você perder a noção de tempo?
» De quais atividades você mais gosta — construção, desenho, computação, consertos, negócios, ensino, análise, organização, pensar em várias ideias, pesquisa ou música?
» Quais lojas o interessam — loja de ferramentas, livrarias, artesanatos, eletrônicos, ou antiquários, infantis ou de instrumentos musicais?
» Onde você mais gostaria de passar o tempo — em um campus universitário, no palco, no oceano, ou em uma loja de varejo, um parque nacional, no laboratório, na biblioteca, no escritório ou no hospital?
» Você prefere trabalhar sozinho ou em equipe — vendendo, fazendo clientes, ou perto de crianças, animais, idosos, médicos, artistas, atletas ou cientistas?

Descartar o que você não quer fazer pode ser um primeiro passo para descobrir o que quer. Passei muitos anos como advogada de entretenimento antes de me conscientizar do fato de que não estava me realizando e que eu não queria mais fazer aquilo.

AUTODESCOBERTA

Os codependentes são especialmente influenciados por forças externas; quais são as suas?

- » Quais eram os sonhos de seu pai para si mesmo?
- » Quais eram os sonhos de sua mãe para si mesma?
- » Quais eram os sonhos e conselhos de seu pai para você?
- » Quais eram os sonhos e conselhos de sua mãe para você?
- » Um avô, irmão, ou outro parente, compartilhou os próprios sonhos ou ofereceu conselhos?
- » Quais modelos positivos ou negativos de trabalho você teve?
- » Ao crescer, quem o influenciou mais?
- » Você não seguiu uma paixão por medos, dúvidas ou críticas de alguém, ou pelos próprios?
- » Sua cultura ou religião influenciou seu trabalho?
- » Como você decidiu sobre o trabalho e objetivos que você busca hoje?
- » Quais foram os motivos de suas escolhas?
- » Quais foram as consequências?

Com frequência, pais com boas intenções guiam os filhos em direção a um estilo de vida ou carreira que lhes proporcionarão segurança financeira ou realizar os próprios sonhos não vividos. Se você descobrir que foi influenciado negativamente por seus pais ou outra pessoa, ou se eles não o ajudaram a descobrir o que era certo para você, perceba que suas escolhas foram baseadas nessas circunstâncias e em quem você era na época. Use as novas informações para esclarecer o que realmente quer e fazer mudanças.

AUTODESCOBERTA

Responda as seguintes perguntas:

- » Você manifesta tudo o que você é de verdade?
- » O que o impede de imaginar tudo o que você pode se tornar?
- » Você sacrificou suas paixões? Por quê?

- » Isso o deixou feliz?
- » Você buscou a aprovação de alguém?
- » Isso vale a pena?
- » Quais medos o impedem agora?

Às vezes você sabe do que gosta, mas não está inspirado ou motivado para fazer mudanças, ou tem muitos talentos e interesses e não consegue decidir qual buscar. Com frequência, o momento não é o certo. Você pode estar preocupado mental ou emocionalmente com o estresse do presente ou a dor do passado. Quando você parece não sair do lugar, volte seus pensamentos e orações à crença de que a orientação e a compreensão virão e que, quando chegar a hora certa, sua coragem e desejo serão ativados. Tenha uma conversa consigo mesmo ou com Deus, de coração para coração ou em meditação, e escreva no diário. Peça que seus objetivos, paixões e ambições se definam com clareza. Talvez você precise passar mais tempo em escuta silenciosa.

Não é tarde demais

Eu me senti muito velha aos 40 anos quando percebi que o direito não era para mim. Eu não tinha certeza do que queria fazer. Depois de vários anos de busca na alma, soube que queria ser psicoterapeuta. Voltei a estudar para fazer um mestrado em psicologia, estágio, e trabalhei duro para me licenciar como terapeuta de casais e familiar. Pensei: "Se eu não fizer, serei muito mais velha e sem a licença, então posso muito bem fazer." Ao agir de acordo com minha intuição, um mundo brilhante, inspirador e novas amizades se abriram para mim.

Olhando para trás, 40 anos parece jovem. A primeira mostra da Vovó Moses aconteceu quando ela estava com 78 anos — em uma farmácia. Há octogenários fazendo mais de 800km de bicicleta, jogando futebol, dançando e até fazendo skydiving — para não mencionar a maratonista centenária Fauja Singh e o poeta best-seller japonês centenário Toyo Shibata, que começou sua carreira aos 92. Um campeão olímpico sênior tem 93 anos e ganhou seis medalhas de ouro, inclusive em salto com vara! A única coisa que o impede são suas crenças negativas sobre si mesmo e suas possibilidades. Crenças não são a realidade. É o esforço rumo a seu objetivo que conta e que muda você. Se você tem uma deficiência, isso só significa que você tem que achar seu ritmo e descobrir auxílio e métodos que o capacitem a atingir suas metas.

Defina Objetivos

LEMBRE-SE

Crescer significa seguir em frente, tentar e aprender coisas novas e assumir riscos, caso contrário, você continua o mesmo e não cresce. Talvez você tenha adiado coisas que queria fazer — esperando por "um dia" — para que algum motivo, um parceiro ou outra coisa mudasse. Nada acontece até que você faça acontecer. Sua vida e seu futuro são determinados por atitudes tomadas hoje. Hoje, este minuto e esta hora são tudo com o que você tem que trabalhar. Uma jornada começa com o primeiro passo. Às vezes esse primeiro passo é o mais difícil e leva muito mais anos que os passos seguintes. Você constrói o momento à medida que segue em frente. Você sabe que está se movimentando, e aproveita a jornada. O oposto — estagnação e procrastinação — só o deixa arrependido.

Tentar coisas novas e estabelecer novos objetivos o expande. É normal ficar com medo e ter dúvidas. Cuidado com o opositor e o Crítico, que ficam colocando obstáculos e tentando você a desistir. Transforme seu Crítico em um técnico útil (veja o Capítulo 10). Fortaleça a si mesmo com coragem e elogios sempre que a negatividade surgir. Quando estiver com medo, conforte e tranquilize sua criança interior (veja o Capítulo 8). Quando cometer um erro ou não for até o fim, reconheça e aprenda com isso (veja o Capítulo 19).

Identifique suas habilidades e talentos

Todo mundo tem talento para alguma coisa. Você pode aprimorar seus talentos e dons com a prática. Você percebe ou tem um jeito por coisas em uma área que outros não têm? Você faz certas coisas melhor que seus amigos ou assume a liderança em algumas situações? Talvez você já saiba no que é bom, mas, como várias pessoas, subestima seus talentos e habilidades. Atividades e aulas em que você se destaca provavelmente utilizam seus talentos. Você pode aprender novas habilidades e melhorá-las com treino e prática. Se gosta do que está fazendo, você fica mais motivado para aprender mais depressa.

Talvez você goste de cuidar de crianças e tenha habilidade para entendê-las e conversar com elas. Nem todo mundo tem. Com frequência votam em você para capitão do time? Você faz orçamentos, medeia brigas entre amigos, conserta coisas com facilidade, tira as melhores fotos, entretém pessoas ou corre mais rápido? Algumas pessoas conseguem cantar em qualquer tom, aprender uma língua, cultivar plantas, vencer debates, persuadir os outros, desenhar o que veem, elaborar histórias, combinar tintas, desenhar roupas ou criar receitas. Nunca suspeitei que tinha aptidão para relações espaciais até me apontarem isso, mas eu sabia como arrumar uma mala direitinho e sempre consegui dizer quando quadros estavam pendurados de maneira correta ou se a mobília caberia em um espaço.

AUTODESCO-BERTA

Pense em trabalhos e cargos que ocupou, inclusive voluntariado em igreja, clube e funções escolares. Liste as habilidades que eram necessárias e as que você aprendeu. Por exemplo, se teve um trabalho como secretária(o), você usou muitas habilidades, como digitar, habilidades computacionais, organizar, editar, elaborar cartas, arquivar, cuidar de ligações telefônicas, agendar reuniões para seu chefe. Se escreveu uma subvenção, você teve que pesquisar, elaborar estratégias, escrever, analisar, organizar, editar, criar argumentos convincentes, orçamento, coordenar a equipe e, possivelmente, negociar a proposta.

Desenvolva sua visão

O primeiro passo para criar objetivos é desenvolver sua visão. Quando você tiver uma ideia do que quer, embeleze-a com detalhes para lhe conferir uma sensação de realidade. Imagine-se no novo cargo ou atividade. PENSE GRANDE. Sua visão deveria incluir a maior quantidade possível de seus cinco sentidos, especialmente a aparência e a sensação das coisas.

AUTODESCO-BERTA

Faça o seguinte:

1. **Faça o exercício de relaxamento do Capítulo 9 e, quando sua mente e seu corpo estiverem relaxados, liberte sua imaginação para ver a si mesmo incorporando cada passo em direção a seu objetivo e realizando-o.**

   Imagine-o em cada sentido. Se seu objetivo é perder peso, veja a si mesmo em suas roupas atuais, que são largas e grandes demais para você. Veja-se subindo em uma balança e seu peso diminuindo a cada dia. Veja-se magro no espelho, usando as roupas que quer usar, fazendo as coisas que consegue fazer, sentindo-se mais magro, e olhando para os dedos dos pés. Sinta seu corpo mais leve, mais ativo e ágil. Imagine-se recusando comida que comeria em outras épocas, e aproveitando o aroma e o gosto de comida saudável. Ouça pessoas elogiando você. Sinta sua autoestima, orgulho, confiança e felicidade crescendo.

   Se seu objetivo é educacional, veja-se estudando, fazendo testes, tirando notas 10, recebendo elogios de seus professores, familiares e amigos, e segurando seu diploma. Sinta o quanto está orgulhoso de sua realização.

2. **O próximo passo é escrever seus objetivos em seu diário. Não deixe nenhum obstáculo, como idade ou dinheiro, limitar o objetivo.**

3. **Liste seus objetivos de curto e longo prazo em cada uma das áreas da Tabela 16-1.**

4. **Escolha um ou dois para focar e escreva afirmações que sustentam sua habilidade de realizar esse objetivo.**

5. Durante pelo menos cinco minutos ao acordar e novamente quando for dormir, imagine-se realizando seu objetivo. Sinta todos os sentimentos do exercício de visualização.

Faça isso por pelo menos 30 dias.

6. Conte seu objetivo a alguém que não vai criticá-lo.

TABELA 16-1   Meus Objetivos

Categoria	Objetivo de Curto Prazo	Data de Realização	Objetivo de Longo Prazo	Data de Realização
Social				
Finanças				
Boa forma				
Pessoal				
Carreira				
Nutrição				
Educação				

Reúna informações

Ao desenvolver um plano de ação para alcançar um objetivo, você precisa reunir informações sobre o que é necessário para alcançá-lo. Se é um objetivo de carreira, descubra quais são as habilidades e a formação necessárias, rendimento em potencial, autorizações e exigências para licença particular, e o tempo aproximado, custo e experiência exigidos para preencher os pré-requisitos. Você pode reunir informações das seguintes fontes:

>> Entreviste pessoas que trabalham na área que você escolheu.

>> Pesquise online e em livros e periódicos na biblioteca.

>> Vá a seminários e palestras.

>> Faça aulas para se informar e desenvolver habilidades.

>> Converse com os responsáveis pelo departamento de sua área de interesse em faculdades e universidades.

>> Encontre um mentor.

>> Converse com um coach de carreira.

>> Consulte recursos de planejamento de carreira em sua escola ou faculdade (mesmo que já seja graduado).

Faça uma lista de tudo o que você precisa para atingir seu objetivo, inclusive qualificações, dinheiro, tempo, apoio, transporte, ferramentas, contatos e sua determinação. Liste também distrações e barreiras que possam desviá-lo ou atrasá-lo. Prever problemas pode ajudar a contorná-los. Planeje estratégias do que você pode fazer para evitar se dissuadir de seu plano. Por exemplo: "Não contar para o papai, porque ele não apoia minha ideia" ou "Cancelar o cinema e assinaturas de revistas para ter mais tempo para estudar".

Pequenos passos

LEMBRE-SE

Os três maiores obstáculos emocionais para alcançar seus objetivos são:

1. **Sobrecarga**
2. **Dúvida**
3. **Medo**

Para ter sucesso em atingir seus objetivos, divida-os em estágios, e cada estágio em passos de ação alcançáveis. Uma vez aprendi a escalar para superar meu medo de altura. Se eu olhasse para cima ou para baixo, ficava assustada; mas, quando focava o próximo apoio para o pé, eu progredia com um passo de cada vez até chegar ao topo. O ponto é não olhar demais para o futuro, mas fazer o que é certo e está diante de você. Dê o passo, não importa quão pequeno ele seja. Mantenha-o viável. Você está fazendo progresso, em vez de procrastinar ou desistir porque está sobrecarregado e paralisado pelo medo de que seu objetivo seja difícil demais ou impossível de atingir. Todas as coisas grandes são alcançadas com um passo de cada vez.

Divida um de seus objetivos em estágios menores, com base nas informações que você reuniu. Por exemplo, se quer ser cantor de ópera, você precisa treinar e praticar, e aprender italiano. Um estágio posterior pode ser se apresentar em teatros da comunidade, orquestras e cafés. Se não pode pagar um professor particular, não deixe que esse obstáculo o impeça de começar. Outras ideias vão lhe ocorrer, e as portas às quais você não tinha prestado atenção vão se abrir.

O primeiro estágio de treino de voz pode ser dividido em passos menores de ação. O primeiro passo deverá ser pesquisar professores e aulas oferecidas em sua comunidade em faculdades e outros lugares. Talvez você descubra uma liga de cantores particular ou comunitária, ou um coral em igrejas locais, sinagogas ou outras organizações. Algumas podem ser gratuitas ou pedir apenas uma doação. Os próximos passos seriam contatá-las e obter mais informações. Através de novas conexões, você pode ser indicado para um professor particular mais acessível. O financiamento chega em algum momento futuro. Comece com o que pode fazer, não se preocupe com os passos que você não sabe como realizar. Faça a mesma divisão e pesquisa para aprender italiano. Não se esqueça de métodos autodidatas, como livros, CDs e DVDs. Depois de começar a dar passos em direção a seus objetivos, possibilidades que você não imaginava aparecem, junto a meios para continuar seu caminho. Elaborar um plano e escrevê-lo maximiza sua motivação para agir. Faça um esboço dos estágios do objetivo. Pense nas atitudes necessárias e na ordem exigida para completar cada estágio. Estime o tempo exigido para realizar cada um. Você está elaborando um plano de ação. Você pode anotar semanalmente o status de cada ação.

Depois de finalizar seu plano de ação, mais adiante você pode dividir cada passo em listas diárias de afazeres. Escrever as coisas o ajuda a fazê-las. É uma boa ideia fazer uma lista na noite anterior, para que você a transforme em ação na manhã seguinte. Para o Passo 1 do Estágio 1, sua lista de afazeres pode incluir:

1. **Ir a uma livraria para pesquisar online e em todas as listas telefônicas locais.**

2. **Fazer uma lista de faculdades locais particulares, faculdades comunitárias e universidades, e informações de contato.**

No dia seguinte, sua lista de afazeres talvez se pareça com isto:

1. **Pesquisar cursos de extensão nas universidades XYZ.**

2. **Pesquisar aulas de educação continuada nas escolas XYZ.**

3. **Fazer uma lista de todas as aulas oferecidas relacionadas a canto e ópera.**

À medida que começa a agir, novas ideias para passos futuros podem lhe ocorrer. Coloque-as em um diário voltado somente para esse objetivo. Registre seus erros, para que seja mais provável evitá-los no futuro, e certifique-se de registrar seus êxitos. Comemore-os recompensando a si mesmo.

> **NESTE CAPÍTULO**
>
> » **Descobrindo reuniões dos programas de mútua ajuda**
>
> » **Decidindo sobre psicoterapia**
>
> » **Pesquisando outros materiais educacionais**
>
> » **Obtendo números de emergência**

Capítulo **17**

Onde Conseguir Ajuda

E
ste capítulo fornece informações mais específicas sobre reuniões dos programas de mútua ajuda, incluindo grupos de apoio para traumas e violência doméstica, e como escolher o tipo certo de psicoterapia e terapeuta para você. Algumas concepções equivocadas sobre psicoterapia são explicadas.

Reuniões de Mútua Ajuda

Conforme abordado no Capítulo 6, o apoio é crucial em sua recuperação. É difícil alterar seus hábitos e pensamentos mesmo com apoio. Sem ele, é quase impossível enxergar com objetividade seu comportamento, crenças e atitudes e saber como mudar.

Reuniões dos programas de mútua ajuda

Você não precisa acreditar que é codependente para ir a uma reunião. Você não precisa levantar a mão e dizer que é codependente nem precisa dizer nada. Se está curioso a respeito de reuniões, recomenda-se que você vá por seis meses e veja se não se sente melhor.

Encontrando uma reunião

Há dezenas de programas de mútua ajuda baseadas ou não nos Doze Passos do Alcoólicos Anônimos (AA). Cada programa tem as próprias reuniões, e cada reunião tem os próprios estilos e focos. Muitos dos programas têm reuniões por telefone, reuniões online e chats, no entanto, é sempre melhor comparecer a uma reunião e conversar com as pessoas cara a cara. O Capítulo 6 fornece uma visão geral das reuniões dos programas de mútua ajuda e o que esperar. Quando você é novato, recomenda-se ir a poucas reuniões por semana. Se mora com um dependente, ir a mais reuniões fornece o apoio extra necessário.

Você descobre o horário e o local das reuniões verificando o site do programa ou ligando para sua sede nacional ou local. A sede local também pode lhe dar o número telefônico de alguém que frequenta uma reunião perto de você para responder a quaisquer perguntas ou encontrá-lo na reunião. Se você não tem meio de transporte, alguém pode pegá-lo e levá-lo a uma reunião. Eles ficam contentes em fazer isso, porque estar à disposição faz parte do programa.

O Codependentes Anônimos (CoDA) foca especificamente sua codependência. Para encontrar reuniões do CoDA em sua região, acesse `http://www.codabrasil.org`. Vários dos outros programas listados são para amigos e parentes de alguém que tem uma adicção. O Grupos Familiares do Al-Anon é o mais antigo e aborda muitos assuntos de codependência. Os programas a seguir fornecem informações úteis, apoio e ferramentas para recuperação:

FAA (Filhos Adultos de Alcoólicos): Reuniões para quem cresceu em um lar de alcoólicos ou disfuncional.

Grupos Familiares do Al-Anon: Inclui Al-Anon para parentes adultos de alcoólicos e Alateen para parentes adolescentes e jovens.

AAB (Associação Antialcoólica do Brasil): Para dependentes de álcool e drogas. Não utiliza o programa dos 12 passos, e sim método próprio.

MADA (Mulheres que Amam Demais Anônimas): Para ajudar e apoiar mulheres codependentes e que vivem relacionamentos destrutivos.

CoDA (Codependentes Anônimos): Para pessoas que trabalham para acabar com padrões de relacionamentos disfuncionais e desenvolver relacionamentos funcionais e saudáveis.

DASA (Dependentes de Amor e Sexo Anônimos): Para quem sofre de codependência e dependência de sexo.

JA (Jogadores Anônimos): Para quem sofre de problemas com o jogo.

Nar-Anon: Para os afetados por um problema com drogas de outra pessoa.

AA-Apostadores Anônimos/Gam-A-Teen: Para amigos e familiares de apostadores.

Outros programas para codependentes que talvez você ache úteis são:

SIA (Sobreviventes de Incesto Anônimos): Para sobreviventes de abuso sexual.

EA (Emocionais Anônimos): Para quem sofre de problemas emocionais.

AE (Amor Exigente): Para apoio e orientação aos familiares de dependentes químicos e para os dependentes químicos. Também inclui grupos de prevenção ao uso de drogas, grupos infantis e grupos de pais que sofrem da síndrome do "ninho vazio".

Celebrando a Recuperação: Grupo com base nos preceitos evangélicos para o apoio a familiares dos dependentes químicos e para os dependentes químicos. Um programa para ajudar na superação de feridas e dores psicoemocionais, dependências e hábitos destrutivos.

Celebrando a Restauração: Grupo com base nos preceitos evangélicos para ajudar pessoas a vencer suas dependências, traumas emocionais, maus hábitos e comportamentos destrutivos.

Pastoral da Sobriedade: Grupo da Igreja Católica na prevenção e recuperação da dependência química.

FA (Fumantes Anônimos): Para quem sofre de dependência de nicotina.

NA (Neuróticos Anônimos): Para recuperação de doença mental e emocional.

Há outros programas de mútua ajuda para adicção em drogas, trabalho, comida, aposta, dívidas, sexo, fumo e bagunça. Você se informa sobre eles na internet.

Vencedores duplos

Se você sofre de mais de um tipo de dependência que inclui a codependência, é uma boa ideia conseguir primeiro abstinência ou sobriedade em um programa de mútua ajuda que foque sua adicção principal antes de começar um segundo programa. Quando se sente preparado para trabalhar questões sobre sua codependência e relacionamentos, você se torna um "vencedor duplo" ao frequentar um segundo programa, como o CoDA, o Nar-Anon ou o Al-Anon.

Apadrinhamento

O apadrinhamento é um dos benefícios dos programas de mútua ajuda. Depois de frequentar as reuniões por um tempo e ouvir ou conhecer membros que têm alguns anos de programa, considere pedir a alguém que você respeita para ser seu *padrinho*. Um padrinho é um guia para quem você pode ligar entre reuniões para discutir problemas pessoais. Seu padrinho também faz sugestões sobre como progredir em sua recuperação, inclusive como seguir os Doze Passos.

Além de frequentar reuniões, seguir os passos o ajuda a mudar e a crescer. Às vezes, pessoas que estão em dois programas têm dois padrinhos e trabalham os passos de ambos, porque cada programa tem seu próprio foco.

Outros grupos de apoio

Para **sobreviventes de trauma**, você encontra informações nos sites a seguir:

Associação Brasileira do Trauma: Encontre informações e um grupo de apoio perto de você (`https://www.traumatemcura.com.br/`).

We Care On: Para ajuda com trauma e dissociação (`https://wecareon.com/transtornos-dissociativos/`).

PROVE: Serviço de assistência e pesquisa em violência e Transtorno de Estresse Pós-Traumático (TEPT) da Universidade Federal de São Paulo — UNIFESP (`www.provepsico.com.br`).

Para **vítimas de violência doméstica**, abrigos e grupos de apoio estão organizados por estado, ao contrário dos programas de mútua ajuda, que são internacionais, então você precisa pesquisar grupos dentro de seu estado. Em geral, há reuniões de grupos e informações nos abrigos locais. Aqui estão listados sites que podem lhe fornecer mais informações e ajudá-lo a localizar um grupo ou um abrigo em sua região. Alguns também fornecem informações legais, tais como maneiras de obter uma ordem de restrição:

União de Mulheres Alternativa e Resposta: Para informações e conferências (`http://www.umarfeminismos.org/`).

Ligue 180 (Central de Atendimento à Mulher): Linha direta 24 horas para informações, denúncias e ajuda de emergência nos casos de violência contra a mulher (`http://worldhelplines.org/brazil.html/`).

Conselho Nacional de Justiça: Para informações legais, links para abrigos e ajuda em seu estado, e uma lista de bate-papo e quadros de mensagens (`http://www.cnj.jus.br/noticias/cnj/83132-cnj-servico-conheca-a-rede-de-protecao-a-mulher-vitima-de-violencia`); informações similares estão disponíveis neste site, que também tem um conjunto de ferramentas redutor de estresse (`http://www.mulher.df.gov.br/ceams/`).

Psicoterapia

A psicoterapia é a melhor opção se você não quiser frequentar um programa de mútua ajuda. Também é um adendo válido a acrescentar a um programa de mútua ajuda, a fim de fazer um trabalho individual mais profundo de

294   PARTE 4 **Seguindo em Frente e Mantendo a Recuperação**

recuperação, ou com seu parceiro, em aconselhamento de casais (veja o Capítulo 6). As pessoas fazem mais progressos quando combinam terapia e um programa de mútua ajuda.

Contate seu plano de saúde para saber mais sobre a cobertura de terapia dentro e fora da rede. Muitos terapeutas são *provedores* em planos de saúde específicos, o que significa que eles enviarão a conta e serão pagos diretamente pela companhia de seguros, e você pode ser responsável somente por uma pequena coparticipação, ou nem isso. Dependendo de sua seguradora e de onde você mora, talvez você encontre ou não um provedor com experiência suficiente nas questões que deseja abordar e com quem se sinta à vontade. Há muitos terapeutas excelentes que estão "fora da rede" e não são provedores do seu plano de saúde. Seu plano pode reembolsá-lo pela taxa total ou parcial do terapeuta de fora da rede. Nesse caso, talvez você tenha que enviar sua conta para a seguradora pagar (ou para reembolso de seu pagamento para seu terapeuta). Os planos de saúde têm direito de saber seu diagnóstico, e alguns pedem planos de tratamento e relatórios de progresso. A regra de privacidade federal (HIPAA) deixa essa informação inacessível a seu empregador.

Encontre um terapeuta experiente, com quem você se sinta à vontade e seguro. Um terapeuta não precisa ser muito amigável ou extrovertido, e muitos mantêm certa reserva por motivos terapêuticos, mas eles não devem ser frios ou indiferentes. Uma relação terapêutica é única, e não é a mesma que com um amigo ou professor. Você é o centro das atenções, em contraste com um professor, que fala a maior parte do tempo, ou um amigo, que compartilha histórias pessoais e problemas. Aqui estão algumas concepções errôneas sobre terapia:

» **Um terapeuta deve lhe dar conselhos.** Um terapeuta experiente não vai lhe dar conselhos específicos de como lidar com a situação. Ele pode incentivá-lo a frequentar uma reunião dos mútua ajuda ou a ir atrás de seus objetivos, mas, mesmo nesses casos, vai explorar o seu ponto de vista. Há um episódio de *Segura a Onda* em que o terapeuta de Larry David diz a ele exatamente o que fazer para ganhar de volta o afeto da esposa, depois que ela o deixou. O tiro sai pela culatra em uma série hilária de consequências inesperadas, porque Larry não seguiu os próprios instintos.

» **Um terapeuta pode ver através de você.** É surpreendente que algumas pessoas pensem que um terapeuta tenha visão mágica de raios X para ver dentro delas. Por meio de intuição e experiência, os terapeutas desenvolvem palpites sobre padrões e causas, mas eles não conhecem fatos que você não está disposto a revelar. Quando o palpite deles estiver errado, corrija-os.

» **Basta comparecer para conseguir mudar.** A terapia exige atenção e trabalho de sua parte. O terapeuta é um aliado — um parceiro — para apoiá-lo e guiá-lo à medida que você explora suas lembranças, pensamentos e sentimentos. Quanto mais você pensa em si mesmo e em sua terapia, mais você extrai dela.

CAPÍTULO 17 **Onde Conseguir Ajuda**   295

> **A terapia termina quando a sessão termina.** Na verdade, a maioria do trabalho da terapia acontece entre sessões, em seus devaneios, sonhos, ações e pensamentos. A terapia pode ser um laboratório para você tentar novas perspectivas e comportamentos em um ambiente protegido. Pense no que sentiu e aprendeu em cada sessão e pratique durante a semana. Então, volte ao terapeuta e conte a ele ou ela como foi.

> **Terapia deixa você dependente.** Você está indo à terapia para superar sua codependência. Mesmo que não esteja em um relacionamento com alguém, talvez fique com medo de que se tornaria dependente se estivesse. Ficar longe de relacionamentos ou de terapia não vai curar esse assunto. A terapia serve para deixá-lo mais independente e interdependente nas relações, a menos que você e seu terapeuta concordem em usar sua terapia como fonte regular de conselhos.

> **Terapeutas podem prever o futuro.** Muitos clientes querem saber se podem conseguir a namorada de volta ou se o casamento vai durar. Mesmo videntes estão errados na metade das vezes. A terapia pode lhe dar poder para mudar o futuro, em vez de se sentir impotente ou à mercê de forças invisíveis.

> **A terapia não está funcionando se você não se sentir melhor depois.** À medida que você muda e se recupera, suas emoções têm altos e baixos. A terapia põe lenha na fogueira, e sentimentos dolorosos surgem no processo. Às vezes você se sente deprimido ou ansioso, especialmente à medida que abandona velhos hábitos.

> **Um terapeuta vai julgá-lo.** Se estiver se sentindo julgado por seu terapeuta, confronte-o imediatamente. Terapeutas são humanos, e talvez haja um mal-entendido. Se esse é um padrão que se repete, ou se você se sente mal ou envergonhado, considere mudar de terapeuta.

É surpreendente para a maioria dos clientes que seus terapeutas se importem com eles. Eles não sentem que são apreciados ou amados, ou que causam um impacto no terapeuta, porque a relação não é mútua e eles não estão ajudando o terapeuta.

DICA

Repare em que momento sua codependência surge na terapia — se você se sentir desconfiado, estiver tentando agradar o terapeuta ou escondendo fatos ou sentimentos, especialmente sobre a terapia. Todas essas são coisas para se falar na terapia, porque vão ao ponto-chave da codependência.

Terapia individual

A terapia individual tem você como foco, não o seu parceiro. Às vezes, pessoas chegam e querem reclamar do parceiro ou do dependente, e convencer o terapeuta do porquê de aquela pessoa ser tão frustrante ou estar errada. Elas realmente querem que sua dor seja ouvida e testemunhada, mas isso não as ajuda a crescer ou mudar. Um grupo de apoio seria um bom lugar para fazer isso. Com frequência leva tempo ajudá-las a focar a si mesmas. Se estiver pronto para fazer isso, você pode aproveitar muito a terapia individual. Ela pode ajudá-lo a ganhar autonomia de sua família e construir um Self sólido e confiante ao entender seu comportamento, crenças, pensamento e história de um modo mais direcionado e específico para você do que em uma reunião de mútua ajuda. Você também pode aprender a resolver problemas, elevar sua autoestima, realizar objetivos e resolver assuntos do passado. A terapia é especialmente importante se você sofreu trauma ou abuso, ou tem uma doença mental, ou distúrbio de humor, como depressão ou ansiedade, que não são aliviadas frequentando reuniões.

Aconselhamento de casais

O aconselhamento de casais inclui terapia de casal, e é ideal se você quer trabalhar assuntos de seu relacionamento. Provavelmente não será útil com um parceiro que usa drogas com regularidade ou está recém-sóbrio ou abstinente. O foco deles tem que ser ficar limpo e sóbrio. Reuniões de mútua ajuda não abordam comunicação, abuso e questões de intimidade. Os relacionamentos mudam, sim, se uma só pessoa fizer mudanças, mas o progresso é aprimorado se você e seu parceiro trabalharem juntos em terapia. Duas pessoas são necessárias para haver uma conversa, e o terapeuta pode observar a dinâmica entre você e seu parceiro.

LEMBRE-SE

Em aconselhamento de casais, o casal é o cliente. Não há segredos entre um de vocês e o terapeuta. Se você estiver fazendo terapia individual e quiser mudar para terapia de casal, é aconselhável consultar um novo terapeuta para ver vocês como um casal, para que haja mais equilíbrio. No entanto, como parte do aconselhamento de casais, o terapeuta pode ver ambos os parceiros individualmente para trabalhar assuntos pessoais.

Leituras Recomendadas

Há muita literatura útil (livros, panfletos e assim por diante) disponível sobre relacionamentos e adicções — muitos para citar aqui. Alguns dos autores conhecidos sobre codependência incluem Melody Beattie, Pia Mellody, Robin Norwood, Earnie Larsen, Claudia Black, Charles Whitfield, Sharon Wegscheider-Cruse, Anne Wilson Schaef e Janet Woititz. Talvez você também queira conferir livros sobre trauma, violência, depressão, resolução de conflitos, autoestima ou abuso.

Para trabalhar a cura da vergonha, veja meu livro *Conquering Shame and Codependency: 8 Steps to Freeing the True You* (Hazelden.org). Dois livros da série *For Dummies* que você pode achar úteis são *Post-Traumatic-Stress Disorder For Dummies*, de Marc Goulston, e *Addiction and Recovery For Dummies*, de Brian

F. Shaw, Paul Ritvo, Jane Irvine e M. David Lewis, ambos publicados por John Wiley & Sons, Inc. [Nenhum deles foi publicado em português.]

Certifique-se de conferir livros e panfletos nos sites e reuniões do Al-Anon, MADA, Nar-Anon, Amor Exigente, CoDA e outros. Em livrarias online e em `http://www.codabrasil.org.br/o-que-e-codependencia-2/`, você pode encontrar meus ebooks: *10 Steps to Self-Esteem: The Ultimate Guide to Stop Self-Criticism, How to Speak Your Mind – Become Assertive and Set Limits, Codependency Recovery Daily Reflections* e *Spiritual Transformation in the Twelve Steps* [todos em inglês]. Lá você pode assinar mensalmente meus posts informativos de blog, incluindo "The Dance of Intimacy", "Are You a People Pleaser?", "Transforming the Codependent Mind", "Codependent Issues", "Breaking-Up: Should You Leave or Can You Get the Change You Want?" e "Your Primary Spiritual Relationship — Loving Yourself" [conteúdo em inglês].

Números de Emergência

A seguir, há alguns números telefônicos nacionais para ter à mão. É uma boa ideia procurar números locais para serviços em sua região. Alguns programas têm somente linhas diretas estaduais. Recursos para violência doméstica e linhas diretas para abrigos variam de estado para estado, mas você pode encontrar essas informações em sua lista telefônica local e na internet. Talvez você consiga localizar um abrigo próximo por meio do departamento de polícia local. Se estiver prevendo violência, mantenha o número em sua geladeira e consiga com antecedência informações sobre um abrigo. Se estiver em perigo imediato, ligue 190.

Al-Anon e Alateen: (11) 3331-8799; linha para reuniões: (11) 3222-2099

Nar-Anon: (11) 3311-7226 ou (11) 95937-1111

COSA: 866-899-2672

Linha Direta Nacional Violência Doméstica: 180

Linha Direta Nacional Abuso Infantil: 100

Linha da Vida Nacional de Prevenção ao Suicídio: 188

NESTE CAPÍTULO

» Entendendo os Doze Passos

» Descobrindo princípios para viver

» Incorporando a espiritualidade em sua vida

» Seguindo um plano de recuperação

Capítulo **18**

Trabalhando os Doze Passos

Os Doze Passos dos programas de Doze Passos fornecem um modelo de vida que funciona de verdade. Muitos codependentes não têm nenhum desses modelos. Eles vêm de famílias disfuncionais e repetem esse modelo em suas relações, ou não têm ideia alguma de como viver a vida de maneira construtiva.

Os Doze Passos são diretrizes que o ajudam a atuar a partir de seu Self verdadeiro, em vez de um ego guiado por medo e controle. "Trabalhar os passos" não somente o liberta da adicção, mas também causa uma transformação na personalidade e no espírito. Os passos têm como base princípios universais e são, em essência, os mesmos em todos os programas, exceto que o primeiro passo em cada programa é modificado para corresponder à adicção em particular.

Este capítulo descreve os Doze Passos do Codependentes Anônimos (CoDA). Embora destacados em ordem, a descrição linear é equivocada, porque o processo de recuperação e transformação acontece em espiral.

Passo Um — Aceitando a Impotência

Admitimos que éramos impotentes perante os outros — que nossas vidas haviam se tornado incontroláveis.

Aceitar a impotência sobre uma adicção — seja uma substância, atividade ou outras pessoas — é um princípio base dos programas de Doze Passos, inclusive do CoDA. Dependentes e codependentes têm uma atitude disfuncional em relação ao controle. Eles tentam controlar qualquer um ou qualquer coisa que atrapalhe o que querem — especialmente outras pessoas de quem dependem para serem felizes. Muitos dos pensamentos e comportamentos problemáticos dos codependentes giram em torno de influenciar e se preocupar com outras pessoas.

LEMBRE-SE

Com frequência você tentará controlar alguém para evitar a dor e o medo da perda — perda do afeto, perda da saúde de um ente querido, ou perda de um relacionamento. Tentativas de controlar outras pessoas têm base em uma ilusão, uma falsa ideia de que você pode controlar outras pessoas. Isso o mantém em negação e pode tornar sua vida incontrolável, porque você está tentando controlar o que não pode. Se suas reações e esforços para controlar e consertar não ajudaram de maneira efetiva, considere que talvez você não tenha poder para mudar uma outra pessoa ou situação. Já é difícil o suficiente mudar a si próprio, mesmo com esforço considerável.

Quanto mais você foca que outra pessoa o faça feliz, mais infeliz e alienado de si mesmo você fica. Você pode, inclusive, estar tentando controlar alguém incapaz de se controlar — outro dependente ou abusador. Enquanto isso, seus comportamentos e obsessão pela pessoa o mantém em negação da tristeza e da dor de se desprender e da realidade verdadeira ou imaginária que você teme.

LEMBRE-SE

Seu entendimento do Passo Um aumenta durante a recuperação. O primeiro estágio é a consciência de que existe um problema ou adicção; o segundo, que seus esforços para controlá-lo estão tornando sua vida incontrolável; o terceiro, que você não tem poder sobre isso; e o quarto, que a verdadeira ajuda consiste em mudar suas próprias atitudes e comportamento.

Encarando a impotência

Aceitar que você não tem poder sobre outras pessoas pode parecer humilhante, mas é um pré-requisito para abandonar o controle. Não é fácil mudar seu comportamento e praticar o desapego. O ego não gosta de admitir a derrota, mesmo diante de esforços inúteis, frustrantes e exaustivos para mudar outra pessoa, que levam à irritabilidade, ansiedade e ressentimento.

Impotência não significa que você seja incapaz. Uma infinidade de ações — inclusive inações — são mais eficazes para lidar com problemas e criar mais paz, clareza e senso de controle do que comportamentos reativos e infrutíferos.

Mais importante, você reivindica seu poder sobre sua mente e a vontade de mudar o que pode (o Capítulo 12 sugere maneiras de se desprender).

Para entender melhor a impotência aplicada à sua vida, responda a estas perguntas:

- » O que, se houver algo, você fica fantasiando que o faria feliz?
- » Você acredita que não tem poder sobre outras pessoas?
- » Você se sente responsável pelo comportamento de alguém?
- » Você acredita que pode controlar o comportamento dessa pessoa?
- » Liste as coisas que você experimentou ao tentar mudar alguém.
- » Liste todas as pessoas e coisas sobre as quais você não tem poder.
- » Como especificamente sua vida é incontrolável?
- » Quais sentimentos e crenças o impedem de se desprender?

Quando você se sente louco

No Passo Um, você começa a olhar seu próprio comportamento com objetividade. Sua vida e emoções se tornaram incontroláveis por fazer a mesma coisa que não funciona. Considere se suas ações têm sido razoáveis, eficazes e gentis, ou se tem meramente reagido à outra pessoa e à própria dor, medo e decepção, apesar de suas boas intenções. Talvez você perceba que seu comportamento incontrolável, rotineiro e viciante é uma forma de "insanidade", às vezes chamada de "vontade própria desenfreada". Essa autoconsciência maior é um aprimoramento importante. Ela lhe dá poder para começar a exercer alguma restrição sobre hábitos, palavras e ações viciantes e indesejáveis.

Abandonar toda a atividade mental e física de tentar controlar, ajudar e manipular os outros deixa um vácuo, que talvez venha acompanhado de sensações de vazio, tédio, raiva, depressão e medo. Também é uma perda — perda de seu papel e ilusões de controle e expectativas sobre outra pessoa e relacionamento. Além disso, perceber que você ou alguém que você ama tem uma adicção que ameaça a vida, sobre o qual você não tem poder, pode ser desanimador. Você pode até chorar a morte imaginada de um dependente que você ama — possibilidade que você não encarou (veja o Capítulo 8, sobre estágios do luto). Família e amigos talvez tentem dissuadir suas mudanças a fim de preservar a velha dinâmica do relacionamento. O desconforto emocional pode ser tão grande que você volta para seu antigo comportamento ou muda de adicções. O passo seguinte oferece algum alívio e esperança.

Passo Dois — Encontrado Esperança

Viemos a acreditar que um Poder Superior a nós mesmos poderia nos devolver a sanidade.

O Passo Dois promete que, embora você não seja todo-poderoso, existe um Poder Superior a você. Considere se você fez de alguém em sua vida seu Poder Superior — um deus —, vivendo para o amor ou aprovação dele, acomodando-se e tentando manipulá-lo, e se sacrificando no processo. O que ou quem poderá substituir essa pessoa?

Esse passo é um lembrete reconfortante de que a ajuda está disponível quando você está tentado a voltar ao comportamento antigo. Muitas pessoas acreditam que esse poder é Deus e encontram alívio imediato ao praticar o Passo Dois. Outras acreditam que o poder é a sabedoria dos Doze Passos — "o programa" ou seu eu maior. No entanto, para alguns, esse passo reflete um processo gradual (*"Viemos* a acreditar..."). O Passo Dois proporciona a segurança de que você tenha um parceiro para quem se voltar em momentos de necessidade, e pode ajudá-lo a se desprender.

AUTODESCOBERTA

Faça o seguinte:

» Em quais áreas de sua vida sua sanidade precisa voltar? Descreva seu comportamento "insano".

» Liste todos os seus medos e o que fez para evitá-los ou controlá-los. Você tem sido eficaz?

» Descreva o que você entende por Poder Superior e como isso mudou ao longo de sua vida.

» Escreva sobre sua decepção ou raiva de Deus.

» Descreva como você "veio a acreditar" em um Poder Superior.

» Procure sincronicidade a cada dia e repare nas coincidências.

» Passe um tempo na meditação e ouça as orientações. Comece a agir de acordo com seu guia interno.

» Quais escolhas você poderia fazer se não tivesse nem medo nem esperança?

Passo Três — Desprendendo-se

Decidimos entregar nossa vontade e nossa vida aos cuidados de Deus, como nós O concebíamos.

O Passo Três pede que você tome a decisão radical de abandonar a posição central do ego como condutor de sua vida e voltar sua vontade e vida "aos cuidados de Deus, como nós O concebíamos". As palavras "como nós O concebíamos" deixa nas suas mãos a definição de Deus.

Esse passo é o princípio por trás da prática de "desprender-se" e "entregar", o que significa que você não controla resultados, atitudes e comportamentos alheios, ou frustrações diárias que podem engatilhar uma recaída em comportamentos antigos. A ideia de se render pode ser particularmente assustadora a muitos codependentes que vieram de um lar negligente, com adicções, abuso ou em que um dos pais era dominador. Construir confiança é um processo, mas à medida que a fé em um Poder Superior aumenta, também aumenta a habilidade de se desprender e mudar para um comportamento funcional.

LEMBRE-SE

Quer acredite ou não em Deus, ou se recupere da codependência, a realidade é sempre dolorosa. Mesmo quando a vida vai bem, todo mundo perde entes queridos, sofre de doenças e outras perdas e, no fim, morre. No entanto, ao escolher entregar por vontade própria, você é capaz de aceitar a vida de modo realista e com equanimidade e, portanto, consegue viver de maneira mais eficaz. Isso não elimina suas emoções; pelo contrário, capacita-o a aceitá-las e deixá-las fluir — chore se precisar ou tome uma atitude que seja de seu maior interesse. Negar a tristeza fecha seu coração e vivacidade, e bloqueia seu riso. Pois é na abertura para a experiência do momento que sua verdadeira segurança e alegria residem.

Esse passo não significa que você não tenha metas ou não faça esforços para alcançá-las. Você ainda tem que dar os passos para alcançar os resultados que deseja, no entanto, ele o ensina a viver no presente e a não tentar controlar resultados e outras pessoas. Na verdade, planejar e agir pode ser exatamente o necessário no momento, em vez de se preocupar ou forçar soluções. Agora, compreensivelmente, você está se perguntando como determinar quando sua vontade própria está operando. Uma vez, um sábio guru disse: "As pessoas estão sempre tentando distinguir a própria vontade da vontade de Deus. Quando as coisas funcionam, elas a chamam de vontade de Deus. Quando não funcionam, chamam de vontade própria."

DICA

A maioria dos codependentes não teve ajuda para tomar decisões ao crescer. A vergonha e a codependência causam dúvida e falta de confiança. Se você tentou repetidas vezes fazer algo acontecer ou influenciar alguém e não obteve os resultados desejados, talvez esteja tentando forçar sua vontade. Às vezes, você pode tentar se proteger tanto do dano que, no fim, acaba causando dano a si mesmo. Ou se preocupa com coisas que nunca vai passar, enquanto a tragédia ataca de maneira inesperada e incomum. Talvez você não conheça a vontade de Deus até experienciá-la e conhecer melhor a si mesmo e aos fatos por meio de tentativa e erro, descobrindo o que funciona e o que não funciona, e como se sente a respeito de suas atitudes e escolhas. Se acha difícil entregar sua vida a um Poder Superior, considere fazer isso em relação a problemas, comportamentos ou pessoas específicas.

DICA

AUTODESCO-BERTA

Muitas pessoas dão os primeiros três passos a cada dia como um ritual diário. Outras usam a frase encurtada: "Não posso. Ele pode. Deixe-o." Vivenciar o Passo Três proporciona passar o dia com uma consciência interna de uma presença espiritual agindo em sua vida, à qual você se volta e de quem é parceiro. Isso significa ser receptivo e flexível — o oposto de uma atitude codependente.

Faça o seguinte:

» Quando reflete sobre sua vida, ela se tornou aquilo que você imaginava ou planejava?

» Quando foi que fazer as coisas "do seu jeito" o meteu em problemas?

» O que você teme que aconteça caso se entregue de verdade?

» Escreva um diálogo com seu Poder Superior sobre um ou mais assuntos que você não está disposto a entregar. Use sua mão não dominante para seu Poder Superior.

» Planeje um ritual diário para entregar sua vontade a Deus.

» Faça uma lista de quando você foi guiado pela intuição ou recebeu avisos e respostas de seu Poder Superior. Pratique escutar essa vozinha interna e acrescente à lista com regularidade.

A HISTÓRIA DO MEU TERCEIRO PASSO

Tive a oportunidade de viver o terceiro passo enquanto escrevia este capítulo. Em meu checape anual, fiz um eletrocardiograma que alarmou minha médica. Ela disse que eu poderia tanto ter tido um ataque cardíaco como poderia ter um a qualquer momento. Ela me alertou a não fazer esforço e a ir à sala de emergência se não pudesse procurar logo um cardiologista. Eu me perguntei se os resultados estavam assim porque minha mãe teve ataques cardíacos que a mataram. Tomei uma atitude para saber mais sobre a situação e o histórico familiar, consultei outro médico, e marquei uma consulta com um cardiologista cinco dias depois.

Escrever este capítulo foi um bálsamo para minha mente ansiosa. Não havia me ocorrido que, apesar de tudo, eu estava viva e respirando, e que foi bom eu ter descoberto o problema caso precisasse de cuidados preventivos. Novamente entreguei minha vida, sina e destino para Deus, e tive uma semana boa — até dancei um pouco, ciente das ordens do meu médico. Descansei e continuei a me entregar, lembrando a advertência de Nietzsche: "Amor Fati" — "Ame Seu Destino".

O eletrocardiograma feito pelo cardiologista estava normal. Ele ficou estupefato ao ver como meus dois eletros poderiam ser do mesmo coração (meu nome estava impresso em ambos). Eles eram tão radicalmente diferentes que isso estava além do erro humano. Talvez Deus estivesse chamando minha atenção para me lembrar de desacelerar e me reconectar a meu Poder Superior.

Passo Quatro — Examinando-nos

Fizemos um minucioso e destemido inventário moral de nós mesmos.

Codependentes são tão focados em outras pessoas e problemas alheios que com frequência não examinam o próprio comportamento. A preocupação com os outros como fonte de sua infelicidade lhes permite esconder verdades dolorosas sobre si mesmos. Talvez você esteja cego sobre como seu comportamento causou ou contribuiu para sua infelicidade. A causa não foram as atitudes alheias, destino ou azar. O crescimento não é possível até que se encare a verdade. Agora, com mais consciência, o Passo Quatro recomenda que você escreva um inventário, visando revelar padrões de emoções e comportamentos disfuncionais.

LEMBRE-SE

Não use o Passo Quatro para se acusar ou se humilhar; em vez disso, use-o para autodescoberta, para esclarecer seus pontos fracos. Fazer isso constrói autoconsciência, necessária para a plenitude, o crescimento e a maturidade.

Um "inventário moral" sugere que algumas atitudes são certas e outras, erradas. Isso significa que você examina a si mesmo e a suas ações passadas, e olha honestamente para suas emoções, motivações, atitudes e para a "natureza exata de seus erros" sob a perspectiva da recuperação da codependência. Se fez os exercícios de autodescoberta ao longo deste livro, você já começou o inventário. Não deixe o Crítico (veja o Capítulo 10) julgá-lo enquanto escreve. Escreva de maneira livre, sem editar. Mais tarde, você vai revisar seu inventário com um padrinho, mas esqueça isso enquanto escreve e se comprometa a ser "destemido e incisivo" enquanto revê seu passado.

LEMBRE-SE

De todos os passos, o Quatro e o Cinco foram feitos para trabalhar com outra pessoa, de preferência um padrinho, psicoterapeuta, ou coach de recuperação ou um conselheiro (veja o Capítulo 17 sobre apadrinhamento). Há vários métodos sugeridos para fazer um inventário. No Al-Anon, fiz três inventários; cada um era diferente. No começo, não poderia imaginar que tinha feito nada de errado ou que devesse desculpas a quem quer que fosse, mas, a cada inventário sucessivo, eu conseguia ser mais honesta e cavar mais fundo meus sentimentos.

Se você está trabalhando com um padrinho, é uma boa ideia escrever seu inventário como orientado por ele. Algumas pessoas escrevem a história da própria vida, confessando todos as suas más ações. A publicação do Al-Anon *Plano para Progredir: Inventário do Quarto Passo do Al-Anon* abrange perguntas sobre atitudes, responsabilidades, valor próprio, amor e caráter.

Algumas pessoas usam um inventário de 4 colunas descrito no livro do AA, *Alcoólicos Anônimos*, parcialmente preenchido na Tabela 18-1. O livro recomenda fazer um inventário ou, então, para ressentimentos, medos e conduta sexual do passado, mas também pode ser feito para outras falhas de caráter. Acrescentei a desonestidade.

Liste todas as pessoas, instituições e princípios (por exemplo, religião, partidos políticos etc.) que o magoaram ou que teme, e as pessoas afetadas por seu comportamento sexual. Considere se você foi honesto, ciumento, manipulador, egoísta, amargo e assim por diante. Membros do AA especificam as seguintes sete áreas afetadas: autoestima, orgulho (como outros veem você), segurança emocional, relações pessoais, relações sexuais (desejo por intimidade sexual), segurança financeira e ambições (seus objetivos, desejos e planos). Elabore uma frase curta sobre como suas crenças ou necessidades em cada área são afetadas. Reprima qualquer tentativa de justificar suas ações ou culpar outra pessoa. É melhor conversar com seu padrinho para detalhes ao escrever seu inventário. Após completar as colunas, escreva abaixo quem você prejudicou em cada incidente; não se esqueça de incluir a si mesmo.

TABELA 18-1   **Inventário de Quatro Colunas: Um Exemplo**

Ponto fraco	A Causa	Afeta meu(s)/minha(s)	Meus Erros
Ressentimento			
Minha esposa	Me irritou	Autoestima, relações, orgulho	Eu não a ajudei (autocentrado)
	Recusou sexo	Necessidades sexuais, relações, orgulho	Ignorei as necessidades dela (egoísta) (vingativo)
			Eu a critiquei (julgamento)
Meu chefe	Me advertiu	Autoestima, orgulho, segurança	Falta de cuidado (impaciente) (preguiçoso)
			Arrogância (presunçoso)
			Cheguei atrasado (irresponsável)
Desonestidade			
Minha esposa	Tenho medo dela	Autoestima, segurança, orgulho	Menti para evitar brigas
Bob	Tenho inveja dele	Relações, segurança	Roubei seu DVD
Meu chefe	Vergonha, medo, culpa	Relações, orgulho, ambição, segurança financeira	Menti para encobrir meus erros

Durante esse período, sua consciência está aguçada. Preste atenção a suas ações e observe ressentimentos, expectativas e julgamentos alheios, defensividade, desonestidade ou qualquer outro de seus pontos fracos. Questione por que você reage dessa maneira e explore seus sentimentos no papel. Por um momento, talvez você se sinta pior antes de se sentir melhor, mas isso é remédio que cura.

306   PARTE 4 **Seguindo em Frente e Mantendo a Recuperação**

Outro tipo de inventário está na Tabela 18-2, que inclui uma coluna para você refletir sobre seu comportamento atual. Ela também exige que você examine suas crenças inerentes sobre si mesmo. São elas que guiam seu comportamento.

TABELA 18-2   Meu Inventário

Pessoa	Minha Ação Passada	Meus Sentimentos	Minhas Crenças	Comportamento atual
Mãe	Evitar	Mágoa, raiva, culpa	Não sou bom o suficiente	Impor limites
Cônjuge	Dar conselhos, vigiar	Medo, ressentimento, ciúme, raiva, desamor	Estou certo. Ele está traindo. Não sou suficiente.	Desprender Parar de espionar Ligar para o padrinho

Anteriormente no Al-Anon, fiz um inventário dos dez tópicos seguintes, conforme instrução do meu padrinho: orgulho, raiva, ressentimento, preguiça, medo, ciúme, inveja, sexo, furto/desonestidade e ganância/gulodice. Escrevi tudo o que consegui lembrar que envolvesse esses pontos fracos de caráter, inclusive o que aconteceu, como me senti na época e como me sinto a respeito no presente. Frequentemente, tive de reescrever incidentes para chegar aos sentimentos, mas me surpreendi com a quantidade de coisas que pude recordar quando o fiz.

Um inventário está incompleto a menos que liste atributos e pontos fracos. Isso pode ser mais difícil do que parece por causa da vergonha. Talvez você descubra que deprecia ou menospreza suas características positivas.

AUTODESCO-BERTA

Faça o seguinte:

» Liste pessoas de quem você guarda mágoa, por que, e também sua contribuição na história.

» Liste seus atributos. Se for difícil, peça opiniões de amigos.

Passo Cinco — Compartilhando Nossa Vergonha

Admitimos perante Deus, perante nós mesmos e perante outro ser humano a natureza exata de nossas falhas.

Diz-se no AA que "você só é tão doente quanto seus segredos". Isso é similar ao evangelho de São Tomé: "Se fizerdes nascer em vós aquele que possuis, ele vos salvará; mas se não possuirdes em vós a este, então sereis mortos por aquele que não possuis."

O Passo Cinco pede que você se torne vulnerável e íntimo de seu Poder Superior e revele a "natureza exata" de seus erros. É outro nível de entrega. Você experiencia sua fragilidade e humanidade através da consciência honesta de suas imperfeições diante de si mesmo, Deus e de outro ser humano de confiança. A culpa, o ressentimento e a vergonha paralisante se dissiparão aos poucos e, com eles, a aversão de si mesmo e a depressão. À medida que seu autoconhecimento cresce, sua autoestima, também. Na terapia, esse processo recorda dores e tristezas da infância, o que aumenta a empatia por si mesmo e pelos outros.

LEMBRE-SE

Muitas pessoas ficam ansiosas para ler o próprio inventário. É importante escolher alguém em quem você confie e que respeite, que entenda o programa, que já tenha trabalhado os passos anteriormente, e que tenha ouvido o inventário de outra pessoa. Ler seu inventário pode levar mais de uma reunião, dependendo de sua extensão e do rigor de seu padrinho. Com sorte, ele pode ajudá-lo a identificar sentimentos, motivos, atitudes e falhas que possam ter passado despercebidos, e apontar seus padrões e onde você se culpou injustamente. Prepare-se para ter uma mente aberta, porque essa é uma oportunidade poderosa para aprender sobre si mesmo e aliviar seu fardo. Ela estende a base para mudanças importantes em suas atitudes e comportamento. Embora o passado não possa ser mudado, sua percepção dele pode. Você pode se curar, e os relacionamentos podem se curar quando há boa vontade em perdoar.

Com frequência, pessoas sentem que foi tirado um grande peso das próprias costas depois de compartilhar seus inventários. Outras não, porque se sentem culpadas pelas próprias deficiências. Prender-se na culpa as reforça, e pode mantê-lo preso ao passado. Você continuaria punindo um amigo que fez uma confissão sincera? Pratique a mesma compaixão consigo mesmo (veja o Capítulo 10). Perfeccionistas podem ser autocríticos das próprias deficiências, porque não estão à altura de seu self ideal. A recuperação envolve a autoaceitação, que significa aceitar sua condição humana. O autojulgamento reflete vergonha e orgulho — deficiências para acrescentar à lista. Os programas de Doze Passos defendem o *progresso, não a perfeição*. Mas não se desespere. Você não está nem mesmo na metade dos passos.

Passo Seis — Aceitando-nos

Prontificamo-nos inteiramente para deixar que Deus removesse todos estes pontos fracos de caráter.

Os passos fornecem uma diminuição lenta e gradual do ego e da vontade própria como centro de sua vida. Primeiro, você admite que não tem poder sobre os outros e que existe um poder maior do que você; então, pede-se que você entregue sua vida a esse poder. Depois, você é direcionado a fazer um inventário de suas falhas e segredos mais profundos e vergonhosos, e a compartilhá-los com Deus e com outra pessoa.

308   PARTE 4 **Seguindo em Frente e Mantendo a Recuperação**

Após algum tempo, você começa a perceber que só consciência não é o bastante. "Prontificar-se inteiramente" é o processo de entrega "para deixar que Deus remova todos esses pontos fracos de caráter". Aqui, o Passo Seis difere do Passo Três, usualmente associado a entregar o controle de situações ou coisas fora de você mesmo. O Passo Seis destaca o processo psicológico da transformação pessoal que evolui ao longo da recuperação. Ele representa um desenvolvimento extra da autoaceitação e abre as portas para mudanças.

LEMBRE-SE

Tentativas de mudança podem ser frustrantes. Para seu espanto, você descobre que suas tentativas de mudar e deixar hábitos ruins e deficiências irem embora não lhe serviram de nada, apesar de suas boas intenções. Agora que você reconhece seu comportamento viciante e disfuncional, ele fica cada vez mais irritante e desconfortável. Velhos comportamentos não funcionam mais. Isso pode ser enlouquecedor! No entanto, seus esforços não são em vão; eles são indispensáveis, mas também a oração e a meditação descritas no Passo Onze. Ainda assim, talvez você se sinta incapaz ou desanimado com a mudança.

DICA

Tenha compaixão de si mesmo durante esse período, porque os sintomas da codependência e muitos de seus comportamentos disfuncionais o ajudaram a sobreviver e evitar problemas e dores mais profundas. Desprender-se antes de saber o que há guardado soa ameaçador. A atitude defensiva reforçou sua autoestima baixa quando você se sentiu julgado. Agradar pessoas proveio da humilhação e do medo e lhe permitiu se sentir conectado e amado. Ser um cuidador codependente ajudou-o a evitar a responsabilidade consigo, mas também proporcionou um senso de valor e segurança de que você seria necessário e não ficaria sozinho. Talvez você tenha permitido o abuso porque não impunha limites e/ou tinha medo de deixar um relacionamento e caminhar com as próprias pernas. Leva tempo para se transformar em seu novo self. Tornar-se assertivo, autônomo e elevar a autoestima exige novas habilidades. Até você aprendê-las e eliminar o propósito a que os antigos hábitos atendiam, eles persistem.

LEMBRE-SE

Afinal, você percebe que sua crença em seu poder de controle repousa sobre uma ilusão. A transformação ocorre em você, mas não por sua própria vontade. A iminência do desespero, o ponto de não retorno, torna-se o ponto de virada — uma solução que você nunca poderia ter imaginado ou estruturado. Uma lagarta não consegue imaginar se transformar em uma bela borboleta.

Passo Sete — Tornando-nos Humildes

Humildemente pedimos a Deus para que removesse nossas imperfeições.

Enquanto você tentar mudar e ficar se culpando no processo, nenhum movimento ocorre. Talvez você chegue ao ponto de desistir, em desespero. Finalmente, você chega ao ponto de humildade e aceitação e está pronto para receber ajuda de um poder maior do que você mesmo. O Passo Sete sugere que você peça a uma fonte além de si próprio. Isso exige humildade em relação a Deus. Não é sinal de fraqueza, mas de maturidade. Você fez uma avaliação honesta de si mesmo e de suas limitações, e percebe que muitas coisas estão fora de seu controle. O programa oferece esperança de que existe ajuda quando você está pronto para se valer dela. Essa crença em si mesmo e a habilidade de pedir deixa espaço para seu Poder Superior participar de sua vida em cada situação em que chamar por ele. Jung sabia que não havia nada para ser feito além de esperar, com paciência e fé em Deus.

LEMBRE-SE

O processo inteiro de trabalhar com seu orgulho e pontos fracos torna-o mais vulnerável, autêntico e modesto — tudo do que relacionamentos saudáveis precisam. Quando você se sentiu autossuficiente e no controle, ainda era dependente dos outros e os controlava como extensões de si mesmo. Aceitando a própria fragilidade e deficiências, você se compadece e aceita os outros.

Passo Oito — Identificando Quem Você Prejudicou

Fizemos uma lista de todas as pessoas que tínhamos prejudicado e nos dispusemos a reparar os danos a elas causados.

Os passos anteriores devem despertar sua empatia pelos outros. Os Passos Oito e Nove reforçam isso, com uma chamada para a ação. A partir de seu inventário e da revisão dele com seu padrinho, você faz uma lista de pessoas a quem prejudicou, como pode tê-las machucado, e por que lhes deve desculpas. Seus pedidos de desculpa, boas intenções e justificativas não são relevantes. Se você não está certo ou ainda guarda sentimentos de culpa ou mágoa, acrescente-os à lista, porque os Passos Quatro a Nove são feitos para aliviar *você* de *suas* lembranças e emoções dolorosas.

LEMBRE-SE

A primeira metade deste passo pede apenas que você faça uma lista. Há algumas pessoas a quem você se sente pronto para pedir desculpas — talvez seus filhos. Inicialmente, talvez não esteja disposto a se desculpar com pessoas que também o magoaram, como um cônjuge ou pai/mãe abusivo(a). Tudo bem. A hora certa pode chegar. Ainda assim, coloque-os na lista. Não pule adiante ou imagine-se fazendo as pazes. Peça a Deus que amanse seu coração e lhe dê coragem e disposição para fazer as pazes. O perdão é para seu próprio bem e cura.

LEMBRE-SE

Com frequência, os codependentes se esquecem de colocar a si mesmos na lista. Alguns descobrem que fazer as pazes com os outros é bem mais fácil do que consigo mesmo. E o que dizer de toda a culpa, negação e sacrifício que você infligiu a si mesmo? Você falhou em se proteger com limites e se nutrir de gentileza amorosa?

Passo Nove — Fazendo as Pazes

Fizemos as reparações diretas a tais pessoas sempre que possível, salvo quando fazê-lo significasse prejudicá-las ou a outrem.

Muitas pessoas têm tremedeira quando precisam enfrentar e fazer as pazes. Ainda assim, o Passo Nove é um remédio amargo que continua a construir humildade e compaixão. Você está assumindo responsabilidade por suas ações passadas e deixando-as para trás, a fim de ter um novo começo — um novo contrato na vida —, no qual pratica os novos comportamentos que aprendeu na recuperação. Muitas pessoas, inclusive eu mesma, tiveram experiências agradáveis fazendo as pazes. É extremamente gratificante e melhora de verdade a autoestima.

LEMBRE-SE

O Passo Nove recomenda fazer reparações "diretas", o que quer dizer que você as faz pessoalmente sempre que possível. Também quer dizer que você se desculpa por um comportamento específico, sem generalizar ("Lamento se o magoei") ou ficar divagando. Se a pessoa está morta ou não pode ser encontrada, encontre meios alternativos de fazer reparações. Por exemplo, você pode escrever uma carta ou visitar um túmulo. Você pode dedicar seu tempo a um voluntariado, fazer doações para instituições de caridade ou ajudar alguém em situação similar à da pessoa a quem você deve desculpas. Algumas reparações serão materiais, em que você pagará em dinheiro, ou devolverá ou substituirá itens danificados ou roubados. É essencial que você fale minuciosamente com um padrinho ou outro guia confiável sobre cada reparação que planeja fazer, para determinar se ela é apropriada e o que dizer e fazer especificamente.

Reparações também significam mudar de atitude em um relacionamento que está avançando. Às vezes, esse é o melhor tipo de reparação. Considere:

» Como você se sente quando alguém lhe pede desculpas? Como se sente quando alguém racionaliza ou minimiza o dano?

» O Passo Nove o alerta a não fazer reparações se isso prejudicar alguém. Seja cauteloso em não prejudicar alguém a fim de aliviar sua culpa, como revelar um caso ao cônjuge de um amigo que não suspeita disso. Reparações em vida podem ser uma escolha mais sábia.

» Deixe de lado qualquer expectativa de ser perdoado. Você está fazendo reparações para si mesmo.

» Não culpe a outra pessoa pelo seu comportamento, nem faça nenhuma justificativa ou dê desculpas.

» Planeje como lidar com uma reação abusiva da pessoa.

» Ao fazer reparações com alguém próximo a você, prepare-se para mudar de comportamento e não repetir as atitudes pelas quais está se desculpando, o que arruína suas desculpas e a confiança da pessoa em você.

> » Não se esqueça de fazer reparações consigo mesmo! É importante para sua autoestima e crescimento pessoal — tanto quanto ou mais do que fazer reparações com os outros. Tome atitudes específicas (algumas descritas neste livro) contrárias ao modo como você se prejudicou. Se você ainda tem problemas para se perdoar, siga os passos sugeridos no meu blog: `http://www.whatiscodependency.com/ho-to-overcome-guilt-and-forgive-yourself` [conteúdo em inglês].

LEMBRE-SE

Abandone todas as expectativas e ressentimentos antes de fazer reparações. Com frequência, a pessoa a quem você está pedindo desculpas não terá nenhuma recordação ou conhecimento de seu comportamento passado. Inevitavelmente, haverá alguém que não vai falar com você por raiva ou proteção própria. O judaísmo exige fazer reparações a qualquer um que você tenha prejudicado. Ele propõe uma solução se você for rejeitado. Desculpe-se mais duas vezes; depois delas, você é absolvido por qualquer má ação. Considere se uma carta prejudicaria ainda mais a pessoa. Em outros casos, um abusador usará suas desculpas como oportunidade de dizer o que mais você fez de errado. Tenha um plano para lidar com isso. Você não está fazendo reparações para ser punido.

Talvez leve vários meses para se reparar com todos de sua lista. Isso não importa. Acontecerá quando for a hora certa, se você estiver disposto. Inesperadamente, fiz reparações em uma reunião, quando vi um namorado da minha juventude. Meu coração começou a doer e, embora ele nunca tenha estado em minha lista, self quis me desculpar, porque ele ficou muito magoado quando terminei nosso relacionamento. Foi uma experiência comovente para ambos.

Passo Dez — Começando do Zero Diariamente

Continuamos fazendo o inventário pessoal e quando estávamos errados nós o admitíamos prontamente.

Os Passos Dez a Doze são considerados passos de manutenção, porque a recuperação e o crescimento espiritual nunca estão completos, mas são um processo contínuo. Esses três passos simples proporcionam orientação para viver uma vida espiritual. Recomenda-se começar com eles logo no início da recuperação.

LEMBRE-SE

Os programas de Doze Passos enfatizam o comportamento moral — fazer a coisa certa, em vez de esperar até que você tenha vontade de fazê-la. O Passo Dez recomenda que você faça um inventário contínuo e, quando errar, faça reparações imediatamente para manter um histórico em branco em seu relacionamento consigo mesmo e com os outros. Quanto mais tempo passa depois de uma ofensa, mais difícil é trazer a mágoa à tona e pedir desculpas. O tempo também pode lhe permitir racionalizar seu comportamento e "esquecer" o assunto, mas o inconsciente não esquece. Se você sabe que prejudicou alguém, isso ainda diminui sua autoestima. Desculpas imediatas também promovem a responsabilidade consigo mesmo e integram a consciência de partes indesejáveis de si mesmo. Quando algo parece errado, você percebe que tem algo a fazer com isso e é sua responsabilidade pessoal agir e mudar a si próprio. A culpa se transforma em assumir responsabilidade por si mesmo. Isso aumenta a consciência de suas palavras e ações, e promove crescimento, compaixão, maturidade e serenidade.

Todo o seu trabalho duro nos passos anteriores o ajuda a ver a si mesmo e a seu comportamento com mais clareza. Você passa a valorizar sua serenidade emocional em vez de culpa e arrependimento e percebe que seus erros prejudicam mais a si mesmo do que a qualquer outra pessoa. Esse passo atenua os lapsos de presunção, controle e ressentimento. Em vez de desculpas vazias, você adquiriu coragem, admitindo diretamente quando está errado. Com frequência é para si mesmo que você deve desculpas.

Uma revisão diária o mantém honesto consigo mesmo. Isso pode ser feito no fim do dia. Ela o faz controlar seu comportamento codependente, a fim de que não tenha recaídas com velhos hábitos. Examiná-los reduz sua frequência até desaparecerem. Lembre-se de que seu inventário incluiu suas qualidades. Faça, também, um inventário das coisas positivas que faz todos os dias. Podem ser pequenas gentilezas ou elogios, como impor limites, deixar alguém passar na sua frente em uma fila, telefonar para um amigo doente ou comprar flores para si mesmo. Ao fazer isso, acrescente coisas pelas quais você é grato.

AUTODESCOBERTA

Praticar esse passo diariamente mantém sua consciência limpa e constrói sua autoestima:

> » Você foi rancoroso, desonesto ou teve medo? Há algo que esteja mantendo segredo que precisa discutir?
> » Há alguém a quem você deve desculpas hoje?
> » Liste três coisas que você fez bem hoje.
> » Liste aquilo pelo que você é grato.

Passo Onze — Ficando Perto de Seu Poder Superior

Procuramos através da prece e da meditação melhorar nosso contato consciente com Deus, na forma em que concebíamos Deus, rogando apenas o conhecimento da sua vontade com relação a nós e a força para realizar essa vontade.

CAPÍTULO 18 **Trabalhando os Doze Passos**   313

LEMBRE-SE

Espera-se que trabalhar esses passos o tenha levado para mais perto de acionar seu Poder Superior. O Passo Onze dá uma direção simples em como desenvolver e viver com base em seu recém-descoberto centro espiritual — seu *Self*. No entanto, é necessário disciplina para rezar de maneira consciente e meditar com regularidade, e buscar orientação interna de Deus (do modo como você entende Deus — seu Poder Superior). Isso aumenta sua autoconsciência e fortalece sua relação com seu verdadeiro Self, não seu self falso e codependente. Isso promove um novo comportamento, reduzindo a reatividade e o medo que acompanham a mudança e aumentando a tolerância à ansiedade e ao vazio, à medida que as estruturas do antigo comportamento e do ego desabam.

LEMBRE-SE

O Passo Três (entregar sua vontade aos cuidados de Deus) não é uma decisão conclusiva, porque inevitavelmente você vai esquecer. O Passo Onze o lembra de se entregar com regularidade à vontade de Deus. Tanto a oração quanto a meditação "melhoram" sua parceria com Deus, quando praticadas diariamente. Caso contrário, a ansiedade, o controle e o ressentimento voltam como reações às frustrações e mágoas da vida diária. Porém, ao incluir Deus em suas decisões, você adquire confiança e paz que acalmam a ansiedade e a inquietude.

Pedir orientação a seu Poder Superior pode se tornar um hábito saudável. Você descobre que tem um parceiro para cocriar sua vida e não precisa mais contar apenas consigo mesmo. O Passo Onze aconselha rezar "somente para conhecer a vontade de Deus" em vez de rezar por resultados específicos ou apelar para os velhos hábitos para controlar pessoas e eventos, o que com frequência leva à decepção. A oração pode ser bíblica ou escrita por você ou por outros. Você pode dialogar com Deus no papel ou conversar com seu Poder Superior em sua mente ou em voz alta. Apenas pronunciar as palavras "Ajude-me" é uma oração. Ao contrário, a meditação (veja o Capítulo 11) é uma prática de atenção focada para acalmar sua mente sem se distrair com problemas e obsessões, a fim de *ouvir* o direcionamento de Deus. Talvez as respostas não venham imediatamente, então você precisa aprender a ser paciente.

LEMBRE-SE

Os codependentes têm problemas com paciência. Eles acreditam que precisam *fazer alguma coisa* e agem com pressa, o que causa mais problemas. O Passo Onze o lembra de parar de forçar soluções ou de se preocupar com no que vai dar um novo relacionamento, confronto, entrevista de emprego, fechamento de negócio ou exame. Ele o ajuda a se alinhar com o plano de Deus — mesmo que você o defina como realidade! Você aprende a se render ao que existe. Isso pode ser resumido como: "Seja feita a vossa vontade."

Quando self era nova no Al-Anon, senti que precisava tomar uma decisão importante que desapontaria seriamente meus pais ou deixaria meu marido irado. Minha madrinha sabiamente perguntou se eu precisava tomar a decisão naquele dia. Quando respondi "Não", ela sugeriu que eu entregasse para Deus. Com o apoio dela, continuei a fazer isso diariamente durante várias semanas. Depois de alguns meses, a situação mudou, e eu não tinha mais nenhuma necessidade de decidir nada. Essa foi uma lição importante.

AUTODESCOBERTA

Escreva ou pense no seguinte:

» Para você, o que significa "contato consciente"?
» Quando foi a última vez que você pediu ajuda a Deus? O que aconteceu?
» Escreva uma carta de oração a seu Poder Superior e redija a resposta dele com sua mão não dominante.
» Como você distingue a sua vontade da vontade de Deus?

LEMBRE-SE

Seu Poder Superior se torna seu poder interior, um leme que dá coragem quando você assume os riscos que a transformação exige — impor limites, abandonar um relacionamento, lidar com novas responsabilidades, mudar de emprego ou agir. Você percebe que não está mais sozinho e pode contar com a orientação além da que sua mente comum consegue compreender. Quando o faz, você é capaz de acessar um poder universal que flui através de você. É a sentença de morte para o ego, à medida que seu Self guia sua vida e você abandona o medo e a ansiedade em relação ao futuro. A vida se torna uma aventura estimulante.

Passo Doze — Praticando os Princípios

Tendo experimentado um despertar espiritual graças a estes passos, procuramos transmitir esta mensagem a outros codependentes e praticar estes princípios em todas as nossas atividades.

LEMBRE-SE

O Passo Doze lhe pede para praticar esses princípios em todos os seus assuntos, porque você leva a si mesmo e à sua consciência a todo relacionamento, evento e interação de que participa. Não basta ser honesto com seu parceiro, mas enganador ao fechar seus negócios, ou guardar rancor de seu chefe, mas não de seus amigos. A razão é que sua consciência e serenidade estão comprometidas. Você ainda está afetado e menos capaz de estar presente consigo mesmo e com a maioria de seus relacionamentos íntimos quando a culpa ou o rancor estão à espreita nas sombras de sua mente.

Este passo também incita estar a serviço de outros codependentes que estão sofrendo. O Passo Doze no Al-Anon substitui "codependentes" por "outros". Pode ser qualquer um em necessidade e aberto a ouvir sobre o programa. Levar a mensagem não envolve resolver os problemas das pessoas ou estimular a codependência delas. Não se enrole nos problemas dos outros às custas de dar atenção aos seus. Isso é relapso. Se você se sente magoado ou está obcecado por alguém, talvez tenha negligenciado seus limites e, provavelmente, invadido os da outra pessoa.

LEMBRE-SE

Também deve ser esclarecido pela tradição do programa dos Doze Passos que levar a mensagem é uma forma de confiar em "atrair ao invés de promover". A melhor maneira de fazer isso é sendo um exemplo. Embora possa ser apropriado sugerir um programa de Doze Passos, insistir a alguém que procure ajuda para a própria codependência é codependente e viola o Passo Um. Em vez disso, ajude os outros a resolverem problemas e a encontrarem as próprias soluções, sem dar conselhos. Mostre compaixão, imponha limites adequados quando necessário e ajude a esclarecer as opções da pessoa, que podem incluir frequentar uma reunião ou buscar terapia.

Este passo significa ser voluntário e compartilhar esperanças e soluções nas reuniões, e também dar apoio direto a um recém-chegado e aos que o procuram como padrinho depois de você trabalhar esses passos. Estar a serviço deveria ser gratificante e lhe trazer gratidão, não uma sensação de sacrifício. Em sua forma mais pura, não há doador nem receptor. Dar e receber são uma coisa só. Foi-me dada gratidão e alegria imensa por ter tido oportunidade de compartilhar minha experiência e conhecimento com você.

LEMBRE-SE

Trabalhar esses passos exige prática e vigilância diárias. Muitos recém-chegados determinam trabalhar os passos em poucos meses, sem perceber que estão em uma jornada. Você nunca a termina completamente. E isso não é por inadequação ou motivo de vergonha, mas reflexo de sua condição humana. A promessa de aplicar esses princípios à sua vida é de transformação. Em essência, você ainda é quem é, mas verá seu comportamento e atitudes mudarem. Você desenvolve um ritmo interno e se torna menos reativo e mais sereno e grato.

Transformação pode significar coisas diferentes para pessoas diferentes. Para mim, trabalhar gradualmente os passos constrói compaixão por mim mesma e pelos outros. Um ponto de vista similar é que você se torna igual aos outros, nem melhor, nem pior, e está no relacionamento verdadeiro e correto com Deus. Outro ponto de vista, ainda, é que você adquire habilidade de ver a vida por inteiro e as outras pessoas de uma perspectiva espiritual.

AUTODESCO-BERTA

Responda a estas perguntas:

» Quais mudanças você testemunhou em si mesmo?
» Quais mudanças você viu nos outros em programas de Doze Passos?
» Como você define e explica a "transformação"?
» Como você aplica esses princípios em sua vida diária?

> **NESTE CAPÍTULO**
>
> » Compreendendo deslizes versus progresso
>
> » Adquirindo conhecimento sobre adicção
>
> » Lidando com a recaída

Capítulo **19**

Mantendo a Recuperação

Este capítulo fala dos desafios encarados na recuperação. Eles incluem manter vigilância sobre a *infiltração da codependência*. Ela pode se esgueirar em suas relações e reações, e se mostrar no trabalho ou em outros locais. Outro problema é mudar da codependência para uma adicção diferente. Você também pode achar que se recuperou e está em um relacionamento saudável, só para descobrir que levou sua codependência junto. São oferecidas algumas sugestões para lidar com a infiltração da codependência.

A Recuperação É uma Jornada de Vida

Na maioria dos programas de mútua ajuda, os membros comemoram o aniversário do tempo em que estão sóbrios ou abstinentes, a menos que *cometam deslizes*. Isso não se aplica à codependência. No Al-Anon e no Codependentes Anônimos, os aniversários são comemorados pelo tempo de afiliação, não pela abstinência. Em outras palavras, você é reconhecido tão somente por comparecer e tentar. Então, não uso o termo *recaída*, porque ele denota julgamento e andar para trás. Codependentes cometem deslizes o tempo todo. Reviver comportamentos do passado é uma parte normal da recuperação, que na verdade é um processo de aprendizado que progride em espirais (veja o Capítulo 6).

Os programas de mútua ajuda enfatizam o progresso, não a perfeição. Lembre-se de que a adicção jamais é curado, e é uma doença que exige atenção durante a vida toda. A maioria das pessoas faz objeções quando ouve essa concepção pela primeira vez. Elas sentem vergonha e não gostam de ser rotuladas como codependentes, dependentes ou dependentes de álcool. Elas se sentem prejudicadas e querem se recuperar rápido e serem "perfeitas". O problema é que esses sentimentos e atitudes são parte da adicção em si e podem levar a um falso senso de segurança de que você superou a codependência. Para dependentes, essa negação pode se tornar um precursor de comportamentos de risco, que se transformam em uma recaída total. Quando o assunto é codependência é a mesma história. A codependência pode se esgueirar em suas relações, a não ser que você mantenha a atenção ou, pelo menos, avalie-se com regularidade.

LEMBRE-SE

A codependência é algo tão básico — o ponto fraco de todos as adicções — que a recuperação requer uma mudança nos fundamentos de sua personalidade, em mecanismos de sobrevivência e no comportamento. A recuperação acarreta mudanças em sua atitude e comportamento em todas as interações, até com você mesmo. É impossível ficar abstinente das pessoas, menos ainda de sua relação com você mesmo. Talvez você comece com entusiasmo e queira fazer as mudanças mais importantes, mas descubra que, apesar de seus melhores esforços e intenções, está repetindo o velho comportamento codependente. Isso não é recaída ou deslize, mas parte de um processo contínuo de aprendizado e reaprendizado. Lembre-se, com base no Capítulo 6, de que a recuperação progride em espirais — assim como o formato de seu DNA. Imagine tentar desenroscar seu DNA! Essa é uma analogia válida, porque a codependência é aprendida logo na primeira infância e transmitida de geração a geração. Seus comportamentos codependentes são profundamente arraigados, e é preciso paciência, força e perseverança para desaprendê-los e substituir hábitos e atitudes ruins por novos. Eles são parte de quem você é, e confortáveis como jeans usados. Você não quer se separar deles — mesmo que seus jeans estejam surrados.

Por que o progresso é cíclico

LEMBRE-SE

A recuperação envolve o aprendizado de novos comportamentos e atitudes alternativas. Se alguém lhe diz para não pensar em um macaco, a cada vez que tentar não pensar em um você pensa em não pensar em um macaco. Mas se alguém lhe diz para pensar em um elefante, você fará isso também. A questão é que a recuperação não é só parar com velhos hábitos. Ela precisa substituí-los por novos. Essas mudanças são objetivos de longo prazo. Desapegar-se dos problemas de um ente querido e do hábito de dar conselhos bem-intencionados não é fácil. Controlar seu temperamento e impulso em reagir do jeito habitual requer consciência e autocontrole. A assertividade exige que você reconheça seus desejos, necessidades e sentimentos, e que adquira coragem para expressá-los. Aprender a se aceitar e se amar é uma jornada para a vida toda.

Além disso, privar-se de antigos padrões gera ansiedade, raiva e uma noção de perda de controle. Atitudes e comportamentos novos causam uma sensação desconfortável e despertam outras emoções, inclusive medo e culpa. Essas emoções com frequência fazem as pessoas voltar ao antigo comportamento.

A recuperação exige anos de prática. Aprender um idioma novo demanda correção e repetição. Quando você fica ciente de que está voltando a antigos hábitos, na verdade está se tornando mais consciente de si mesmo, o que faz parte do crescimento. Você começa a experienciar uma incoerência entre como age e como quer agir, e essa discrepância vai se tornando mais desconfortável. Você está adquirindo uma compreensão mais profunda e é capaz de testemunhar as consequências negativas do comportamento antigo.

Mudar hábitos codependentes também é difícil porque seu jeito antigo era autoprotetor. Talvez você queira mudar, mas abandoná-lo deixa um vazio que pode ser assustador e doloroso. Só o fato de dizer não a alguém desencadeia uma ansiedade imensa. O medo de abandono ou represália pode fazer você voltar ao comportamento antigo. Aprender novas habilidades de sobrevivência é crucial. Por exemplo, você pode aprender a dizer "Vou pensar a respeito" quando lhe pedirem para fazer algo que não quer. Então, você pode escrever a respeito ou rezar e examinar seus motivos, desejos e as consequências de sua resposta. Você pode conversar com um amigo, um terapeuta ou um padrinho. Com o tempo, você se torna mais espontâneo e autêntico. Ter um sistema de apoio e uma prática espiritual é inestimável para navegar pelas águas agitadas da mudança.

Sinais de infiltração da codependência

O comportamento codependente vai e volta durante a recuperação. Às vezes é um lembrete de que você está no processo de aprendizado ou reaprendendo algo que achava saber de cor. Ele pode surpreendê-lo e voltar quando você estiver exausto, sozinho ou quando não cuidou de si mesmo, o que é, claro, um sintoma. Aprender a se valorizar e se proteger e satisfazer suas necessidades são os princípios da recuperação. Veja alguns sinais para os quais ficar atento:

» Você está fazendo horas extras no trabalho em detrimento de seu sono, saúde e relacionamentos.

» Você está fazendo uma lista de defeitos de alguém.

» Você está sempre cansado ou pegando resfriados.

» Você está guardando mágoas.

» Você está elaborando discursos em sua cabeça para alguém.

» Você é desonesto ou está guardando segredos.

» Você para de ir a reuniões.

» Você foca outra pessoa e abandona as próprias necessidades e atividades.

» Você espera que alguém faça alguma coisa com você em vez de a fazer de forma independente.

» Você esconde seus problemas da família, amigos, terapeuta ou padrinho.

» Você define metas e expectativas irreais para si mesmo.

» Você está obcecado por outra pessoa.

» Você está impaciente e irritado.

» Você está sentindo autopiedade.

» Você está vigiando, criticando ou importunando alguém.

» Você tem uma atitude negativa em relação às coisas.

» Você está se isolando ou se afastando das pessoas.

» Você está sendo autocrítico demais ou se comparando aos outros.

» Você para de reservar tempo para sua prática espiritual.

» Você não está reservando tempo para diversão e lazer.

Percebendo Gatilhos

Talvez haja pessoas ou acontecimentos que ajam como gatilhos para seus padrões codependentes (veja o Capítulo 12). Às vezes, isso significa que você ainda está no processo de cura. Também pode significar que você deveria evitar a pessoa ou a situação se não for saudável para você. Com o tempo, o gatilho diminui e você aprende a confiar em si mesmo. Gatilhos típicos são pessoas ou acontecimentos que lhe lembrem de traumas. Por exemplo, se você foi abusado sexualmente, o sexo pode reavivar sentimentos de desconfiança, medo e humilhação. Se um dos pais ou seu ex foi infiel, você pode interpretar uma conversa inocente de seu parceiro com outra pessoa como um flerte e se sentir desconfiado, rejeitado e humilhado. Se você teve um pai ou mãe controlador(a), talvez os pedidos do parceiro soem como ordens. Você está saindo com alguém novo que pede vinho no jantar e sente medo de que ele seja dependente de álcool.

Não há limite para o número de gatilhos possíveis, e eles podem variar dependendo de cada experiência passada do indivíduo. Talvez você não consiga saber se está reagindo ao presente ou ao passado — ou a ambos. Às vezes, a pessoa nova realmente está flertando ou abusando de álcool. A desconfiança pode estar presente especialmente quando você está namorando e não conhece bem a pessoa. O que você pode fazer é o seguinte:

> » Trabalhe na cura de seu passado (veja o Capítulo 8).
> » Escreva no diário sobre o gatilho, suas lembranças e sentimentos passados e presentes.
> » Fale com um terapeuta.
> » Tenha uma conversa franca com seu parceiro sobre isso e compartilhe seus sentimentos e necessidades.

Muitas pessoas dão passos significativos em suas recuperações, mas quando estão perto de membros familiares disfuncionais, voltam a seus padrões codependentes (veja o Capítulo 14). Algumas pessoas dizem que, na verdade, a sensação é de que regrediram para uma versão mais jovem de si mesmas. Os papéis e padrões de comunicação com sua família foram definidos quando sua personalidade, defesas e modo de sobrevivência estavam em formação e, a menos que seus parentes tenham mudado, é muito difícil manter seu novo comportamento com eles por muito tempo. Siga as sugestões no Capítulo 14 e as destacadas mais adiante neste capítulo, em relação ao enfrentamento.

Conversar com um ex também pode fazê-lo voltar a padrões codependentes que faziam parte de seu relacionamento antigo. Se um relacionamento anterior foi traumático e, além disso, você sofreu o gatilho de seu ex e da dinâmica do relacionamento, talvez você também reviva emoções ativadas pelo trauma. O psiquiatra Carl Whitaker, fundador da terapia familiar experimental, acreditava que, quando você ama profundamente alguém, ele sempre poderá ser um gatilho para sentimentos inconscientes de sua infância. Esse processo é chamado de *transferência* e pode ser aplicado a seus parentes próximos e ex-parceiros, como aconteceu com Ella.

EXEMPLO

Max, ex-marido de **Ella**, era muito autocentrado e comumente monopolizava a conversa, enquanto ela desempenhava um papel passivo e codependente como ouvinte, acreditando que não tinha nada digno de contribuição. Agora, ela estava feliz e casada com uma pessoa altruísta e interessada nela, e no casamento ela tinha poder de voz igual. Ela ainda conversava com Max por conta da guarda compartilhada, mas ele inevitavelmente dava início a monólogos sem fim. Ela não sabia como interrompê-lo ou terminar a conversa. Sempre que desligava o telefone, ela estava furiosa com ele e consigo mesma por permitir isso. Após meses de sucesso intermitente em impor limites verbalmente, ela encontrou solução em restringir a comunicação a e-mails e mensagens de texto.

Encruzilhadas e Sequelas

Alguns dependentes têm sucesso em parar com uma adicção e, depois, descobrem que têm outro. Quando codependentes começam a se desprender, ocasionalmente passam para uma nova adicção. Há indivíduos que têm múltiplos adicções e a codependência é a base de todos eles. Diz-se que a codependência é o mais difícil do qual se recuperar, porque ela está no cerne de quem você é.

É normal que as pessoas repitam padrões codependentes em relacionamentos novos — sequelas. Também é comum, entre codependentes em recuperação, substituir de maneira inconsciente um relacionamento codependente por outro.

Não é incomum que pessoas em recuperação façam progressos e depois descubram que seu comportamento codependente volta em situações novas ou diferentes. Para algumas, o casamento melhora, para outras, o contrário. Trabalhar ou atuar com pessoas é um desafio!

Mudando de adicções

Quando você se desprende dos outros e percebe que não tem poder sobre os outros, isso pode provocar muita ansiedade, perda, raiva e outras emoções fortes — especialmente se significa que você pode perder um relacionamento ou alguém que ama. Esses sentimentos e o estresse da mudança podem levá-lo a se voltar para uma nova adicção ou recair em um que abandonou anos atrás, como o fumo ou algum transtorno alimentar.

AUTODESCOBERTA

Se estiver passando mais tempo comendo, fazendo compras ou trabalhando, algumas perguntas cruciais para se fazer são:

» Você está preocupado pensando no hábito?

» Você está agindo de maneira compulsiva?

» Isso está tomando tempo de seus relacionamentos e seu autocuidado?

» Você está gastando dinheiro com isso que você acha que não deveria?

» Você guarda segredo sobre seu comportamento?

» Você tem vergonha de seu comportamento?

Um novo adicção vem acompanhado de mais negação e fuga dos sentimentos, que são parte da mudança e da recuperação da codependência. Talvez você pense que sua preocupação não importa, porque ela o ajuda a enfrentar — e, então, que você não está sendo codependente. Errado.

LEMBRE-SE

A codependência é a base de todas as adicções, e substituir adicções é uma mera dissimulação que desvia sua recuperação. Ela evita a necessidade de aprender a gerenciar seus pensamentos e sentimentos de um jeito novo e saudável. A melhor estratégia é buscar aconselhamento ou apoio em um programa de mútua ajuda que o ajude a interromper o comportamento compulsivo. Pratique as sugestões do Capítulo 11 e busque suporte extra para lidar com sua codependência (veja o Capítulo 17).

Novos relacionamentos

Muitos codependentes em recuperação decidem abandonar um relacionamento problemático depois de adquirir mais independência e autoestima, e suas vidas melhoram. Outros vivem com um dependente que descobre a recuperação. Eles acham que sua codependência está curada.

Se você abandona um relacionamento conturbado, pode ter a sorte de se envolver com alguém emocionalmente saudável e disponível. Mas se sua autoestima não foi recuperada, após algum tempo você tende a sabotar a relação porque não se sente digno ou teme que não dure (veja o Capítulo 16). Em outros casos, talvez evite namorar outro abusador ou dependente, o que é ótimo, mas entra em um relacionamento com outro codependente. Em ambos os casos, se questões-chave da codependência não foram trabalhadas, padrões codependentes reaparecem e afetam sua autoestima, comunicação e intimidade.

EXEMPLO

Cynthia terminou seu relacionamento com um homem controlador e abusivo. Ela estava feliz, focando sua carreira, e achava que sua codependência era coisa do passado. Ela ficou pasma ao ver seu comportamento voltar em um novo relacionamento com um homem sóbrio, fácil de lidar e gentil, com quem era divertido estar junto. Cynthia estava convencida de que ele era sua alma gêmea, mas a agenda dele nunca permitia tempo suficiente para ficarem juntos. Ela começou a ficar obcecada por ele e a abandonar planos com amigos e outras atividades de que gostava para estar disponível quando ele telefonasse. Depois de se transformar em um camaleão para estar com ele, ela ficou tão infeliz como quando estava com o ex, de quem começou a sentir falta porque, pelo menos, ele precisava dela. Quando o relacionamento terminou, ela precisou trabalhar suas questões de abandono, intimidade e baixa autoestima para se sentir digna de verdade do amor com o qual podia contar.

EXEMPLO

Arnie havia sido casado com uma dependente de álcool, de quem cuidava depois de frequentes episódios de bebedeira. Ele era responsável pelo sustento da família e assumia a maior parte das questões de criação. Quando conheceu Denise, após o divórcio, ficou impressionado por ela ser saudável e ter começado um negócio de conserto e revenda de casas. Arnie parou de frequentar reuniões do Al-Anon depois do divórcio, achando que eram desnecessárias, pois não estava mais envolvido com uma dependente de álcool. Logo estava apaixonado, ajudando Denise e lhe dando conselhos de negócios, e emprestando dinheiro a ela. Ele não descobriu, até que fosse tarde, que ela tinha um triste histórico de empreendimentos fracassados e dívidas. Ele começou a se sentir magoado e crítico, e seu antigo comportamento permissivo e controlador retornou com tudo na época em que voltou se arrastando para o Al-Anon.

Sua codependência em grupos

Muitas pessoas não pensam em mudar os próprios padrões codependentes no trabalho e acreditam que não têm poder algum nesse ambiente. Elas acham que seus problemas vêm com o trabalho, e não entendem que há dinâmicas inconscientes operando. Quando culpa seu trabalho ou empresa, ou a si mesmo, você pode aplicar os princípios e sugestões ao longo deste livro para interações no trabalho ou em uma empresa.

LEMBRE-SE

Assim como em um relacionamento, em um grupo há ações e reações, conflitos de necessidades, diferentes pontos de vista e problemas de comunicação. Você pode responder de um jeito saudável ou disfuncional. Quando você entra em um grupo ou empresa, há regras e uma certa cultura e hierarquia, e você tem que determinar seu lugar. Com frequência, ocorre uma alquimia inconsciente que, misteriosamente, recria sua dinâmica familiar. Antes que se dê conta, você está desempenhando o papel que tinha em sua família. Se foi o Adaptador ou o Mascote (veja o Capítulo 7), você começa a agir desse modo no contexto grupal. Se você foi o Bode Expiatório de sua família, talvez comece a se sentir como um no trabalho. Se foi o Herói responsável quando criança, no trabalho ou em uma empresa, você tende a trabalhar além do tempo e se tornar um líder ou um braço-direito — talvez experienciando estafa. Você pode reagir a um chefe ou um presidente de comitê como se fossem seus pais e reagir a colegas como se fossem irmãos. Se você não sabe o papel que teve em sua família, apenas pense em seus estilos de reação. Você é alguém que gosta de agradar, de manter distância, um mártir e assim por diante? (Veja o Capítulo 12.)

Às vezes, em uma reunião de mútua ajuda, uma pessoa começa a exercer controle e toma decisões unilaterais. Para o bem-estar do grupo, é importante trazer isso à tona em uma reunião de grupo de negócios, em vez de ignorar ou sair da reunião. O mesmo aconteceu com Clara durante uma reunião de comitê da igreja.

EXEMPLO

Clara era voluntária em um comitê de ajuda para angariar fundos. A líder do comitê era muito mandona e rígida a respeito de fazer as coisas do jeito dela, mesmo que as regras exigissem que as decisões fossem tomadas pelo voto da maioria. Quando Clara fez sugestões, a líder as rejeitou da maneira como a mãe de Clara fazia sempre que ela expressava sua opinião. Quando criança, Clara aprendeu a desprezar e desistir das próprias ideias, e estava começando a fazer isso de novo. Em reuniões do comitê, outros membros aceitavam passivamente o estilo autoritário da líder e, pelas costas, ficavam ressentidos e reclamavam dela. Por ter ido ao Codependentes Anônimos, Clara ficou ciente de que seu padrão infantil de acomodação passiva estava sendo ativado. Em vez de continuar a repeti-lo, ela conversou com outros membros do comitê, e todos eles concordaram em conversar com a líder a respeito de seguir as orientações da igreja sobre o voto da maioria. Quando confrontada, a líder mudou de estilo, e todo o comitê ficou agradecido e energizado por novas ideias e produtividade.

EXEMPLO

Daniel era comerciante freelancer, mas aceitou um trabalho em uma empresa de marketing para pagar as contas. Ele estava acostumado a trabalhar de maneira independente e continuou a agir assim, ignorando algumas das regras da empresa, que pensava serem fúteis. Ao crescer, Daniel se rebelou contra as regras estritas de seu pai. Depois de vários meses no novo emprego, Daniel estava sendo observado e repreendido, e sua hostilidade pelo chefe crescia a olhos vistos. Na terapia, ele percebeu que estava recriando seu drama familiar. Para manter o emprego, ele decidiu mudar de papel. Ele admitiu a seu gerente que estava tendo dificuldades em se ajustar à nova posição, mas que queria contribuir e fazer parte da equipe. Ele pediu ao gerente mais feedback sobre o que esperavam dele. Para espanto de Daniel, seu gerente ficou agradecido. Com o tempo, ele começou a promover a inclusão de Daniel em vez de percebê-lo como um problema. Daniel passou de rebelde a confidente do chefe.

Alguns empregos e empresas são disfuncionais. Em geral, isso é um reflexo de codependência, adicção ou doença mental da alta gerência, que define as regras e a cultura de toda a empresa. Isso não significa que você não pode fazer mudanças na maneira como é tratado ou no que tem vontade de fazer. Mesmo depois de fazê-lo, pode decidir que outro ambiente seria mais acolhedor e motivador. Às vezes, você precisa melhorar sua autoestima antes de conseguir sair.

AUTODESCO-BERTA

Veja algumas coisas para considerar e perguntas para explorar em grupo e ambientes de trabalho:

» Você fica mais à vontade interagindo em grupos ou individualmente?
» O que você sente quando está em grupo? Com que idade você se sente?
» Com que idade se sente interagindo com supervisores ou líderes?
» Avalie as regras no grupo ou no trabalho.
» Como você reage às regras e à estrutura do grupo?
» Veja as características de famílias funcionais e disfuncionais no Capítulo 7 e compare-as com as de seu trabalho ou grupo.
» Como você reage a membros ou funcionários?
» Qual papel você desempenha em um ambiente de grupo?
» Como seus sentimentos e seu papel são iguais ou diferentes daqueles com sua família?
» Quais são os limites entre os membros ou os funcionários?
» Quais são os limites entre líderes e membros ou entre supervisores e funcionários?
» Como você reage a líderes e supervisores?
» O que pode fazer para mudar a maneira de se comportar, reagir e sentir?

EXEMPLO

Rachel trabalhava como agente de empréstimos para um grande banco. Todo mundo em seu departamento se sentia intimidado pelo vice-presidente sênior, que era rude e insultava os funcionários. Mesmo tendo aprendido a ser assertiva nos relacionamentos pessoais, ela estava convencida de que não tinha escolha a não ser aceitar o abuso. Ela realmente abriu os olhos quando ouviu por alto uma conversa entre o VP e sua secretária temporária. Ele foi ríspido ao repreender a secretária pelo modo como ela manuseava um documento. A temporária calmamente respondeu: "Por favor, não fale comigo nesse tom de voz." Ainda mais chocante foi ele ter se desculpado de maneira polida e suavizado seu tom. Ele sabia como ser simpático se não conseguisse o que queria se comportando mal. Não foi fácil para Rachel imitar a secretária temporária. Ela se sentia mais impotente no trabalho do que em casa, mas essa experiência lhe mostrou que era possível e isso se tornou um objetivo em sua recuperação.

EXEMPLO

Sam foi contratado como reitor de uma universidade particular para supervisionar, reformular e aprimorar o desempenho acadêmico dos estudantes. No trabalho, descobriu que havia muitos conflitos políticos entre os diretores, e as diferentes divisões tinham intenções particulares. Foram dadas a ele atribuições conflitantes, que absorviam seu tempo. Ele recebia aprovação para executar um plano, que depois era cancelado por outra pessoa. Sua equipe ficou desiludida e desmotivada, porque sentia que trabalhava em vão. Ele estava se saindo bem na recuperação, mas ficou deprimido por conta do trabalho. Sam não estava acostumado com isso. Sua família havia sido hierárquica, e ele gostava de trabalhar em situações em que as regras eram definidas e previsíveis. Também era seu padrão culpar a si mesmo e se sentir um fracasso. Ele continuou tentando fazer a diferença, mas era impossível por causa do conselho administrativo disfuncional. Por fim, ele percebeu que não era culpa dele e encontrou outro cargo.

Lidando com Deslizes

Quer você chame de deslize, retomada ou recaída, a coisa mais importante é voltar aos trilhos. O que você pensa sobre seu comportamento e como você se trata são a chave para manter essa volta por cima. O caminho de volta requer humildade e cuidado consigo.

Você é humano!

Algumas pessoas acham que a ideia de que você deveria ser perfeito e não cometer erros vem do orgulho. Na verdade, ela vem da vergonha. De qualquer forma, é o centro da vergonha de sua codependência que deixa seus "erros" fora de proporção. Ela o faz se sentir horrível e pior que os outros por cometê-los e, às vezes, crítico e impaciente com pessoas por conta dos erros delas. Talvez você tenha crescido com culpa e crítica. Quando exagera seus erros, você está em modo reativo (veja o Capítulo 12); o Crítico que o repreende por seu deslize ou recaída não é a voz saudável que você acredita ser. *É sua codependência falando!* Esse é o motivo por trás do slogan: "Progresso, não perfeição." Aprender a se aceitar faz parte do processo de cura e inclui falhar e cometer erros.

Pode ser difícil admitir que você é humano e comete erros e, além disso, que você tem menos poder do que pensava sobre a própria recuperação. Embora sejam precisos foco e esforço imensos para se curar de adicção e codependência, você pode ficar desapontado se confiar apenas na vontade própria. Na verdade, sua vontade pode atrapalhar. Às vezes, você não vai conseguir discernir se está ou não sendo controlado, se está ou não em negação, ou se suas atitudes refletem uma autoestima boa ou baixa. Bem quando você acha que está ótimo, descobre que desde o começo esteve a maior parte do tempo em deslize. O caminho da recuperação faz voltas e não é preto ou branco. É um processo sombrio e confuso. Reconhecer isso é um passo imenso na recuperação, porque a ajuda é necessária, quer ela venha de Deus, de sua consciência, de um programa de mútua ajuda ou de aconselhamento — com frequência, dos quatro (veja o Capítulo 18 sobre usar os Doze Passos para mudar).

Assuma a responsabilidade

Com humildade, é mais fácil se avaliar de maneira realista. Assumir a responsabilidade é um passo em direção à mudança. Ela provém de uma situação de autoaceitação (veja o Capítulo 10). Em vez de ficar preso se julgando e culpando, você admite: "Tudo bem, eu fiz (ou disse) isso. Agora, o que farei a respeito?" Também é importante perguntar: "Quem eu feri?" Não se esqueça de colocar você mesmo no topo da lista, porque se julgar fere sua autoestima. A culpa também, já que assumir responsabilidades e o perdão próprio melhoram sua autoestima e comportamento.

A Oração da Serenidade (veja o Capítulo 12) dá ênfase em "mudar o que posso". Você não pode mudar o passado e não pode mudar o futuro se estiver preso olhando para trás e se julgando pelo que fez. Certamente você terá outra oportunidade de se comportar de modo diferente, e você adquiriu maior consciência para isso. Além do mais, insistir em defeitos e erros só os reforça, enquanto atitudes positivas hoje constroem um futuro melhor. Se você fez alguma coisa pela qual se sente culpado, está adquirindo experiência sobre as consequências de suas ações. Considere isso um aviso para levar sua recuperação a sério.

Tente compreender como e por que você perdeu o rumo. Veja algumas perguntas a serem feitas:

» Como você se sente em relação a cometer erros?
» Como seus erros eram tratados quando criança?
» Esperar perfeição melhora sua vida no geral?
» De que maneira o perfeccionismo e a culpa o magoam?
» O que ou quem pode ter sido seu gatilho?
» Quais emoções você teve?

- » Quais foram seus motivos?
- » Quais necessidades não foram satisfeitas por você e pelos outros?
- » Como essas ações atendem ou não a essas necessidades?
- » Como suas emoções e pensamentos culminaram em suas ações?
- » As circunstâncias que culminaram em suas ações o recordam do passado?
- » Quais crenças, pensamentos, sentimentos e ações mais saudáveis teriam levado a um resultado melhor?
- » Como suas ações afetam você mesmo e os outros?
- » Quem você magoou?
- » Como você pode fazer reparações? (Veja o Capítulo 18.)

Você está negligenciando o autocuidado?

LEMBRE-SE

É mais provável que você tenha recaídas se não praticar o autocuidado adequado e não atender às suas necessidades (veja o Capítulo 8), inclusive de descanso, lazer, exercícios, inspiração e apoio emocional (veja o Capítulo 11). Não surpreende que o autocuidado seja não somente a prevenção, mas também o remédio. O apoio emocional começa com você. Na verdade, o autocuidado aumenta seu crescimento.

AUTODESCO-BERTA

Uma recaída é uma oportunidade para praticar autoaceitação, empatia e amor-próprio (veja o Capítulo 10). Experimente estas sugestões (você também pode visitar meu vídeo no YouTube, "Three Exercises for Self-Love, Confidence, and Relaxation" [Três Exercícios para Amor-Próprio, Confiança e Relaxamento, em tradução livre] em https://www.youtube.com/watch?v=Td5nEdDOgsQ [conteúdo em inglês]):

- » Dialogue com seu Crítico (veja o Capítulo 10).
- » Olhe para trás e veja quando você deu início à recuperação, e reflita sobre seu progresso.
- » Liste suas realizações na recuperação.
- » Foque seus atributos e forças.
- » Escreva a si mesmo uma carta compassiva de compreensão e perdão.
- » Peça a ajuda de Deus ou de seu Poder Superior.
- » Pratique os passos seis a dez dos mútua ajuda no Capítulo 18.

5 A Parte dos Dez

NESTA PARTE...

Aprenda a amar e a ser bom consigo mesmo.

Use lembretes diários para ajudá-lo a acelerar e manter sua recuperação.

> **NESTE CAPÍTULO**
>
> » Confortando e sendo confortado
> » Satisfazendo suas necessidades
> » Aceitando e encorajando a si mesmo
> » Protegendo a si mesmo
> » Indo atrás de seus hobbies e paixões

Capítulo 20
Dez Maneiras de Amar a Si Mesmo

Se eu tivesse que resumir em duas palavras meu conselho para curar a codependência, seria: "Ame-se." Isso pode soar estranho, porque você está acostumado demais a amar outras pessoas. Talvez você não saiba como amar *você*. O amor envolve atitudes, assim como sentimentos. Pense naqueles que você ama. Você quer conhecê-los, apoiá-los, encorajá-los, dedicar-se a eles e fazê-los felizes. Você faz isso por si mesmo? Este capítulo sugere dez maneiras de amar e se dedicar a si mesmo.

LEMBRE-SE

Talvez você pense que toda essa preocupação em amar a si mesmo é egoísta. Não é. Egoísmo vem de um sentimento de falta. Ao contrário, quando você está feliz e se preenche de amor, como estar apaixonado, você tem mais para dar aos outros, que gostam de estar na sua presença e se sentem melhor sem você ter que "consertá-los" ou mudá-los.

Tenha uma Prática Espiritual

Ame-se passando um tempo sozinho. Quer você acredite ou não em Deus, uma prática espiritual é uma excelente maneira de criar uma relação mais profunda com seu Self. Que melhor modo de honrar a si mesmo do que se sentar em silêncio durante algum tempo todos os dias? Uma prática espiritual não exige crenças religiosas. Sua intenção pode ser, simplesmente, encontrar um local centrado e calmo para acessar orientação interior, desenvolver reverência pela vida ou experienciar harmonia consigo mesmo e com os outros. Ouvir e descobrir suas verdades lhe dá maior confiança, clareza e paz. Isso o ajuda a deixar o controle para trás e não reagir, apesar do que está acontecendo à sua volta.

Receba Apoio

Ame-se pedindo e recebendo ajuda. Seres humanos são animais sociais e precisam uns dos outros. Quando você está sozinho, confuso, ansioso, sobrecarregado ou na pior, procurar as pessoas é um modo de se dedicar a si mesmo. Às vezes, voltar-se para Deus traz consolo e orientação. Outras vezes, suas emoções assumem o comando, e você é incapaz de pensar ou de se acalmar. É quando você precisa dos outros.

Há épocas em que todo mundo precisa de apoio. Quando os problemas persistem e não vão embora por conta própria, você exige mais do que os amigos podem oferecer. Infelizmente, algumas pessoas acreditam que pedir e receber ajuda são sinais de fraqueza. Se estiver acostumado a ajudar os outros, provavelmente não se sente digno ou à vontade ao receber ajuda. Mudar esse padrão é crescimento. Seja indo a uma reunião ou buscando aconselhamento profissional, procurar apoio não é uma indulgência ou falha de caráter. Na verdade, é preciso honestidade consigo mesmo para conhecer seus limites, e humildade e coragem para pedir ajuda. Fazer isso autoriza os outros a dar e a se sentir próximos de você. Valorizar o amor e o apoio deles é humano e saudável.

LEMBRE-SE

Ao longo deste livro, enfatizou-se a importância de amigos e de um sistema de apoio como parte necessária da recuperação. Você não pode e não precisa fazer isso sozinho. Certifique-se de encontrar amigos que são incentivadores de verdade e que tenham conhecimento sobre codependência, e procure pessoas que o sejam. Reuniões de mútua ajuda são um lugar ideal para encontrar amigos no mesmo caminho que você.

Satisfaça Suas Necessidades

Ame-se atendendo às suas necessidades. Se você tem considerado as necessidades dos outros, mas negligenciado as suas, é hora de mudar isso e de colocar-se em primeiro lugar. O contrário também acontece — você espera que outros preencham necessidades que são de sua responsabilidade. Certifique-se de atender às suas necessidades básicas e físicas, como alimentação saudável, descanso, exercícios e checapes médicos e dentários. Dê atenção especial a necessidades que talvez você esteja ignorando (veja o Capítulo 4). Quando estiver sozinho, triste, com raiva, medo, sobrecarregado, confuso, cansado ou se sentindo vítima, pergunte-se do que precisa. Se estiver deprimido, talvez esteja se evitando e se negligenciando há muito tempo. Isso não é tão difícil. A equação simples é:

Negligenciar suas necessidades → sentir-se mal

Satisfazer suas necessidades → sentir-se bem

Algumas necessidades são atendidas por outros, como necessidade de intimidade e amizade. É sua obrigação manifestar-se e pedir o que precisa e quer. Esperar que os outros leiam sua mente leva a ressentimento e conflito.

É preciso consciência, prática e habilidade para equilibrar suas necessidades com as dos outros, sobretudo quando as necessidades são conflitantes. Você se afunda em silêncio? Você afirma o que quer e então logo se rende à objeção? Talvez você sinta que defender seu território é egoísta. Lembre-se de que dizer sim para si mesmo às vezes exige que você diga não para outra pessoa.

Divirta-se

Ame-se planejando coisas prazerosas, lazer e hobbies. Essas também são necessidades. Focar um problema com frequência o piora. Sem equilíbrio, a dor pode se transformar em autopiedade e se tornar um estilo de vida. Também há pessoas que se levam a sério demais. Elas desenvolvem uma visão limitada quando o assunto é trabalho e problemas. Para elas, viver é uma luta, uma competição ou um teste de resistência e conquista.

Talvez você tenha se esquecido de como rir e desfrutar da própria companhia, o que é importante para manter o equilíbrio na química de seu corpo e em sua vida. A vida não foi feita para ser um fardo, mas para ser aproveitada. Comemore-a tendo tempo para relaxar, divertir-se e ser criativo — atividades que rejuvenescem e o trazem para o presente. Às vezes, quando você faz uma pausa e se diverte — mesmo por um tempo curto — suas preocupações dissolvem-se como que por mágica, e você adquire uma nova perspectiva sobre um problema.

O prazer restaura sua energia e senso de bem-estar, que não somente nutre sua alma, mas também aumenta a produtividade e a qualidade de seu trabalho.

Proteja-se

Ame-se protegendo-se de abuso físico, mental e emocional. Amar alguém não significa que você tem que aceitar insulto ou palavras e comportamento humilhantes. Se achar que está sendo abusado, não desperdice sua energia ou arrisque sua segurança tentando mudar o abusador, explicando seu ponto de vista ou provando sua inocência. Isso não importa. Você não causou nem é responsável por palavras ou pelo comportamento de outras pessoas, mas você tem, sim, responsabilidade de proteger a si mesmo e a seus filhos. Você tem a escolha de se manifestar, impor limites, não participar de conversas, sair da sala, conseguir ajuda profissional, ligar para a polícia quando há violência ou terminar o relacionamento.

Aceite-se

Ame-se por ser o indivíduo único que você é, incluindo sua aparência, sentimentos, pensamentos e adicções. Você não precisa obter respeito ou provar nada. Você merece amor e respeito como ser humano com falhas e defeitos. Repare se estiver tentando mudar para ganhar aprovação de outras pessoas. Em vez disso, lembre-se de que ser você mesmo é mais importante. Quando pratica a autoaceitação, você para de se preocupar com o que os outros pensam e consegue ser mais autêntico e espontâneo.

DICA

Você é seu próprio abusador? Cuidado sempre que se julgar ou se avaliar, ou se comparar com outras pessoas. Observe sempre que for áspero ou duro consigo mesmo e com os outros.

Tornar-se você mesmo e se aceitar leva tempo. Forçar mudanças com constante autoavaliação e autojulgamento o mantém paralisado, mas a autoaceitação permite que a mudança aconteça com pouco esforço. Quando cometer deslizes ou erros, lembre-se de que a autocrítica excessiva faz parte deles. É muito mais produtivo perdoar-se e focar seu comportamento no presente.

Trate-se com Gentileza

Ame-se com gentileza e compaixão. Module sua voz interior para que ela seja calma e gentil. Quando estiver com medo ou com dor, culpar-se ou achar que há algo de errado com você piora as coisas. Quando ficar tentado a ignorar seus sentimentos e se distrair com mais atividades, obsessões ou comportamento viciante, pratique apenas estar consigo mesmo. Seja aquele que fica a seu lado com gentileza e compaixão quando estiver ansioso, triste, sem esperança, com raiva e amedrontado. Sua criança interior precisa de você. Conforte-se com toda a ternura que teria com uma criança chorando ou um animal ferido. Ouça, perdoe e abrace sua condição humana por inteiro. Desenvolva a confiança de que você pode contar consigo mesmo.

Incentive-se

Ame-se com incentivos e entusiasmo. Transforme seu Crítico interno em um técnico positivo. Adquira o hábito de descobrir coisas que você faz bem e as reconheça. Não espere que os outros o apreciem e o elogiem. Aprecie e elogie a si mesmo. Na verdade, repita o elogio muitas vezes. Em vez de menosprezar suas boas qualidades, observe-as e dê crédito a si mesmo. Procure as pequenas coisas que você faz certo e bem. Como é boa a sensação de ouvir incentivos! Pare de duvidar de si mesmo e preste atenção a cada pequeno sinal de progresso rumo a seus objetivos. Diga a si mesmo que você consegue — você pode fazer tudo o que desejar. Quando você se ama com incentivo, observa sua autoconfiança e sucesso crescerem:

Incentivo positivo → ação positiva → confiança

Torça por si mesmo. Faça disso algo importante. Comemore-se todos os dias!

Expresse-se

Ame-se ao se expressar. Seu Self ficou escondido por muito tempo. Curar a vergonha exige que você se arrisque a ser notado. Comprometa-se a parar de se esconder e honre-se comunicando seus sentimentos, opiniões, pensamentos e necessidades. Você tem direito de pensar e sentir o que pensa e sente sem explicação ou justificativa. Seu respeito próprio e o respeito que recebe dos outros vão crescer.

Expressar-se também inclui dar asas a sua criatividade. Expresse-se na música, no desenho, na arte, cozinhando, no artesanato, na dança ou onde quer que sua criatividade o leve. Diga a seu Crítico interno que está criando por diversão e que ele não o incomode.

Vá Atrás de Suas Paixões

Ame-se indo atrás de suas paixões. Só você detém as chaves de sua felicidade. Deixar de ir atrás de seus desejos leva a descontentamento e arrependimento. Mesmo que seus desejos sejam impraticáveis ou não sejam lucrativos, não permita que esses obstáculos o desanimem. Todos os dias, dê um passo pequeno rumo à realização de seus objetivos ou fazendo algo que o empolgue. Se não tiver certeza de quais são suas paixões, preste atenção ao que o estimula. Ouça o que o chama, siga sua inspiração e assuma riscos para experienciar a totalidade de quem você é.

DICA

Se estiver deprimido ou sobrecarregado, pode ser difícil pensar em objetivos positivos. Por ora, faça de sua recuperação seu objetivo número um. Com o tempo, você terá mais energia e motivação sobre o futuro e seus desejos. Seja paciente. Objetivos ou uma direção específica acabam aparecendo.

> **NESTE CAPÍTULO**
>
> » **Lembrando-se de focar a si mesmo**
>
> » **Honrando-se e confiando em si mesmo**
>
> » **Desprendendo-se da pressa, da preocupação e do controle**
>
> » **Buscando ajuda dos outros**

Capítulo **21**

Dez Lembretes Diários

gora você já entende bastante de codependência e, se fez os exercícios ao longo deste livro, aprendeu mais sobre si mesmo. Juntar tudo pode ser demais, e há muita coisa para lembrar ao mesmo tempo. Este capítulo concentra dez lembretes cotidianos — cinco para fazer e cinco para não fazer. Escreva-os no diário e avalie-se todos os dias. Isso vai ajudá-lo a lembrar e acelerar sua recuperação.

Foque a Si Mesmo

Lembre-se de que focar os outros é a marca da codependência. É fácil cometer um deslize e ficar preocupado pensando em quem você ama — preocupando--se com os problemas deles ou se perguntando em que estão pensando ou no que disseram, fizeram ou deixaram de fazer. Você pode perder horas ou dias de sua vida com obsessões infrutíferas. Por outro lado, você colhe uma infinidade de benefícios ao focar a própria vida. Os únicos pensamentos e comportamentos que pode controlar são os seus. Toda vez que volta sua atenção para você mesmo, está se recuperando ao se tornar o próprio eixo e o mestre de sua vida. Cuide da própria vida e deixe as outras pessoas viverem as delas. Você sempre pode escolher como vai responder.

Além da preocupação, sonhar acordado com um romance ou um relacionamento mais feliz também o impede de viver sua vida — que está acontecendo neste exato momento. Talvez você esteja fugindo de um presente infeliz, mas também não está assumindo a responsabilidade por mudar o que pode, e que, aliás, é o único que pode. A cada vez que foge, você perde uma oportunidade de construir um hoje e um amanhã mais felizes. É muito mais construtivo permitir seus sentimentos de tristeza e raiva e, então, utilizar habilidades de enfrentamento, como fazer um diário, ligar para alguém que o apoie, ir a uma reunião, dar uma caminhada ou fazer algo criativo.

DICA

Ao longo do dia, preste atenção ao que sente e ao que precisa, e se seus pensamentos o estão ajudando. Pergunte-se o que é preciso para satisfazer suas necessidades e objetivos. Parece trabalho demais. É mesmo, e você vale a pena! Mesmo se você for somente 10% eficaz, é 110% mais eficaz do que quando está pensando em outra pessoa, sobre quem você não tem controle algum.

Liberte-se

Lembre-se de que a recusa em aceitar a realidade causa dor, e você cria mais dor quando tenta controlar, resistir ou fugir da realidade e de seus sentimentos sobre ela. Aceitar a realidade é um passo rumo à saúde emocional e à maturidade. A vida é um fluxo constante e é imprevisível. Mas perceber isso e aprofundar sua relação com seu Self espiritual lhe permite encontrar segurança apesar da insegurança. Isso nem sempre é fácil e exige prática. Um lembrete útil é a sabedoria da Oração da Serenidade:

> Deus, dê-me serenidade para aceitar as coisas que não posso mudar, coragem para mudar as que posso e sabedoria para entender a diferença.

Seja a perda de um ente querido, suas próprias limitações, a decisão ou os sentimentos de outra pessoa ou uma infância infeliz, "libertar-se" é um lembrete para encarar a realidade com equanimidade. Às vezes, tudo o que é preciso é de consciência e mudança de perspectiva; em outros momentos, isso envolve o luto. Sobretudo, requer um reconhecimento profundo e lembrança constante de que você não tem controle sobre outras pessoas, situações e acontecimentos. Permitir seus sentimentos faz parte do processo de se libertar. O passado também está além de seu controle. Ficar pensando no que você "deveria ter" dito ou feito é a arma favorita do Crítico. Refletir sobre o passo para pedir desculpas e crescer é útil, mas ruminar sobre ele é infrutífero.

LEMBRE-SE

A aceitação não requer passividade. Ela o prepara para agir adequadamente. Ainda assim, às vezes o silêncio e a calma deixam que as coisas se revelem de um modo melhor do que você poderia ter planejado. Forçar sua vontade piora as coisas e acrescenta um estresse desnecessário a uma situação já frustrante ou dolorosa.

Confie em Sua Experiência

Lembre-se de prestar atenção e validar a própria experiência. Colocar a confiança nos outros o decepciona, mais cedo ou mais tarde. Talvez Deus também o tenha decepcionado. A recuperação significa desenvolver confiança em si mesmo. Procurar por amor, prestígio, dinheiro ou outras pessoas em quem confiar em detrimento da própria experiência acaba, no fim, em confusão e desânimo.

Se você é novo na recuperação, talvez seja incapaz de confiar no que quer que seja, inclusive em si mesmo, porque você esteve desconectado de sua experiência interna durante anos. Escutar e confiar em si mesmo exige tempo e prática. Quanto mais você faz isso, mais crescem sua autoconfiança e disposição em se arriscar. Desenvolver confiança é um processo contínuo. Com frequência, ele segue estes estágios:

1. Confiar em um padrinho, terapeuta ou programa de mútua ajuda (ajuda a centrá-lo e a acalmá-lo).

2. Confiar em Deus e/ou na experiência adquirida através da meditação e material de leitura espiritual.

3. Ouvir seus sentimentos, orientação interna e intuição.

4. Aprender com a experiência e os erros.

5. Confiar no processo do risco, da experiência e da fé em si mesmo.

Honre Seus Sentimentos

Lembre-se de que honrar seus sentimentos é um modo de dizer que você e seus sentimentos são importantes. A sociedade gasta bilhões de reais para não sentir nenhum desconforto nem dor, e proporciona oportunidades constantes e fartas de distração. Cuidado para não evitar sentimentos por meio de negação, obsessão, cuidado e controle. A recuperação significa experienciar, nomear e permitir seus sentimentos. Se você os observar, eles diminuem — como uma nuvem passageira ou uma tempestade. Se correr, eles o perseguem, até ser forçado a senti-los ou ficar entorpecido. Sentimentos não são lógicos e não têm que fazer sentido racional. Isso não quer dizer que eles sejam menos válidos ou significativos. Escreva no diário todos os dias. Descreva a situação que o incomoda e pergunte-se como se sente a respeito dela.

LEMBRE-SE

Nunca ignore, minimize ou racionalize seus sentimentos — não somente suas emoções, mas todas as suas sensações corporais. Coma quando estiver com fome, durma quando estiver cansado e vista uma jaqueta ao sentir frio. Não ignore seus sentimentos e sensações porque alguém tem uma experiência diferente ou discorda. Seus sentimentos são seus, válidos e únicos. Você tem direito a seus sentimentos, sem explicação. Não permita que ninguém diga como você "deveria" ou "não deveria" se sentir — especialmente você! Talvez você esteja fazendo isso há anos. Comece a honrar seus sentimentos hoje.

Seja Você Mesmo

Lembre-se de que você é único e que sua vida só acontece uma vez. Você tem uma única chance de vivê-la. Expressar totalmente seu verdadeiro Self é o que significa se recuperar. Cada criação foi feita para crescer e desenvolver sua expressão singular e completa. O botão de rosa floresce em uma rosa espetacular, e a lagarta se transforma em uma maravilhosa borboleta, motivo por que ela é com frequência considerada símbolo do programa de mútua ajuda do Al-Anon. Você também foi feito para realizar seu total potencial. Mas, ao contrário de plantas e outros animais, esforço e autoconhecimento são necessários para desenvolver e se tornar tudo o que você pretende ser. Quando você agrada os outros ou os manipula por medo, não está sendo autêntico. A autorrealização exige atenção plena a seus sentimentos, valores, necessidades e desejos, e traduzi-los em ação autêntica e comunicação honesta. Isso requer coragem. E também apoio para possibilitar essas mudanças.

Não Reaja

Lembre-se de que as palavras e ações das pessoas refletem quem elas são, assim como suas palavras e ações refletem quem você é. Se você fosse com um amigo a um restaurante e começasse a reclamar de um jeito rude ou detestável, isso não difamaria seu amigo, e o bom comportamento dele não se refletiria em você. O contrário também é verdadeiro.

Quando reage a outra pessoa, você perde seu poder, e os problemas aumentam. Em vez de reagir (veja o Capítulo 10), ouça, pense, sinta e responda. Se não souber o que responder, diga que vai pensar a respeito. Então, escreva sobre seus gatilhos e sentimentos. Considere opções produtivas na situação, que podem incluir não fazer nada, conversar sobre suas necessidades, impor limites ou conseguir informação e ajuda profissional.

Não Se Apresse

Lembre-se do simples lema de Emmet Fox usado pelos programas de mútua ajuda: "Vá Devagar." Talvez você acredite que, se não se pressionar ou tentar com mais empenho, nada vai se realizar, e você se tornará um frouxo. Provavelmente você já está fazendo muito e mais do que compartilha. O verbo "pressionar" significa empurrar, empuxar, obrigar, cair em cima, forçar, apertar. Você ia querer trabalhar para um chefe que fizesse isso? Essa pessoa mora dentro de você? Pressionar-se torna a vida mais difícil e menos agradável. Você comete erros e fica menos produtivo.

Quando estou atrasada para um encontro e presa no trânsito, lembro-me das palavras do compositor Hoagy Carmichael: "Slow motion gets you there faster" [Ir devagar faz você chegar mais rápido]. Ficar tensa e agitada não me levará a meu destino mais cedo. Então posso relaxar, cheirar as flores e tornar a vida digna de ser vivida.

Não Se Preocupe

Lembre-se de se soltar. Ficar inquieto alimenta seus medos. Você não sabe o que o futuro reserva, nem pode antecipar seus sentimentos futuros. Ao se preocupar, você projeta o pior. Seus sentimentos crescem cada vez mais, estabelecendo um ciclo vicioso, até perder o contato com a realidade. O mundo e sua mente se tornam lugares perigosos. Ainda assim, os desastres que você imagina podem nunca acontecer. Mesmo que aconteçam, nesse meio-tempo você perde momentos preciosos do hoje. A preparação, por outro lado, difere da preocupação, porque é uma ação construtiva.

DICA

Ter uma prática espiritual o ajuda a ficar no presente. Quando se pegar pensando aleatoriamente no passado ou no futuro, foque a atenção em suas percepções imediatas — sua respiração, sons e seu ambiente.

Não Tente Ser Perfeito

Lembre-se de que todo mundo comete erros, mas perfeccionistas não aceitam a realidade ou a si mesmos. Eles acreditam que a única escolha que têm é serem perfeitos ou fracassar. Tentar viver sem erros gera tensão constante. Seres humanos são imperfeitos. Se não consegue admitir que comete erros, é porque teme que *você seja um erro*. Mas ser humano não é um erro.

O que Scotchgard, penicilina e biscoitos com gotas de chocolate têm em comum? Todos eles vieram de um erro. Quando o assunto é criatividade, erros podem ser uma bênção que levam seu trabalho por uma direção imprevista, que você jamais teria imaginado. Quando a perfeição o tentar, dê uma olhada na pintura de um homem com três pernas intitulada *People Reading Stock Exchange*, do famoso ilustrador Norman Rockwell, ou repare que todas as mulheres de Michelangelo se parecem com os homens que serviam de modelos para ele.

LEMBRE-SE

Desistir do perfeccionismo não é fácil. Quando você parar de deixar as coisas perfeitas, espere sentir um desconforto. Tornar algo "perfeito" pode levar apenas alguns segundos ou pode ser impossível. Veja se consegue deixar coisas sem fazer, confusas, um pouco bagunçadas, sujas ou assimétricas. Repare na sensação que isso causa em você. Questione suas crenças, pratique o perdão próprio e tenha conversas francas com seu Crítico e seu Perfeccionista.

Não Se Isole

Lembre-se de que recuperação envolve compartilhar seu problemas, buscar ajuda e deixar que os outros participem. O isolamento é um hábito ruim. Se você tende a se isolar quando está deprimido ou sofrendo, provavelmente é porque não teve experiências positivas de ser amado e confortado quando esteve assim. Talvez você não esteja ciente de que está sozinho, precise de conexão com os outros ou de conforto, nem consiga imaginar que isso o poderia fazer se sentir melhor. As pessoas também se isolam por vergonha ou por se sentirem como forasteiras. Infelizmente, isolar-se ou manter distância reforça essas crenças negativas, mantém as pessoas distantes e impede a reestruturação de atitudes não saudáveis. Fazer o oposto é, com frequência, a maneira ideal de romper um hábito não saudável.

Índice

A

abuso, 60, 62, 117, 122, 236
    acusação, 61
    controle degradante, 61
    emocional, 124
    espiritual, 125
    físico, 123
    fúria, 61
    infantil, 122
    manipulação, 61
    negligência, 123
    sarcasmo, 61
    sexual, 124
    testemunha de, 123
    verbal, 60
    volência doméstica, 239
    xingamento, 61
adicções, 24, 210
    os três Cs, 217
alcoolismo, 34, 77, 79, 93, 94
    amnésia alcoólica, 76
    Doze Passos, 292
    sobriedade, 245
ansiedade, 16, 155
apego, 199, 200
Assertividade, 57
Associação Americana de Psiquiatria, 32
    Manual Diagnóstico e Estatístico de
      Transtornos Mentais, 32
autenticidade, 163
autoaceitação, 165
autoconhecimento, 25, 150
    diário, 151
    entrevista, 152
autoestima, 27, 43, 58, 159, 165, 172
    outroestima, 44
autonomia, 159
avaliações, 85

B

bem-estar, 64

C

Carl Jung, 34, 130
cinco tipos de relacionamentos, 266
    nível cinco, 267
    nível dois, 269
    nível quatro, 267
    nível três, 268
    nível um, 269
codependência, 16, 32, 70, 79, 85, 97
    Alfa, 66
    antidependente, 248
    avaliação de, 86
    Azarão, 66
    Charles Whitfield, 32
    comunicação, 230
    detratores, 17
    doença, 34
    Earnie Larsen, 32
    ferramentas, 216
    infiltração, 317
    John Bradshaw, 32
    John Friel e Linda D. Friel, 32
    local externo de controle, 278
    local interno de controle, 278
    Melody Beattie, 32
    padrões, 90
    recuperação, 20, 21, 22, 24, 317
    Robert Subby, 32
    sentimentos, 42
    sexo, 253
    sintomas, 41
Codependentes Anônimos, 15, 34
compulsão, 48
compulsão à repetição, 122
confrontos, 143
consciência, 74
controle, 62, 64, 65, 205
Cooperação, 110
corpo, 153, 155, 157, 183
    comunicação, 224
crenças, 162

Índice   343

criança interior, 130, 131, 133, 134, 135
cuidado, 65
cuidar, 38
culpa, 136, 141, 155
    medo, 155
    raiva, 155
cura, 73, 104, 128, 129, 138, 142, 181, 195

D
decisões, 154, 156, 280
dependências cruzadas, 35
depressão, 16, 71
    de-pressio, 71
    de-primere, 71
    desânimo, 71
    desespero, 71
    sintomas, 72
desapego, 201
desejos, 44, 160
Deus, 104, 183, 314
    Poder Superior, 314
diagnóstico, 31
diálogo, 135
diálogo interno, 150
distúrbio, 31
divórcio, 144
dor, 207
Dove, 37

E
educação parental disfuncional, 12
Ego, 34
enredamento, 51
escala, 19
espectro da codependência, 18
espelhamento, 109
espiritualidade, 104, 190
eventos traumáticos, 144
exercícios físicos, 184
    endorfinas, 184
expectativas, 208

F
família, 52, 82, 110, 117, 119, 125, 133, 161
    brigas, 69
    crianças, 52
    disfuncional, 114, 129

    ego familiar, 246
    infância, 107, 108
    limites, 52
    mãe, 109, 112, 122
    pai, 122
    proximidade, 52
    regras, 52, 120, 121
    traumas, 52
feminismo, 16
filhos, 126, 128, 133, 206
    Ajustador, 127
    Apaziguador, 127
    Bode Expiatório, 127
    Criança Perdida, 127
    Herói, 126
    Mascote, 128
    Self, 128, 130
fundo do poço, 21

G
gaslighting, 62
gatilhos, 211, 320
General Electric, 111
genograma, 115
gravidade, 85
grupo de apoio, 196

H
habilidades interpessoais, 18
humilhações, 10

I
ideal imaginário, 14
identidade, 32, 149
impulsos emocionais e biológicos, 149
individuar, 108
infância, 10
inferioridade, 43
intimidade real., 10
intuições, 282

J
Jekyll e Hyde, 77, 244
julgamentos implícitos, 228

K
Karen Horney, 11, 12

L

limites, 48, 49, 51, 53, 60, 108, 117, 200, 232, 236
    disfuncionais, 48
    emocionais, 50
    físicos e sexuais, 49
    materiais, 49
    mentais, 50
    rompidos, 53
    saudáveis, 50
    transgeracionais, 118
limites intactos, 212
lista, 161
    Preciso, 161
    Quero, 161
luto, 129, 137, 138, 140
    aceitação, 141
    barganha, 141
    culpa, 141
    depressão, 141
    negação, 141
    raiva, 141

M

mãe, 110
mágoas de infância, 258
mandala, 193
manipulação, 65
manipulação defensiva, 59
Manipulação passivo-agressiva, 61
meditação, 150, 190, 191, 192, 193
    contemplação, 194
    mantra, 194, 216
medo do abandono, 53, 54, 119
    camaleão humano, 55
monólogo unilateral, 49
mulheres, 36
    autoestima, 37
    cultura, 37
    direitos, 37
    hormônios, 36
    identidade de gênero, 36
    igualdade, 37
    infância, 37
    religiões patriarcais, 37
música, 186

N

necessidades, 44, 158, 159, 160
necessidades neuróticas, 13
negação, 68, 73, 74, 77, 81, 114
    da codependência, 78
    de necessidades, 81
    de sentimentos, 79
    do comportamento, 75
neurose, 12

O

objetivos, 286
objetivos cognitivos, 26
objetivos permanentes, 26
obsessão, 56
Oração da Serenidade, 217, 338
os seis Cs, 224

P

padrões, 10
padrões disfuncionais, 14
padrões disfuncionais de interação, 17
pai, 117, 138
Pensamentos obsessivos, 140
perdão, 142
Perfeccionista, 133
perfeição, 47
Permissividade, 67
perseguidor, 18
Personalidade, 34
PLLP, 219
posições conflitantes, 229
privacidade, 49
processo, 33
programa de Doze Passos, 14
programas de mútua ajuda, 15, 101, 291
    Al-Anon, 15, 85, 93, 293
    Amor Exigente, 293
    apadrinhamento, 293
    Apostadores Anônimos, 292
    Associação Antialcoólica do Brasil, 292
    Celebrando a Recuperação, 293
    Celebrando a Restauração, 293
    CoDA, 15, 85, 292
    Comedores Compulsivos Anônimos, 15

Índice   345

Dependentes de Amor e Sexo Anônimos, 292

Dependentes de Sexo Anônimos, 15

Devedores Anônimos, 15

Doze Passos, 299

Emocionais Anônimos, 293

Filhos Adultos de Alcoólicos, 15, 292

Fumantes Anônimos, 293

Grupos Familiares do Al-Anon, 292

Jogadores Anônimos, 292

Mulheres que Amam Demais Anônimas, 292

Nar-Anon, 292

Narcóticos Anônimos, 15

Neuróticos Anônimos, 293

Pastoral da Sobriedade, 293

Sobreviventes de Incesto Anônimos, 293

sobreviventes de trauma, 294

vítimas de violência doméstica, 294

propósito, 282

psicodinâmico, 107

psicólogos humanistas, 12

Abraham Maslow, 12

Carl Rogers, 12

Karen Horney, 12

psicoterapia, 35, 101, 102, 135

Q

quatro emoções básicas, 155

quatro nãos, 216

R

raiva, 70, 80

reabilitação, 9, 24, 97

reação defensiva, 244

recuperação, 25, 83, 104

autoconhecimento, 25

autoestima, 25

limites, 25

objetivos, 25

quatro passos, 25

regras rígidas, 120

rejeição, 11

relacionamentos, 39, 63, 72, 112, 137, 157, 166, 208, 235

amizade, 247

atração física, 251

comunicação, 223

conflito, 240

encontros casuais, 249

inferno, 39

intimidade, 244, 270

namoro, 251

paraíso, 40

pseudointimidade, 270

sexo, 254

terapia de casal, 241

relacionamentos longos, 10

relações íntimas, 10

relaxamento, 169, 184

responsabilidade inapropriada, 38

Resposta do Relaxamento, 195

ressentimento, 80

riso, 188

S

Self, 46, 47, 100, 107

self perdido, 33, 36

self verdadeiro, 10

sentimentos, 282

Sigmund Freud, 122

síndrome do sobrevivente, 145

singularidade, 31

Sintomas, 85

sistema nervoso parassimpático, 182

sistema nervoso simpático, 182

sobriedade, 14

solidão, 11, 272

Subconsciente, 34

T

talentos, 177

teoria familiar sistêmica, 14, 107

terapia, 147

dessensibilização, 147

EFT, 147

EMDR, 147

ES, 147

grupos de apoio, 147

psicoterapia psicodinâmica, 147

TCC, 147

TREC, 147

visualização, 147

tirania dos deverias, 10

transtornos, 37

bipolar, 37

borderline, 37

de deficit de atenção, 37

dependências, 37
de personalidade, 37
narcisismo, 37
obsessivo-compulsivo, 37
tratamento, 31
traumas, 10, 129, 144, 145
Trio Tirânico, 178
Crítico, 166, 167
Impulsionador, 167, 168
Perfeccionista, 169

V
validação, 43
valores, 163
vergonha, 10, 41, 42, 58, 136, 137, 155
medo, 155
tristeza, 155
vergonha ansiosa, 42, 54
vítima de abuso, 22
vitimismo, 16, 64
voz interior, 282

Este livro foi impresso nas oficinas gráficas da Editora Vozes Ltda.,
Rua Frei Luís, 100 – Petrópolis, RJ.